Treasures for Scholars Worldwide

"十四五"时期国家重点出版物出版专项规划项目

国家社科基金重大项目"清末民国社会调查数据库建设"项目中期成果
（项目编号：15&ZDB041）

清末社会调查资料丛编·初编

习惯卷 3

总主编：黄兴涛 夏明方

本卷主编、点校：邱志红

广西师范大学出版社
·桂林·

江西调查民事习惯问题

法律馆调查江西民事习惯叙言

国家与民更始,以旧法律之不适用于立宪时代也,设法律馆修订新律,而修律大臣又以我国二十二行省幅员四万里,人民四百兆,地方风气之不齐,人情好尚之互异,有绳以法而有诉大不便者,于是有调查民事习惯之问题。纲举而目张,条分而缕析,将欲举朝廷统治之大法,蕲合乎吾人心理之至公,所谓王道不外人情者,意在斯乎,意在斯乎!惟各属报告既无成式之可循,欧洲文明或亦非我国所宜仿效。峰青乃就各州县册报,逐条检阅,斟酌损益,并证以平日闻见,手自编纂,以副修律大臣之明问。第仓卒调查,其于民情风俗,多未详悉,亦姑藉是以为嚆矢云尔。

宣统庚戌仲冬月下沐婺源江峰青湘岚谨序

江西调查局调查民事习惯问题

第一编 总则

第一章 与人及团体有关系之习惯

(一)僧尼得置买产业否(所谓僧尼产业者,指僧尼以自己名义置买产业而言,与寺庵产业有别)?

答:江西各属风气,凡僧尼所积香火余资,以自己名义置买产业,素所不禁。其产即归该僧尼主持,与寻常寺庵产业权在施主者有别。吉安府属并有僧图户籍,可见向准置产。

(二)僧尼财产归何人承受?

答:僧尼财产向归门徒承受。万一香火中绝,则归本地施主之有名誉者暂行经理,另招住持。惟十方施主捐建之大丛林,如南海行宫、菩提寺之类,外来僧众均许焚修,度支浩繁,寺产亦巨,向由僧众公举富侩为大方丈,产息不敷岁用,俱由方丈筹补,三年退院,另举接替。

(三)未经父母允许,未成年者径自与人交涉事件时,可生效力否(所谓未成年者,切年龄为断,如以二十岁为成年,则二十岁以前岁未成年)?

答:有父母尊长,而未成年若与人交涉,须得父母尊长之允许,方有效力。即已达成年时,父在亦不得自专,然如少数钱债,家长或亦不甚过问。子弟向人借贷,父兄间亦代还。若违背父母而为不正当之交涉,则须俟父母死亡之后,效力方能发生。

(四)未成年者之财产如何办理?

答:父母在堂,未成年者不能私有财产;若父母亡故后,大率由亲族中公正有能力者代为经理,亲族无人或托外姻。亦容有门衰祚薄孑鄢乏人,而听其自由起灭者,此则情事之偶然,而不得谓为习惯。

(五)未成年者达几岁时可为成年(须从多数儿童之身体、智识着想,不得据一二人为断)?

答:大率以二十岁为成年,然俗有"男人十五当门户"之谚,又以年十六为成丁,聪颖子弟更事较早,亦难一概论也。

(六)妻得于夫之财产外私有财产否(如嫁资等是)?其使用此等财产应经其夫许可否?

答:地道无成本、无私产,惟银钱私蓄,亦大都听其自由。然苟非法浪费,丈夫亦得干涉。中国无夫妻析产之例,即嫁资奁田亦多由夫管理,非经其夫许可,多不得使用。

(七)疯癫人之生计及财产如何办理?

答:有父母妻子者,由父母妻子照管,否则,亲属担其责任。若风〔疯〕狂太甚,家属虑其在外滋事,或加以锁禁,月给饮食,以资防范。如系极贫,则由地方捐资养赡者有之,由官收入养济院、月给口粮者有之,流为乞丐者亦有之。

（八）聋者、盲者、哑者之生计及财产如何办理？

答：聋哑多能自谋生计,盲者男习命卜、女学弹词,亦能营生。其贫无业者,或亲友矜恤,或官给口粮,或街坊求乞,视乎其人,而不得为习惯。若有财产而其人不能管理者,家属主之；无家属者,则亲族经理之。

（九）有管束浪费者之财产方法否？

答：视乎父母尊长之能否妥为约束,无一定方法。容有教戒俱穷,而或送官拘禁,或驱逐出外,或薄给田产,令其分爨,俾知艰难；或将财产契约禀官立案,并布告乡邻,不准典卖。俗有"败子回头金不换"之谚,仍视乎管束之人之方法为何如,与受管束之人之性质为何如耳。

（十）有区别住所及居所之制度否（以其地为生计上之根据地者为住所；否则为居所）？

答：住所与居所,有根据地、停留地之分,然皆各自经营,并无区别制度。惟城市商民有前店后屋者,有贸易在此而家居在彼者。大概店肆必就市廛,室家常近里巷；店肆竞为华美,室家但求缮完,差为区别耳。

（十一）外出之人久失踪迹,又无父母妻子,其家产得由其亲族或戚族代为管理否？

答：此种财产自应由亲族理料,或输入祖祠,暂为掌管,俟其归家给还。如亲族无人者,戚属亦得伏伪经理。

（十二）管理久失踪迹人之家产者,有如何权限？是否纸〔只〕准保管,不准变卖？

答：管理人只能保存,不应变卖,以备他时给还。惟失踪迹人之家或有正事需用,亦得会同族戚公议,变产抵偿。然民法不修,权限未明,往往有始则保管,终则变卖者,非其人游倦归来,又谁过而问之。

（十三）有失踪迹后经若干年即作为死亡之制度否（如失踪后计其年龄已达八九十岁者如何办理？又,如失踪后须经过若干年可将其术王〔木主〕送入祖庙等）？

答：聚族而居者,大率年过百龄,则为立主招魂祔庙。若之财产又无亲属,则难言之矣。

（十四）失踪迹后，计其人之年龄当已死亡，又无父母妻子，其家产得由其亲族或戚族处置（处置者如变卖等皆是，与管理有别）否？

答：此种家产得由族戚处置。成〔或〕将其原有家产为立继嗣，或输入祖祠祔主配飨，或轮收租，急岁时祭祀。若夫分裂割据，消归乌有，则非法之行为，不可谓之习惯也。

（十五）家产处置后，万一失踪人复归，得向处置人索偿原家产之值否？

答：照上条处置，是其人当已死亡，当无复归索偿之事。否则，立继者原产具在，祔祀者亦得发还，割据者可凭乡邻耶论，或禀官追缴。若变产抵用，事本公正，则亦不剙索价。

（十六）失踪迹人有定而未娶之妇，其妇须经若干年始得别嫁？

答：失踪之始，聘妇自应少待。若远行者无尺书之至，待年者逾摽梅之期，夫家亦似难阻其别嫁。年限原无一定，夫族总须商允，然妇贤则终身守贞者有之。

（十七）因临战阵与行船遭难及他之灾变而生死不明者，有经若干年即作为死亡之制度否？

答：此等生死不明之事，一得证信，即作为死亡。如无确实证信，则大概如十三条久失踪迹办理。然此皆去有定向，并非失踪，若久无音信，亦可作为死亡。

（十八）如有以〔公〕益为目的之团体（所谓团体者，或由多数之人设立，如讲学会是；或由多数财产而设立，如义仓、积谷仓、育婴堂等是），请详述其名目与组织及管理之情形。

答：此等团体，除讲学会、义仓、积谷、育婴堂外，仍有农务会、义渡会、宾兴、救火、施医、施棺、桥会、路会、文社、自治会、进化学社、牛痘局、天足会、教育会、惜字会、商会、养济院、清节堂、习业所、高中小各学堂等名目。省城及九江府属之德化县、赣州府属之赣县有阅报社、书报社，南昌府属之奉新县有都纲会、难民会，赣府府属之会昌等县有育英义学、申明亭、保安局、团练局，大概毁富州县较为完全，贫窘地方不能备举。其组织或以人，或以财。其以财力组织者，或募捐，或独力，或于地力出产酌量摊派，或以官款补助。其管理，或公举一人专管，或众人轮管，或由地方官照会正绅主管。

（十九）如有以营利为目的之团体，论〔请〕详述其名目与组织及管理之情形。

答：商人合资店肆，各属均有，不能殚述。商会悉遵部章，亦不得为营利。惟省城铁路，赣州铜矿局，萍乡、余干、乐平、宜春、铅山、广丰、泰和等县之煤矿局，省城电话公司、电灯公司、官报局，进贤县之导源垦牧公司、畜收〔牧〕公司、农务试验场，东乡县之矿务、树艺、畜牧、蚕桑、渔业、樟脑等公司，泸豁县之阜成垦牧公司，新喻县之种植试验场、工艺院，贵豁县之滑石公司，余干县之渔业公会，永新县之阜新树艺公司，赣县之日新公司、永新森林公司；其组织或官商合办，或专招商股，或有限，或无限；其管理多由众股东公举。

第二章　与物有关系之习惯

（一）所谓不动产者，是否以土地、房屋为限？此外尚有所谓不动产者否？

答：不动产只以土地、房屋为限，然水乡船只，盐商引票，近今矿路股票，从前衙门吏缺，以及纸槽水碓，祖祠内派分应得之权利，皆可谓之不动产。

（二）土地与房屋是否有主物、从物之别（如土地出卖，则建筑于此土地上之房屋亦应归买主所有，是谓以土地为主物，房屋为从物；如房屋出卖，则建筑此房屋之土地亦统归买主，是谓以房屋为主物，土地为从物）？抑别有土地与房屋两者均得为主物之习惯否（如土地出卖，房屋不在内；房屋出卖，土地不在内）？试详按城镇乡现行习惯而缕述之。

答：主物、从物之别，惟土地与房屋为最著；然土地出卖，则地上之房屋归之，房屋出卖，则屋下之土地随之，此为买卖通例。若卖地留屋，卖屋留地，此为双方之主物，城镇或有，乡间绝无。又如租地建屋，或租山种苗，则二者均得为主物。

第三章　与代理有关系之习惯

（一）未成年者，其处理事务是否由父母为之代理？

答：有禀命父母而处理事务之习惯，无处理事务而父母代理之习惯。

（二）少孤而无父母者，其处理事务系由何人为之代理？

答：有兄长者，兄长代理；无，则亲族或戚属代理。亦有父母临终受其嘱托者，亦不得辞此责任也。

（三）癫狂盲哑之人如无父母，其处理事务应由何人为之代理？

答：癫狂人多由近支亲族或戚属代理；盲哑或能自理，或亦亲族戚友代理。

（四）代理人之权限有无限制（是否准为保存行为，不准为变卖行为）？

答：应只有保存之权，无变卖之权。然正事需用，亦可邀集亲族商酌办理。

（五）未成年者达于成年时，其代理人之代理权是否从而消灭？

答：自己既能管理，他人自无庸代庖，其代理权即应消灭。若虽已成年，而仍无经理之能方〔力〕，或其人甚不肖，则代理人应仍有随时监督之权。

（六）未成年者及癫狂盲哑｛之｝人并未商允代理人，径自无〔与〕人交涉事件时，代理人得出而撤销之否？

答：代理人视其交涉如不合公理，或于财产上有损失之关系，均得鸣于公众，撤销其交涉事件，以尽代理保护之责。

（七）代理人如因事烦不能一一亲任，或因故不能任事，得另觅人代理否？

答：代理人既由事不能兼顾，自应辞其代理。辞之不获，势不得不另觅他人，惟所觅之人或未妥协，原代理人应担其责任。

第二编　物权

第一章　所有权关系

（某人有一权利，举凡使用、收益、处分之权，均归其一人所有者，曰所有权）

（一）盖筑房屋、修理墙壁时，得使用邻地或走入邻宅否？

答：只可向邻右情商，不能强占，此为民间常有之事，情商亦无不允。倘有损害，仍须赔偿。或商借，不可暂作租赁者，亦有之。

（二）四面均被他人之土地环绕，欲通至大道，得通过邻地否？又，须通过费用否？

答：未环绕之先，必有出入小道，理应仍旧，或议定通过费用，不能任意阻过。惟田亩过水，则未闻需费。然里邻治比，此等出入道路，多有彼此通融者。

（三）因低地沮塞致使高地之水不能畅行下流，高地所有者得疏通此沮塞否？（并略述疏通费用、办法。）

答：水路沮塞，高低地均受害，疏通之费，理应公派。若低地地主无所利益，则由有利益者派认，并须商之低地地主，低地亦不得壅水害人。倘于低地有所损失，应由高地所有者担其责任。

（四）邻地蓄水之陂塘，其堤防有渗漏崩溃之虞，得商请其预为修筑否？（并略述修筑费用、办法。）

答：堤防溃决，殃及地邻，备预不虞，邻人得以商请修筑。惟修筑费用塘主是否力能担任，抑须附近户口帮助，费用无定，办法亦无定。

（五）盖筑房屋时，为防檐水注滴邻地，计于墙根外应留出几尺隙地？

答：墙檐滴水，不能侵及他人土地，须于墙外留隙地，以足敷滴水为限。墙檐不过数寸，飘檐则一、一〔二〕、三尺不等。

（六）水流两岸，一岸属于己，对岸属于人，如变更水路及幅员时，须两面妥商否？

答：自应两面妥商，于人无碍方可。然若巨川大河，水面宽阔，则答保堤岸，亦有无庸互商者。总之，以利害有无关系为断。

（七）水流两岸均属一人，于变更水路及幅员时，其水流之下口应复原水路否？

答：以水流之下口有无妨碍他人为断，或水势即不变更，亦万不能复原路者，民间自有公理，亦难概论。

（八）欲将余水向下排泄，高地所有者得不商诸底地所有者径行排泄否？又，排泄时有须留心不害底地所有者之义务否？

答：田水排泄，农家所常有，无庸互商，惟不得妨害底地所有者之利益。若积涝求宣，疏河欲涸,则须与底地所有者妥商办理。

(九)欲引甲地之水至乙地,中间须经过他人土地时,应如何办理?

答:既须由他人土地经过,自应商允该地主人。惟田水经行向有一定,无庸再商;或中间土地不能过水,则应架枧通流。总之,不得妨害他人利益。

(十)土地、山林、房屋四至界线,系以何为凭?

答:或道路为界,或陵谷为界,或溪涧、沟洫、墙基为界,或立界石,或邻地为界,而尤以契约所载丈尺税粮为的确之证据。

(十一)年久两造契据遗失,界标湮没,其疆界凭何为据?

答:有邻近周知者;有登记簿册者;若土地、田林,亦有远年坟墓可考者;倘系世守之业,年纳粮税,则粮串可凭;四邻疆界亦得藉资借证。如俱无考,则请公众妥议。

(十二)设立界标之费用是否分担?

答:一方面己意设立,则独任;两方面公同设立,则分担。

(十三)房屋两所分属于甲乙二人,中有空地,甲欲设立屏障以别界限,而乙不愿意时,甲仍得设立否?(或得设立竹篱、木栅等?)

答:房屋既分,中间空地各有所附。甲如在自己附近一半地内设立屏障,乙应不得禁阻;若于乙有妨碍,则须公同妥商。

(十四)共有墙壁相邻之一人得自由增高改筑否?

答:共有墙壁,甲欲增高改筑,总须与乙商妥,方免竞争。

(十五)邻地竹木之枝横过疆界时,得如何办理?

答:如有妨碍,可通告邻主截去之;若无妨碍,则种在己地,邻人不得异议。乡俗谓之"上可以罩下,下不能管上"。

(十六)邻地竹木之根抽过疆界时,得如何办理?

答:竹木根生过界,土地所有权可自由挖除,亦得就地培养管业。

(十七)凿井、设厕,应距离疆界线若干尺?

答：总须距离界线数尺以外，防塌陷时连及邻地。若有碍邻人出入方向，则距离须较远。

（十八）穿池浚沟，应距离疆界线若干尺？

答：大概与上条同。总之，视人地之相宜，无一定之尺寸。

（十九）附海岸而涨出新地者，此地是否归沿岸地主所有？

答：江西无滨临海岸之地。

（二十）附江岸、河岸、溪岸而涨出新地者，此地应归何人所有？若因对岸被冲滩而此岸涨出新地者，此新涨地如何办理？

答：多为沿岸地主所有，即对岸被冲，此岸新涨，亦此岸地主意外之利，对岸不得争执。惟禀官勘丈，分别减税升科。若涨地过广，容有作为地方公产，或归入官地，招垦承粮，亦无一定办法。

第二章　共有权关系

（一权利系二人以上共有者，曰共有权）

（一）数人共有（二人以上同有一物，谓之共有）一物，其共有之一人欲使用此物，有何限制？

答：轮用者，非其人应轮之时，不得使用；分用者，非其分内应得之数，不得使用。若彼此商妥，则亦无一定限制。如先有契约者，照约办理。

（二）共有者之一人不经他共有者同意，得变更共有物否？

答：非经共有者同意，不得变更。

（三）共有物之管理是否由众公举，抑轮流管理？

答：有由众公举者，有轮流管理者，并有公雇一人代理者。

（四）共有物归一人管理时，其费用如何分担？

答:如共有者同意或同享利益,其费用应由共有人分担。

(五)共有者之一人死亡而无承继人时,其所应得之一部分是否分配于各共有者?

答:应商诸此一人之族戚,或输入祖祠,或捐作善举,或分偿遗债,或代营丧葬。无亲属则共有者主持。若任意分配,事或有之,于理不可。

(六)共有者之一人得随时分割其应得共有物之一部分否?如他共有者不愿分割时,则如何办理?

答:如一人欲将共有物之一部分变卖,应先尽共有之人;若共有者无力承受,或议价未协,亦得向外人求售。倘欲分割管理,则须彼此妥商,非共有者认可不能分割。

(七)以共有物抵押于人时,得由共有者之一人取赎否?

答:共有之物抵抑于人,须共有者无力取赎,或不愿取赎,方可由共有之一人取赎,然仍须彼此议妥。

第三章　地上权关系

(在他人所有之土地上有盖筑房屋或培植竹木之权者,曰地上权)

(一)有使用他人土地以盖筑房屋或培植竹木者否(如借基造屋、租山种树等是)?如有此事,请详述左揭各项之情形。

答:此等事亦民间所常有,兹就各问题条答如下:

(甲)地租是否每年交付一次,或统行先交?

答:大率每年付租一次,间有按月交付、三节交付,或预先付租者,习惯不一,总于租借时议定。

(乙)订有一定年限者,至长以若干年为限?至年限既满,地主不允展续时,系如何办理?

答:赁地造屋者多永远租借,租地种植则有永远与订限之别,年阻〔租〕长短亦无一定。若限满展续,则允展与否,听之地主。

(丙)未订有一定年限者,地主欲取还土地,及使用土地者欲退还土地时,系如何办理?

答:既无订定年限,两造本可随时退还,然亦须彼此妥商。若土地上有房屋存留或植物未收种,地主不能任便取还或给回相当之价值。如系稻田、菜地已逾播种之期,租地人并不得退还,地主即退还,亦须认租。故乡间有"社不辞田"之谚。

(丁)因年限满而退还土地时,须仍复土地之原状否?

答:如租赁时议明他日退还须复原状,则应照约办理;若未议明,亦不拘定。

(戊)退还土地时,土地上之房屋或竹木地主愿照时价买收时,使用土地者得拒绝否?

答:既纳租资,则房屋、竹木为地上权之所有,然既经退还,则又不得以房屋、竹木留于他人土地。地主照价收买,原属通行习惯,若议价未协,地上权者得另售或迁移。总之此事须妥商于未退还之先,不得竞争于已退还之后。

第四章　抵押权关系

(一)凡借人之财,以物为质者,为抵押。抵押物有过手管理、不过手管理之别,是否以动产(如衣脉〔服〕、首饰等)为抵押时,均须过手管理?以不动产(如田地、房屋等)为抵押时,无须过手管理(如以田地为抵押者,其田地仍由业主耕种或田〔出〕租;以房屋为抵押者,其房屋仍由业主居住或出租)?或不动产抵押,亦有须过手管理否(如田地一经抵押后,即交押主耕种或出租;房屋一经抵押后,即交押主或出租)?

答:凡以物抵押,衣服等类无不过手管理。若田土、房屋,有过手管理者,有不过手但按期向收租息者,有仍援款取息而田房并不收租者,彼此酌取其宜,习惯因无一定。惟订期不还,或息不清付,则皆过手管业。

(二)质、当、典、押,其名目既异,其规则有无异同?

答：江西省习惯，当铺即是典铺，向以二十六个月为限，按月取息二分；质铺则取息稍轻而月分较短，禀官立案，登注票上，然江西省质、当甚少；押铺又名小押，惟军流犯人得以开设，重利盘剥，实为民害，有典当之市镇，押铺亦自然淘汰。若以不动产或衣服器物抵押于人，则息有重轻，期有长短，彼此商明，书券为定。现各典商因银路紧回，周转为难，已公议减作十八个月期满，逾限不赎。省城已于今年九月朔日实行。

（三）抵押物有无限制？（如军装、爆发物、动物、植物等得抵押否？）

答：军装、爆发物、动物、植物、农具、刑具及一切禁制物，典铺均不受抵押。惟乡间无典当店铺之处，间有以动物、植物、农器抵押银钱之事。

（四）抵押是否以票据为凭？（以票据为凭者，请抄粘票据式样。）

答：当铺以票据为凭，抵押以契约为凭。当票式样大同小异，附钞于后。底押契约无一定式样。总之书明底押期限，物件色目，银钱数目，藉资凭信耳。

当票式

某县某当某处

某姓某物眼同估值当去七四洋钱若干元／九五钱若干文，照章领帖，开设典铺，以便贫民，按月取息二分，遇闰照加。满一年取者，让利一月；满两年取者，让利两月。以二十六个月为满期，过期不取，任从本当出售价。有来历不明以及虫伤鼠咬霉烂损坏等情，各安天命，不与本当相干。预此告白。

宣统某年某月某日给禀某字若干号　认票不认人。

當票式

┌─────────┐
│某某 某 某│
│某蘇 當 處│
└─────────┘

某姓某物眼同估值當去 七四洋錢若干九
　　　　　　　　　　 五錢　若干文
照章預帖開設典鋪以便貧乏按月取息二分遇閏照加滿一年取贖利一月滿兩年取者聽利兩月以二十六個月為滿期逾期不取任從本當出售償有來歷不明以及虫傷鼠咬霉爛燻壞等情各安天命不與本當相干預此告

白　宣　統某年某月某日給票某年若干號起票不認人

（五）以票据为凭者，若票据遗失时，业主得如何办理？

答：典票遗失，向有邀同地保赴该典挂失，票限若干时无人来赎，准挂失票人取赎，有人来赎，通知地保邀挂失票人理明。若契据遗失，或邀原中另立券约，声明前票作废，其大者或禀官立案。

（六）若不用票据者，凭何为据？

答：或凭中证为据，或登簿记作凭，或彼此相信暂押银钱使用，但凭口说，均不在典押规则之内。

（七）押主得将抵押之物品使用成〔或〕借给于人否？

答：过手管理之物，使用在所难免，即借给于人者，间亦有之，然总不得损坏。若当铺则无使用及借给之事。

（八）修理与保管抵押物之费用，是否由押主任之？

答：过手管理之物，押主理应保管，并不得藉口费用，若非便〔使〕用损坏，可以不任修理。然如房屋之类，或小修归业主，或以屋租抵息，不任修理之费，均于抵押之始契约载明。

（九）押主得以抵押物转抵押于他人否？如得转抵押于他人，则因转抵押之故而抵押物被毁损时，押主向于业主是否应负责任？

答：以抵押物暂押他人，俗所不筑，惟转押价值只能照原押减少，不能加多。倘因而损坏，押主应负赔偿之责；然若转押主损坏，亦应归转押宅〔主〕赔偿。

（十）抵押物有毁损灭失时，押主是否折价偿还？其价以何时之率为准（如抵押时之价或偿还时之价）？

答：抵押物毁损灭失，或折价赔偿，或买物赔偿。若折价，亦只能照偿还时价值为准；或毁灭有因，亦容有折半赔偿者，全在彼此商酌，或乡邻平议，无一定习惯。

（十一）因天灾时变致抵押物有灭失毁损时，押主得免赔偿之责任否？

答：当铺遭回禄有延烧及起火之别。延烧者，或免赔偿，或减折赔偿，多禀官酌量地方。

（十二）抵押物是否本利还清始得取赠〔赎〕，抑专将本钱还清即可取赎？

答：当铺通例，应将本利还清方能取赎。若乡邻往来，则通融办理者有之，然如过手管理抵押物、有岁收租息者，亦只须还本取赎。

（十三）抵押年期至长以若干年为度？

答：当铺以二十六个月为度。乡邻抵押则无一定时期，载明契约，过期或找价或不找价，得作断绝。若田房无期，押契逾三五十年不赎，亦得禀官过户承粮。

（十四）期限将满时，物主得将利息付清请再展期否？

答：期满付息可以转禀展期，虽当铺亦有此办法。

（十五）业主至期限无力取赎，如何办理？

答：或商请押主，找价作买；或另售他人，拨款抵赎；或如上条将利息付清，请再展期。

（甲）抵押物是否即归押主所有？

答：逾期不赎，抵押物即归押主所有。若抵押不动产，仍须凭中找价，由押主换立绝卖契约。

（乙）满期限后，押主得不通知业主即行变卖否？如得变卖，其卖价不敷抵价时如何办理？或卖价扣除抵价及利息何〔尚〕有余时，又如何办理？

答：当铺满期，售卖原不通知业主。乡间私押田房器物多有先行通知，令其取赎，如再不赎，然后转抵或变卖；价不敷，则押主受亏；有余，亦押主利益。然亦有彼此商情，抵价不敷，业主补偿；抵价有余，仍归业主者。

（十六）抵押利息每年至少若干？至多若干？平准若干？

答：大率以二分为平准，余则有情借，但将押物作信而无息者，存重利盘剥，年息三四分者，以人情厚薄、地方贫富为差。

（十七）不动产抵押是否以契据为凭？（以契据为凭者，请抄黏契据。）

答：以契据为凭，其契式则行文有详略，习俗有沿袭，不能尽同，略如后式：

立抵押契人某县某处某姓某名，今有祖遗房屋/自置田地几间/段，坐落某地，东至某，西至某，南至某，北至某，今凭中出押与某处某姓某名下管业，三面议定，时值价洋/

钱/银几百几十几元/两/千止,并无重叠典卖抑勒等弊,其洋/钱/银业已收讫,其屋/田听凭押主管业无阻,日后照价赎回,恐口无凭,立此抵押契为据。

宣统某年某月　日立契人某押　中某押

（十八）过手保管之不动产抵押,是否即以该产所得之利息（如田地收获、住宅租银之类）充利息,抑须别给利?

答:不动产业经过手保管,则以该产所得之利息为利息。所谓"银不起利""产不起租",无别给利息之习惯。

（十九）过手保管之不动产抵押,其不动产每年应交纳之丁粮、捐税,是否由业主完纳,抑由押主完纳?

答:丁粮多由业主完纳,以免日后取赎,彼此推税之烦,然亦有随契割粮者,捐税则多由过手管业之押主完纳。

（二十）抵押取赎年限有最长至若干年者?

答:过手保管之田产、房屋有无限期之抵押,各当铺则以二十六个月为限,逾一二月货未发卖,亦尚准赎;若乡邻私押,随时订期立契执凭。

（二十一）过手保管之不动产抵押,其抵押物之修理（如房屋修理）及保管费用,是否全归押主任之?

答:已于第八条内答复。

（二十二）过手保管之不动产抵押,于抵押期限中业主将其业出卖时,系如何办理?

答:应先尽押主受买。如押主不受,商明卖与他人扣存典价,或届限取赎,或先期取赎,三面商允,方免竞争,否则屋或难于搬移,田或早经播种,两不商妥,多致成讼。

（二十三）不过手保管之不动产抵押,其利息每年若干? 至业主到期不交利息,押主得如何办理?

答:押主不动产年息多寡无定,惟到期不交利息,押主得邀中保追取,再不交则过手保管,以租抵息,或迳找价作买,亦有彼此情商,加展期限者。

（二十四）以一不动产抵押于数人,则押主与押主间之权利有先后区别否?

答:有尽先不尽后之习惯。先押者管业,后押者追价。

(二十五)不过手保管之不动产抵押,若业主将不动产出卖于他人时,押主得向买主索还抵价否?

答:俗有"买卖不明,卖人自理"之谚。抑〔押〕主遇此等事,只能邀原中保向出卖人追还抵价。然民间公例未卖先清,典押主纠葛未清,买主亦难管业。若押主事前通知买主,嘱其扣存典价而不实行者,并得向买主取偿。

(二十六)业主变卖其抵押物摊还债务时,押主较他借主有尽先摊还之权利否?

答:以抵押物摊还债务,须向押主本息归清,方能变卖,是押主较他借主权利为优。若理劝情商,则无一定习惯。

(二十七)买得不过手管理有抵押之不动产者,得代业主备价向押主取赎抵押否?

答:得代业主备价取赎,押主只能收向抵价并利息,不能阻卖。

第五章　物权之消灭

(一)各国法律,凡权利者经过若干年后不行使权利,则其权利归于消灭。吾国关于物之权利亦有此习惯否? 如有此习惯,其年限若何? 且关于各种物权之消灭年限有无区别?

答:中国民法未修,物权消灭无一定年限。惟以物质钱者议定期限,取赎越限则消灭取赎之权;付钱雇工者订定何时起工,过时则消灭取还之权;交值定物者约定期日来取,逾期则消灭原定物之权。否则虽历年不行使之权利,一经行使,权利仍在,但有丧失而无消灭。

第三编　债权

第一章　契约

(一)订立契约时是否必以证书为据? 又,在证书外更须用别种之方法否(如中证人等)？其办法如何？试详述之。

答：契约外别无证书，惟契内必须载明经中何人，担保何人，书券何人，各于名下亲笔书押，方为完密。然彼此相信，则亲笔无中者有之。若典卖田地、房产，仍有检付原来老契及推税过户各种方法。

(二)未成年之人能否与人订约，抑或须由其家长父母出名？

答：未成年人不得与人订约，人亦不肯与之订约。偶有必须订约之事，亦应家长父母出名，如无家长及父者，则奉母一同列名书押。

(三)为人妻者及奴婢与人订约，应否得家长及夫之许可，抑或一切契约均须家长及夫出名代订？

答：为人妻者不得背夫与人订约，如其夫外出，因事不能不立契约，则仍其夫出名。奴婢则卖身者，无私产，不得与人订约；雇请者，苟不干涉家长之事，则皆得自由。

(四)托人代订契约时，关于左揭各项情形试详述之：

答：本省无托人代订契约之事，惟帮伙代主人、子弟代父兄者容或有之，谨就此项习惯条答于下：

(甲)代理人与人订约能自行出名否，抑或须用本人名义？

答：子弟代父兄仍用父兄本人名义，代理人附注于下。帮伙代主人，如不出权限之外，可自出名。

(乙)代理人之有无代理权限，及其权限如何，应以何法证明？

答：代理人之权限，如店肆掌柜一切可以自由，若东主有命令即当遵照，倘被东主撤退，代理权则立时消灭。

(丙)代理人所订契约若出其权限之外，本人可不承认否？如可不承认，代理人对于彼造应否照所订契约自负履行之责？若彼造更有损害，是否并须赔偿？

答：代理人订约有逾权限，本人可不承认。代理人对于彼造不能不照约履行，倘于彼造有损，应负赔偿之责。

(丁)代理人受托后得转托他人代订契约否？如得转托他人，则其所托之人苟办理不善,本人因之受损,代理人并其所托之人对本人应负赔偿之责否?

答:转托他人原无不可,若办理不善,则代理人与其所托之人均不得辞其责,如累本人损失,自应赔偿。然或衡情酌理,损失有因,或彼此友谊,或代理人贫窭,则免其赔偿者居多数。

(五)契约若定有期限,在期限未满以前,债主得以索偿否?

答:契约既有期限,自应依期索偿。然若因事通融,亦可商量办理。如债户不认可,仍当俟至满期。

(六)契约若无定期限,债主须俟何时方得索偿?

答:无期契约,议息者息不清可索偿,或息清而债主需用,则彼此相商;若既无期又不计息,是为情借,或年终索偿,或债主需用时索偿,或负债人有进益时索偿,无一定习惯。

(七)履行契约应在何地?若未约定,债主应否至债户家索偿,抑或由债户送还债主家,又或可另定一地以为履行之地?试分别言之。

答:履行契约既未约定何地,债主可向债户家索偿,亦可由债户送还债主家内,或另定某墟某市或某中保处为履行之地。

(八)债户若逾限尚不履行契约,债主因以受损,债主得使债户赔偿否?

答:有使债户赔偿之理由,然约限既不履行,则赔偿亦多无力。若有力者,自当实行赔偿。

(九)契约若约定应为某事而债户不为时,债主得以债户之钱请人代为,以副原约否?

答:约定应为而债户不为,债主得向理论。如理论无效,得以债户之钱请人代为。

(十)契约若约定不准为某事而债户竟为时,债主得以债户之钱请人除其所为,以副原约否?

答:约定不准为而债户为之,债主亦得向理论。如理论无效,得以债户之钱请人除其所为。

(十一)债户依限履行契约,债主若不领受,债户得以该物托人保管,以免其责否?

答:得以该物当众托中证人保管,以免其责。若私相授受,债主未必承认。

（十二）债户依限履行契约，债主若不领受，债户因以受损，债户得使债主赔偿否？

答：亦有得使赔偿之理由。

（十三）交付银钱时，或用银元，或用外国货币，有一定之办法否？

答：中国货币无划一章程，江西尤为紊乱。省城银市通用九三八平，各埠汇款及库银均以九三八平核计，平色随时涨落。银元则通用日本龙洋，他项银元另行作价。钱市则票钱、铜元、制钱价值不一，赣南等属则通用广东银圆，广、饶两府尚有沿用墨西哥洋元之处。若九江商埠则通用鹰洋及中外银行纸币，其银市则以曹平为本位，由僻小县则银洋亦稀，出入多以钱数计算，或行用本地花票。因是交付银钱无一定办法，惟照原契借银还银、借洋还洋、借钱还钱，彼此照依时价折合则可耳。

（十四）契约约明有利，若其利率若干未经明定，则依本地习惯，每月或每年应付若干方得免责？

答：既已约明有利，则利率若干自必登载。若云照例行息，则必该地方有一定习惯，如并无照例行息之语，则多属情借，或酌量付息，或不付息，均可免责，且有债户付息而债主不肯收受者。

（十五）债户若逾限不付利息，债主因以受损，债主得使债户赔｛偿｝否？

答：有得使赔偿损失之理由，然理论者多责偿者少，且债户贫困，索偿亦多无效。

（十六）债户若逾限不付利息，债主得以所欠利息作为元本重征利息否？若许重征，其所欠利息应积至若干，并所误期限应迟至何时债主方得如此办理？

答：转利作本，因而重征利息，债权上常有此事。至欠利积至若干，误期迟至何时，均无一定。其甚者或按月结算，结后作本，次则按季结算、按年结算，均结后作本。有契约者，凭契约办理。然债主或家资饶裕，或存心仁厚，则亦有自愿放弃此权利者。

（十七）一契约债主数人，债户亦有数人时，其各债主、各债户之权利义务是否平等均分，抑或另有办法？试详言之。

答：此等事亦甚少，间或有之，则权利义务自应平均，亦各有人分担，或另立契约办法。

（十八）债主数人同一债权，债户所负债务若仅一物，不能分偿各债主时，则债主中一人可否代各债主而对债户索偿，抑或须会同各债主方得索偿？又，债户若以其物交还一债主时，对他债主能免其责否，抑或须约齐各债主当面交还，方得免责？试分析言之。

答：同属债主，一人亦可索偿，惟债户交还时，总以约齐各债主为妥。若原订契约在债主一人处交还，此人取消契约亦得免责。

（十九）债户数人同负一债，各债户若与债主约明连带负责，则债主或对债户中一人索偿全部之债，或同时对各债户索偿全部之债，又或顺次对各债户索偿全部之债，是否属其自由？

答：既已约明连带负责，则债主对一人索偿，或对各债户索偿，或顺次索偿，均得自由。

（二十）前条债户中一人若有特别事故（如更改、抵销、免除等），其所应负之债额归于消灭时，则他债户按其所消灭之数，是否得以援免？

答：连带债务中之一人有特别事故，消灭其应负之债额，他债户无事故不得援免。

（二十一）前条债户中一人若清偿债务，则对他债户按其所应免之债额是否得以索偿？

答：一人消偿共同之债务，须先时通知他债户，他债户许照应免之额认偿，然后可以索偿。

（二十二）契约若有保证之人，则关于左揭各项情形，试分别言之：

答：契约有列保证人之习惯，谨按条答复于下：

（甲）保证人之资格能力有何限制？

答：资格能力以两造信服之人为限制，大率素行诚实或稍有家资者。

（乙）保证人对债主负何责任？

答：证人负证明此债之责任，保人负保偿此债之责任。

（丙）保证人在保证债务外，对于利息违约罚款并赔偿损害之事等，亦负保证之责否？

答：有关此项债务之事应并负责任，然违约罚款及赔偿损失亦鲜实行。

（丁）保证人所负之责得较重于本契约所定者否？

答：保证人能照约履行已属难得，不能加重。

（戊）债户若尚有资力，吝不还债，债主不与交涉，值〔直〕向保证人索偿时，保证人对债主应用何法抵制？

答：债主向保证人索偿，保证人向债户索偿，或保证人带同债主至债户家索偿，或迳由保证人禀官裁判。

（己）债主至期不即索偿，至债户擅自消费，资力有缺，其后不能清偿时，与保证人责任有何影响？

答：保证人责任可以稍轻，不能置之不理，若保证人预先当众说明，而债主犹食息压借者，保证人并可卸责。

（庚）保证人若有数人，其保证之法如何？

答：有分为保人、证人者。保人责重，证人责轻。有统书保证人者，则无轻重之别。

（辛）保证人代债户偿债后，对债户有何权利？

答：既代偿债，应向债户追缴，或一时难偿，另立契约，此后对于债户有债主之权利。若债户已破产，则惟有立兴隆票，俟其兴隆而已。

（二十三）债主、债户间若各有欠债，可否互相抵销？又，两债务期限若有不同，或依契约所定，其债务各不相同不能抵销，是否各应偿债，不得援抵销之例办理？

答：可抵销者抵之，若契约所定债务各有不同不能抵销者，仍各偿各债，此等事总须彼此商办。

（二十四）前后有二契约，以后契约废弃前契约时，前契约是否归于消灭？如归消灭，则前契约如有保证人，或以物件作担保，后契约得以援用否？

答：有后契约，前契约自物〔动〕消灭，其前契约之保证人及担保之物件援用与否，彼此妥商。

（二十五）各国法律，债主若经过若干年不对债户索债，其债权有归消灭、不能再行索偿之例，吾国亦有此惯例否？如有此例，则其年限以若干年为限？又，因各债务之不相同,其年限亦有不同否?

答:中国无经若干年不对债户索偿其债权即归消灭之法律,但使契约可据,子孙亦能索偿。惟年湮代远,保证不存,苟无的据确凭,索偿亦多无效。

(二十六)左揭各契约之情形如何,试分别言之:

答:左揭八项契约,分条答覆于下:

第一 赠与契约

(甲)以物与人,虽已约明,若未立有书据,与者得自反悔,将该约撤销否?

答:以物与人,非同买卖,与者反悔撤约,原无不可,但爱名誉、崇偿〔信〕义者,不肯出此。

(乙)以物与人,其物若有瑕疵或欠缺,与者应不〔否〕换给以完足之物?

答:物有瑕疵而换给完足之物,此在与者之自便,受者不能强争。

(丙)约定每月或每年与物若干,若未订明以若干年月为限,其契约以何时为完毕之期?

答:既未订明年限,则无完毕之期,惟行止听与者自便。譬如恤贫济乏,万一后来自己困窘,岂能强其接续施行? 或两方面有一死亡亦为完毕。若事关公益者,宜预先通知。

第二 买卖契约

(甲)彼此约定买卖一物,物、价均未交割,中途有一人违约不买或不卖时,其处理之方法如何?

答:一人违约,彼造可以责约。如已立契约,可照约议罚;若但凭口说,未立契约,则责有效、有不效耳。或事属细微,两无损失,彼此说明废约者有之。

(乙)约定买卖并付有定钱,中途有一人违约时,其定钱作何处理?

答:买卖既付定钱,违约不买者,不得将定钱收回;违约不卖者,彼造可以当众理论,或公同议罚。

(丙)买卖时应有一切用费(如夫马酒食等类)由买主、卖主何人任之?

答:多由买主任之,亦有两造平均担任者。饶、广等属有卖六买四之习惯。

（丁）买卖用费是否照实费计算，抑有特定标准（如价买若干，须加用费若干之类）？

答：买卖用费照实费计算。乡间有"典二卖三"之说，如典价千文，中证人得分用费二十文。亦有"典三卖四""田三屋四"之说，或随时议订，则又多寡无定。若牙行买卖，有取诸买者，有抽诸卖者，有两造均输用费者，各有时定标准，不能畸重畸轻。

（戊）买卖经过一定期限，如未付价，或付价未清，卖主可向买主索加利息，或撤销买卖之约否？

答：买卖逾期，价值未付或未清付，卖主须先催付价，再不付，则撤销前约，或向买主索加利息。

（己）买卖已成交后（指物、价均已交割，或物已交清，价尚未付清时而言），买主如不合意，有无退换之事？其退换之办法如何？

答：买卖已经成交，买主虽不合意，不得退换；如必须退换，与卖主商妥，或赔偿其损失。

（庚）买卖已成交后，如买主因该物有缺损差异（如数量不足、品质有异之类）与原约不符时，其退换之方法如何？

答：物与约不符，买主得向卖主退换，或酌减原价，或增加……

［原书缺三十一叶］

其约否？

答：买卖已成定约，买主、卖主有一人死亡，承继人须照约履行，不得撤销。如不得已而撤销，亦须两面商妥。

（寅）已定买之物，因天灾事变致有毁损、灭失时，其处理之法如何？

答：已付价者，卖主未必肯退；未付价者，买主未必肯付。或经中处理，彼此酌量贴补，既无一定规则，自无一定习惯。

（卯）买卖时卖主如预约买回，其价值如何预定？

答：预约买回，事不多见。有则必照原价，或于约内载明，俟买回时照市估值。倘原物窳败，亦必另议。

（辰）预定买回期限最长以若干年为限？

答：此等事甚少，无一定年限，大率总照抵押契约办理。

（巳）预约买回之物，买主可于期未到时转卖于他人否？如转卖后，原买主于期到时得向后买主买回否？

答：预约买回之物，约期未满，不应转卖，如不得已而转卖，亦应接续前约，订明准赎，以便原卖主照约买回，否则违碍公理。

（午）买回之物，其未买回以前所有修理、保管一切用费应算入买价中否？

答：无租息之物，修理、保管各费自应算入买价；有租息之物，则须视当时订约为定。

第三　借贷契约（分为三种：曰消费借贷，曰使用借贷，曰租赁）

一　消费借贷（以金钱或物借人，许其自由消费后以同样之钱或物归还者，曰消费借贷）

（甲）消费借贷之预约若未交清，适遇借主或贷主破产时，其契约效力是否即归消灭？

答：借户破产，此项借贷多半消灭，或另立契约，俟借户兴隆日归偿。若贷主破产，则未交之物消灭，已交之物不能消灭。

（乙）消费借贷之约若订有利息，则贷主所贷与之物苟有瑕疵，应否换给以完全之物？

答：贷与之物苟有瑕疵，偕〔借〕户亦必不受。若借户无异言，则亦无庸换给。

（丙）不定期之消费借贷，贷主得随时向借主索偿否？

答：既不定期，则可随时索偿。

（丁）定期之消费借贷，在期限中借主破产，贷主得即向之索偿否？

答：借户已经被〔破〕产，遇此则无偿期，虽未满限，亦可索取。

一　使用借贷（以物借人使用，约定以原物归还者，曰使用借贷）

（甲）使用借贷契约若定明使用之法而借主不照约使用时，贷主得将该约即行解除否？又，有损害时，更得向索赔偿否？

答：契约既已定明使用之法，借户违约，贷主得将〔将〕该约解除；如有损害，亦得索偿。

（乙）借主若欲以所借之物转借他人，应否经贷主之允许？苟不经允许擅行转借时，贷主对之有何办法？

答：借户以所借之物转借他人，货主如不允许，可向原借户索回。

（丙）所借之物如有灭失毁损，借主得以同样之物或折价偿还否？其计算以何时之率为准？

答：所借之物如有损失，自应以同样之物赔偿。若折价偿还，则以偿还时价值为准。

（丁）所借之物，其必须修理、｛保｝管、培养（如牛马食料之类）一切用费由贷主、借主何人任之？

答：所借如系必须修理、保管、培养之物，其费用应由借户｛任｝之。若托借户代为修理，则仍贷主任之。

（戊）由借贷物所生之果实（如畜类产子、花木结果之类），原约未定归何人所有，贷主得向借主索还其果实之一部或全部否？

答：借贷物本不收赁金，与下条租赁有别，则由该物所发生之果实，自应全部还之贷主。若借户耗费培养之资，贷主亦当酌量津贴。如马生驹、牛养犊多立契约，两人均分。

（己）不定期之使用借贷，贷主得随时向借主索偿否？

答：既不定期，自可随时索还。

一 〔借〕租赁（以钱租物使用之约曰租赁，分而为二：曰不动产租赁，曰动产租赁），兹分别拟题如左：

不动产租赁

（甲）租主所纳保证金（俗称押租）多少？以何为准（如以租金几分之几为率之类）？

答：田地多系贫民租种，但有契约而无押租，然大宗庄田亦有由庄户付保证金，以防其收获后逃亡者，数目多少，彼此订议，无一定规则。市房多以全年租金十分之一二为率，亦有宅主需用，情愿减轻租金、加重押租者。住房则多预收一月房租作为押租，或预收一季房租作为押租，其按年收租者，亦有预收一年房租作为押租之习，皆于立契约时议定。

（乙）住宅租金,其交纳期限共分几种(如按月、按季之类)？有无先期交纳者？如逾限不交,宅主可向租主索加利息否？

答:住宅租金,多按月交纳,亦有按季、按年交纳者,总在立约时订定。先期交纳,亦事所常有。若逾限不交,宅主得向追取,或令退租,罕有索加利息之事。

（丙）租宅期限中遇房价腾贵,宅主可向租主索加租金否？

答:既已约定期限,自不得于限内索加租金。

（丁）租佃田土耕种者,其认租之法如何(如按亩计算,每亩计租若干,或照收获之额计算,业主、佃户各分若干之类)？

答:租田耕种,大率每亩认租谷一石,沃壤或加多,瘠土或减少。亦有立定契约,照收获额数计算者,业主、佃户平分为多。

（戊）田土认租是否仅于秋取时交纳一次,抑有无按照所出各种谷物分季交纳者(如夏季纳麦、秋季纳稻之类)？

答:田则秋收交租一次,亦有早晚二稻之田分两次交纳者,获麦向不纳租。地则种粟纳粟,种麦纳麦,或亦折谷折钱,总在立契约时议定。

（己）田土认租是否皆以谷物交纳,抑系以金钱折算？其折算之法是否皆照时价,抑有预定之率？

答:普通以谷物交纳。若折钱则须照时价,亦有立契约时预定每年交钱若干以代租谷者。

（庚）荒年歉收,佃户可向田主请求免租或缓租否？其缓租期限如何预定？补纳时有无如〔加〕认利息之事？

答:每遇歉年佃户请田主看田议租,如议不妥,则眼同收获业佃匀派,若全荒则免租,无缓租补纳、如〔加〕认利息之事。

（辛）租佃空地修造房屋或为牧畜种植之用者,其租金如何计算？

答:坐落有繁盛、僻陋之殊,地方有殷富、贫窭之别。租金如何计算,在立约时彼此妥商。

（壬）租佃山林专为采取柴木果物用者，其租金如何计算？有无以所出之物纳租者？

答：有以所出物纳租者，有以金钱折算者，须于立约时议定。

（癸）租佃田宅、山林，其预定期限有最长至若干年者？有无不定期限，约定永归一人承租者？

答：租佃有预定期限者，长短听人议订；有不定期限者，但一方面有事故即可退租。惟店铺牌号所关，有约定永归一人承租者，而田亩则无之。

（子）定期租佃期限中物主将租物出卖，租主得仍继续承租满期否？

答：物主出卖时订定仍归原佃承租则可继续租赁，否则须听买主之便。如不得续租而租户有损失，可邀公正人处理此等事，总以出卖租物时邀同租户三面议妥为善。

（丑）租佃之物遇有必须修理之时（如房屋、堤防破损，沟堰淤塞之类），其用费是否概由物主担任？

答：田地、山场多由物主担任，房屋则间有大修归业、小修归租户者，总在立契约时议定。

（寅）租主将租物加工以求坚美，其用费可向物主索偿否？

答：先通知物主，物主认可方免异议，否则索偿有无效者。

（卯）租主或物主若欲解租，在解租前须互相先期通知否？其通知期限若何（如前若干月之类）？

答：房屋须前一月通知，田地须于未耕作之前一两月通知。

（辰）租主自行添置之物（指附着于租物上者），解租时得概行撤去否？物主如愿接受，其价值如何计算？

答：租户添置之物解租时得概行撤去，的〔物〕主如愿接受，惟彼此议值，无限制法。

（巳）田方播种或田稼将熟，田主得遽解租以田改佃他人否？

答：不得解租改佃。如上年欠租延约至播种时仍未完纳，则邀中阻种者有之。

（午）租主破产，物主是否即得解除原约？

答：得以解除原约，然佃户若向不欠租，虽已破产，亦有两不相涉而无唐〔庸〕解除租约者。

（未）租主若经物主允许以物转租他人,转租主对物主间关系如何处理?

答:经物主允许转租他人,则原租户已不负责任,其纳租一切均由转租人直接担承。

动产租赁

（甲）赁用之物,其必须修理、保管、培养一切用费是否由物主自任,抑有由赁用之人分任者否?

答:暂时赁用之物只须保管,无庸培养,不能开报用费。如有必需修理者,当时看明,或以修费抵减租金。若当时赁用之物租户亦有保管之责,其修理、培养各费应归物主。

（乙）赁用之物如因天灾事变毁损灭失时,赁用之人得免赔偿之责否?

答:意外灾变致有毁损灭失,有得免赔偿之理由,然苟不租赁,何至殃及,则责令赔偿,亦不为过。总视双方之境遇如何及人情之厚薄如何耳。

（丙）赁用之物如有毁损灭失时,赁用人得以同样之物或折价偿还否?其价以何时为准?

答:得以同样之物偿还。若折价,则照时值为准。

（丁）因赁用物所生果实是否概归物主,抑有归赁用之人者否?

答:物主得赁金,果实应归租户。若马牛将产而出租、桃李结果而转赁,有议明本届果实仍归物主者。

（戊）不定期赁用之物,物主可随时向赁用人索还否?

答:可随时索还。

第四　雇佣契约

（甲）佣人有无缴纳保证金之事（如商店学徒缴纳押柜之类）?其处理之方法如何?

答:商店学徒有缴纳押柜者,有无须缴纳押柜者,其商家经管银钱之伙友与富室管钱租之司事亦有预缴保证金者,其保证金或由雇主给息,或不给息,总在双方妥议,日后解除契约,保金如数发还。倘有借欠卷逃情事,即以此金扣抵。若寻常雇佣,无缴纳保证金之习惯。

（乙）雇佣期限有最长至若干年者？又，有无定终身为佣之约者（凡因买卖抵押终身为佣者不在此类）？

答：雇佣期限长短无定。若主仆相得，则终身投靠者有之，但无订定终身为佣之约之习惯。

（丙）给付佣金有定期者，雇主如过期不给，佣人可向雇主索加利息否？

答：可索佣金，可解佣约，不能索加利息。若订明存放，则按月计息者有之。

（丁）有期限之雇佣，在期限内因物价腾贵，可求雇主增给佣金否？

答：既已订定期限，在期限内不能索加佣金，必不得已只可情商，允否应听雇主之便。

（戊）雇主不经佣人承诺得使佣人为他人服劳否？又，佣人不经雇主承诺得使他人自代否？

答：雇主不经佣人承诺得使佣人为他人服劳，缘受我佣值也；佣人不经雇主承诺不得使他人自代，缘受雇于人者我也。

（己）雇佣于期限内雇主无故解佣，有须别给佣金者否？又，佣人无故解佣，有须缴还佣金者否？

答：于期限内无故解佣，须得双方之愿意。

（庚）有期限之雇佣，在期限内雇主若遇破产，佣人得自行解佣否？

答：雇主破产，庸人得相商解佣，不得迳行解佣。

（辛）佣人因服劳致疾或死亡而解佣时，雇主对于佣人或其家族有无给养之事？

答：给养之有无与给养之隆杀，视雇主家资贫富、存心厚薄及主仆之感情为差。

第五　承揽契约（为人包办事件或完成工作而取报酬，谓之承揽。承办之人，谓之承揽人。以事工交人承办之人，谓之出揽人。）

（甲）承揽人于事工未完时死亡，其承揽之责须由其承继人继续负之否？

答：须由其承继人接续担负。如承继人无担负之能力，则由出揽人另觅他人承揽。

（乙）承揽事工逾限尚未完成，出揽人得另觅人承办否？

答：逾限未完，得另觅人承揽。若他人因逾限不肯接受，则惟有责成原承揽人迅速竣事。

（丙）因物价腾贵或事变发生,致原约承揽用费不足而事工不能完成时,承揽人得向出揽人索加用费或解除承揽之约否?

答:如实因物价腾贵、事变发生致原约用费不足,承揽人索加用费,出揽人亦应酌量贴补,但不得解除承揽之约。

（丁）承揽工作中途遇天灾事变致前工尽弃,承揽人得向出揽人索取赔偿否?

答:如实因天灾事变致前工尽弃,多由两方面分任亏损。

（戊）承揽工作,其定保固年限（即约定至若干年止,遇有毁损须由承揽人赔修之事）有最长至若干年者?

答:保固须分别何项工作,无一定年限,有长至三十年者。

（己）承揽工作由出揽人自出材料或示以一定办法,而其材料恶劣、定法不良,致于保固年限中工作毁损时,承揽人得免赔修之责否?

答:材料恶劣、办法不良,承揽人则当说明在先,不认保固。如已立约保固并订有年限,则限内毁损,仍应赔修。

（庚）于保固年限内工作毁损,有于赔修之外别议处罚者否?

答:只令赔修,别无处罚。

（辛）保固年限中承揽人死亡,其承继人须继续{负}保固之责否?

答:承继人如接续承揽,则继负保固之责,否则不能担任。

（壬）承揽人有甲乙二人,于保固年限中因甲修之一部不固致乙修之一部毁损,其赔修之责由甲乙何人负之?

答:察视得实,应令甲负赔修之责。

（癸）出揽人若遇破产,承揽人得即解除原约否? 又,解除原约时,承揽人得对已完之事工请求报酬否?

答:所承揽之工程在破产范围内,得即解除承揽原约;若与破产不相涉者,须得双方之同意,不能强行解除。至解除原约时已完之工请求报酬,原无不可。

第六　委托契约(即以事托人代办之约)

(甲)委托人如要求报告委托事务情形,受托人是否须即报告？又,委办事毕,受托人应否即将其颠末报告？

答:既受委托,均须报告。

(乙)委托之事若须用费,委托人应否先行支付？

答:用费自应先付。

(丙)受托人因处理委托事务得有财物或权利,应否移归于委托人？

答:有移归委托人者,有即以此报酬受托人者,视双方之交情与任事之难易。

(丁)受托人若将应归委托人之银钱自行消费,应否算还利息？

答:受人委托而消费其应归之银钱,已属非是,即算还利息,尚须向委托人妥商。然委托人或但责其归偿,不收其利息。

(戊)受托人因处理委托事务代委托人支付用费或负债时,委托人须认偿否？又,受托人得向索保证人及财物以为保证否？

答:代付用费如系应用款项,或先已报告得委托人之认可,自应责令偿还。即向索保证人及以财物有保证者,亦间有之。

(己)受托人得向委托人索报酬否？

答:既有契约,自必订明在先,或事后听其酌量酬报。若索报酬,则有乖雅道矣。

(庚)委托人因处理委托事务,如自己并无过失竟至受损,得向委托人索偿否？

答:得向索偿。然若不先通知或于委托人无关涉,则索偿有效、有不效。

第七　寄托契约(即以物寄托他人代为保管之约)

答:此项契约赣省亦不经见,仍就人情风俗按条答复。

(甲)保管物件如须用费,受托人可否请寄托人先行支付？

答:可请先行支付。

(乙)受寄人因保管物件得有财物,应否移归于寄托人？

答:受寄人爱名誉,则以所得财物移归寄托人；寄托人重交谊,则以移归财物交还受寄人。

(丙)受寄人未经寄托人承诺得以寄托物自行使用否？或以寄托物转托他人代为经管否？

答：使用而无损坏，偶然借用，原无不可，或因事故不能经管，转托他人，亦不为过。若缘借而毁伤，转托人而损害，则受寄人应负赔偿之责任。

(丁)受寄人因保管物件代寄托人支付用费或负债时，寄托人须认偿否？又，受寄人得向索保证人及财物以为保证否？

答：如实系应用之费，寄托人自当认偿。若事关重要，则受寄人向索保证人者有之，至必凭财物为保证，则未免太过。

(戊)因寄托物有瑕疵致使受寄人受损时，寄托人应负赔偿之责否？

答：因寄托物而致受损，寄托人赔偿与否视交情之厚薄与处境之窘裕。若寄托人有意陷害，如违禁物、危险物之类，受寄人不知情者，则当公议处罚。

(己)有期寄托契约，寄托人得随时向之索还否？

答：寄托之物虽未届期，亦可索还。如需人力培养，若耕牛之属藉耕作之力为酬报者，既已约期，自当遵守。

(庚)受寄人得向寄托人索报酬否？

答：既有契约，应先订明，如于约外索酬，已失睦姻之谊。

第八　合伙契约(即合伙共营事业之约)

(甲)依合伙契约，各股东所认之股本及经营事业所得之利益，是否作为各股东共有之财产？

答：均得作为共有之财产。

(乙)认股之法是否专用银钱，抑或劳力、信用等亦许作为股本？

答：资本家专用银钱，经理人或许以劳力、信用作为股本。

(丙)经营事业时，其处理事务之人若有数人，其事项应以何法决行(如以过半数议决，或一人独得专行之类)？

答：处理事务虽有数人，其事项之决行必由总经理人主持之。若事关重大，亦或取多数人之同意，或邀集众股东，从多数议决。

（丁）依合伙契约，若专委股东数人以当处理事务之任，则闲散之股东得随时检查其事业及财产之情形否？

答：理事不能无专责，闲散究莫非股东，得于年终清帐时检查事业、财产。若有特别事故，亦得随时检查，惟不得侵处理事务人之权限。

（戊）经营事业如有得利及亏本之事，各股东间以何标准而决其分担之法？

答：得利则按股分摊，经理人亦酌分红利；亏本则应检查是公亏抑是私亏，公亏公派，私亏则公同追缴。

（己）各股东在结算以前得请收回股本并分割财产以脱合伙之关系否？

答：股东欲收回股本，分割财产，须在结算之期取消合伙契约方为正办。若于结算以前行之，商允众股东，亦无不可。

（庚）合伙契约若定有期限，各股东得随时自行脱退否？

答：合约既有期限，自不得随时脱退，然彼此商允，亦可不拘。

（辛）股东如遇死亡、破产，是否作为脱退合伙关系？

答：股东死亡，家属承受，不得作为脱退合伙。若破产，须视此项合伙之营业盈亏若何，盈则须将出归入破产案内办理，亏则连同各债务匀摊。

（壬）股东如有不合之处，经各股东全体商定后，可否即行除名？

答：如实有不合之理由，各股东全体商定，可交还其该股应有之本息，取消合约，然后除名。若该股东不服，仍须经中理论。

（癸）脱退合伙关系之股东与各股东结算帐目，其估定财产财值以何时市价为准？此时若尚有未了事件，是否俟清了之后再行结算？

答：脱退合伙财产，应照时价估值。如有未了事件，俟清了之后结算。

（子）合伙事业苟经解散，其结算帐目应否会同各股东而〔面〕行清算，抑有无选任数人委令清算之事？

答：各股东会同面算者居多数，选任数人委令清算者居少数。

（丑）结算帐目之人若有数人，其事项应以何法决行？

答：结算虽有数人，帐目总归一律。如不一律，则当研究其误点所在，而解次履行。若意见参差，应从另数次议。

第二章　无委任之事务管理

（一）无受他人委托而管理其事务时，其两人间对于左列各项之关系如何？试详言之。

答：无委任而管理事务必系至亲尊属或戚属，其对于左列各项，谨按条详答。

（甲）管理人应用何法管理事务？

答：惟公平可以免谤，惟受亏可以寡怨。至出入各款，详悉登记，尤为紧要。

（乙）因管理事务致使本人受损，管理人应负赔偿之责否？

答：管理不善而出于无心，本可不负赔偿之责。然无委任之管理多属义举，则自愿赔偿者有之。

（丙）管理人既管理事务后，应否通知本人？

答：本人如有知识又非逃亡，自应通知本人。

（丁）管理人既管理事务后，在本人未能接管间，应否继续负管理之责？

答：应继续负管理之责。

（戊）管理人既管理事务，代本人支出用费并负债，得向本人索偿否？又，得向索保证人及财物以为保证否？

答：因管理而支用与因管理而负债，均得向本人索偿。惟既管理事务，何必更索保证人，又何必索财物以为保证。

（己）本人如有要求报告管理事务情形，管理人是否即须报告？又，本人接管时，管理人应否即将其颠末报告？

答:本人即不要求,管理人亦当随时报告。如本人能接管,即应详陈颠末,俾无歧误。

(庚)管理人因管理事务得有财物或权利,应否移归于本人?

答:伏义者或移归本人,贪婪者或因以为利。

(辛)管理人若将应归本人之银钱自行消费,应否算还利息?

答:不应消费而消费者,未必算还利息。如果算还利息,则是代为存放,并非消费。

第三章　无因得利

一、借人之财产、劳力私自得利,致使人受损,而其利益又系非所应得者,则两人间之关系如何?

答:无法律上之原因而利己损人,小则乡邻不齿,大则公众惩罚,且受损者亦必与之论理。

第四章　不法行为

(一)因故意或过失毁人名誉、损人材〔财〕产、伤人身体、杀人生命者,对于被害人及其遗族,加害人应负赔偿损害之责否?若应赔偿,试详述其办法如何。

答:故意毁人名誉者,人得面斥责之,或令服礼,过失者或且原之,均无赔偿损害之事。损人财产,则照数偿还。伤人身体,则医治保辜。杀人生命,则禀官惩治。惟故意与过失不无轻重之别。毁名誉一层,中国社会似不甚看重,然欲人民程度增高,非重视名誉不可,似宜严定处罚章程,庶足养成高尚之国民,挽回浇薄之旧俗。

(二)未成年人若因不法行为对人加以损害,应负赔偿之责否?又,其父母及其监督之人亦应负责否?

答:《周礼》三赦之法,一曰幼弱,迄今犹承此制,是未成年之人即对他人而有损害,亦虽科罪,然赔偿财物则视其家资之丰啬与受害人之境遇以为差别,其父母及监督均不得置身事外。惟中国旧律七岁以下为未成年，犹可说也。今以二十五岁为成年，前此十数年间血气方刚，何事不可为，若援"三赦"之条，恐非太平之福。是在司法者之变而通之耳。

（三）为人妻者若因不法行为对人加以损害，其夫应负赔偿之责否？

答：妇人犯法罪坐夫。另犯法者固罪有应得，其夫亦难脱累。

（四）狂人及愚痴之人若因不法行为对人加以损害，其监督之人应负赔偿之责否？

答：不能尽监督之义务，则应负赔偿之责任。

（五）被役使人若因不法行为对人加以损害，其主人应负赔偿之责否？

答：主人有役使之权，无监督之责，如系故意害人之事，罪坐犯法人，主人不在场喝令，可不任赔偿。若因执行使用者之事务而过失害〔害〕人，其主人不能不负责任。

（六）妻子被人加害，其夫及其父母得索赔偿否？

答：妻子被人加害，须审察妻子有无过咎。如其一无不是，其夫、其父母得索赔偿。

（七）狂人、愚痴之人、被役使人被人加害，其监督之人得索赔偿否？

答：亦须审察被害人有无过咎，如实遭横逆，其监督人、其主人得索赔偿。

（八）加害人如系二人以上而有左揭各项情形者，其赔偿之责任有分轻重与否？试详述之。

答：中国旧律以造意为首，实行为从。欧洲多数之国以实行为首，造意为从。日本酌于二者之间，实行、造意皆为正犯，惟帮助者为从犯。民间习惯视国法为转移，我国新律尚未实行，习惯亦仍旧俗，谨条答如下：

（甲）共谋

答：起意者责任重，听从者较轻。

（乙）并无共谋，系适与共同加害者

答：亦必有先行起意之人，其责任较重。

（丙）一造教唆他造者

答：教唆者虽未共同加害，然意在主使他人生犯法之行为，如毁人名誉等事，与共同加害无异。若杀人生命，则应以是否临场指使为断。

(丁)一造帮助他造者

答：毁人名誉等事则共负责任，无分重轻；若杀人则帮助者以从犯论。

(戊)一造利用不知情形之他造者

答：毁人名誉等事不知情者得从末减；若杀人生命，则须审察利用者如何情形，不知情者如何下手，方能定识。

第四编　亲属关系

第一章　总则

(一)依本地习惯，亲属二字包括何人？

答：以本省习惯，五服内为亲属，上自高曾祖父，下至子孙曾元，连本身为九族，其同辈昆弟俱包括在内。又母族、妻族、兄弟及子之妻族、姑姊妹及女之夫族亦为亲属。

(二)得〔为〕人后者对于所后者之亲属，其亲属关系是否与亲生者同？

答：为人后者为之子，应与亲生无异。

(三)凡由婚姻而生之亲属关系，离婚后尚承认否？

答：既已离婚，多不承认。

(四)凡由承继而生之亲属关系，归宗后尚承认否？

答：若由承继而生之亲属，归宗以后可以不认不为后也。妻者斯不为白也，母可以类推。然亦有义绝而恩未断者，则仍承认。

第二章　家制

(一)家长是否必以一家中之最尊长者为之？

答：应以男子之最尊者为家长。

(二)一家中最尊长者遇老病不能理家政时，或志在静修不愿理家政时，次尊长者是否即居家长之位,抑仅代理家长之事?

答:普通以次尊长者代理家长之事,或由最尊长者择一人处理,谓之委定代理人,然重大事仍当禀承家长,均不能迳居家长之位。

(三)一家中辈最尊者尚未及岁,是否先以次尊者为家长?(譬如一家兄弟二人并不分家,兄死弟幼,而兄之子则年长,是否以兄之子为家长?)

答:国赖长君,家赖长丁,应由年长者处理家务,而家长之名仍归于行辈最尊者。

(四)家中无男丁,或有男丁而未及岁者,妇女得为家长否?

答:即不名为家长,亦应负家长之责任。

(五)依本地之习惯,何者为一家之公产?何者为家属之私蓄?

答:祖遗者、公共营置者暨由此项发生者均为公产,若子弟以自己之能力置买产业与私自积储之银钱衣物,及其妻之嫁奁,皆得为私蓄。然子弟贤者,或因家贫,仍悉数缴交家长,作为公产。

第三章 婚姻

(一)男子定婚寻常在若干年岁左右?女子在若干年岁左右?

答:早有指腹为婚者,迟有婚嫁失时者。若寻常习惯,总在十岁以后,二十岁以前。

(二)外姻亲属中不得互相结婚者有几?

答:外姻亲属无不得结婚之习惯。惟辈分大小不同,则有不结婚者。

(三)父母主婚有先询其子女之意见者否?

答:中国无自由结婚之习惯,均听父母主持,然舐犊之爱,人情不免先询子女意见,或先察视其意见者,亦间有之。

(四)定婚请书、允书之式若何?

答:以红柬加签,男家书"敬求金诺",女家书"祇遵台命",语意虚悬,殊乖文理,更有乡学究编成骈启,尤为鄙俚。诗礼之家多只用红柬三副,一姻愚侄某人,一姻愚弟某人,一姻世弟某人,谓之三代帖;另用金笺二副,书男庚于左方,送至女家,封面写"文定厥祥""天作之合"等字,女家即书女庚于右方,留存一副,还一副于男家,名为传庚。

(五)定婚后,未婚之男死亡,女得别嫁否?

答:未成夫妇本可不必守贞,然贤者过之,亦有终身不别嫁者。

(六)定婚时未订婚期,逾多年无故不嫁或无故不娶者,各得别娶别嫁否?

答:须凭原媒人或经中人商允,两造退回婚帖,方得别娶别嫁。

(七)定婚后、成婚前,男女之一造有犯奸盗者,彼造得退婚者〔否〕?

答:如奸盗事迹昭著,亦可呈诉退婚。

(八)定婚后、成婚前,男女之一造有婴残废癫狂疾者,彼造得退婚否?

答:两家父母商允,亦得退婚。然贤明之儿女犹有自安义命者。

(九)夫死再嫁是否须经夫之父母允许,或须经妇之父母允许?夫死后约若许时期方得再嫁?

答:夫死再嫁例既不禁,父母翁姑亦难阻止,然亦必经翁姑之允许,其迟早时期视生计之亨屯,与女德之良劣。

(十)须有如何情形,夫得呈诉离婚?

答:妇人违忤翁姑,奸浮悍泼,有不可教训者,其夫得呈诉离婚。

(十一)须有如何情形,妇得呈诉离婚?

答:本省习惯,无妇人得呈诉离婚之事。中国礼教,夫为妻纲,男有出妻之条,妇有从夫之义,遇人不淑,安命而已,否则嗟怨而已。先圣王坊民之化涵濡数千年,其所以异于东西洋诸国者,此耳。

(十二)离婚之妇得携其子女同去否?

答:子承夫嗣,离婚之妇不得携去。然若因贫卖妻并无力抚养子女,亦有携去抚养,俟长成后归宗者。

(十三)夫妇财产是否皆为共有?妻之嫁资及妻以自己之名所得之财产是否归妻私有?妻私有之财产,夫得管理之否?

答：中国夫妻不分财，妻之嫁资及其私有之财产，其夫皆得管理。

（十四）离婚及妇再嫁者，妇得携其私有之财产以去否？

答：私携财产以去者事常有之，夫家准其携去者，亦人情所或有，然以为应得则不可。

（十五）赘婿招夫有无于定婚时订明夫须永远在妻家居住者？

答：赘婿招夫有订定年限者，亦有订明永远在妻家居住者。

（十六）关于夫妇财产之事，有无于定婚时订明契约者？

答：夫妻不分财，故无于定婚时订明财产契约之事。

第四章　亲子

（一）继母或嫡母遇有虐待其子之事，近支亲族可出而保护否？父死之时，有无预嘱近支亲族保护其子以免继母或嫡母之虐待者？

答：均世情之所有。

（二）父母虐待子女，近支亲族或官府得干预阻止否？

答：亲族得婉言劝导，如暴虐过甚，亦可干预阻止。官府非经控诉，无从干预。

（三）小儿在胎时期寻常以若干日为最多？若干日为最少？（以寻常之事实为最，其奇异偶有之事不必问。）

答：以三百一二十日为最多，二百五六十日为最少。

（四）寻常受胎时期之中父与母实不同居而生子者，父得不认其子否？

答：得不认为己子。然小儿在胎时期既长短之不同，古今奇异之胎亦时见于传记，必以寻常受胎时期为断，似亦不可。

（五）奸生子为父所收留，与其生母尚有母子关系否？

答：寡廉鲜耻之事自好者不为，未可以为习惯。

（六）奸生子已成立，如其父母欲认明为己子，须先经其允诺否？

答：与上条同。

第五章　监护

（一）凡未及岁之子女，上无父母，应由何人管教？其应行管教之人何人居先？何人居后？（如有祖父母者，先由祖父母管教；有胞伯叔者，先由胞伯叔管教。有无此习惯？）

答：有祖父母者由祖父母管教，无则胞伯叔管教，无胞伯叔则亲支尊长管教。

（二）父母临终时有无指定某人管教其子女者？

答：有临终时指托亲属管教其子女者，谓之托孤。

（三）管教他人之子女者是否兼为经理该子女之财产？其经理财产向用何种方法使免侵蚀？

答：有兼理财产者，有单任管教者。若兼理财产，则当凭同族戚或立契约，或不立契约，议订监督方法，务使该子女可以保全生计，而经理人亦免招惹是非。

（四）他人之子女及岁后，经理财产之人是否即将财产交还该子女，听其自行经理？其交还时是否须交出历年清帐，由近支亲族公同阅看？

答：他人子女及岁，经理人应将财产交还，并应交出历年清帐，亲族公阅。

（五）凡管教他人子女并经理其财产者，如有侵蚀情事，该子女之近支亲族得出而干预，另选管教经理之人否？

答：应出而干预，另选管教经理之人。

（六）管教他人子女、经理其财产，得收受酬劳之资否？

答：取受酬资原无不可，然此等事大都亲属关系，不肯收受者居多数。

（七）经理他人子女之财产者，于该子女之财产是否禁其自行买受或承租？如有自行买受或承租之事，该子女及岁后是否可索还不认？

答：代人经理财产而自行买受、自行承租，总非避嫌之道。若亲族公同商定，藉得产值，以资生计，则该子女及岁后亦不得索还。

（八）成年之人患癫狂、酗酒、流荡之习者，其财产是否可由家中尊长管理？其应行管理之人何人居先？何人居后？

答：此等维持财产之责，有父母者父母主之，无则胞伯叔主之，以亲疏长幼为先徒。

第六章　亲属会

（一）凡亲族会议由何人招集？集议何人主席？如何决事？决定后如何施行？

答：亲属会议应由事主招集，公益事由经理人招集，无经理人由熟心公益之人招集。集议时由至亲尊长主席。决事则公同决议，意见歧则从多数。决定后或由事主施行，或经理人施行，或公推一二人依议施行。

第七章　扶养之义务

（一）亲属中互负扶养之义务者为何人？

答：为族属戚属中最亲切、有身家、有能力之数人。

（二）负扶养义务者有数人时，何人应先担任？何人为次？

答：最亲者先担任，或家境最优裕者先担任。

（三）负扶养义务者有数人，而此数人居于同一应先担任之地位者，是否平均分担其义务？

答：或平均分担，或公议轮流分担。

（四）取〔受〕扶养权利者有数人时，何人应先享受？何人为次？

答：由亲及疏，或由老及幼，或择其最不容缓者，使先享受。

（五）受扶养权利者有数人，而此数人又居于同一应先享受之地位，则如何办理？

答：或仍由亲及疏，或均匀摊分，或邀集亲属有力者，分担扶养之责。

（六）凡负扶养之义务者，是否以其财力为准？无此财力者，是否可免其扶养？

答：需财力扶养者，以财力为准；需人力扶养者，不必以财力为准。然即扶养需财，而多财者或不担义务，乏财者或转抱热心，此在其人之自为，不能由他人之任免。

（七）凡受扶养权利者，是否以不能自存者为限？如有因怠惰流以致不能自存，其负扶养义务者是否可因此拒不扶养？如果可因此拒不扶养，何人当在例外（如同胞兄弟之类是否在例外）？

答：受扶养权利者应以不能自存者为限。若不肖子弟孽由自作，即拒不扶养，亦不为过。然存心仁厚者，或始拒之，而俾知悔悟，终纳之而予以矜全，虽在同胞，亦可一例看待。惟或济叔果痴，或周兄无慧，分属尊长，理应扶持，则真当在例外者。

第五编　承继关系

第一章　总则

（一）依本地习惯，承继种类有几（如承继宗祧、承继遗产之类）？

答：只有承继宗祧、承继遗产之两种类。若承继袭荫者，亦必承继宗祧，似不必别为一项。

（二）承继以何时为始？

答：承继宗祧以经凭亲族定继之日为始；承继遗产以有产权者付托之日为始，或有产权者病故为始。

（三）胎儿有承继之权否？

答：胎儿未知男女，本不应有承继之权。然或兄弟均无子，兄临死而弟妇有胎，亦得指胎承继，以杜争竞。出生时得男固无异议，得女再择近支亲者。

（四）承继人有不承认承继，自由抛弃者否？

答：既已承继，则承继宗祧者不得自由抛弃；承继遗产者亦未必肯无故抛弃。

（五）因承继之事若有一切用款，是否由遗产中支付？

答：本人生存时承继宗祧者，与承继遗产者，其用款无一定规则。若身后承继，大率由遗产中支付，无遗产而承继宗祧者本生父母任之。

第二章 宗祧之承继

（一）有子之人得再抚他人之子为嗣否？

答：家道殷实而喜多男者有之。

（二）大宗无后，小宗得先立嗣否？

答：理宜先为大宗立嗣，然乡间薄俗，或大宗贫而小宗富，则有不尽如礼教者矣。

（三）承重之人及大宗之子孙，得承继他人为嗣否？

答：承重之人与大宗之独子本不得承继他人为嗣，然民间亦当有兼祧者。

（四）以族人为嗣，其先后之序以何为定？

答：由亲及疏。

（五）如不依承继先后之序择爱择贤为嗣，须经亲族之公允否？

答：{择}爱择贤亦须亲族公允，亲戚如不谓然，则依承继先后之作另立嗣子为应继，以其所择者为爱继。

（六）可继之人如系独子，可否准其兼祧两房？

答：有兼祧之习惯。

（七）以外姻之人为嗣有无限制（如限于姑舅之子、两姨之子及妻侄之类）？

答：有族规禁止异姓乱宗者，则外姻不得为嗣；有族规限于姑姊妹之子者，谓为外甥继母舅，尚有女血统之关系。若姨子、妻侄则多出于妇人之私，其实与外人同，各属族规有禁有不禁。

（八）承继长房宗祧时，授继人之直系卑属有数人，若其间亲等有远近，年岁有多少，并有嫡庶之分，应以何者居先为应继之人？何者居后以俟递补？试详晰言之。

答：应以亲等近者、年岁多者、嫡出者居先，或由授继人择爱择贤，或由亲族公同妥议，或于卑属数人中询其愿出继者一人，有通融之办法，无递补之习惯。

（九）有无既已成继即不许悔继归宗之例？

答：既已成继，本不应悔继。然或其子忤逆，不受教训，其父悔继，凭同原立继时亲族令归宗者有之;又或继父母虐待继子,本生父母悔继者亦有之。若其子自行悔继,则是违忤,习惯不许。

(十)本宗承继之人许其悔继否?

答:如上条。

(十一)由少抚育成立之承继人,尚准其悔继否?

答:不得悔继。

(十二)如有左揭各事,得由承继人悔继归宗否?

(甲)不堪嗣父母之苛待

答:本生父母可悔继。若其子,则维当起敬起孝而已。

(乙)所后之亲生子

答:有许悔继者,有不许悔继者,听从所后之亲命令。

(丙)所生父母无子

答:或兼祧两房,或本生另继,或所后之亲另继,视近支之番庶与否为区别,以亲族之公同认可为准则。

(十三)悔继之人,其已受嗣家之财产,应否全部返还?

答:承继人悔继,则应全部返还;授继人悔继,则应酌给津贴。

第三章　遗产之承继

(一)未分析之家产是否归家长管理承继?

答:归家长管理承继。

(二)无子嗣及同居亲属之人,其遗产应由何人承继?

答:或于族中议立嗣子承继,或输入祖祠为春秋配飨之资。如有此产权者客中死亡,则由知交暂行经理,通知其亲族公议处分。

(三)无亲属之人,其遗产得由其外姻承继否?

答:无亲属人遗产或由外姻代为立嗣承继,或输入祖祠藉资祭享。如继嗣无人,并无祖祠可输纳者,外姻亦得承继。

(四)负债多于遗产,袭产人得将其遗产经众或经官尽数摊还,不复承继否?

答:得将其遗产尽数摊还债负〔负债〕。

(五)析产分配之法是否皆以房计?

答:兄弟析产皆以房计,或另提长子、长孙产若干,诸昆中一人读书者或提出膏火费若干,俱凭亲族妥议。

(六)左揭各项之人,其分受遗产有无轻重之别?

甲　大宗之子及嫡子

乙　小宗之子及庶子

丙　嗣子或兼祧之子

丁　赘婿

戊　奸生子

己　无子寡妇

答:民间析产,甲、乙两项无区别,惟长子、长孙或有特别权利;丙项入嗣之子分产一律,出嗣之子得继产不得生产,或继产菲薄归并分析者有之,兼祧子亦视彼造财产丰啬为断;丁项入赘之婿与出嫁女不同,亦得酌量分产;戊项多不认此名目;己项寡妇无子应格外优待,以保全节义。

(七)左揭各项之人亦得分受家产否?

甲　被出复归之子

乙　出子之子孙

丙　未嫁女

丁　收养或买继之子

戊　配偶者

己　直系尊属

庚　亲兄弟

辛　家长

答：甲、乙两项与诸子无异视；丙项得提嫁资；丁、庚、辛可酌量分给；戊项，中国习惯夫妻不分财，应综掌其全部；己项直系尊属必系有产权者之父母或祖父母，中国习惯父在则子无私财，家产皆尊属所有，何论分受。

（八）不可分割之产（如房屋之类）以何法分析？

答：如产系房屋，则或分间住宿，或公同出债而分收其赁金，或归并一人而出价以资匀给田地，亦援照办理。

（九）授继人在生前或以遗书对某承继人有特与以财产时，受与之人仍得与他承继人共分遗产否？又，其所受之物应否缴还？

答：特与者如多于他承继人分受者之数，似不能再分遗产。若为数甚微，则应分之产仍当照分，至其所受之特别物产，他人不能责其缴还，重父命也。受与者或自行缴还，一律派分，示均平也。若晚近兄弟，则难言之矣。

（十）某承继人以其应继之分出卖或抵押时，他承继人得行赎还否？

答：牵连之产他承继人得行赎还，特立之产他承继人不得赎还。又或出卖断绝，是否准赎，仍应听买主之便。

（十一）授继人遗书若言在一定年限内不准分产，其承继人得随时共议分析否？

答：先人遗命限若干年内不准分产，承继人应不得随时议分。然昆弟数人，皆能恪守父命而事死加〔如〕生，度亦不可多得已。

（十二）遗产中如有债权，各承继人间应如何分析？如分归一人，后日债权倘不能索偿，各承继人应否分垫损失？又，其分垫之法如何？试详述之。

答：能分析者均平支配，不能分析者大率公收公摊。如分归一人，必此一人愿受，日后即不能索偿，与各承继人无涉。

第四章　遗书

（一）无字据之遗言以何为证？

答：以曾共听闻之亲友为证。

（二）立遗书须用一定之方式否？其方式如何？试录其式样以对。

答：无一定方式。惟起首用"立遗嘱字人某某"，以下则随其心之所欲言，书之于纸，以遗后人。

（三）遇有变故，请人代立遗书，如别无证人，亦为有效否？

答：代立遗书之人如同系公正，即可以为证人，其遗书亦有效力；若其人本无信用，则非别有证人不可。

（四）关于立遗书能力有何限制（如达若干岁方许立遗书之类）？

答：其人将死乃有遗书，其能力无限制。然亦必已成年，已结婚，于法律得以立嗣之人。

（五）未成年人立遗书应否经其法定代理人允许？

答：未成年人知识多未发达，罕有遗书。

（六）撤销遗书之法如何？

答：遗书有合公理，不越乎其人之范围，则不得撤销。如窒碍难行，或今昔情形更变，须邀集亲族公议作废。若已诉讼者，须由审判衙门立案。

（七）遗书若未指定执行之人，应以何人为执行遗书人？

答：遗书必遗嘱何人，其人即执行之人；必遗嘱何事，主其事者亦即执行之人。

（八）因执行遗书若须各种费用，是否由遗产中支付？

答：由遗产中支付。

（九）遗书所嘱之事如属不法（如无故出妻之类），其子女亲族得为之撤销否？

答：乱命本可不从，但须亲族公议撤销。

（十）立遗书时应否用保证人？又，保证人之资格有何限制？

答:有用保证人者,有不用保证人者。如用保证,以至亲戚族为限制。

第五章　遗留财产

(一)授继人应否以遗产若干留给后人,抑可以全部财产随意赠与他人？

答:遗产均留给后人,无若西洋各国全部财产赠与他人之习惯,惟以衣物留备亲友作记念者有之。

(二)左揭各项之人,其应得遗留财产有无轻重之别？

甲　直系卑属

乙　配偶者

丙　直系尊属

答:甲项有若干人,则若干人均分,无分〔分〕轻重;乙项夫妻不分财,应全归掌管;丙项则尤为负有此财产权之人,一切皆当听其处分。

第六章　无人承认之承继

(一)承继起始时,若应继之人踪迹不明,无人承认,其承继财产如何办理？

答:暂由亲族经理,俟应继之人证明踪迹,有人承认,然后将承继财产交付掌管。然赣省各属亦从无必需踪迹不明之人承继之事,如授继人死而应继人无踪迹,则以其次应继者为丧主。

(二)承继财产若命人管理,其管理人之职务如何？

答:管理人须尽保存生殖之职务。

(三)寻觅承继人时应用何法探索？

答:先查明宗谱之原由,次询问旅行之踪迹,再分托亲友探索,或登报广告。然赣省各属亦未闻有寻觅承继人之事。

(四)承继人若经探索历久无踪,其承继财产应归何人所有(如归国库,或捐办公益事业之类)?

答:承继人探索无踪,则应择昭穆相当之人承继,如无人则将此项财产输入祖祠或捐助地方公益,无归国库之习惯。

第七章 债权者及受遗人之权利

(一)承继债权者(即授继人之债权者)及受遗人(即受授继人遗赠之人)在承继起始后,可否请将承继财产与承继人固有财产分离,以充偿还之用?

答:可请将承继财产与承继人固有财产分离,以充偿还之用。

(二)承继债权者及受遗人如有前条权利,应向何处请求(如向审判厅或向承继人请求之类)?

答:或直接向承继人请求,或间接邀中请求,或开亲属会公同妥议。

(三)承继债权者及受遗人请求分离财产后,应否定以一定期限通知各债权者、各受遗人会同核算,公同索偿?如应若此办理,其通知期限最短以若干月日为限?

答:既经请求偿还,则承继人应定期通知各债权者、各受遗人会同核算,一体清祖。其通知期限,路远人众,则早日通告;路近人稀,则迟日通告,无限定月日。

(四)承继人若供出担保,可否不许承继债权者及受遗人分离财产?

答:既有担保,偿还之人可不许各债权者、各受遗人分离财产。

(清钞本,日本京都大学人文科学研究所图书馆藏。)

山西调查局法制报告书·民情风俗报告书底稿

民情风俗报告书目次

民族篇　第一
　　种族
　　户籍
　　性质
　　言语
　　大族
　　世家
　　巨绅
　　富户
　　客籍
　　寄籍

食用篇　第二
　　常服
　　礼服
　　丧服
　　皮服

食品

食事

瓜果

烟酒

居处

市廛

职业篇　第三

官绅

士子

农夫

工匠

商人

兵勇

书役

杂业

无业

乞丐

教育篇　第四

学舍

学制

学堂

女学

私塾

学童

游学

学会

智识

　　见闻

宗教篇　第五

　　教类

　　祀典

　　祈祷

　　斋戒

　　迎神

　　朝山

　　寺庙

　　巫觋

礼俗篇　第六

　　宗族

　　生子

　　婚嫁

　　丧葬

　　祭祀

　　交际

　　节令

　　娱乐

民情风俗报告书总叙

采风问俗，所由来远矣。昔者先王之化民也，以五方土地，风气所生，刚柔轻重，饮食、言语、衣服，各有其性，不可变迁，是故疆理天下，物其土宜，知其利害，达其志而通其欲,齐其政而修其教。故曰:"广谷大川异制,人居其间异俗。"禹定九州,别其山川,分其坼界,条其物产,辨其贡赋。《诗》三百篇輶轩所采,皆名国风。《周官》"诵训"掌方志以诏观事,以知地俗。"小行人"之职,使适四方,以其万民之利害为一书,礼俗政事、教治刑禁之顺逆为一书,以反命于王。圣王统理人伦,移本易末,一以中和者,斯之谓乎？汉初萧何得秦图书,故知天下要害。武帝时太史采录郡国上计,其后丞相张禹使属朱赣条其风俗,班氏终其本末,辑而论之。州国郡县,山川夷险,风气时俗之异,各有攸叙,遂为后世言风土者之所本,而亦为政之切要也。魏晋而后,图经盛兴,晋世贽虞〔挚〕作《畿服经》,州郡民物风俗靡不具悉。隋大业中,普诏天下诸郡,条其风俗、物产、地图,上于尚书,故隋代有《诸郡物产土俗记》见于隋经藉〔籍〕。唐宋艺文诸志是后载笔之士因其经历并有记载而觚离支碎,不能成一家之体,州郡之民物风俗,惟寥落散见于私家传记之中,难以得其详尽书矣。其他陈晋故记并域者,则高允、梁作〔祚〕同赋代都上党、河东各别为记,程畿之《上党国记》,王遵业之《三晋记》,毕仲衍之《祀汾阴记》,撰述风土非乏专书,惜皆佚而无征。其可详者,则方志中记载风土之文,撦拾陈刍,用备镜古而已。夫圣王在上,环球所载,一道同风,绝域殊方,皆纳轨物。《周官·职方氏》辩九州之国,使同其贯。况民函五常之性,风气刚柔,系乎水土,民俗漓厚随于政教。国土有更革,人民有移徙。今昔既殊,变迁自异,必以旧邦文献即为熙世法规,其亦迁之甚焉。今者筹备立宪,与民更始,远师古圣遗规,近仿邻国成法,调查各省民情风俗以为立法定律斟酌损益之资,人民之取舍有所归纳,政治之设施即有绳准,民俗差异在所必述,岂若《南陔》之逸诗无劳补作也哉。爰照馆章分项调查。兹就各属民情风俗报告引而申之,理而董之。就所闻见资以考证,规昔贤明述之旨,纳《鲁论》择善之义,钩核整比,类分为六:曰民族,含声秉气之各殊也;曰食用,国计民生之所系也;曰职业,以述其养成之方;曰教育,以觇其文化之迹;曰宗教,迷信、禁忌乡愚之所惑也;曰礼俗,缘性达情风气之所尚也。有是有非,有美有恶,虽或囿于方隅,不敢稍涉臆造。椎轮大辂,尚有俟于来兹;窥管测蠡,先草创于今日。若援是以损益,因势而利导,庶亦可供其浏览而采择欤。

民族篇一

尚考民族所出，得其符验，而姓氏次之。古者因生赐姓，以字为氏，以邑为族，民各保其邑族，而种族以是为称。逮周宗法既定，婚姻则别以姓，宗法则别以氏，小史掌奠系世、辨昭穆，故能昭明百姓，毋失旧贯。春秋之季，官失其守，人知氏而忘系姓。魏晋而后，北方郡县数被兵革，人民移徙流亡，难以知其族望。至唐则有赐姓，至明革虏姓，令就汉族，自是谱牒禩凌，不可斠理。山西巨姓望族甲于齐楚，其后支庶分析流移他省，而溯源其始不过数大姓，如太原王氏、河东柳氏、汾阴薛氏、闻喜裴氏，支派繁衍，流寓四方者多不知其族望焉。并州以北，旧皆荒塞，东晋之季，降户杂居，故至今云朔代北人民犹沿有蒙姓，如那氏、茹氏是其明证也。而由宋迄今，与中原旧族相乱，改从汉姓者久矣。虽然山西为帝王故居，畿辅近地，强宗大姓，累世而居，岂得一无所述。况自光绪三年大祲之后，土著者休养未复，客流寓者移徙日至，其盈虚消长之理，固自有在。爰述其种族、户籍、性质、言语、大族、世家、巨绅、商富、客籍、寄籍类分为十，而为民族篇云。

种族　种族之差，视乎政教，政教既一，种族和齐。山西冀州之野，为王者故都，黔首浩穰，亦为唐虞遗族。境内各州县均为汉民聚族而居，即对于外来移徙，素无畛域之见。然欲细为分别，则除各州县土著、客籍汉民之外，其族类大别为三，即满洲族、蒙古族、回族是也。兹据各属报告，述其所居州县如左：

（一）满洲族　满洲族为太原驻防、右卫驻防、绥远驻防是。太原驻防驻山西省城太原府阳曲县城内，归太原驻防城守尉统辖；右卫驻防驻朔平府右玉县城内，归右卫驻防城守尉统辖；绥远城驻防驻归绥道绥远厅，归归化城副都统、绥远城将军统辖。其礼俗好尚虽各有特性，而言语、饮食、衣服久同土俗，近日与土著人民且有通婚嫁者。

（二）蒙古族　蒙古族为归化城土默特二旗及察哈尔、准格尔、达拉特、鄂尔多斯、乌拉特、茂明安、达尔汉、四子王等旗，分处于口外十二厅境内者。土默特二旗归绥远城将军统辖，八旗蒙民则各归其蒙王、贝子、贝勒、台吉所管，而太原、右卫、绥远各驻防内亦有蒙古人民，居于阳曲、右玉、归化等处。其各厅蒙民之游牧部落风俗习尚，多与汉民殊异，至能居城内与汉民杂处者,久已浑融于无形矣。

(三)回族 回族皆由甘肃、陕西、河南移徙而来,如阳曲、曲沃、翼城、吉州、长治、屯留、壶关、凤台、阳城、高平、陵川、大同、天镇、右玉、左云、平陆、夏县、绛州、绛县、稷山等州县,归化城、萨拉齐、丰镇、宁远、托克托、和林格尔、宁远、五原各厅所在之处,聚族以居,均有清真寺、礼拜堂,至期聚而诵经。礼俗习尚,与汉民稍有歧异,庆吊往来,则从土俗焉。

户籍 通省州县编查户籍均遵定制举行,以保甲为稽考之法。然自摊丁入赋,各处户口虽得其实,保甲之法视为具文,生死移徙无由得悉,自遭光绪三年大侵之后,人民死亡过半,蕃滋休养者三十余年未能恢复旧数。今据宣统元年户口调查统计之数,姑列于左,以觇生齿之繁简,若其生死移徙之数则让于民政统计表中,兹不赘焉:

太原府　县十州一:阳曲、太原、榆次、太古、祁县、徐沟、交城、文水、岚县、兴县、岢岚州。

　　　　　户　本省籍　三万六千五百八十六;外省籍　九千六百八十八

　　　　　口　本省籍　九十六万九千七百九十八;外省籍　四万四千五百七十六

平阳府　县九州一:临汾、洪洞、浮山、乡宁、岳阳、曲沃、翼城、太平、襄陵、吉州

　　　　　户　本省籍　一十八万五千七百八十三;外省籍　六千八百九十六

　　　　　口　本省籍　五十七万五千八百九十二;外省籍　二万八千四百一十一

蒲州府　县六:永济、临晋、虞乡、荣河、万泉、猗氏

　　　　　户　本省籍　八万四千七百一十七;外省籍　一千四百六十一

　　　　　口　本省籍　三十九万一千八百三十二;外省籍　六千六百九十一

潞安府　县七:长治、长子、屯留、襄垣、潞城、壶关、黎城

　　　　　户　本省籍　一十三万五千四百一十四;外省籍　五千九百三十一

　　　　　口　本省籍　六十七万二千四百九十三;外省籍　二万七千一百四十八

汾州府　县七州一:汾阳、孝义、平遥、介休、石楼、临县、永宁州、宁乡

　　　　　户　本省籍　一十五万七千一百三十;外省籍　二千三百一十六

口　本省籍　七十二万一千三百七十四；外省籍　一万三千七百八十九

泽州府　县五：凤台、高平、阳城、陵川、沁水

户　本省籍　一十二万九千五百三十三；外省籍　七百二十八

口　本省籍　六十二万四千五百四十；外省籍　四千二百五十九

大同府　县七州二：大同、怀仁、山阴、阳高、天镇、广灵、灵丘、浑源州、应州

户　本省籍　一十四万七千九百六十一；外省籍　一千二百九十三

口　本省籍　七十六万七千六百五十一；外省籍　七千一百六十

宁武府　县四：宁武、偏关、神池、五寨

户　本省籍　二万二千四百零六；外省籍　五百二十八

口　本省籍　一十五万六千八百四十七；外省籍　一千零九十一

朔平府　县三州一：右玉、左云、平鲁、朔州

户　本省籍　五万八千三百二十四；外省籍　二百七十九

口　本省籍　三十一万零七百八十六；外省籍　一千一百零四

平定州　州一县二：平定、孟县、寿阳

户　本省籍　一十二万五千二百一十；外省籍　一千三百三十八

口　本省籍　五十一万五千一百三十四；外省籍　七千九百五十三

忻州　州一县二：忻州、定襄、静乐

户　本省籍　五万七千九百一十九；外省籍　四十三

口　本省籍　二十七万七千四百九十四；外省籍　一百零八

代州　州一县三：代州、五台、崞县、繁峙

户　本省籍　九万五千二百三十四；外省籍　四百二十五

口　本省籍　四十万零五千三百七十七；外省籍　二千三百六十三

保德州　州一县一：保德、河曲

户　本省籍　二十一万五千零八；外省籍　九百三十六

口　本省籍　一十万零一千五百五十五；外省籍　三千三百五十四

霍州　　州一县三：霍州、赵城、灵石、汾西

　　　　户　｛本省籍｝　四万七千四百八十；｛外省籍｝　一千三百三十一

　　　　口　本省籍　二十万零三千五百二十；外省籍　六千五百六十

解州　　州一县三：解州、安邑、夏县、平陆

　　　　户　本省籍　六万二千三百八十四；外省籍　二千三百二十

　　　　口　本省籍　四十万零九千二百；外省籍　八千五百八十八

绛州　　州一县五：绛州、稷山、河津、闻喜、绛县、垣曲

　　　　户　本省籍　八万五千三百零九；外省籍　二千零零六

　　　　口　本省籍　三十八万六千四百九十一；外省籍　七千零二十六

隰州　　州一县三：隰州、大宁、蒲县、永和

　　　　户　本省籍　一万七千零七十；外省籍　一百六十二

　　　　口　本省籍　八万六千八百六十八；外省籍　五百七十三

沁州　　州一县二：沁州、沁源、武乡

　　　　户　本省籍　三万七千零四十三；外省籍　三百五十七

　　　　口　本省籍　一十六万七千八百零九；外省籍　二千一百四十七

辽州　　州一县二：辽州、和顺、榆社

　　　　户　本省籍　二万五千一百四十七；外省籍　四百九十三

　　　　口　本省籍　一十四万六千二百四十七；外省籍　三千一百零四

边外各厅原立牌甲，于种地民人内择其诚实者，每年春秋二季每堡设牌头四名，总甲一名，稽查奸宄。光绪九年编立户籍，分为三等办法：种地纳粮者为粮户，无论久暂，均编入籍；置有房产、种有田地者为业户，虽不纳粮，亦编入籍；携有眷口并无房产、不常厥居者为寄户。只身佣趁、无户可编者，附于三等户籍之内。

蒙古仍隶该旗，不入民籍，回民与汉民一体编审。所有新旧设立各厅均仿照内地办法，按村查明户口，编造牌册。兹将宣统元年调查之数，汇列于左：

口外十二厅　　归化城、萨拉齐、清水河、托克托城、和林格尔、兴和、五原、武川、宁远、

陶林、东胜、丰镇

    户 本省籍 一十七万二千四百一十三；外省籍 二千八百零二十五

    口 本省籍 一百万零七千五百九十六；外省籍 一十四万四千九百八十七

八旗户口虽分隶该旗，不与民籍同一编定，而调查之法亦如一致，兹特附列于后：

太原驻防 正蓝旗、镶蓝旗

    户 正蓝旗 一百八十七；镶蓝旗 一百八十一

    口 正蓝旗 七百四十八；镶蓝旗 七百九十五

土默特蒙旗 左翼、右翼

    户 左翼 一千五百八十六；右翼 一千七百八十

    口 左翼 七千六百四十三；右翼 七千四百一十三

其不入户籍人民，查《会典》内载，山西等省旧有乐户一种，旧原属忠义之后。其先世因明建文末以不附纂〔篡〕主被害，遂遭荼辱，编为乐籍，世世子孙不得自拔为良民，已于雍正乾隆年间饬令各属严行禁革。今其改业，得为良民，下逮四世，本族亲支皆系清白自守，准其报捐应试。查此等乐户久已为良，既无从调查，亦可勿庸记载，附着其本末于篇，以为稽考之一助耳。

性质 性有五常，民有五方，刚柔殊异，光岳分疆，此有其所习，彼有其所尚，或千里而异，或百里而异，甚至一川一壑之隔而各有其异焉，其山川钟毓之气有以使之然乎？山西为唐虞故都，其民有先王遗教，君子深思，小人俭陋，勤俭质朴，有圣贤遗风。然太原、上党多晋公族子孙，以诈力相倾，矜夸功名，报仇过直，嫁娶送死奢靡。钟代石北，民俗忮懻，好气为奸，不事农桑。定襄、云中、五原，其民鄙朴少礼文，好射猎，雁门亦同俗。班志所载南北民性已有殊异，虽盖时势虽有变迁，政教虽有更革，而人民性质究随其水土之风气，一秉于先天之所【秉】生。爰据各属所报告者，述其现有之特性如左：

（一）节俭【而不奢靡】 勤俭质朴，古昔已然，盖其土地沃少瘠多，人民率皆寒苦，故伤于纤啬习事。然如阳曲、太原、榆次、太谷、祁县、徐沟、交城、文水、临汾、洪洞、曲沃、长治、汾阳、孝义、平遥、介休、大同、浑源、凤台、永济、忻州、代州、解州、安邑、绛州、赵城、归化城、丰镇厅等处,或为省会所在,或为附郭之区,或商务繁盛之乡,或绅富萃集之地,服饰华丽,饮馔饫美,而乡间平民仍服勤茹凌,仍一归于俭啬,非其天性使之然乎?

(二)诚朴【而鲜浮夸】 敦厚质朴大抵皆然。邻省州县及临汾、凤台、大同、安邑、归化等处军民五方杂处之地,或尚巧诈。其余州县罕有浮夸之习,盖河汾之间,旧为理学渊薮,至今犹有其遗习【欤】。

(三)柔顺【不强悍】 旧传太、平、汾、蒲、潞、泽之间及并州以北,其民性质强毅刚劲,习于戎马,而承恩沐化,性缓尚儒,罕有任侠仗气之风,惟平、蒲、解、绛、潞、泽、辽、平等属滨于燕豫州县,及大朔以北口外各厅【民多接连燕豫】蒙汉杂处,且多燕豫之徙,其性质稍称强悍。其余各州县鲜见刚武者矣。

(四)勤勉【而能忍耐】 晋俗以节俭诚朴之故,遇事勤勉耐劳,无浮嚣矜躁之气,而温恭克让,富于忍耐之力,故太、汾、平、蒲、解、绛、平定等处报告,多以服勤知让为辞,良有以也。

(五)富于保守【而鲜事进取之念】 人性多以保守为主义,故其善治生而多藏蓄,然以恬以愉,习于宴安,即有因循坐误之弊。近日风气渐开,邻省州县已知趋于进取。

(六)【重于利己而】昧于尚公 利己心强,为吾国人之所短。山西地处偏隅,昧于外势,本其勤俭之德,而乏尚公之心,于今日筹备立宪之时,尤【急】宜破除者也。

语言 性质既差,语言因之亦异。一省之中,此邑与彼邑有不相通者;一邑之中,此乡与彼乡有不相通者。是以《方言》《尔雅》诸书,片言殊训,通南北之情;一物多名,系方俗之语。山西系属内地,言语声音无大差别,而其刚柔轻重、清浊缓急之不同,亦方隅各异。至方言之文,已见旧志,且多不胜录,兹惟述其大概不同之处,并其方域如下:

(一)中区 合太、汾、宁、平、忻、代、保三府四州为一区。东南至于霍山,西北界以雁门。太原、汾州二属,其声柔以缓;宁武、保德二属,其声重以简;忻、代二属,其声轻以急;平定所属,其声清以缓,而阳曲为省会所在,自具一音;太属岢岚等处,同于宁、保;汾属永宁等处,同于隰州;保德所属,则又同于陕西。

(二)东区 合潞、泽、辽、沁二府二州为一区。东倚太行,西临沁水。潞、泽二属,其声浊以缓;辽、沁二属,其声清以急。

(三)南区　合平、蒲、霍、隰、解、绛二府四州为一区。南至河汾,北抵霍岳。平阳、霍州二属,其声刚以浊;解、绛二州,其声清以缓;蒲州则音刚,隰州则音柔,平之属有同于隰者,解之属亦有同于蒲者。

(四)北区　合归、绥、朔、同两府十二厅为一区。南至雁门,北尽沙漠。大同、朔平二属,其声清以急,归化城则有同于大、朔,其余边外各厅,则多代北客民及燕豫之徒,其音殊无一定,而蒙古俗语佶屈聱牙,又迥异于内地矣。太原右卫、绥远驻防以及各处回民,其语言则各从土音音俗,旗民中罕有执北京官音者矣。

大族　《周礼·太宰》"以九两系邦国之民","五曰宗,以族得民"。聚族而居,人皆土著,强宗大姓,遂各有所恃而以自卫。山西俗重聚居,巨姓望族多则千余户,少亦数百户不等。而以光绪三年大祲之后,移徙流亡,十室九空,敖民遁于邻省,巨族析散于江湖,世本失系,索然无大族矣。然以土厚水深,安土重迁之故,休养生息,骎骎蕃殖,至今又渐臻于盛。试述其各属所报告者如下:

(一)三百户以上之族　据调查所得,临晋县王姓有五百余户,许姓有三百余户;交城县丁姓有四百余户,余若定襄、河津、万泉、荣河等处,均有三百户以上之族,惟未详其姓氏。

(二)一百户以上之族　临晋县郭姓一百五十余户,吕姓、王姓百十余户,长治县李姓、裴姓、牛姓百十户,虞乡县杜氏百十户,襄陵县柴、解、贾、马、路、邓六姓各百十户,徐沟、临县、宁乡、陵川、浑源、广灵、五寨、朔州、孟县、繁峙、安邑、稷山、沁州等县,均有八九十户以至百十户者,泱泱大户,固不能不为晋族光也。归化十二厅,民多内地移徙,罕有土著,最大村庄虽有千户上下,而一姓聚居百十余户者为数甚少。据和林格尔厅报告,姚姓、黄姓有四五十户,其他蒙汉杂处、零星散居,且有逐水草而移徙、同于游牧部落者,无最大之户族也。

世家　为政者不得罪于巨室,巨室之所慕,一国慕之,物望所归,人心之向背,即随其为移转。地方之世家巨室,岂能一无所述乎?山西世家,渊源最早,如太原之王、闻喜之袭〔裴〕、解州之柳、河津之薛、曲沃之仇,率由汉唐而迄于今,奕世簪缨,绵绵不绝,何其树德之后而如是之昌耶,抑水土风气有以使之然也？然自近年以来,高科显宦寂焉无闻,华族世家率已中落,回溯盛时,不禁有今昔之感。姑录各属报告者如左,以见山西之世家:

(一)永宁州之于氏　清端公文龙

(二)兴县之孙氏　文定公嘉淦,康氏基田

(三)泽州府之陈氏　文贞公廷敬

(四)寿阳县之祁氏　文端公寯藻,文节公宿藻

(五)阳城县之田氏　文瑞公从兴

以上所举,其荦荦大者也。余若沁州吴氏,代州冯氏,太谷温氏、杜氏,洪洞刘氏,曲沃卫氏、仇氏,榆次常氏,灵石何氏,浑源栗氏,或著政绩,或显科第,或累世荣显,或现已式微,惟灵石何氏、寿阳祁氏,至今犹有仕宦。

绅耆　办理地方之事,职官而外,端赖绅耆相助。现当筹备立宪,官治行政与自治行政相辅而所行,则所重者,尤在于绅,况绅与官,二而一者也。今日之显宦,即为他日之巨绅,此省之巨绅,即为他省之显宦。山西近百年来甲科仕宦稍逊于前,而自高好洁之士又多轻于仕进,淡泊自甘。故据各属报告,现时之巨绅显宦,有如左列:

(一)大同之李氏　殿林,现仕至尚书

(二)灵石之何氏　福堃,开缺甘肃藩司

(三)祁县之渠氏　本翘,京卿

(四)太平之刘氏　笃敬,京卿

(五)崞县之梁氏　善济,翰林院修撰,现为谘议局议长

商富　晋多富室,为世艳称,商业之盛,遍于全国【晋人善治生而多藏蓄,变著财,操其齐赢,薄饮食,忍嗜欲,节衣服,遂以善商著闻天下,起富致巨万者雄几胜数。国初平阳亢氏以】富甲天下,盖其善藏好蓄,经巧于为商,经营而致富者,性质使之然也。近亢氏之族久堙,富室多著于太、汾二府;南北二部,虽有富室,而不足与之颉颃。今择其报告内载家产在五十万以上者,姑为开列,以见其一斑:

(一)百万以上者 汾州候氏怡堂,家资七八百万;太谷曹氏克让,家资六七百万;祁县渠氏本翘,家资四五百万;乔氏景俨,家资四五百万;榆次常氏遇春,家资百万;太平刘氏笃敬,家资百万;泽州刘君士选,家资百万。

(二)百万以下者 榆次县候氏八十余万,太谷武式炳礼五十余万,榆次王氏五十余万,太谷张氏泽五十万,平遥李氏五十余万。

右所述者,均为山西著闻富室,其商业之盛,遍于全国,各处票号,大抵多系其等资本,所以致富原因,均在于是。如太谷、祁县、榆次、徐沟、交城、文水、平遥、介休、汾阳、孝义等处之富室,家资在数万以至十数万者,多有其人,盖其治生多以商业为主,则仍其素能经业,故财富为之辐凑耳。

客籍 古者乡遂之制定,人皆土著相维相系,不必以上之法与乎其间。今乡遂比间之法不行,移徙流亡,任其来去,繁庶之区,或偶遭饥馑之灾,或小民艰于生计,因而移徙他省者,岁岁有之。山西平、蒲、解、绛、潞、泽等属,地多平原,田多膏腴。而自光绪三年大祲之后,土地荒芜,人口稀少,他省人民移至者见其谋生较易也,于是接踵而来,始则为人佣佃,继则易田自治,休养生息,自成村落。口外各厅,自开办垦务以后,亦多燕豫之徙,山西各州县遂无处不有客籍矣。太原府为省会所在,客居人民,五方杂处。此外各州县客籍人民,则以山东、直隶、河南者为多,而陕西、湖北者次之。据各属报告,分述其疆域及所营职业如左:

(一)太原、汾州等属 太原、汾州等属之客籍以直隶者为多,河南、山东者次之,陕西、湖北者又次之,多系经营商业,零星杂贩为生。而路矿各公司所用工人,则以直隶者为多。贩买磁器、缫治丝蚕,以湖北者为多。至太属岢岚州、岚县、兴县,汾属宁乡、石楼等处客籍甚少,惟以接近陕西,时有秦人踪迹焉。

(二)潞、泽、辽、沁、平等属 潞、泽二府所属客籍多河南人,次则直隶、山东人,以贩买布疋药材;而至辽、沁、平定三州所属直隶人为多,河南者次之,其营业多同于潞、泽。至客籍之寄居者,则以农为本务,已有不去之势矣。

(三)平、蒲、霍、隰、解、绛等属 平阳府绛州、霍州等属客籍以山东人为多,直隶、河南、陕西、湖北者次之。山东、直隶、河南客籍以务农、种菜、佣工、冶铁为生,陕西人以营商为生,养蚕治丝则皆湖北人也。蒲州府解州等属客籍以河南人为多,山东、陕西、直隶者次之,营业情形同于平绛,惟在解州之贫苦者多在盐池佣工。至隰州僻在万山,民贫土脊,客籍人民至者亦鲜。

(四)大、朔、宁、忻、代、保等属　客籍以直隶人为多,河南者次之。多以贸布买药市马为营业,虽僻居州县,亦有其踪。

(五)归绥十二厅等属　口外各厅蒙汉杂处,除蒙民外,居民多系客籍,惟年世有远近之分,籍贯无土客之异。若溯其本籍,则直隶人占其多数,本省忻州、代州、平定州、大同、朔平、太原、汾州、宁武等属人民,亦实不乏。

至本省人民客居于邻近府县城内,大都佣工,营业互相往来,因置有财产而寄居者亦为数非鲜。若长子、长治之人以薙发为业者,五台之人以泥木土工为业者,各府州县均有其迹焉。

客籍人民藉以联合乡谊、维持同籍者,则曰会馆,于省垣中有八旗、两江、两湖、浙江、中州、四川各会馆,然只系各省寄居之官幕蠲资组合,士庶无与焉。本省士子自学校林立后,各属人民亦有设置会馆为同乡留学者栖置之所。若外州县繁庶之区,曰某行、某社、某公所者,则系联合商务之处,非联结同乡者之所在也。

以上所述客籍大概之情形也。据宣统元年调查,全省客籍共计六万六千五百五十六户,三十二万一千四百八十三口,为数不为不多,然土客融洽,入其境、宅其居者相助相友,泯然无形。其中殆亦有故:(一)晋人秉性柔弱,巧于为商,拙于为农。耝耨耕耘,客籍较其勤耐;营运贩买,客籍较其灵敏,故土著者多赖于客籍。(二)客籍远处异乡,既经移徙,恐遭离散,且谋生较易,置业匪艰,故兢兢自保,时久即易籍为土著。

职是之故,以客籍虽多而无害于土著,惟豫、鲁无业流氓【时直】起而为窃盗者,不时为地方之害,诚能善为安插,上行保甲之法,下立宗族之制,虽土客杂处,又有何患乎?

寄籍　寄居客民,若欲入本处土籍,与土著者同一受其利害,法律中虽有一定规定,而各属习惯亦有一定之限制。山西通常习惯,以寄居在三十年以上、置有财产者允其入

学应试作为入籍。但其年限之别,亦有不一之处,试述如下:

（一）以十年为限者　据解州报告,寄居在十年以上者,即为入籍。

（二）以二十年为限者　介休、交城、芮城县、平定州等处报告,寄居若在二十年以上,即为入籍。

以上为各属旧日之习惯。近日选举之法内载寄居在十年以上、置有十万元以上之财产者,同时有选举权。既得与土著者同一享其公权,则与旧日准其入学应试作为入籍者同一理由,因而各属学堂对于客籍人民之入学者,亦多无限制,是已将归于大同之域矣。惟客居者究以若干年即为寄籍,则尚无一定规定,而一以旧制为断云。

食用篇　第二

衣、食、住三者,人生日用所必需也,然或奢或俭,或困或纾,生产不得而平,休养不得而均,是以《洪范》八政,先言食货;西哲诸子,竞言理财。天时、地势、人事之不齐,其食用生计固亦难于一致矣。山西砺山带河,夷险各殊。南路各州县天气温和,地多腴壤,草木蕃植,百谷咸宜;北路则控带沙漠,风高气寒,砂碛硗薄,稼穑维艰。非惟此也,即邻近州县一山一河之隔,人民生计势亦有所不同。故禹"定九州,制土田,各因所生远近,赋入贡棐",《易》称"裒多益寡,称物平施",《书》云"贸迁有无",所以聚人守位、养成群生者,衣食足而各安其居也。衣食足而荣辱生,仓廪实而争讼息。然则布帛之需,饮食之费,室台之制,又何得不分述其繁简而详其窳陋也哉?爰分为衣、食、住三者而详述其常服、礼服、丧服、皮服、食品、食事、蔬果、烟酒、居处、市廛之种类形制,以为食用篇。

常服　晋人好俭,辆〔惆〕幅无华。衣服之需多以朴素为主,寻常人民夏不衣葛,冬不衣裘,盖其地素少蚕桑,丝帛品物来自邻省,价值既昂,衣者亦鲜,故寻常服饰以棉布为大宗,其稍有资财者以洋布为常服。丝帛乃珍贵之品,富厚之家有之,寒素者鲜服焉。其衣服之形制、价格,则据各属所报告者,有如左列:

(一)形制　通常衣服形制约分为三：

(1)士庶之服宽大而长，曰小袄、小衫，曰大衫，曰袍，曰坎肩(南路呼之谓褂褂，架架，领褂，北路曰背心)，曰马褂，曰带，曰裤，曰套裤。

(2)庶民之服狭小而短，曰衫，曰袄，曰坎肩，曰马褂，其贫苦者一衫、一袄、一裤而已。

(3)妇人之服宽大而长，曰小衫、大衫，曰小袄、大袄，曰裙，曰裤，曰裤腿(用以护腿腕者，亦曰肫肫，亦曰膝裤)。

全省衣服形制均尚宽大，惟太原府邻省州县衣服均从时尚，以狭小为主，潞、泽、辽、沁等处妇人衣服则多左衽，是为特异之处。

(二)价格　衣服质料既多用棉布，故所用价格为数亦鲜，庶民之服仅用棉布者，一衣一裤不过三四千文，其贵者五六千文足矣。中人之家衣以洋布者，一人需资八九千至十余千不等。统计全省州县，至少者三千文，如北路各州县是也；至多者十千文，如太原、汾州等属是也。若衣帛者之价格，一人一身所需十余金至二十余金不等，则以来自他省，为价较昂故也。

礼服　服色之差，所以严尊卑、别贵贱也。故王者被文绣，而庶人衣皂绨。自世风浇薄，富商大贾黼绣是服，庶人嬖妾縠纨可表，甚矣，服色制度之凌乱也。山西俗尚俭朴，礼服之制尚无僭侈。兹述各属所报告者如下：

(一)男子之服　寻常庶民所需者红缨大帽一、袍一、褂一、带一，褂以皂布，袍以蓝布，夏衣单、冬衣棉而已。稍有资者，则衣开岔袍及天青哈喇羽毛之褂。殷富之家则夏衣葛、冬衣裘，曳丝拖纻，应时而易其服。倘若纳粟入官，虽系商贾，亦按级妆〔装〕点蟒衣补服，晋接于士绅酬酢之场矣。

(二)妇人之服　女子于行婚礼之际，无论官绅、士庶，均系冠帔，一如旧制。既嫁之后，始有礼服，红裙、大褂，饰以头笄。为人姬妾者，裙不以红，服不以褂。舆台厮养之妇，亦惟一裙一衫而已。

丧服　丧服形制，所以明服制之轻重，而定其亲疏之分，以恩之厚薄为隆杀也。然丧服虽有一定之制，而习俗亦有特异之风。习俗之差，系于民情。情之厚者，其服重；情之薄者，其服轻。礼由心生，盖有不能自己者耳。故先王法乎天道，本之五世，定其五服，民情虽有厚薄，而过与不及同一趋越于礼也。山西丧服形制，均如定制。兹述报告者五服之形制如左：

（一）斩衰之服　斩衰者，用极粗白布为之。其衣旁及下际皆不缉，上际缝向外。冠以纸糊为材，用麻绳一条，从额上约至项后，上加棉蕊三，取其闭耳目声色。辫散而续以麻。腰缠用绳，两股相交，两头结之。所穿之履，蒙以麻布。妇人同于男子，惟头缠白布，面覆稀麻布，腰束布裙耳。

（二）齐衰之服　齐衰用粗布而缉其旁及下际，余同斩衰。

（三）大功、小功、缌麻、袒免之服　大功、小功、缌麻、袒免之服用细布为之，或衣白衫，或素服，或头缠白布而已。

皮服　龙门、碣石北多马牛羊旃裘筋角，而西有羌中之利，北有戎翟之畜，畜牧为天下饶，六畜为其常。是以羔羊之皮、狐貂之裘，岁出以千万计，而富商大贾遂多以皮革之利，运输各省。山西本为畜牧之区，代北滋息最盛，且风高气寒，冬必衣裘，产皮虽多，衣者亦盛。爰述产皮最盛之处，据其所报告者如下：

（一）羊羔皮　羊羔皮以出自交城县者为最善，入京之方物也，俗谓滩羊皮。滩羊皮虽为交城之产，其实采自陕西，由交城皮房熟后即谓滩羊，轻暖愈于常皮。每袭价值十余金至二十余金。

（二）珍珠毛皮　为绛州所产，载在贡物，亦采自陕西，为绛州所熟者也。每袭价值十余金。

（三）黑白朔鼠皮　为朔州所产，亦贡物也。

本境所产之皮，以羊为最盛，狐鼠次之，寻常人民所服，则以羊皮为多。其余各种细皮，于南路州县则来自陕西同州者为多，北路各州县则来自直隶张家口者为多。而绛州、交城两处为皮革萃集之处，故常有洋行商人驻此收卖各种皮张，输至天津、上海等处而入于洋。其所卖者，则以黑白羊皮为大宗，而狐皮细服次之。

食品　《周礼·职方氏》冀州之野则谷宜五种。【山西为农产之国，自古已然】然天时有寒暖,地气有肥瘠,农业所产,各有不同,则食品因之亦异。南部天时温和,盛产麦,故平、蒲、霍、隰、解、绛、潞、泽等处,常食麦;中部天气较寒,盛产谷,故太、汾、辽、沁、平定等处,常食谷;北部地气寒冷,盛产油麦,故大、朔、宁、忻、代、保以及口外各厅,常食油麦。此南北食品之大异也。至其所产食物种类,述其所报告者为常食品、副食品于下:

(一)常食品 常食品有麦,麦之经年种者为宿麦,南部有之;春种者为春麦,北部有之,皆小麦也。大麦亦有宿根者,其别种也。谷,即粟,亦曰小米,有早谷、晚谷之分。油麦即青稞,出于北地。此外有稷,曰高粱,又曰茭子;有黍,曰黄米;有荞麦,曰糁子,北路为常食。有菽,曰豆,有豌豆、黑豆、绿豆、大豆、小豆、扁豆、豇豆、茶豆等各目;有麻,曰大麻、胡麻,用以为油者也;有玉蜀黍,曰玉秫,处处有之;有稻,糯、粳皆备,闻喜、临汾、洪洞、襄陵、太原皆产,以产太原晋祠者良,土人不常食也。

(二)副食品 副食品,菜蔬是也。菜蔬之属,有白菜菘是也,其异者曰葵花白,亦曰回子白。大韭产北地,冬韭曰韭黄,产于襄陵、太原等处。苦菜曰苦苣,《诗》之苢也。辣菜,芥也,亦曰大头菜。蔓菁,荰也。甘蓝谓之玉蔓菁。波棱曰菠菜,胡荽曰香菜,辣椒曰秦椒,与葱、蒜皆四时不绝,全省有之。笋,蒲、泽二属有之,窝笋曰莴苣,地笋则甘露也。甘瓠圆者为匏,又曰水壶庐。油菜即芸台与苜蓿,南北各州县皆有之。阳芋头尤广,边县以为粮,俗呼山药蛋者是也。东风菜出忻州,管菜出潞安府。菌属者,有天花,出五台;榆肉,出大同;香蕈,即蘑菇,生台山者曰台蘑,生口外者曰口蘑,土人皆不常食,以其价昂故也。

肉之属有猪、牛、羊、鸡、鸭、鱼肉等类,东南各属常食猪,中北各属喜食羊,口外各厅州则食牛羊,鸡、鸭、鱼视为珍品,不常食也。

食事 饮食品类既如上所述,而其饮食费用、五味嗜好以及食事惯习,亦有随时随地之异。盖人民生计之不同,固可于食用而验其高下也。爰分为三种而述于下:

(一)饮食费用 饮食费用,以常人计之,据南路各州县报告,每人每日需费六七十文,东北各州县报告每人每日需费五六十文,太原省城以及邻近州县需费较多,每人每日约得百文。南路食价较昂于东北者,非以物价贵也,饮食较精、需用稍奢耳。省会所在,物食昂贵,则以人烟稠密之故也。

(二)五味嗜好　五方之民,饮食异味,平原川泽,各省不同。山西地高气寒,山川阻滞,南有盐池之利,北多大卤之区,水性土脉俱多咸苦,故其性啬,其味敛,而五味嗜好以辛酸咸重为主,若盐、若醋、若秦椒,则每食不离者也。

(三)食事惯习　每日定餐约分三次,早餐在晨〔辰〕时左右,午餐在未时左右,晚餐在酉时左右。三餐之外,无所谓点心之习。惟早晚二餐视之较轻,美好食品必留于午餐始用,是为特习。

瓜果　《史记·货殖传》曰"安邑千树枣""与千户侯等",是知十年树木,而其后乃岁取万息。甚矣,树艺之不可不讲也。"山西饶材、竹",果木之属,南北各有特产,特以虞衡不出,故财匮少而山泽不辟。诚能整齐而利导之,森林果木之利,未必稍逊于他省也。兹述其报告所有者如下:

(一)南部所产　安邑出大枣,长二寸,产绛州者亦佳,谓之天蒸枣。葡萄产文水、太谷者佳,有马乳、水晶瓶儿、紫葡萄诸种。桃杏产于蒲、解及阳曲者佳。柿盛产于平、蒲、解、绛,夜露至干者,谓之柿饼,其上白霜谓之柿霜。楟产于上党,梨小而甘是也。枳椇产于阳城,海榴产于安邑,即安石榴。楸子产自绛州。文官果出于乡宁,一名小木瓜。胡桃产于平阳、吉州者佳,西瓜产自榆次佳。

(二)北部所产　梨产自崞县,以平原镇者为佳。苹果产于平定州。栗子产于应州。黑枣产于平定,即羊枣也。

烟酒　销〔消〕费品中之最盛者为烟为酒,无论士庶,大抵嗜之。有为本地所产,有为邻省输入。其产于本省者,据各属报告有如左列:

(一)烟　烟为常嗜品,本省所产者有水烟、旱烟、杂拌烟、绿烟等名目。曲沃县盛产烟叶,制就水烟、旱烟、绿烟,行销各处。若平,若绛,若蒲,若霍,若解,若潞、泽等处,则嗜水烟、杂拌烟;若太、汾等处,多嗜绿烟;若辽、沁、平定、大、朔、灵、忻、代、保等处,则多嗜烟叶,间有自直隶输入者,余均曲沃产也。

(二)酒　酒产自汾州府者为汾酒,杏花村酒是也,产自潞安府者为潞白酒,产自蒲州府处者为柿酒,产自太、汾等处者为黄酒,产自解州、绛州、平阳等处者,有本绍酒,仿绍兴酒酿者也。上所举者,均为酿酒著名之处。其他各州县亦均有酿酒之处,俗谓之烧酒是也,均以高粱为之。

饮料之中茶亦有之,然非产自本省,庶民之家亦不常嗜此。其名目有红茶、香片茶、红梅茶、上花茶等行于各处。若各种〔各种〕名茶则非土人所常嗜也。大、朔、宁、代、口外各厅至冬日则常饮牛乳,蒙民为尤盛,内地不闻焉。

居处　房屋建筑形制全省大抵相等,殷富之家多瓦屋,贫寒之家多土屋、窑屋。楼屋则东南各州县有之,用以储材物,人鲜居焉。所用材料以松、杆为贵,榆、柳次之。东南各州县取之本境。太、汾等处则来自宁武管涔山。每至春季,由宁武札筏,顺汾流而下,至于省城,输于各属。北路各州县仰给于宁武、口外各厅,并有由陕西、宁夏来者。兹述其房屋形制于左:

(一)瓦屋　用木料搭盖,缘以砖石,覆以陶瓦,一楹至七楹不等。

(二)土屋　用木料搭盖,缘以土基,覆以茅茨,一楹至五楹不等。

(三)窑房　纯用砖石砌就,或即筑山为穴,曰砖窑。土窑户牖皆作圆形,一孔至八孔不等。回环曲折,深邃窈窕,层叠而上,俨若楼居。往往一村之中均系窑房,无土屋焉。

口外各厅,北接蒙古,常有蒙民及在蒙地贸易之汉民,随带帐棚,逐水草而居,时有移徙,居无常处。其有同于此者,则曰窝铺。秋收之际,土人结草为庵,在地看守禾稼,收获之后即拆弃矣。

市廛　圣王域民,筑城郭以居之,开市肆以通之,济有无之常编,距日中而闭会,开廛三市,列肆兼罗,而后商人有荟萃之乡,旅客有寄迹之地,富有室庐者遂亦以财雄,则市廛房屋租赁之价格昂而且贵也。兹述其市廛之情形如左:

(一)市房　商贾所居之处谓之市房,多为土人建筑,而租赁于商人者也。价值之昂,较寻常住房倍之,每月每楹千余百文以至二千余文不等。各州县城市中皆如之,而以省城为最贵,俗谓吃瓦片者是也。

(二)寓所　旅客所居之处,价值较市房为廉,每日每楹六七百文以至千余文不等,亦以省城为最贵,若外县则百文即可矣。

职业篇　第三

四民有业，国乃以成。王者之治天下，无旷土，无游民。事皆视时，民咸安其居，而后国实民富，政教乃宣。东西各国，汲汲求富，君臣下上，并力一心，期所以安民乐业者，若吕尚之谋，管、商之法，其生聚教养，则有学以居位，农以殖谷，巧以成器，鹭以通财，于务材、训农、通商、惠工之道，日夕聚其国人训教而申警之。故其生业日蒸，国势日张，无冗废之贼，无敖惰之民，学校林立，盲哑者亦可谋生；劝诱有方，不法者亦能感化，以人之弱犹己之弱，以民之贫犹国之贫，富强之术，岂有他哉？聚人守位，民各安其职业而已。吾国上下竞言富强，民日贫弱，其山泽之利未尽出，田土之利未尽辟，工商之业未得其术耶。四民陈力受职，未得其当，食之者多，而生之者寡也。山西为农产之国，北部有畜牧之利，人民趋向，又重于商，宜其富厚而华，然于各种实业，未尽讲求。编户愚氓，犹患贫苦，虽地土使然，亦人事之未尽耳。然则职业之所陈述，人民之勤惰系焉，社会之趋向系焉，山西之贫富强弱，亦于是乎见矣。爰分为官绅、士、农、工、商、兵勇、书役、杂业、无业、乞丐，述其各种职业之取舍向背，而为职业篇云。

官绅　周"六官"员数五万余人，而乡遂之官居其大半。汉有亭长、乡老、啬夫之制，亦有以乡人为之，盖使民自与，出使长之，入使治之，就其地之人推举而治其众。《管子》曰"野与市争民，乡与朝争治"，举乡官以分理之，殆今昔所相符合者也。隋唐而后，建尉不得用本郡人，本地绅耆始不得与政治，而凡所谓官者，则必来自数千百里之外，从未以本郡人为之者矣。现当筹备立宪，政略之变于官治行政外，尤重地方自治，则所谓自治权与参政权者，为乡民所同认。故于人民职业之所陈述，叙其为官绅之一项，以见自治、行政之一斑。

（一）服官务者　旧制服官于本省者，学官之外无他为也。自改行新政而后，警官之制用之，不限于本省，故各属士子之由警务学堂毕业者，多为各州县之警官。司法独立，用人亦不限于本省，故由法律法政学堂毕业者，多考就法官及检察官。近日之得职者，历有其人。

（二）为绅董者。绅董之职，原以辅助官长行政者也。旧日各州县之差徭、宾兴、书院诸政事，均为绅董所管理。近自自治事兴，则凡教育所、劝学所、自治事务所、议事会、董事会、各种实业公司之机关，均为绅董所组织。

以上所列各州府县大抵皆然，而士绅之思想对于各种公务，亦均视为应尽之职务，无推诿退避之心，盖亦民智开化之所致也。

士 西汉传经，龙门设教，文化所及，古有由来。王氏《中说》，以道自任，洙情沂思，渐启关洛，殆后宋学大明。晋俗纯朴，尤鲜歧趋，学者恪遵所闻，著为语录讲章，既多且备，故多束身力行之士，而无虚浮华美之习，旧为理学渊薮者，有由来矣。然以舟楫不通，书贾鲜至，专事咕哔、贴括之学，阒于一隅而少闻见，亦不能不为晋人之所短。自庚子以后，游学之士接踵而兴，外界学风浸入境内，旧日科举之士有改业而入学堂者，有弃学而就他业者，士风升降，大有转移。今据各属所报告者述列如左：

（一）士风 旧日科举时代，人民尚以向学为急务，自停止科举后，多改就别业，各州县大抵如此。其文风素盛之处，近日亦知注重学务，计年就学者则有如平定州、忻州、绛州、稷山、河津、沁州、辽州、临汾、洪洞、襄陵、赵城、代州、大同、浑源、崞县、荣河、猗氏、安邑、潞安、凤台等州县；其文风素敝者，则有如平遥、介休、石楼、翼城、曲沃、绛县、吉州、宁武、神池、山阴、应州、朔平、归化各厅州县。此士风盛衰之大略也。

（二）士习 士习之高上，亦以地土而转移。如旧志所载，太原"士穷理学，兼习词章"，平阳"士勤学而耻骄奢"，蒲州"士嗜文学"，潞安"士尚节气而务学"，汾州"士习弦诵，有忠厚之风"，泽州士亦敏于文学无外慕焉，平定州"其为士者，纯明而朴茂，疏通而谨恪"，忻州"士尚文雅"，代州"士向诗书"。积学者，代不乏人。士风趋向，虽有今昔之不同，而大抵亦无差异。近自学堂林立，游学之士多已返国，士子习尚则以东洋学派为主。其自本省西学专斋毕者，则多醉心欧化。若沉潜关洛，则多优游林下之士，新进者无闻焉。

农 斫木为耜，煣木为耒，耒耜之利，以教天下，而天下食足；尧命四子，敬授民时；舜命后稷，黎民祖〔阻〕饥。盖理民之道，地著为本。三年耕，必有一年之蓄，衣食足，仓廪实。进业曰登,再登曰平,三登曰泰平,而后以德流洽,礼乐成焉,故安民之道农。然则四民之中,所以养成群生者,农而已矣。《禹贡》冀州之域,"厥赋上上错,厥田中中"。鸿原大陆,素为宜农之地,但其农产之富盛于南而弱于北,且人民趋向,素不以农为重,农业之利未见为盛。近日设立农会,研求农学,庶将来有所发达。爰据各属报告,分述农业之情状如左:

(一)农业　农业约分三种,自耕与佃种及伴种是也。自耕者,占十分之六;佃种者,占十分之三;伴种者,居其一而已。农民置有田亩,多系自耕自种,惟自种不暇,始行佃种。士绅之家,凡有田亩者,多系佃种。东南各州县客籍人民,则多为人佣佃。口外各厅,则自耕者少,而佃种者多。盖自垦荒以来,殷实之家置买田亩,招人佃种,坐收其租,视为营商之一法。自耕者,惟燕豫之徒而已。伴种者为各属所仅见,若潞、泽、辽、沁、平定、忻州等处,则绝无此习。

(二)农功　全省田亩,南北有腴瘠之分,田地有水旱之异,农业所入亦有自耕、佃种、伴种之不同。以普通年成而论,太、汾、潞、泽、平、蒲、解、绛等处上地所获亩约七八斗,中地所获亩约五六斗,下地所获亩约二三斗,水地有获至石余者。若系自耕之田,则均为所得。租种者,其法不一,有岁收租钱一二千至七八千者,有岁收租粮一二斗至五六斗者。伴种则系均分,或有四六分者。若辽、沁、平定、大、朔、宁、忻、代、保、口外各厅州县,岁之所入,自种者每亩五六斗,租种者二三斗,伴种者均系均分,无四六成分者也。

(三)农时　晋省南北二部天时寒暖不同,五谷播种、收获时期因之亦难划一,况地土有上下贫瘠之分,人民有勤富贫惰之异,故农忙时期,南北不同。南路平阳、汾州、泽州、潞安、解、绛、霍、隰、辽、沁、太原等属州县,多系岁收二次,每岁于春分、清明、谷雨、立夏、小满、芒种节气前后为播种时期,夏至、小暑、大暑、立秋、白露、秋分等节气前后为收获时期。若忻、代、大、朔、宁、保、平定,以及口外各厅,则岁收一次,春末秋初最为农忙之时。

(四)农田　农田名称各属亦有不同,其大率以工部营造尺五尺为一步,二十四步为一分,十分为一亩,百亩为一顷。潞安府属以五尺为一弓,二百四十弓为一亩。汾州府属、宁武府属山地以二亩半为一晌,亦有以三亩、四亩为一晌,因地之肥瘠而增减也。

工　作巧成器,是谓之工。工业之优劣,民智之开塞系之矣。近日风气开通,工业日见进步,有就其固有而精益求精者,有为新发明而始创获者。惟出境之货,尚无大宗。兹据各属报告所有者叙其工业如左:

(一)工业　工业种类于金工、木工、石工、土工之外,亦无著名之工业及用机器之处。其著名工业及可行销于邻省、本省之制造品,则有如下列:

(1)铁器　平定州、长治、阳城、陵川、凤台、高平、孝义等处有之,专造农器及日用器具。

(2)铜器　大同县、浑源州、太谷县有之,专造人民日用器具,行销于本省及直隶、陕西等省。

(3)毡毯　阳曲、徐沟、临县、宁乡、长治、猗氏、大同、天镇、神池、左云等县,浑源、沁州、绛州等属,归化、萨拉齐、清水河、和林格尔厅等厅均有,专造绒毡、毛毡以及栽绒细毯。

(4)纸　临县、荣河、临晋、襄陵、赵城、洪洞、大同、高平、平定州、孟县、徐沟、临县、辽州、浑源及萨拉齐等处均有,专造麻纸,以平、蒲二属者为佳。

(5)烟　临汾、曲沃、翼城等县有之,专造水烟、旱烟,行销各处。

(6)酒　除汾酒、潞酒之外,徐沟、寿阳等处新造葡萄酒,销场甚旺。

(7)璃琉　阳曲、凤台、交城、解州有之,惜工业未能精细。

(8)陶器　平定州有陶器公司,专造陶器,行销本省及邻境。

(9)竹器　荣河县有之,专造桌椅、床架各种器具。

(10)草帽辫　潞城、徐沟、临县、归化城厅有之。

(11)蚕桑　蚕桑之利,南路各州县有之,惟缫练之法未精。如解州、安邑、夏县、凤台、高平岁出纱额均在数千斤之谱,本处亦有机户织造绉绸及各种乌丝、手帕、覆头等类,行销本省,所谓潞绸、解州绸者是也。

(12)绣货　绛州、潞城、泽州府有之,均系男工织绣,尚为精美。

以上所列为山西工业种类,诚能扩而充之,日求精美,未始非晋省利源之一端,惟从事工业者既不研求,又少闻见,制造之物鲜有新异之品。近日所振兴者,惟织布工厂,各州县大抵皆有所织物品,亦尚精细。

(二)工价 各种工匠每人日需工资若干,大抵以其地生计难易为断。如平、蒲、解、绛、霍、隰、潞、泽、辽、沁、大、朔、宁、忻、代、保等处,以及口外各厅,通常工人每人日需制钱一百五十文,其优者日需钱二百文。如太原、汾州、平定等处,人民繁庶,物价昂贵,即以生计极低者而论,每人日亦需百数十文、二百文以至三百文不等。

(三)工时 工人作工时刻通常以十时为率,如太原、汾州、宁武、朔平、潞安、泽州、平定、辽、沁、霍、隰、忻、代、保德等属州县,春冬之季每日作工八小时,夏秋之季作工十小时。大同、蒲州、绛州、解州等属州县,夏秋之季作工十小时,春冬之季除日作外,继之以夜至十二小时不等。

(四)传徒 工业教授徒弟,其习惯上约为三级,即收徒、教授、出师是也。收徒弟由人引荐,其人名曰荐官,于期限之内倘有疾病及不正当之事,则为〔唯〕荐官是问。收徒之时并有贽敬、押柜,及起立各种文据以为契约。教授之期限,大抵均已〔以〕三年为限,期限之内,一切饮食、衣服均由师给与,至第二、三年,亦有给与工价,每年三四千文不等。三年期满,谓之出师。出师之后,仍为其师执业数年,以为报酬。有以一年者,有以三年者。报酬期间之内,师必与以身金,不若徒弟之管束。亦有期满后,学未卒业,仍行继续期间者。

商 以货物移转于卖买之间而从中得其利益,是为之商。大者积贮倍息,小者坐列贩卖,操其奇赢,日游都市,故富厚者多而商人重。山西人民素重商业,聪颖子弟,读书数年即令学习生意,通常人情,似视商业之成就较之就学为优。故全省人民之职业,农之外以商为多。商人之养成,即以商店为教育之地。综核各属报告,其为商人者有如左列:

(一)商人 人民之经营商业也,或读书未就,或急于谋生,不得已弃学而就商。晋人则有过于此者,如太、汾、平、蒲、解、绛等处,以经商视为天职。凡聪颖子弟,始令习商,次者业儒,再次者业农。箕裘相续,世代经营。子弟至十二三岁后出就店铺,甚则远适他省,数年之间不归乡里。此俗以太、汾二属为最盛。

（二）商业　商业种类，一时难以尽述，而人民大势所趋者，则有数种：（1）票号。汇兑货财，接济有无，是谓票号。商务繁庶之区，均有此种营业，以太谷、平遥、介休、祁县、榆次、汾阳、孝义之人为多。（2）盐商。省南盐务向归河东道官督商销，如平、蒲、解、绛、潞、泽、霍、隰、辽、沁等属州县为潞盐引地，各州县均有盐店一所。省北各州县行销花小盐、土盐以及吉兰泰盐，归化、包头等处由官设局销售，其余各州县由土人运卖，按卡完纳盐税。（3）钱店。（4）当铺。（5）油店。（6）粮行。（7）杂货。（8）药材。（9）漂染。（10）服装。（11）首饰。（12）图书。（13）古董。（14）鞣革。凡此种种营业，均为人民所趋重，而资本之多寡、商店之大小，则各就地方情形罕有如一者矣。

（三）商情　山西商人性质多系伤于谨慎纤啬，亏累侵蚀固有所不免，若铺张扬厉，则各属多无此习。惟近年来上海、汉口、天津、东三省各商埠经济恐慌，晋人之商于彼处者多有亏损，因之山西市面银根亦觉吃紧。其平日银根吃紧之时以三四两月、九十两月为最盛，无论何项营业，均以此时清算账目，完纳亏欠，俗谓之"标期"。三四月者为春标，九十月者为冬标。每至标期，各种营业之经济均为恐慌，而以平遥、太谷、祁县、曲沃、解州、归化城票号麇集之处为尤甚。若至标期未能清结，信用一失，其主即卸业矣。

（四）商况　商人素以保守为主义，故各种商业均少活动灵转之力。现虽振兴商务，各州县设立商会，讲求推广发达之术，而仍墨守旧制并无一定改良之处。现各种营业之资本则以票号为最多，次则盐、钱、当等业，其周年所得利息，则一二分不等。至若其他各业叠无最巨之资本，而所得利息较之大商业反多，周年有二分以至三分者。盖钱、当各业资本虽巨，而所得利息则有一定之标准，且应用亦大，故得利微。小本经营取利无定，苟能善为操纵，每年之间取利不啻倍徙。然以市面恐慌、经济困难之故，凡属营业者均有亏欠之患，其所系者，非仅在本省而已。

（五）居间业　为商人之媒介，居间调和其生意者，其业有二种：（1）牙行。各种营业大抵皆有，均领部帖充当，向有限制。（2）经纪，亦为居间业之一种。各属所有者为药材经纪、牲畜经纪，俗名亦曰牙子。凡有卖买者，必经经纪之手，按所买物价抽取工资，名曰用钱。商务荟萃之区，多有执此业者。

（六）运送业　以运送为业，供商业之交通者。有车、脚二种，即车辆、骡马是也。凡人民之往来、商货之交通，均赖乎此。价值之大小，则与客以人数计、与货物以斤数计，亦有车每辆若干银、骡马每头若干银者，均以道路之远近而临时议及之。

右所列者，山西商业大概之情形也。其商业中为近日人所艳称者，则有矿产一种，山西矿产之富甲于全国。惟从事开采者无丰富资本，且用土法开采，专系人工，罕有机械。贫民从事此业者，为数甚多。最著者为平定州之保晋公司。其他如阳曲、徐沟、交城、介休、孝义、永宁、临县、宁乡、盂县、寿阳、平陆、潞城、长治、长子、凤台、高平、阳城、隰州、临汾、岳阳、襄陵、乡宁、大同、垣曲、宁武、辽州、代州、萨拉齐、归化城等处，均有从事煤矿及铁矿、磺矿、石膏矿者，每厂所需工人数百人以至二三千人不等。

兵勇　古者寓兵于农，卒伍之众，出于其家，无事则耕，有事则战，兵农合一，养民即所以备兵。暨唐兵制坏，用张说之议，专用募兵，民出食以养兵，兵出力以卫民，相沿至今，兵与民遂不能复合。中国旧制专用养兵，八旗驻防之外，民之为兵者，惟有绿营，承平日久，又有孱弱而不能用。嘉道以来，遂专恃募兵，名曰练勇。湘淮练勇，同治间藉平大乱，号称劲旅，世遂谓勇可恃，而兵不能用。其实绿营之兵，以土著之民保维乡土，犹有寓兵于民之意，徒以流弊太盛，遂至一无所用。如湘淮练勇，用以西国节制之师，亦难于抗，兵勇同一人也，特视其教练之与否耳。近年吾国兵制，由募兵而变为征兵，三年退伍，有常备、预备、后备之号。而山西人民素性柔弱，右文轻武，且以俗谚"好男不当兵"之说，征兵所至，应命者多为市井无业之民。今据各属报告，述兵勇之职业如左：

（一）混成协　山西陆军尚未成镇，现为混成协，归四十三协，协统统领共计官弁二百七十二员，兵丁四千七百七名。所有兵丁系由各州县征集，每处二十人以至四五十人不等，大抵身家清白、体质合格者为多。应征之兵，限于土著。

（二）陆军警察　惟省城有之，专为巡行街市，稽察陆军。共计官长四员，警兵五十七名。

（三）习练公所　省城习练公所分为兵备、教练、参谋三处，共计官弁九十八员，马弁、护兵等五十八员。

（四）测量队　附属习练公所，其性质仿如营队，共计官弁六员，测生四十六名。

（五）巡防队　归太原、大同两镇统带，共计官弁一百八十八员，兵丁五千一百六十三名。专为巡防本省地面而设，分驻于各州县，以保维地方、缉捕盗贼为专责。其招募之兵，土客兼有。

（六）驻防　八旗驻防分驻于太原、右玉、归绥三处，现设官弁一百九十四人，防兵四千四百二十二名。

（七）绿营　绿营已经裁撤，改为本省巡防队，所有太原、大同两镇尚存官弁十七员，兵丁二百四十名。

（八）警兵　省城暨各州县均有之，以保护地方、维持治安为专职。近日各州县城镇乡亦渐次设立，此外审判厅有司法警察，阳曲、榆次、寿阳、平定以至直隶井陉沿正太铁路州县有铁路警察，所招募者亦土客兼有。

（九）盐捕营　河东道有之，以缉获盐枭、保维盐池为专责，分驻于陕豫沿河各州县，归河东道统辖。

（十）巡勇　如铁路车站、各州县衙署局所、各州县税关厘卡有之，由衙署局所自行招募。

书役　古时百官府分职而治，公、卿、大夫、士为正吏，自一命以上皆命于王。降而府史，降而胥徒，所谓庶人在官者也。汉武帝令卒史皆用通一艺以上者，而郡县椽〔掾〕史，亦用士人。唐宋以来，吏品渐卑，吏之权力反重。我国旧日每部吏役冯依城社，因缘为奸，各省督抚司道吏役之对于外府州县亦一同其盘踞，而各州县之胥吏鱼肉乡民，左右其手，虽贤有司，亦难防范。故吏役一项，世人遂目为官场之巨蠹。山西吏治清白，为各省最，督抚司道以至各州县之吏役亦鲜有奸慝。兹据各属所报告者分述吏役之种别如左：

（一）书吏　各署书吏均按所任职务分科执掌，其长曰经丞，次曰帖书。各府州县之胥吏以吏、户、礼、兵、刑、工六科分焉，其有司出纳之命者，曰东房司；承启之事，曰承发房。北路各州县有司米完钱粮之事者，曰粮房。此其分职之大要也，而无非供奔走、治文书，罕有据为世业、极书吏之弊者。

（二）差役　各州县之差役大别有三：供差传之役者，曰壮班；供缉捕之役者，曰快班；执刑杖之役者，曰皂班。此外有门子、散役等名目。

以上所列，尚为旧制。近日各州县与六房多有更并，差役亦有减撤，惟其制不一，难其详述。

杂业　于士、农、工、商四民之外，另有职业以谋生计者，是谓杂业。山西人民朴诚，四民之外，罕有习他业。兹据各属报告述其所有者如下：

（一）医生　各属多有，通用方术为《本草纲目》《医宗金鉴》《傅青主男科女科》《陈修园十六种》等书，精于脉理，深于医学者甚少。

（二）卜士　各属间有，通用方术为《渊海子平》《卜筮正宗》等书，以习大六壬课者为多。

（三）星士　各属间有，通用方术为《地理雪心赋直解》《紫微斗数》《命理正宗》《邵子数》《神峰》《子平》等书。

（四）相士　各属间有，通用者为《柳庄相》《麻衣相》《神相全编》《水镜神相》等书。

无业　四民之有职业，殆天之所以养成万民，使各安其乡土，而无流离失散之虞也。然或者不事生产，性好游荡，或者贫无立锥，鲜有执事，因之流离失所而为无业之民，如此者亦为各处所有。山西民俗醇厚，各安职业。据各属报告，无业者与从事正业者比较，每百人中不过二三人之谱，而其失业之原因，则以素无家室恒产、未受相当教育、因天然之淘汰而处于失败之地位者居多。其失业之原因则有如左述：

（一）鸦片　鸦片之害，流毒全省，无论士、农、工、商，嗜之者多致失业，幸现在禁令森严，于禁种、禁卖之外，尤禁食吸，故嗜而复戒者占其多数。

（二）赌博　赌博之风，山西尚不为盛。全省之中以太谷、祁县、徐沟、交城、太原、介休、汾阳、孝义、平遥等处为最盛，因而失业者有之。

（三）痞棍　游手好闲，不事生业，专于街市之中包揽闲事，如青皮流氓之类，俗谓混混，亦曰混鬼，坏鬼鬼者是也。各州县城镇之中多有，乡村之间为少。近日设立警察，此风渐减，且有洁身而为职业者。

乞丐　古者民必有职，无职者谓之惰游，亦谓之罢民，不得齿于曹伍，故《国语》曰："罢士无伍，罢女无家"。山西人口之数，并不为繁，而四民之业荒废以嬉者，随处有之，况鸦片赌博之足以害人，老幼疾贫之不能自立，于是流而为乞丐者，繁庶之区，大抵有之。各州县收养贫民之处，则有如下所述：

（一）养老院　临汾、虞乡、长治、汾阳、高平、朔州、闻喜等处有之，专为收养贫穷无依之老者。

（二）栖流所　阳曲、凤台、忻州、平陆、萨拉齐等处有之。凡本处乞丐可于此栖宿，且为之施放银米。近已有改为贫民院之议，为之教习工艺，使其自谋生计，俾有营业。

教育篇　第四

《周官》："大司乐掌成均之法，以治建国之学政，而合国之子弟焉，凡有道、有德者使教焉。"其时有国学，有郊学，有乡遂之学，而公卿大夫元士之子以及庶民百姓，殆无人不及于学，其教典可谓详且尽矣。故乡大夫之职，受法于司徒，颁之于其乡吏，使各以教其所治，以考其德行，察其道艺。降及后世，学于教分，士不学而民无教，城邑所在，虽有黉宇、书院、义塾，虽有师儒，而学者自为其学，教者自为其教，遂使士风凌替，人民之受教者不及百之一二焉。变法而后，洞览国之强弱系于民智之开塞，民智之开塞系于教育之普及，于是上下一心，以普及教育为主，而普及之方，尤以强迫为主。数年之间，学校林立，其教之也，先普通以游其艺，后分科以致其精，设等分级，有如庠序学校之制。山西文化之隆，迈越邻省，徒以贫瘠之故，人民失学者多，近日风气开通，学务振兴，教育之方郁郁乎彬布。特述其典学、学制、学堂、女学、私塾、学童、游学、学会、识字人数、开智机关而为教育篇云。

典学　庠序学校皆所以明人伦而为养士之地者也。国家文治覃敷，崇儒重道，城邑所在，黉宇相望。山西自前代以来，士风振兴，肯义诚朴，造士有方，虽京旅、驻防、解池、商籍、覆省之四乡、辽荒之七厅，莫不建立师儒而教以礼义。兹述其旧日养士之地如下：

(一)书院　旧日养士之地,书院是也。繁庶州县大抵设立书院,或绅士捐资倡立,或地方官拨公经理,赡给师生膏火,令有志向上、无力就学各生入院肄业。课以经史、性理、古义、帖括之学,师长不分邻省、本省,聘请经明修行足为多士模范者为院长。自停止科举以后,多改为中等、高初两等小学,另筹给养,延聘教员,授以相当科学,作为官立学堂。其无书院之处,则另行筹办。

(二)义学　蒙养子弟就学之处则曰义学。凡近乡子弟年十二以上二十以下、有志学文者,令入学肄业,援旧日社学之例,于各州县大乡巨镇置之。至雍正元年始改为义学,而为蒙养之地。各州县有二三所以至十数所不等。近亦有改为初等小学者。

阳曲县为省会所在,有志之士多来省入院肄,故有书院二,为全省造士之地。太原府书院一,亦在阳曲城内。安邑县为河东道所驻之地,盐商麇集,亦有书院二,一为民籍生童肄业之所,一为商籍生童肄业之所。

绥远城设官学一所,为八旗满蒙子弟肄业之所,凡兴、校、庠、序、塾五学,每学二旗,官学生四十人,后又添设满汉翻译学一所;土默特官学一所,为土默特蒙旗子弟肄业之所。

此旧日养士之大略也,至今日之学制,则又如下之所列:

学制　国民教育之要以初等小学为主,而小学教员之需,尤以初级师范为入手办法,是以山西筹办宣统三年学务事宜,以划区分设师范学堂为宏作育之方。兹述其所定全省学制如下:

(一)中区　含太、汾、宁、平、忻、代、保三府四州为一区,设初级师范学堂一所于省垣,归太原府筹设,现已设立。

(二)东区　含潞、泽、辽、沁二府二州为一区,设初级师范学堂一所于潞安,归潞安府筹设。

(三)南区　含平、蒲、解、绛、霍、隰二府四州为一区,设初级师范学堂一所于河东,归河东道筹设。

(四)北区　含归、绥、朔、同二府十二厅为一区,设初级师范学堂一所于归化城,归归绥道筹设。

此分区设立学堂之办法也,以招生之多寡定派费之轻重,并于教育科添单级教授法,于学堂内附设单级师范班。至推广中学办法,则将府分为三级,直隶州分为三级,各以府州县之大小定学生之多寡,有如左列:

(一)大府三百人　太原府、汾州府、大同府、潞安府是也。

(二)中府二百人　蒲州府、泽州府是也。

(三)小府一百人　宁武府、朔平府是也。

(四)上州二百人　平定州、忻州、绛州、代州是也。

(五)中州一百人　宁州、解州是也。

(六)小州六十人　辽州、沁州、保德州是也。

隰州四属地广人稀,归绥十二厅情形于内地较异,自行斟酌办理。

高等小学之设亦以州县之大小为据,预计初等小学生毕业之数为高等小学推广之衡,约以初等小学二十所以上者设高等小学一所,或两等小学一所,其高等小学之学额则以州县之等第为差,如下列:

(一)上等州县二百人;

(二)中等州县一百人;

(三)下等州县六十人。

各州县初等小学及简易识子〔字〕学塾亦分等定额,试列如下:

(一)上等州县　一级二百所,二级百五十所,三级一百所。

(二)中等州县　一级六十所,二级五十所,三级四十所。

(三)三等州县　一级三十所,二级二十所,三级一十所。

(四)上厅五十所,上次四十所,中厅三十所,下厅一十所。

城镇乡初等小学堂及简易识字学塾则以户口之多寡定学塾之数:

(一)三十户以上者　简易识字学塾一所。

(二)六十户以上者　初等小学一所。

（三）一百户以上者　初等小学、简易识字学塾各一所。

（四）百五十户以上者　初等小学二所，简易识字学塾一所。

（五）二百户以上者　初等小学、简易识字学塾各二所。

自此以上每加百户设初等小学、简易识字学塾各一所，限本年年底分区绘图呈报提学使司，此宣统三年现行学制。至各州县之各学堂究竟已否成立，则尚无报告之成绩，无凭调查，惟统限于年底一律成立，加等者记功，减等者记过，则学务之兴，正未有艾，而本省学制所以见其一斑矣。

学堂　自庚子以后，西教士李提摩太于教案赔款项下拨银五十万两设立学堂，经前抚臣岑奏准分为中西两斋，名曰大学堂，是为晋省设立学堂之嚆矢。殆科举停止以后，学务盛兴，各种学堂渐次成立，各府州县中小学堂亦次第举办。兹据各属报告，分述其所有学堂如左：

（一）高等学堂　即省城大学堂是也。分为中斋、西斋，其学科虽与大学堂间有出入，而中斋学科程度则一同于高等，西斋已将停办，故仍列为高等。

（二）专门学堂　省城法政学堂一所，分为讲习科、预科、别科、本科四班。医学堂一所。教育研究所一所。绅立法政讲习所一所。官立法官养成所一所。五台县自治研究所。

（三）实业学堂　省城高等农林学堂一所，中等实业学堂一所，河东初等农业学堂一所，平定州蚕桑学堂一所。

（四）师范学堂　省城两级师范学堂一所，中区师范学堂一所，河东初级完全师范学堂一所，归绥道、汾州府、宁武府、忻州、临汾县、平遥县、大同县、陵川县各有初级师范学堂一所，隰州、太原县、壶关县、怀仁县、凤台县、高平县、寿阳县、崞县各有师范传习所一所。

（五）中学堂　省城公立中学堂一所，榆次县私立中学堂一所，祁县公立中学堂一所。河东道、归绥道、太原、平阳、汾州、潞安、大同、朔平、宁武、绛州、蒲州等府，浑源、平定、乐平、忻、代、保德、解、绛、霍等州乡各官立中学堂一所。

（六）高等两等小学堂　共计官立高等小学堂八十九所,公立者四所;官立两等小学堂三十所,公立者十一所,私立者三所;官立初等小学堂四百三十一所,公立者一千一百六十一所,私立者五十三所。

（七）半日学堂　河津县官立半日学堂一所,忻州、介休县公立半日学堂各一所。

（八）蒙养院　省城一所。

女学　女子教育为国民教育之基础,于是设立各级女子学堂以为振兴女学之地。古者教女子者,德容言功,四者兼重,故《内则》一篇极言妇职,后世女学凌替,坐食交谪之风,几为女子恒性。山西旧俗,女子鲜有读书识字,即偶尔学习,亦以从其父兄庭训者为多,至专为延师教诲者,更罕见矣,而女学之风,由此以堕。自学务振兴以后,女学渐次发达,先由省中设立高初两等暨女子师范学堂,各州县亦次第设立。兹特汇列于后：

（一）女子师范学堂　省城官立女子师范学堂一所,公立一所。

（二）女子初等学校　襄垣县、平遥县、临县、朔州、宁武武〔县〕、易城县、崞县、绛州、隰州官立女学堂各一所,河津县官立四所,祁县、潞安府、汾阳县、高平县、虞乡县、寿阳县公立女学堂各一所。

私塾　各属高初两等学堂虽已渐次成立,而私塾之设,各属仍有。溯其故,则以停止科举后,旧日肄业之士既难再入学堂,又无从另谋生计,故仍以设馆授徒为事,而风气未开之处,小学较少之区,贫民子弟仍多愿入私塾。各州县除官立公立两等小学堂之外,私立之学堂少而私塾多,官立公立学堂之学生少而私塾之学生多。至其教法之优劣,虽不能尽合科学之程度,而亦有逐渐改良、以新学新法为教授者,诚能按章办理,则一转移间而为无数之小学矣。兹述各属私塾所有之习惯如左：

（一）学期　私塾学生虽无暑假、年假之例,而丁农忙之际,则必停课一二月之久,俟农事既毕,重复入学。学生次年之就学与否,则以冬至日为议决之期。

（二）学费　私塾之学费,束脩是也。每岁每人所用束脩则从大钱一二千至三四千不等。若富室延师,则有岁收百金以至二百金者。

学童　儿童就学年龄,虽以七岁为通则,而因地方风气之不同,亦有迟早之异。大抵文风较盛之区,就学之期早;文风衰弱之区,就学之期迟。综核各属报告,南部各州县除山僻州县，天时地气较为和暖，人民之体质发育既早，而知识亦较为优化。除文化素盛之区，所有州县类皆寒苦异常，人民之知识亦稍闭塞，职是之故，儿童就学年龄不能毫无差别。兹特分述于左，以见人民智识开塞之迟速云。

（一）十岁以上者　如岢岚、岚县、兴县、岳阳、吉州、乡宁、壶关、石楼、承宁州、宁乡、怀仁、应州、山阴、灵邱、广灵、阳高、天镇、宁武、偏关、五寨、沁水、榆社、和顺、繁河、曲汾、{汾}西、隰州、太宁、蒲县、永和等处以及口外各厅，儿童必至九岁十岁始能入学。

（二）七岁以上者　除上所列州县外，其余各州县大抵以七岁以上为就学年龄，至学龄儿童人数之多寡，则另有教育统计表在，兹不赘焉。

儿童就学年龄，现经谘议局议决，统以七岁为通则，倘有儿童不入学者，罚其家长助学费一元至五元不等。行见学童之多，必胜于前，而无不入学者矣。

游学　庚子以后，风气开通，有志之士奋袂而起，负笈东渡者，岁有所增，始以官费生为多，继以经费难酬，稍示限制，公费、私费者始有所见。至游学西洋者，则系西学专斋毕业学生，由官费咨送英国者为多。兹据调查所得，汇列于后：

（一）官费生　查官费学生为数最多，太原驻防二人，阳曲县五人，汾阳、五台、河津、赵城、浑源、霍州四人，沁州、隰州三人，屯留、襄垣、宁武、万泉、平定、右平、定襄二人，太谷、祁县、徐沟、兴县、临汾、襄陵、长治、平遥、大同、灵邱、平鲁、神池、凤台、高平、蒲县、猗氏、榆社、沁源、忻州、崞县、安邑、夏县、平陆、芮城、绛州、闻喜、灵石各一人。

（二）公费生　汾阳四人，文水、大同、忻州各三人，平遥、浑源、虞乡、荣河、绛州各二人，徐沟、交城、浮山、乡宁、长治、潞城、宁武、高平、安邑、夏县、霍州、萨拉齐各一人。

（三）自费生　阳曲、洪洞、浮山、浑源、万泉、定襄、五台、霍州、赵城、灵石各一人。

至其留学国度，则官费生中有至英国者十八人，私费生有至英国者一人，均系专习路矿，以为本省将来之用。其余则皆至日本，有习法政者，有习师范者，有习实业者，有习路矿者，以习法政、师范者为多。

学会　各州县学务总汇之区，握教育界之全权者，教育会及劝学所是也。自奉奏章设立之后，先由省中设立教育总会，今则各州县均已成立。据各属报告者有如左列：

（一）教育会　以改良教育、振兴学务为主旨，其会长、会员系由阖境绅士公举，每月按期会议改良教育事宜。另有视学员检视成绩。

（二）劝学所　会长、会员亦由绅士选举，每月分赴各乡演讲学务，劝诱愚氓，令其子弟入学。自设立后，其成效甚著。

识字人数　文风之盛衰，虽以士子为升降，而民智之开塞，则以教育普及为主义。教育之普及与否，应以识字人数之多寡，及能作寻常薄记及通俗书札者为断。兹据各属报告，分列其多寡如左：

（一）百人中能得四五十人者　如忻州、平定州、蒲州府、解州等属。

（二）百人中能得二三十人者　如绛州、代州、永宁州、临县、武襄县、繁峙县、朔州、左云县、翼城县、曲沃县、临汾县、交城县、稷山县、河津县、大同县、浑源州、潞城县、长子县、凤台县等处。

（三）百人中不及十人者　除上所列州县之外，大率类此。

开智机关　山西地处偏陲，风气之开，较为稍迟，而寡识愚民，僻处穷壤，内外情形，多有隔膜，实于筹办新政及教育、自治等事，皆生阻力，于是有筹为开智机关者，宣讲所及阅报所是也。各属所报告者，有如下述：

（一）宣讲所　宣讲宗旨，专为开明自治之利益，启迪国民之新知，以普及一般为主义。各按境域分区设员，按期演讲，演讲者为《圣谕广训》《宣讲拾遗》《自治公报》等书。

（二）阅报所　欲使人民有中外之智识，尤以阅报为要。着山西本省报纸仅有《并州官报》《晋阳公报》《自治公报》《警务通告》《教育官报》五种通行于各州县，而开明之处设立阅报所，除本省报纸外，购阅邻省各报者亦有，其通行之报有《帝国日报》《北京日报》《国风日报》《大同报》《时报》《中外日报》《神州日报》《外交报》《顺天日报》及各种杂志。凡繁庶之区，多有设立阅报所者，亦有附属于各学堂及教育会、劝学所者。

宗教篇　第五

圣人以神道设教，原所以儆愚顽也。后世之人，惑于天堂地狱之说，因果报应之谈，遂以为实有其事，倾身信仰而不辞，是殆愚夫愚妇之所为者耳。而僧道知其然也，迎其机而导之，顺其情而诱之，因其利便而吾之所欲行焉。吾国国俗，素无宗教，经孔子倡明于前，韩昌黎辟之于后，神佛之说，久为士夫所不信。况今日者，口喧佛号，即为佛徒，其所哄喻劝诱者，世俗之愚夫愚妇而已。是以虽经千百年之久，而无所树立于其间，习以见之，任而置之也。自海禁宏开，耶稣教徒，迹遍全国，鼓其所谓待人如己、敬信上帝之说，竭智尽能，亦只诱庶民为教徒，士大夫罕有厕身于其间。诚能张吾国威，强吾国本，纵吾民信奉其教，亦无非与僧徒等耳，又何患于人民哉？然以彼国势之强，教徒之盛，藉传教之力，而伸张其国威，则又不禁为之惴惴恐惧焉。山西僻处内地，不便交通，外教之侵入，亦为稍缓，且人民信仰宗教之心，素为薄弱，各教势力，范围较小。兹特述其教类、祀典、斋戒、祈祷、迎神、朝山、寺庙、巫觋之俗尚，以为宗教篇。

教类 我国人民素无信仰宗教之观念，释道二教之入中国，虽经数千年之久，而至今业已衰微，不绝如缕。山西虽属偏隅，人民信仰鬼神、迷信宗教之心，则较东南省分为薄弱，即奉佛道二教者，亦以贫苦无依，为谋衣食之计，不知其为宗教与否耶。西势东渐，天主、耶稣二教流行内地，山西各州县几于无处不有，愚氓编户有信其为善而崇奉者，有赖其护恃而贩〔贩〕依者，寖澈日久，遂致酿成庚子之变。幸近年来人民知识渐开，官绅调护有力，民教相处，安于无形。据各属报告，山西通行宗教有如左列之数种：

（一）佛教 奉行佛教者，男曰僧，女曰尼，全境共计八千零三十一人，尼为各属所仅见，僧以五台县、萨拉齐厅二处为最多。盖一为五台山之所在，一为蒙民繁居之处也。其次则以阳曲、汾阳、孝义、平遥、陵川、凤台、阳城、大同、左云、平定、盂县、寿阳、代州、五台、赵城等处为多。

（二）道教 奉行道教者，男曰道士，女曰女冠，全境共计一千七百五十一人，以大同、长治、潞城、壶关、汾阳、平遥、凤台、高平、阳城、陵川、左云、平定、盂县、赵城等处为多。

（三）喇嘛教 喇嘛教有黄教、红教二种，全境奉教者共计七千三百五十四人，其在五台县、归化城、托克托城、兴和者为黄教，其在萨拉齐、五原、宁远者为红黄两教，二教之势，以黄教为盛。

（四）回回教 回教之在中国，原无人民崇奉，因其为宗教之一种，故仍述列。全境共计一万六千六百二十九人，所在州县以阳曲、曲沃、薄城、长治、壶关、凤台、陵川、大同、右玉各州县，萨拉齐、托克托城、和林格尔、兴和、五原、丰镇为多，余若吉州、屯留、阳城、高平、天镇、左云、平陆、夏县、绛州、绛县、稷山、归化城、宁远等处亦有之。全境共计一万六千六百二十九人。

（五）天主教　天主教为圣家堂派，全境奉教者共计六万七千五百二十七人，以太原、洪洞、襄垣、黎城、临县、永宁、凤台、朔州等州县，萨拉齐、五原、丰镇各厅为最盛，惟蒲州府、保德州二属无天主教之踪迹焉。

（六）耶稣教　耶稣教系内地会一种，奉教者全境共计八千零一十一人，各州县均有四五十人以至五六百人不等，亦惟保德州属无之。

奉祀　《月令》五祀，一祀中霤、二祀户、三祀灶、四祀门、五祀井。王为群姓立七祀，诸侯五祀，大夫三祀，士二祀，庶人一祀。后世礼法荡然，祀神祈福越礼非分，通常庶民之家奉为神圣而祭之者，种种不一。然以地方风气之不同，亦有特异之处。兹述各属所报告者如下：

（一）通常住家所奉祀者，一祀天地，二祀祖，三祀灶，四祀井，五祀土地，六祀门，此为各属所通行者也。至如太、汾、蒲、泽、绛、解等属，于六祀之外，兼祀关帝、观音、火神，蒲州府属祀砲神（无从详其出处），朔平府祀太阳神，较为特异。

（二）各种商工所奉祀者　商工各业所常祀者有二，关帝、财神是也。余若平定州铁匠祀火神；泽州府铁匠祀老子，剃发匠祀罗祖；绛州商人祀真武大帝；交城县商人祀崔府君；解州染坊祀葛梅二仙；太汾二属及口外各厅于街道同祀五道将军，则均不可详其始矣。

斋戒　持斋戒杀，释教绪余；酗酒茹荤，佛门所戒。愚民惑于天堂地狱之谈，因果报应之说，诵经持咒，绣佛长斋，以祈自拔于沉沦，而修来生之福祉。妇女尤多崇信，甘于终生持斋戒杀，所亦可笑矣。夫见其生，不忍其死，闻其声，不食其肉，恻隐之心，人所共有。若信仰神佛，持斋戒杀，非僧非俗，于人何益？况有所谓日斋、月斋者，终身茹荤，忽焉食素，其一日之斋戒，即足赎多日之罪衍？山西持斋戒杀之风尚不盛行，惟妇女有之。兹据各属所有者，分述如[左]：

（一）择日持斋者　每年于二月十九、六月十九、九月十九持斋者，谓之观音斋；于四月十五持斋者,谓之药王斋;亦有于每月朔望两日持斋者,谓之月月斋,以太原、汾州、平阳、解州、蒲州、绛州等处为盛行。

(二)因病持斋者 因病祈神请愿斋戒,病愈后持斋一年或三年不等,谓之应斋。有子为父母请愿者,有妻为夫请愿者,归化厅、平阳府、解州等处有之。

祈祷 各属祈祷之风以祈晴、祈雨、祈病为最盛。人民惑于天神人鬼之说,遇水旱偏灾,则以敬神祈福为甘霖普济之方,以焚香祈祷为灵药降施之地,风气所在,人民视为一定之理而不可移。今述各属祈雨、祈病之特异者如左:

(一)祈雨 祈雨之俗,各属皆有,除地方官照列举行外,各处士绅随官举行拈香,乡民则在村内自行设坛祈祷,合境禁止屠沽,大抵均以三日为期,亦有延至六日、九日者。至祈祷之神,有祀关帝者,有祀城隍者,有祀龙神者,惟忻州之祈雨以祀杨娘娘,太原县祈雨祀水母,兴县祈雨祀钻天大王,则均不详其自始,为可怪也。祈雨最陋之处,则以蒲州、解州二属为最盛,附录如下,据蒲州府报告云云。

(二)祈病 祈病之俗,以太原、汾州、平阳、蒲州、解州、潞安、泽州、大同、忻、代各府州属为盛,所祀神祇则以狐仙为多。蒲、解二属有谓桃花女者,女巫假以施药,乡人多崇信之,余则以城隍、关帝、吕祖等祠设置签簿,备人祈药,庙祝借以得利。

迎神 迎神赛会虽云春祈秋报之意,而流弊所至,遂有奢靡鄙陋之风。古者盂酒簋豚,丰年可祝,乘兰禊祭,介祉堪祈,岂必承百戏之具,雕弄巧饰,增损无常也哉。晋俗素称勤俭,迷信鬼神观念亦素薄弱,而习俗相沿,迎神赛会之风各属皆有。然其意之所在,非仅以迎神祈福为主,非皆为祷祀丰年,而起有为商农互市之计者,有为商工联络之方者。会场所在,百货毕陈,商贾藉以通有无,农人藉以备阙乏,是迎神赛会之风,初非无益于社会也。特以经手者假神道之名聚资敛钱,作无益之戏,而有伤于节俭耳。兹据各属报告,分述迎神赛会之名义如左:

(一)商业主义 解州为关圣故里,庙貌特盛。俗以五月十三日为关圣诞日,演剧酬神,商贾麇集,为期前后三阅月之久,至十月复举行一次。凡陕豫及平、蒲、解、绛、潞、泽、太、汾等处商业繁于此会者颇巨,俗谓之"解州会"是也。此外,榆次县以五月,五台县以七月,归化城为商贾所萃,有名之社至一百二十,演剧酬神,岁无虚日。

(二)祈报主义　平、蒲、解、绛、潞、太、汾、大同等处,每于春秋之际迎神赛会,届期演剧张乐,官绅均至拈香,名曰醮神。迎神之际,饰幼童幼女扮演各种戏文,置于台上,数人升之而行,名曰抬哥;置于肩上,一人承之而行者,名曰背哥;并驺从以为前导,巡游街市,名曰出巡,至夜施放烟火,为之送神。南路各州县处处有之,大同、朔平、宁武、代州等处,每于六、七、八、九月之间迎神赛会所演之剧,系男女合演,与各种戏剧均有不同,俗谓之赛戏者是也。

朝山　天子祭天下名山大川,诸侯祭其山川之在境内者,庶民百姓无祭山川之礼,故季氏旅于泰山,孔子犹谓其僭,其他可知矣。然自秦皇东游海上,礼祠名山川及八神,求仙人羡门之属,后世遂谓名山胜境,仙人居焉,山泽之神,灵异著焉,祈福、祈子、祈病之说,世人遂迷信而不悟,一若山灵防护,百事俱祥者。于是裹我糇粮,朝彼祠庙,胼手胝足,困苦不辞。山西朝山进香之风,素不为胜,据各属报告所有者述之如左:

(一)恒山　恒山为五岳之一,在大同府浑源州境内,庙貌特盛,凡浑源邻近州县,多有朝山进香者。

(二)五台山　五台山相传为仙佛圣境,素有喇嘛僧居于其山。每年五月之间,邻近州县居民朝山进香,而以口外各厅蒙民为最盛,满载而来,倾囊以去,布施于喇嘛僧者,岁以千万计。

(三)条山　条山在解州境内,每年八月间有朝山者。

(四)姑射山　姑射山在平绛境内,每年六月间朝山,俗谓之"朝北顶"。

(五)绵山　绵山在介休境内,居民于六月间有朝山进香者。

寺庙　魏晋而后,佛教盛行于中国。唐宋之季,山西为畿辅近省,人民丰富,寺庙之建筑于时为盛,迄至金元,是为上省,建筑者尤众。今日财政支绌,人民生计维艰,罕有大兴土木而作此无益之举,即旧有之建筑,亦多败壁颓垣,任其荒废。至殷富州县,尚有最久建筑及最巨之庙产,述其所报告者如下:

(一)最久最巨之建筑　全省以五台山、恒山二处佛寺为最巨,其次则归化之大召。

若最久之建筑,则以右玉县之玄帝庙、荣河县之大觉寺、汾阳县之活木塔、介休绵山之云福寺、曲沃县之普权寺、翼城县之云香寺、交城县之永宁寺,均建于唐者;荣河县之八龙寺、曲沃县之感应寺、徐沟县之法云寺、慈云寺、永胜寺、平定州之天宁寺,则皆建于宋者。

(二)最多之庙产　各州县之庙产,由数十金、数百金而至数千金不等,其最多者为汾阳、孝义、永宁、交城、凤台、陵川、高平、解州、浑源、稷山等处,其庙产有二三千金以至五六千金者,归化城、五台、河津、荣河、曲沃等处,有数千金以至万金者,近日已有提作学堂经费,及兴办各种公益者矣。

巫觋　明天地之性者,不可惑以鬼神;知万物之情者,不可罔以非类。广崇祭祀,求福无门,此巫觋假神鬼之说而以欺世盗民者也。山西口外各厅惑于喇嘛之教,盛信神佛;蒲、解、潞、泽、太、汾各属,民物殷富,信仰鬼神,于是男巫女觋,各属均有。男觋,俗名走无常,亦曰过阴,往往酣眠数日,醒则道阴间事,历历如绘。女巫,俗名神婆子。愚民遇有疾病或疑难不决之事,辄招至家中,请神祈祷,巫觋遂恒舞酣歌,假言神佛附体,施以福泽。东南各属常有之,兹为分述如下:

(一)男觋　平阳、蒲州、解州、汾州、隰州、代州、归化城、萨拉齐等处有之,以山僻州县乡野村庄为多。

(二)女巫　平阳、蒲州、解州、汾州、隰州、代州、归化城、萨拉齐、辽州、沁州、夏县、忻州、潞安、泽州等处亦均有之,而平遥县此风为最盛。

巫觋假托神鬼,藉以欺世,亦有奉祀动植各物,指为灵异者;或于寻常树木,指为神圣所居;或于寻常房屋,指为狐仙之宅。乡愚无知,祀之惟谨,而巫觋藉以醵资,其愚陋诚可嗤矣。

礼俗篇　第六

《曲礼》三百,《仪礼》三千。先王体性达情,于揖让进退、尊卑际会之节,炳彪乎璨然大备,后世遵而守之,无所增益于其间矣。然五帝不袭礼,三王不沿乐,百里不同风,千里不同俗,因地因时,各有歧异,况天高地下,万物散殊。同一相见也,有拱手、垂手之别;同一致敬也,有顿首、稽首之异,则以其习俗相沿,文节之显于外者,有不同焉者耳。吾国礼制之繁,古昔为盛,及秦燔典籍,礼制荡然,汉儒抱残守阙,纷纭缪辀,载〔戴〕、朱二子,考订辩正,垂为一世之典,而礼行于上,乡间之间,素未肄习也,于是各沿其俗,各行其礼,文质各别,繁简不同,虽有好学精思之士,亦难订其是非得失而考证之。惟人之生也,孩提之童,无不知有敬爱;绝域殊方,无不知有礼文,则所以达其情、通其意者,亦各有其礼俗而已。山西礼俗纯朴,婉俭易行,兹特分述宗族、生子、婚嫁、丧葬、祭祀、交际、节令、娱乐之所习尚,而为礼俗篇。

宗族　圣人吹律定姓以纪其族。盖姓者,生也,以此为祖,令其相生百世不改者也。族者,属也,使子孙共相联属也。古者别子为祖,继别为宗,继祢者为小宗。有百世不迁之宗,有五世则迁之宗。宗法既明,彝伦攸叙,同姓分氏,如网之在纲,有条不紊,所以敬宗尊祖而不忘其本也。后世姓氏相紊,由于谱学之不讲;普〔谱〕学之废,由于宗法之不明,百夫无长,不散则乱,一族无宗,不散则离。今民四方杂居,云合鸟散,服尚朱绝等诸途,人故欲宗法之明,必有姓系族谱之书,始能明其统系;必有宗祠义庄之置,始能联其宗族。明人伦,厚风俗,其关系于治体者大矣。兹据各属所报告者,述其宗族之礼法如左:

(一)宗祠祭田　寻常庶民祭先祖于家,至有爵位及富有资产者,始有宗祠。宗祠之中,有附祭田者,有不附祭田者,则视其设置之如何耳。惟寒素之家,无力设置宗祠,故此种习惯不能谓为各属所同有,而其俗则为各属所周行,其所以联络宗族者,则在于宗祠之族祭。

(二)谱牒家法　辨章统系,谱牒而已,而据大、朔、宁、保、辽、隰、口外各厅各属报告,所有户族罕见谱牒。其旧族大家之有谱牒者,则以太原、汾州、平阳、蒲州、解州、绛州、潞安、泽州、平定、沁州、忻州、代州各属间有之。至同族中之不肖者,惩戒之,遇有急难者,赒恤之,则或旧有规则,或素无章法,因人而异,难以详述矣。

生子　古者生子以桑弧蓬矢,使射四方,男儿之义也。《诗》云"乃生男子,载寝之床,载衣之裳,载弄之璋;乃生女子,载寝之地,载衣之裼〔裼〕,载弄之瓦"。虽云男女之义,各有攸居，而其礼俗之差别，已有轻重之不等。降及后世，生儿之后，迷信禁忌，尤其为盛，其礼俗习尚，各有不同，兹述晋人之沿习如下：

（一）通告　通告生子之法，习俗有二：一，生子后购买各种果品、鸡子，染以红色，分致亲友；二，用面作蒸食，上饰以枣，名曰花馍，分致亲友，均为通知之礼俗。东南各州县生子后截竹二枝，或草二束，立于门外，见者即知其为生子。

（二）庆贺　庆贺之期有二：洗三、弥月是也。生子三日，以水洗之，名曰洗三。亲友携礼物往贺，主人款待酒食，汤饼之义也。至弥月，亲友分赠衣饰，亦有持送百钱、名为百家锁者庆贺，主人仍待以酒食，名曰吃喜。

（三）爱憎　俗情重生男，不重生女，礼俗上遂有种种区别，即如洗三、弥月之类，生女者多无此习，而其最盛者则为大同、宁武、朔平、代州、保德、隰州、永宁、宁乡等处，故溺女之风，亦所难免。

婚嫁　南国之化，始于《关雎》，君子之道，造端夫妇。男女以正，婚姻以时，人伦厚而风俗美，其关系于文化者岂不重哉？山西俗尚勤俭，无淫侈奢靡之风，婚嫁称其有无，不以夸饰相尚。然俗重早婚，男少于女者，居其多数，且需索财礼较量锱铢，则诚为有识者可笑矣。兹据各属报告分析而录记之：

（一）婚期　通常完婚年龄，男女均在十五六岁以上，而大抵女长于男者三四岁，其最早之处，如平定州属有十二三岁即行婚娶者；其最迟之处，如朔州、隰州，男女在二十岁以上始行婚嫁。至嫁娶之期，则由男家选定，通知于女家，以春冬之时为最多。

（二）婚礼　婚嫁六礼，仅存其四，曰换庚帖，问名是也；曰红定，纳采是也；曰祭祖，请期是也；曰完婚，亲迎是也。换庚帖者，书写男女庚帖，互相交换，各执其一。红定者，具布、帛、簪、珥、财礼纳于女家，以为定礼。祭祖者，将选定嫁娶之期书于帖上，而以之祭祖。完婚之礼，大抵相同。有亲迎者，有等亲者，是在临时之酌议也。完婚之夕，亲友至新房笑谑，名曰闹房。三日后祭祖，名曰告庙。拜谒亲友，名曰走亲。亲戚筵集，名曰会亲。十日后新妇归宁，名曰住九。此婚礼之习俗也。

（三）婚费　婚嫁所需费用，中人资产不过百余金，庶民之家四五十金，即获娶一妇，而嫁女之家所备装奁靡所底止。娶妇者,除纳采之布、帛、簪、珥外,所费者,惟财礼一事。嫁女需索财礼,几为通俗,其最少者十六金,以至二十金、三十金不等,其多者五十金以至百二十金、二百金不等。寒素之家,因无力致聘以致贻误婚期者,各属皆有。

晋省婚嫁之俗,大抵如上所述。其有关于婚嫁而为特异者,亦有数种:

(一)童养媳 贫苦之家养女至七八岁即许聘于人为童养媳,以大、朔、宁、忻、代、保、辽、隰等处俗为最盛。

(二)再醮妇 妇女再醮,大抵贫苦无依不得使之然耳。然如省北各属以及荣河、陵川,据报告所云,则再醮之风颇盛,虽遗有子女,亦难安于其室,则在操风化之权者,为之默为转移耳。

(三)纳妾 娶妾之风素不盛行,偶尔为之者亦系巨绅富商,因年老无子,妻不生育,始有此举。若妻死妾生有子,则多以妾扶正,而与妾家起姻亲之关系。

丧葬 恩礼节权,丧之四制。饭腥苴熟,天望地藏,虽天子不能异其礼,而圣人为之区其隆杀者,缘生以事死,称情而立文也。故丧葬得尽其诚而动中于礼者,至今盖不数见矣。况今古之制,既有不同,士庶之家,亦各有异。质胜文,文胜质,情伪各殊,而必欲得其定制,则非一时所能详述矣。然一方之俗,相习成风,虽非王者之制,圣人之教,而世俗以为礼之所在,有牢不可破之势,殆亦安于习而已。兹述其关于丧葬之报告如下:

(一)丧家之规制 丧家必用阴阳生告以卒之月日,使择殓时,并为卒者制镇压凶煞之物,门外树白纸屏,书亡者姓名及卒之年月日时于上。无大小殓,殓时不用殓衾,惟具被褥。棺则施以黝色、朱色、金色,甚或施以彩绘。丧家辍业有七日者,有三十五日者,有四十九日者,百日之后始行薙发,衣皂而以白布缘之。

(二)丧家之迷信 丧家于殁后七日必用僧道诵经,室富尤盛,大约每七行之。贫家于殁后七日即行出葬,富室有停至三十五日、四十九日始行出葬者。太、汾、平、蒲、解、绛、忻州等处,有停丧至八九年不葬者,大抵因迷信风水及家贫无力之故。

(三)殡葬之情形 殡葬之俗,必经勘舆家勘定穴位,始行出葬。葬时挖土深至八九尺,内作窑形,以纳棺,外封以石,填以土,上树以碑,其后世则顺序次第而下。大、朔、宁、忻、代、保等处贫民之死亡者,多葬于岩穴之间。口外各厅蒙民并有火葬之俗。内地商人之死于口外,无力运柩还乡者,亦多火焚其尸,幽负以归。

祭祀　适士祭先祖于庙,庶人祭先祖于寝,后世恐流于僭,改庙为祠,士庶人皆得祠,使人缘分以自尽其孝思。夫慎终追远,民德归厚,报本之礼,莫大于祀,春霜秋露之下所以展其孝思者,祭而已矣。今据各属调查所得,述其习惯如左:

（一）族祭　士绅之家皆有宗祠,祀其先祖于一室,每岁元旦、中元、冬至日为族祭之期,主祭者为大宗之子。遇祖先忌日,亦必有祭。每祭之后,分祭品于同族,谓之受胙。凡有宗祠者,其俗大抵相同。

（二）墓祭　士绅祭于祠并祭于墓,庶民之家惟祭于墓,名曰扫墓。每岁清明、中元、十月朔日为扫墓之期。十月朔日以楮为衣,煎馔焚楮于墓,亦谓之送寒衣。

（三）巷祭　世俗于清明、中元、十月朔扫墓之后,俟日落时列酒馔于门外,洒酒焚楮,妇女坐泣,名曰巷祭。各属多有此俗,而以省北各州县为盛。

礼让　人民于社会交际之场,言语容止,莫不有节,揖让周旋,莫不有礼。一相见也,或拱手为敬,或垂手为敬。一拜礼也,或顿首为礼,或鞠躬为礼。究其本原之所在,则同一致敬而已。然五帝不袭礼,三王不沿乐,南辕北辙,歧异求隔,稽其文节,察其称谓,虽同一致敬之心而异其致敬之礼,则因其习俗之不同而已。吾国交际之礼,莫大于养老,而养老之礼,莫尚于乡饮,乡饮者,移风易俗也。故据各属报告,述其乡间之礼,而先记载其乡饮:

（一）乡饮　乡党尚齿,故各州县俱有大宾、戒宾之设。凡乡饮酒礼皆有定式,每岁于孟春朔日、孟冬望日于学宫明伦堂举行之。各府州县以守牧令为主人,以乡之高年六十以上有德行为宾,其次一人为介,又其次为众宾,以教官一人为司正,学弟子习礼者二人,赞礼二人,引礼一人,司爵一人,读律令一人。僚佐皆与前戒宾宾礼辞许,戒介亦如之。举行之期,肆礼合乐,一如定制。

（二）相见　相见之礼,极为简单。凡兄事者,揖而已矣。若遇年高辈尊之人,系初次相见,或多日未见者,均顿首为礼。若有庆贺之事,与同辈相晤,亦有顿首为礼者。平日相遇,垂手致敬而已。请安之礼,推行于官场,士民罕为之也。

(三)宴筵　筵饮之际,坐次以东为上,西次之,亦有以北为上者。若遇婚娶丧葬之时,进爵进食,主人必为揖拜,宾答拜之,示谢忱也。

(四)吊唁　丧家于殁后七日,或择日诵经奠祭者,谓之开吊。亲友赍冥资以次往吊,富厚之家有馈送幛条者,有馈送挽联者。丧家亦多以此日延请年高有德或有爵位者为之题主,开吊次日谓之发引,即出葬也。亲友为之送丧,其应需执役人夫,城镇中以赁金雇用,乡村中多由邻里帮助,以示亲厚之意。

节令　岁时节令,海内悉同,原无可陈述。兹将其特别之俗姑述如下:

(一)正月元日　元日晨起焚柏爆竹,肃衣冠,设牲醴、粗粢,祭天地神祇,祀先祖,拜父母,家众以次序拜,亲朋戚里,互相诣贺。饮食宴会,旬余始定,谓之吃春酒。大同府属元旦家家伐薪凿炭,磊磊高起,状若浮图,及时发之,名曰旺火。十五日街坊张灯结彩,列炉焰,放花火,与海内同。

(二)清明　时及清明,拜扫坟墓,封土于冢,门户插柳,又有纸鸢、秋千之戏。

(三)端阳　五月五日为端阳节,门插蒲艾,喫雄黄酒,佩赤灵符,以角黍相馈遗。编五色线为索,系小儿臂,谓百线。妇女制艾虎、艾人,以为钗头之饰。

(四)中元　七月十五日为中元节,官府祭厉,人家扫墓,均如清明。僧道礼忏诵经,谓之盂兰会,或放河灯。

(五)中秋　八月中秋,夕陈果饼,望月罗拜,剧饮赏月,亲友互相延请,彻夜不休,边郡尤盛。

(六)十月一　十月一日官府祀厉,士民亦有墓祭,谓之送寒衣。大同府属墓祭后,妇女夜哭于门外,相传明代多国殇野祭者,新丧之家遂沿之,故独关北诸郡为然。

(七)送灶　俗镌灶神于纸印之,名曰灶马,一年一换,于腊月二十三夜分,诸户皆以饼饴祀灶焚之,谓之送灶。上夫兼有具草、豆为神秣马者。

(八)除日　除日更换春联,焙薪炭,卑幼行辞岁礼,家人围炉团坐,多有守岁不寐者。农家月令见于旧志者,曰:"立春喂耕牛,雨水搋粪土。惊蛰河半开,春分种小麦。清明前后种扁豆,谷雨种豌豆,立夏种谷。小满前后,安瓜种豆。芒种{忙}种,黍子急种谷。夏至见豆花。小暑喫大麦,大暑喫小麦。立秋十八日,寸草皆齐。处暑不出头,割得喂了牛。白露喫小谷，秋分见谷罗。寒露百叶枯，霜降不赔田。立冬不使牛。小雪冻大河，大雪冻小河。冬至不开窖。小寒寒不小，大寒不加冰。"如上所述，虽觉鄙俗，但于农人终岁之辛勤，亦足以见矣。

娱乐　山西人民以勤俭为务，佚荡为戒，尊长以勉其子弟，官长以教其人民，是以风气积于醇朴，而较之他省为富厚，娱乐事业亦较之他省为减少，即演剧赛会亦寓春祈秋报之意，而非嗜饮食喜歌舞也。兹将其种类附属于左：

（一）戏曲　世俗通行乐曲有梆子腔，亦曰秦腔，以太汾蒲解二处为盛。有乐乐腔，盛行潞、泽、辽、沁等处。有秧歌，各属皆有之。有赛戏，男女合演，盛行于大同、朔平、宁武等处。有二簧，太原、解州有之。

（二）影戏　纱幛一面，内悬以灯，以皮作人马、房屋、花叶、鸟兽之形，使之显于纱上，另有人在内作乐唱歌，俗谓之皮影。平、蒲、解、绛、潞、泽、太、汾等处均有之。亦有傀儡戏，有索〔牵〕丝傀儡、杖头傀儡等名。

（三）走索　缚绳于柱，飘然凌空，处女脱兔，索上相逢，摩肩而过，势若不容，是为走索，并为上竿、戴竿、踏肩、跃圈种种之戏。平、蒲、解、绛等处有之，业此者以河津县之人为多。

（四）烟火　每岁以正月十五为始放烟火之期，至六月下旬始止。各属于演剧酬神之夜，均多施放放火，以为可避瘟疫，除百病。东南各州县为盛。

（五）茶馆　张灯于门，设茶于座，市人哄喧，屋内坐以饮茶。旁有持鼓板演往事者，谓之大鼓书。瞽者持鱼鼓简板，高声而唱者，谓之惜道情，殆书寓茶楼之类也。太原、大同、归化城等处有之。

（六）妓寮　妓寮惟太原省城有之，由巡警局检查定表取缔规则，每月照例抽捐。

（七）酒馆　繁庶州县均有之。

（八）戏园　阳曲、太谷、归化城等处有之。

（稿本，国家图书馆古籍馆藏。原标题为《民情风俗报告书底稿》，内纸签"山西调查局法制报告书"，目录与正文不一致之处，照录。）

甘肃全省调查民事习惯问题报告册

例言

一、是编悉遵颁发问题,实地调查。凡各厅州县习惯逐条登答,务使详尽,以备采择。

一、问题下多附按语,按语所不能尽然,后以表继之,以期眉目朗然,易于观览。

一、初列各表皆注明各厅州县所属,入后则去之,略师史家说在某处之意,以免重复。

一、各表皆详其所异,而略其所同。盖异者既明,则同者自见也。如通属无异,则书"全省皆同"四字,以省繁文。

一、凡各厅州县所无者,即付阙如(如第二编第一章"附海岸涨出新地"一则,甘肃无海,即无习惯可言之类),不敢臆造,致滋淆乱。

一、编中文辞新旧相错,因全省官界旧学颇多,法律名词未甚研究,故不欲强为迁就,遇事芟夷,以存其实。

甘肃全省调查民事习惯问题报告册

第一编　总则

第一章　与人及团体有关系之习惯

(一)僧尼得置买产业否(所谓僧尼产业者,指僧尼以自己名义置买产业而言,与寺庵产业有别)?

按：甘肃番回杂处，民俗信佛，丛林繁盛，披剃入山者颇多。其产业虽檀越施之，住持主之，徒众传之，然名义仍归寺庵，僧尼不与。其或自出私财置买产业，亦以寺庵之名名之，不得据为己有，其大较也。然得以自己名义置产者，十数州县，用列如下：

河州（属兰州府）、沙泥州判、永昌县（属凉州府）、安化县（属庆阳府）、董志县丞、泾州（本州）、玉门县（属安西州）、宁远县（属巩昌府）、岷州、洮州厅、秦州（本州）、花马池州同（属宁夏府）、循化厅（属西宁府）、碾伯县、西宁县、巴燕戎格厅。

（二）僧尼财产归何人承受？

按：置产之权既异，承受之法亦殊。综其大凡，厥类惟五：有归徒众承受者；有归寺庵承受者；有僧有室家、归子孙承受者（永昌县僧得有室家）；有以僧尼之遗嘱定承受者；有没后尽付舍利或施予贫民、不定何人承受者。以上五类，僧尼财产承受之事尽之矣。

（三）未经父母允许，未成年者径自与人交涉事件时，可生效力否（所谓未成年者以年龄为断，如以二十岁为成年，则二十岁以前为未成年）？

按：甘肃僻处西陲，民风朴厚，践履笃实，家庭之间恂恂惟谨，有父兄在未有可以径自与人交涉者，成年且然；而未成年者，未经父母允许，虽有能力不得自由交涉，可概见矣。纵览全省，仅得可生效力者十数州县，甄录如下：

渭源县（属兰州府）、平凉县（属平凉府）、泾州（本州）、岷州（属巩昌府）、镇番县（属凉州府）、礼县（属秦州）、循化厅（属西宁府）、宁灵厅（属宁夏府）、灵州、安西州（本州）。

（四）未成年者之财产如何办理？

按：有父母兄长，虽成年，亦无管理财产之权。父母既没，兄弟离居，而权归焉，亦必在成年以后。若未成年以前，其财产仍以宗族亲戚之长厚者主之，俟其成年然后还其家政。此大较也。如未及成年即能自理财产，惟平凉之平凉县，秦州之清水县有焉。

（五）未成年者达几岁时可为成年（须从多数儿童之身体智识着想，不得据一二人为断）？

按：甘肃风气朴啬，人之成年视东南为较晚，除上智下愚不计外，大抵十八以上二十以下始克成年。迩自学风震荡，人事变更，世故愈出而愈奇，菁华乃愈泄而愈早，遂有以十五六岁为成年者,诚甘肃之进步也。表而出之,以备甄录。

兰州府、平凉县(属平凉府)、华亭县、环县(属庆阳府)、董志县丞、固原州(本州)、玉门县(属安西州)、敦煌县、伏羌县(属巩昌府)、灵州(属宁夏府)、循化厅(属西宁府)、镇番县(属凉州府)。

(六)妻得于夫之财产外私有财产否(如嫁资等是)？其使用此等财产应经其夫许可否？

按:夫为妻纲,妻固有从夫之义。然今日女权渐伸,妻得于夫之财产外私有财产,且夫之财产妻得为主,使用私财妻得自由。或男女两权并尊,则视强弱贤否为依违。有夫侵妻权、财尽归夫,妻夺夫权、财尽归妻者,是皆不得以古义绳之。今将妻有财产必经其夫许可而后能使用者录之如下:

皋兰县、渭源县、河州、狄道州、红水县丞、沙泥州州判(属兰州府)、平凉县、隆德县、华亭县(属平凉府)、环县、董志县丞(属庆阳府)、崇信县、灵台县(属泾州)、泾州(本州)、平远县(属固原州)、固原州(本州)、化平厅(本厅)、通渭县、宁远县、伏羌县、会宁县、西和县、洮州厅、安定县(属巩昌府)、秦州(本州)、秦安县、清水县、徽县、礼县(属秦州)、阶州(本州)、文县、成县(属阶州)、宁夏县、宁朔县、中卫县、灵州、花马池州同(属宁夏府)、西宁县(属西宁府)、镇番县(属凉州府)、王子庄州同、毛目县丞(属肃州)。

(七)疯癫人之生计及财产如何办理？

按:疯癫之人已失恒性,生计财产举不能自谋,必有人焉医药之,养济之,禁锢之,家资则代理之,使无死亡消耗之虞,则得矣。甘肃全省对于疯癫之人,除崇信、敦煌、平远、成县、巴燕戎格无财产,多听其流离外,其余各厅州县,凡疯癫人之生计及财产,皆由父母妻子办理,无亲属则戚族办理。

(八)聋者、盲者、哑者之生计及财产如何办理？

按:聋不能职听,盲不能职视,哑不能职言,五官虽各有所失,无所谓精神病也。甘虽僻处偏隅,此三者或为佣自给,或通命数、音乐类,皆可自谋生计。惟财产办理,则有自理、人理之分。今录其最著者如下:

聋哑者自行办理，盲者亲戚办理：

宁灵厅（属宁夏府）、肃州（本州）。

有父兄子弟则父兄子弟办理，无则亲戚办理：

渭源县（属兰州府）、沙泥州判、狄道州、平凉县（属平凉府）、隆德县、华亭县、庄浪县丞、安化县（属庆阳府）、合水县、董志县丞、平远县（属固原州）、甘州（本州）、宁远县（属巩昌府）、伏羌县、岷州、西和县、洮州厅、陇西县丞、秦安县（属秦州）、徽县、王子庄州同（属肃州）、毛目县丞、阶州（本州）、文县（属阶州）、成县、宁朔县（属宁夏府）、中卫县、永昌县（属凉州府）、安西州（本州）、敦煌县（属安西州）。

盲哑者亲族办理，聋者自行办理：

河州（属兰州府）、武威县（属凉州府）、秦州（本州）。

盲聋哑皆自行办理：

通渭县（属巩昌府）、玉门县（属安西州）、清水县（属秦州）、灵州（属宁夏府）、花马池州同、张掖县（属甘州府）。

（九）有管束浪费者之财产方法否？

按：甘肃地瘠民贫，娼妓优伶不能托足，其诱人浪费者，不过阿芙蓉及博簺、意钱、斗叶子诸戏。入其中者，往往挥金如土，父兄官吏而外，管束之法已穷，则遂破其家者有焉，然父兄官吏箝制固亦綦严。兹录其有管束方法者如左：

无家长则族戚鸣官，录其财产，限以日用，以为管束。

渭源县、金县、狄道州、河州（属兰州府）、平凉县、隆德县、华亭县（属平凉府）、安化县、合水县、宁州、董志县丞（属庆阳府）、秦安县、清水县、徽县、礼县（属秦州）、通渭县、伏羌县、会宁县、西和县、陇西县丞（属巩昌府）、宁朔县、宁夏县、宁灵厅、灵州、花马池州同（属宁夏府）、碾伯县、循化厅（属西宁府）、化平厅（本厅）、武威县、永昌县（属凉州府）、敦煌县（属安西州）、毛目县丞（属肃州）、安西州（本州）。

（十）有区别住所及居所之制度否（以其地为生计上之根据地者为住所，否则为居所）？

按：甘肃住所、居所无制度之可言，惟名称各异。今为撮其大凡：曰自创为住所，僦屋为居所者，永昌县也；有营业行为为住所，无营业行为为居所者，循化厅、洮州厅也；乡村世守院宇为住所，场圃暂筑茅屋为居所者，西宁县也；居乡而货殖，城市以城为住所，以乡为居所者，宁夏县、中卫县、肃州、花马池州同也；而碾伯县、化平厅、固原州、清水县、陇西县丞则以土著为住所，客籍为居所。此外并无区别。

（十一）外出之人久失踪迹，又无父母妻子，其家产得由其亲族或戚族代为管理否？

按：外出之人踪迹久失，即日本民法所谓生死不分明者，故亲族、戚族得因其无父母妻子代置管理人，以尽保护其家产之义务。甘肃民情朴忠，素称任侠，此种习惯，全省皆同。

（十二）管理久失踪迹人之家产者，有如何权限（是否只准保管，不准变卖）？

按：流亡之人踪迹已失，其幸存者家产耳，保护家产即所以重念亡人，挈瓶之智在此时矣。甘肃全省中皆只准保护，不准变卖。然其人或负累太重，索逋者日至于门，亲戚数人顾深闭固拒，一毛不拔，则人且罪其有攘夺之心。不以变卖者济一时之权宜，何以释疑弭谤？纵观各属得有变卖权者，仅皋兰、金县、宁州、环县、平远、安西、敦煌六七州县，非风俗之偷，盖出于万不得已也。

（十三）有失踪迹后经若干年即作为死亡之制度否（如失踪后计其年龄已达八九十岁者如何办理？又，如失踪后须经过若干年可将其木主送入祖庙等）？

按：失踪经三十年或四十年，年龄达八九十岁以上者，即得作为死亡，送主入庙。然此制度甘肃全省约分三种：

甲　有此制度

狄道州、渭源县、沙泥州判（属兰州府）、静宁州、隆德县、庄浪县丞（属平凉府）、礼县、徽县、秦安县（属秦州）、宁州、安化县、董志县丞（属庆阳府）、通渭县、会宁县、洮州厅、伏羌县、西和县、安定县、陇西县丞（属巩昌府）、宁朔县、中卫县、宁夏县、灵州（属宁夏府）、西宁县、碾伯县、循化厅（属西宁府）永昌县、武威县、镇番县（属凉州府）、崇信县、灵台县（属泾州）、平远县（属固原州）、成县（属阶州）、毛目县丞（属肃州）、张掖县（属甘州）。

乙　无此制度

皋兰县、金县、河州(属兰州府)、平凉县、华亭县(属平凉府)、清水县(属秦州)、合水县(属庆阳府)、海城县(属固原州)、化平厅(本厅)、敦煌县(属安西州)、安西州(本州)、巴燕戎格厅(属西宁府)。

丙　有子者有此制度，无子者无此制度

文县(属阶州)、玉门县(属安西州)。

(十四)失踪迹后，计其人之年龄当已死亡，又无父母妻子，其家产得由其亲族或戚族处置否(处置者如变卖等皆是，与管理有别)？

按：此即日本所谓户绝财产也，中国民法尚待规定。亲族、戚族得处置与不得处置。甘肃州县习惯各殊，分列如下：

得由亲戚处置者：

靖远县(属兰州府)、沙泥州判、河州、平凉县(属平凉府)、静宁州、隆德县、庄浪县丞、毛目县丞(属肃州)、安化县(属庆阳府)、宁州、环县、董志县丞、会宁县(属巩昌府)、洮州厅、安定县、陇西县丞、阶州(本州)、泾州(本州)、灵台县(属泾州)、中卫县(属宁夏府)、宁灵厅、灵州、花马池州同、循化厅(属西宁府)、巴燕戎格厅、西宁县、碾伯县、武威县(属凉州府)、镇番县、安西州(本州)、敦煌县(属安西州)、张掖县(属甘州府)、平远县(属固原州)、化平厅(本厅)、秦州(本州)、秦安县(属秦州)。

为失踪人立嗣，或族人瓜分，或输入族会以为处置者：

皋兰县、金县(属兰州府)、华亭县(属平凉府)、崇信县(属泾州)、海城县(属固原州)。

为失踪人立嗣主产，亲戚不得处置者：

渭源县、狄道州(属兰州府)、通渭县、西和县(属巩昌府)、徽县(属秦州)、成县(属阶州)、宁夏县(属宁夏府)。

亲戚代理、不得处置者：

宁远县(属巩昌府)、伏羌县、清水县(属秦州)、礼县、宁朔县(属宁夏府)、固原州(本州)、文县(属阶州)。

输入族会、不得处置者:

永昌县(属凉州府)、肃州(本州)、玉门县(属安西州)。

(十五)家产处置后,万一失踪人复归,得向处置人索偿原家产之值否?

按:出亡在外,度其人已客死异乡,然后有处置家产之事,其处置也或告之官,或谋于众,其议既定,铁案无翻,盖几经审慎徘徊,以期祸机之不伏。一旦旧主归来,磊磊落落,举而还之,行所无事,故得索偿原家产之值者,全省中几于无邑无之。今于大同之中而得其互异者录之如下:

无一定办法、临时酌议者:

靖远县、宁州、循化厅。

不得索还原值者:

安西州、毛目县丞。

本人与处置人平分者:

花马池州同、永昌县、秦州。

(十六)失踪迹人有定而未娶之妇,其妇须经若干年始得别嫁?

按:甘肃蒙、土、番、回杂处,中国之律多不能行,其习惯固有出于常情外者。汉民遵从礼教,婚义綦严,而犹有毁盟之事,左氏称待我二十五年而后嫁,当时已云将就木焉,不足据为典要。平情而论,以例文三年乃嫁为近人情,然此邦民素朴忠,处此祸机,往往从厚。自安西、玉门、敦煌、碾伯、环县无一定限期,经夫家许可即能别嫁外,如宁夏、宁朔两县竟至夫不归即终身不嫁,其余或俟之十年而后嫁,或俟之五年而后嫁,或妇年二十、二十五、三十而后嫁,皆厚于例文者也。分列如下:

照例三年别嫁者:

靖远县、庄浪县丞、董志县丞、固原州、海城县、河州、安化县、宁州、崇信县、化平厅、通渭县、秦州、徽县、循化厅、永昌县、肃州、伏羌县、礼县、文县、张掖县、巴燕戎格厅。

俟之十年或五年然后嫁者：

皋兰县、金县、红水县丞、隆德县、灵台县、洮州厅、渭源县、狄道州、沙泥州判、华亭县、合水县、平远县、安定县、秦安县、成县、陇西县丞、中卫县、清水县、灵州、毛目县丞、泾州。

妇年二十而后嫁者：

西和县、花马池州同、西宁县、镇番县。

妇年二十五而后嫁者：

静宁州、宁灵厅、会宁县、阶州。

妇年三十而后嫁者：

平凉县。

(十七)因临战阵与行船遭难及他之灾变而生死不明者，有经若干年即作为死亡之制度否？

按：执干戈以卫社稷，为国死绥，其事易明。惟行船遭难及他灾变，则或生或死，侦探颇难。甘肃之民，其习惯每失之厚，盖不忍遽以死者之事待之也。其上者计其年龄已八九十岁，乃作为死亡，如静宁州、宁远县、徽县、阶州、花马池是也；次则以在外四五十年为率，沙泥州判、合水县、灵台县、崇信县、泾州、西和县、秦安县、礼县、灵州、西宁县、玉门县；次亦以三十年为率，渭源县、狄道州、会宁县、安定县、碾伯县；次亦以五年或十年为率，安化县、董志县丞、化平厅、平远县、通渭县、伏羌县、洮州厅、陇西县丞、秦州、宁夏县、中卫县、宁灵厅、永昌县；再次如宁州以一二年为率，则速矣。至于天涯望远，但祝生还，噩耗未真，终不肯招魂而葬者，如靖远、环县、固原、循化、巴燕戎格、武威、镇番、张掖、金县、河州、平凉、华亭、隆德、清水、文县、成县、安西、敦煌等厅州县，尤足验民事之未非焉。

(十八)如有以公益为目的之团体(所谓团体者，或由多数之人设立，如讲学会是；或由多数财产而设立，如义仓、积谷会、育婴堂等是)，请详其名目与组织及管理之情形。

按：甘肃地瘠民贫，公益之事甚少。兹就全省中所已有者，以地为纲，以事为目，表著如下：

静宁州、庄浪县丞、泾州、灵台县、通渭县、伏羌县、皋兰县、金县、平凉县、崇信县、西和县、岷州、陇西县丞、隆德县、安化县、合水县、环县、秦安县、清水县、徽县、礼县

以上均各组织义仓一所，或名社谷，或名社仓，或名常平仓，其实一也。其组织之法，分上中下三等，户产捐收粟麦，举公正绅耆为仓正、仓副，每年春发秋还。有收息者、有不收息者。

渭源县　公立济农会，每年二月以钱谷贷民，秋后收息，如青苗法。

狄道州　公立乡小学二区，其经费由黄烟称项下抽收。又，社谷仓一区，由田多之户捐设，荒年粜出，丰年籴入，均由正绅管理。

固原州　公立同仁局，施棺木以掩饿莩，发寒衣以给乞徒。又，公立义仓，如静宁州等处办法。又，官立城乡学堂四五十处，或由官捐廉，或官绅劝捐，所组织皆择公正绅耆管理。

安定县、宁夏县、肃州

以上三处均有义粮义塾，由乡绅劝捐组织，其管理亦由乡绅。

秦州　公立社仓，如前数处办法。又，设恤嫠局，由地方捐资组织，逐年收息，以衣食嫠妇。

阶州　公立牛痘局，地方酿金三百，每年收息，以养医人。

宁朔县　公立居士会，即三宝会，一名礼会，择居士一人管理，养僧徒为人诵经，报赛不取钱。又，有义学公医，亦集多数人捐设，均择有齿德者管理。

灵州　渠务局，每年按户派工修理渠政。社仓，计亩捐谷，如各处办法。巡警局、劝学所、习艺所、研究所、高等初等各学堂，均照《奏定章程》办理，系官提倡，民认捐费。

西宁县　官绅捐设小学堂。

张掖县　（甲）教育分会。由地方官提倡，酌选品学兼优、声誉素著及于本地教育有功之绅士禀请学宪派充会长、副长，学界中人呈具入会愿书，由确实之介绍人加保证书，经会长审察允许作为会员。其会中之职务凡六：一、立师范传习所；二、调查境内官立、私立学堂教授课程及管理之方法；三、编辑境内教育统计报告；四、参考他处兴学之法，有与

本地相宜者随时仿办；五、择地开宣讲所；六、搜集教育标本及有关系教育之书报，以饷学界。

（乙）戒烟局。于官立之戒烟局外，由绅民发起、组织同志设立分局，捐集经费，施散丸药。现戒者按期给领，已戒者随时查验，如戒而复吸追还药资。此项民立戒烟局，仍受官立戒烟局之监督。

（丙）社仓。经理收放社粮者为社正，担任收放社粮者为农耆。每年春季粮户向社仓借领籽种，由该管农耆具保结存案，秋后仍由该管农耆催缴还仓，于原额外加息粮一分。每社正一名，月支仓斗小麦一石，在息粮项下开支。如无息粮，不准动本，则不给农耆薪水。

（丁）义社。经理社仓者为社正，其组织及管理情形与社仓一切从同。

（戊）育婴堂。由绅董发起集资举办，民间有抛弃之天生子，随时收养。如有愿领为养子、养女者，听，惟不准为奴仆婢女。堂中雇用乳媪，以婴孩之数为率，常年不敷，经费仍由该董筹捐。

（十九）如有以营利为目的之团体，请详述其名目与组织及管理之情形。

按：甘肃僻处西陲，轮舟汽车皆未举办，商战营利素不讲求。计全省中惟十数州县有组织营利之事，分列如下：

皋兰县　有棉烟坊数十区，其组织情形，则制烟成品，由外商载运川、汉、上海等处销售。

渭源县　绅商合股开设盐局，首事二人，专理其事，每年除本分息，视合股多寡为准。

河州　有共修水磨以取租金者，有合伙雇人往边地淘取金沙者，其组织之资本在三百金以下，人数在十名以下，或轮流管理，或择一人管理。

庄浪县丞　集股置帐棚、碗盏出租，所得之利照股均分。

宁州、崇信县、西宁县　以经商为营利目的之团体，其组织方法，凭中立万金帐簿一本，载明股东资本、经理权限、赢息股分及沿习号规，其管理情形每铺设掌柜一名，主用人用财之事。

安定县　集股或开杂货铺，或开粮食店，或开车马厂，管理之人必择老成谙练、熟于筹算者。

宁夏县　绅民组织社会醵金出借,有以会名者,有以公名者,值开会办公之日,各醵金绅民齐集催收借放。

宁朔县　本处有外来流犯众集资本开小押当,当钱一百,每日取利五文,限百日赎取,过期则不得赎。其管理组织情形,由流犯之有财力、工会计者为之。

灵州　农工商矿合股营利,有自己组织及管理者,亦有公举妥人组织管理者。

碾伯县　山西客商资本巨者二三千金,小者四五百金,土著亦如之。营利为目的,同心为团体,其名目则给资本者为东,领资本者为伙,东家组织,铺伙管理。

武威县　兴文社有款七千缗,皆昔日绅民捐助书院者;同善公有款二万二千缗,乃前甘凉道铁珊经营所致,委绅开设当铺。兴文社现亦归并同善公办理,其利悉以办公,是营利而兼公益也。

第二章　与物有关系之习惯

(一)所谓不动产者,是否以土地、房屋为限？此外尚有所谓不动产者否？

按:甘肃地气高寒,不能蕃殖,故各州县之不动产,只以土地、房屋为断。至于固原之煤窑,渭源、隆德、西和、碾伯、洮州之草山、树木,皋兰、金县、海城、狄道、岷州、庄浪县丞之水磨油房,阶州、秦州、合水、循化之水碾水磨、林木果园,虽得谓之不动产,然已渺乎小矣。

(二)土地与房屋是否有主物、从物之别？如土地出卖,则建筑于此土地上之房屋亦应归买主所有,是谓以土地为主物,房屋为从物;如房屋出卖,则建筑此房屋之土地亦统归买主,是谓以房屋为主物,土地为从物。抑别有土地与房屋两者均得为主物之习惯否(如土地出卖,房屋不在内;房屋出卖,土地不在内)？试详按城镇乡现行习惯而缕述之。

按:土地房屋主物、从物之别,甘肃之习惯有五:乡有主从、城无主从者,固原州、洮州厅也;以土地为主、房屋为从者,花马池也;以房屋为主、土地为从者,靖远、武威、河州、平凉、华亭、安化、合水、海城、平远、宁远、清水诸县,红水、庄浪、董志三县丞也;房屋之值过于土地,则以房屋为主、土地为从,土地之值过于房屋,则以土地为主、房屋为从者,金县、文县、碾伯、会宁、渭源、宁州、宁夏、宁朔、永昌、张掖、安定、礼县、陇西县丞也;二者均得为主物者,阶州、灵州、循化、西宁、肃州、狄道、隆德、静宁、环县、泾州、灵台、崇信、通渭、伏羌、岷州、西和、秦州、秦安、徽县、安西州、沙泥州判也。至于券文互混,主从未甚分明,则往往因争构讼,是又民情之狡狯,非出习惯之自然,不在此例。

第三章　与代理有关系之习惯

（一）未成年者,其处理事务是否由父母为之代理？

按:由父母代理,全省皆同。

（二）少孤而无父母者,其处理事务系由何人为之代理？

按:由亲族、戚族代理,全省皆同。

（三）癫狂盲哑之人如无父母,其处理事务应由何人为之代理？

按:由亲族、戚族代理,全省皆同。

（四）代理人之权限有无限制（是否准为保存行为,不准为变卖行为）？

按:代理人以保存为权限,初心固如是也,然事会所乘,杳无一定主者,或债台层叠,或变故频仍,而代理之人为众怨所归,有不得不为之转圜者,则变卖亦所不免也。甘肃全省,虽皆谨守保存行为,而皋兰、金县、靖远、海城、平远、清水、文县、花马池州同等处,间亦以保存者为经,变卖者为权,实有合于穷变通久之义焉。

（五）未成年者达于成年时,其代理人之代理权是否从而消灭？

按:成年时代理权得从而消灭,甘肃间有不能消灭者,约有三原因:既成年而代理者为其父母,则不得消灭其代理权;既成年而代理人恩义甚笃,则不忍消灭其代理权;既成年而颛愚不慧,事事仍须代理,则不可消灭其代理权。

（六）未成年者及癫狂盲哑人并未商允代理人,径自与人交涉事件时,代理人得出而撤销之否？

按：未成年则智虑未周，癫狂则常性已失，盲哑则五官不全，径自与人交涉事件，未必合法，故代理人之职任，得因其未经商允，视交涉事件之是非为撤销与不撤销之标准。

（七）代理人如因事烦不能一一亲任，或因故不能任事，得另觅人代理否？

按：得另觅人代理，全省皆同。

第二编　物权

第一章　所有权关系

（某人有一权利，举凡使用、收益、处分之权，均归其一人所有者，曰所有权）

（一）盖筑房屋、修理墙壁时，得使用邻地或走入邻宅否？

按：管理田宅全凭契约，契约不清，或启邻人侵夺之衅，因而构讼者有之。若盖筑房屋、修理墙壁不按契约而使用邻地、走入邻宅，即为构讼张本，故界限有所必严。

（二）四面均被他人之土地环绕，欲通至大道，得通过邻地否？又，须通过费用否？

按：创置田宅，无四面皆被邻地环绕，而己独困于垓心者。如房屋，然数十家丛处中间必留甬道，以便由行；如疆理，然数十亩纠纷中间必留田塍，以通来往。甬道也，田塍也，人所同也，非己所独也，此订立契约时所必须划分者。苟契约不清，而有四面被他人土地环绕之事，则欲经过邻地以通大道，非费用金钱、重立契约不可，此习惯也。间有敦崇友谊，任其经行不为阻止者，不在此例。

（三）因低地沮塞致使高地之水不能畅行下流，高地所有者得疏通此沮塞否？（并略述疏通费用、办法）

按：川壅而溃，田庐漂没，其受患多在下流，故低地沮塞，低地人自欲疏通之，高地人无庸汲汲焉。然沮塞日久，则高地亦有倒灌之虞，从而疏通实两地之所共愿，其疏通费用视将来受患之深浅以为衡。受患浅者，人夫费用即少减；受患深者，人夫费用即少增；无患者无之。总期顺水性之自然，放入江河、无复横溢之患而止。

（四）邻地蓄水之陂塘，其堤防有渗漏崩溃之虞，得商请其预为修筑否？（并略述修筑费用、办法。）

按：陂塘而属邻地，其堤防之渗漏、崩溃，修筑与否，于人无干。顾汲汲焉为之预请者，何也？邻地之陂塘，或临我田庐之上，渗漏、崩溃我亦不利焉，所谓为韩延数年之命，亦秦万世之利也。至修筑费用，类皆视陂塘所蓄之水灌田多寡以派人夫，如甲有地五亩，则甲派夫五人；乙有地十亩，则乙派夫十人。而秸草木石之需，胥视此为储备。倘预请修筑者，急公仗义，时亦往役于其间，亦在所不禁，然固绝无仅有之事也。

（五）盖筑房屋时，为防檐水注滴邻地计，于墙根外应留出几尺隙地？

按：西北筑室规制与东南殊，四面高墙，水皆内注，由宫中流出多，无外檐滴水之事，故遂不留隙地。然亦有檐水外滴者，隙地尺寸了无一定，有留一尺者，河州、泾州、灵台、海城、会宁等州县是也；有留二三尺者，渭源、狄道、平凉、隆德、安化、宁州、正宁、崇信等州县是也；有留五尺者，靖远、华亭等县是也；有少则四五尺，多则过丈，或两家檐牙相错无隙可留，则别设水檐者，固原州、中卫县、花马池等处是也。总之，水向外滴，皆不能不留隙地，防注邻地云。

（六）水流两岸，一岸属于己，对岸属于人，如变更水路及幅员时，须两面妥商否？

按：地界有定，而水路幅员亦有定，如有变更，自应各按契约，无害权利。盖水经南岸，则南损而北益，水经北岸，则北亏而南盈，此中权宜在于宰割平均，而不在因势利导。全省中除须两面妥商者不录外，若敦煌之十渠两岸公地，如有变更水路，尚须禀官立案；靖远之谋公益，凡水路远近，幅员广狭，不得任意变更致损他人权利；伏羌则虽水性变更，仍宜修复原路，各照界限。

（七）水流两岸均属一人，于变更水路及幅员时，其水流之下口应复原水路否？

按：两岸均属一人，虽变更水路幅员，自无窒碍，其窒碍者，水流之下口耳。盖水至下口所有之地界已穷，恣其所之，则旁溢横流，必损害他人之权利，故数十州县中皆务复原水路云。

（八）欲将余水向下排泄，高地所有者得不商诸底地所有者径行排泄否？又，排泄时有须留心不害底地所有者之义务否？

按：高地余水排泄底地，虽顺水性之自然，然底地有菽麦田庐，非可以为邻国之壑也，不商诸底地所有而径行排泄，固为不近人情，排泄时不留心底地所有，而任其损害，尤为不讲恕道。第高地之水终向底地而行，若高地竟不为底地所容，则高地之卫生与经济必受影响，故高地有不害底地之义务，底地得予以通过之暂权，此习惯也。至州县中之有泄水沟渠，俗名退水渠者，不商诸底地，亦无害于底地云。

（九）欲引甲地之水至乙地，中间须经过他人土地时，应如何办理？

按：甲地之水欲至乙地，而他人土地梗塞于其间，必疏通之以邕其流，此神禹凿龙门之义。甘省向多引水渠道，各按界限放流，不伤其经过之土地。若有新修水路须经过他人土地，则必先给予通过费用，否则不许引导，防侵害也。

（十）土地、山林、房屋四至界线，系以何为凭？

按：甘肃山林甚少，而土地、房屋较多，其界线划分，如肃州之筑墙，永昌之植树，张掖、宁夏之丈尺弓数，隆德、庄浪厅之垦沟立木，固原、华亭、会宁之界石灰镢，皆可为凭。又如崇信之地以垣、山以沟、房以石，泾州、灵台之地以亩数四邻、山以沟壑道路、屋以墙根滴水，皋兰、金县之按地亩经纬，或道路河渠，或他人地亩畛域，无不可以为凭。然越数十百年，庸有仓桑之变，惟契约所载不能磨灭，较为可恃，是又全省所大同云。

（十一）年久两造契据遗失，界标湮没，其疆界凭何为据？

按：两造既无契据，又无界标，而犹欲重划鸿沟，光复旧物，亦大难事。晚近人心狙诈，契文互混尚起争端，况绝无凭藉者乎？今考各属，如徽县则以两造亩数推算，狄道、华亭则以弓口段落，皋兰、中卫、秦州、岷州则房以四邻、地以串票。此数州县外无不凭乡老里长质问，或经官重立契约者。

（十二）设立界标之费用是否分担？

按：各认各费，居中则分担者，宁远县也；有分担、有不分担者，宁州、抚彝厅也；一人独出并不分担者，秦州、永昌、庄浪厅也，此外州县无不分担者。盖此种行为所费甚小，锥刀之末，非极褊衷人在所不争云。

（十三）房屋两所分属于甲乙二人，中有空地，甲欲设立屏障以别界限，而乙不愿意时，甲仍得设立否（或得设立竹篱、木栅等）？

按：空地分属两家，必度广袤，如有地一丈，而于五六尺间设屏障以蔽之，两家即不得阻抑，何也？惟其均也。苟或甲四尺而乙六尺，则争矣。然虽既均而乙仍不愿意，是必有意见存焉，非理之顺也。综览各州县，河州、华亭、安化皆竟不得设立，隆德、崇信则可设木栅、竹篱，而不得设屏障，余皆以甲之设立须视乙之愿意与否为转移云。

（十四）共有墙壁相邻之一人得自由增高改筑否？

按：墙壁为两家共有，则利害亦两家共之，如欲改筑增高，必与邻家议允，然后可。苟或害于邻而利于己，其议必不行也，非所有权而欲自由，调查全省无此习惯。

（十五）邻地竹木之枝横过疆界时，得如何办理？

按：甘省无竹而木亦少，如树枝横过邻疆，庄浪厅则不得砍伐，靖远、狄道、陇西、成县则径自剪除，隆德、宁州、泾州、灵台、崇信、镇番、张掖及各厅州县皆以无妨碍无仇隙则听之，究无一定之办法云。

（十六）邻地竹木之根抽过疆界时，得如何办理？

按：根虽属邻，地则属己，根无用而地有用，不可以无用害有用，此古今通义也。故于过疆之枝不必伐，而过疆之根则得伐之。综览各州县，惟正宁于自己界内开沟疏泄，不敢斩丧其根；余如合水、安化等县，皆由地主处置，物主不得妄争；而渭源、华亭、隆德、静宁、灵台等州县，亦谓有碍则伐，无则听之云。

（十七）凿井、设厕，应距离疆界线若干尺？

按：井、厕皆在户外，易与疆界线相侵，故必有距离之制度。然厕污而井洁，有当区别远近者，如渭源、伏羌等县，井距百余尺，厕距十余尺；靖远、崇信等县，井距六尺，厕距三尺;灵台、宁远等县,井距三尺,厕距四尺是也。若无远近之分而相距一律者,宁州之井、厕皆距七八尺,平远皆二三十尺,皋兰、平凉皆距一尺是也。至于安化、海城、化平、通渭、会宁等处,则又无一定尺寸,视地之广狭以为远近云。

(十八)穿池浚沟,应距离疆界线若干尺?

按:池以潴水、沟以行水,穿而浚之,既不可有妨于宫墙,亦不可有损于界线。酌地之中以为远近,则有相距一二尺者,皋兰、金县、清水、文县、西宁、碾伯;有相距四五尺者,靖远、隆德、阶州、灵台、镇番、张掖、崇信、洮州、秦州、泾州、循化厅;有相距五六尺、七八尺者,宁州、永昌,此至近者也。若夫远者,则或距一二丈,狄道、河州、中卫;或距二三丈,宁远、安西州、武威、灵州;或距五六丈,渭源、宁朔、固原;或距十丈,静宁州、平凉县。余皆视疆界之广狭,以制其宜,固无一定之制云。

(十九)附海岸而涨出新地者,此地是否归沿岸地主所有?

按:甘肃无海,无从答覆。

(二十)附江岸、河岸、溪岸而涨出新地者,此地应归何人所有?

若因对岸被冲滩而此岸涨出新地者,此新涨地如何办理?

按:甘肃无江,惟有溪水、河水而已,如遇涨出新地,多归沿岸地主所有。若对岸被冲,则此岸涨出之地,即应归对岸地主,以偿所失,有余乃归沿岸地主,示以衰多益寡之公。若涨出之地过多,则对岸、沿岸及邻境人皆得起而争之,非官吏不能剖析,故甘省习惯归地主者半,归官吏者亦半焉。

第二章　共有权关系

（一权利系二人以上共有者,曰共有权）

(一)数人共有(二人以上同有一物,谓之共有)一物,其共有之一人欲使用此物,有何限制?

按：共有之物不常使用，防偏枯也。必欲使用，亦有二义，曰权缓急，曰按岁年。甲缓则乙用，乙缓则甲用，此权缓急之说也（皋兰、金县）。今年归甲用，明年归乙用，此按岁年之说也（秦州、秦安、清水、渭源）。二者之外，使用或专在一人，则按其时日给予租钱，全省中多有此习惯云。

（二）共有者之一人不经他共有者同意，得变更共有物否？

按：变更共有之物必与共有者同意然后能行使。不同意，而一人径自变更，是夺人共有之权而归于独有，此构怨张本也，甘肃无此习惯。

（三）共有物之管理是否由众公举，抑轮流管理？

按：全省习惯，公举、轮流二者并用。盖公举则必于众人中择其有才谞而副物望者为之，轮流则共有之一人得以按年管理，不患偏枯。

（四）共有物归一人管理时，其费用如何分担？

按：物为共有而管理专属一人，此一人者，众人之所倚任也。举凡车马、衣服、饮食之事，不得不稍取之众人，众人则于公款中从公酌量为管理者酬庸，或公款无多，则众人各出私财以资点缀。至于管理人愿尽义务，众人即可无分担之责。此甘省之习惯也。

（五）共有者之一人死亡而无承继人时，其所应得之一部分是否分配于各共有者？

按：此俗所谓绝分也。甘肃处此绝分，亦有数义：还之亲属，不准分配，一也；有亲属则归亲属，无则分配共有者，二也；酌处本人葬费外，散给贫寒，或为公益事，三也；彼既无嗣，则此一部分虚悬无薄，不得不为之分配，四也。此四义中又以分配共有者为最多云。

（六）共有者之一人得随时分割其应得共有物之一部分否？如他共有者不愿分割时，则如何办理？

按：共有之物听人分割，则丧其共有权，不可也。然物虽共有，而此一部分实其所有，不听分割，则又丧其所有权，亦不可也。甘肃全省往往于他共有者不愿分割时将物作价，按每部分应得钱若干，招人入股，填还此一部分，此一法也；或他共有者不愿分割，由此一部分另觅人顶替已得索还物之原值，此又一法也。

（七）以共有物抵押于人时，得由共有者之一人取赎否？

按：物为共有，则抵押时必因济共有者之穷，既济共有者之穷，则取赎亦共有者之事，如共有者无力取赎，而此一人者独能之，然后共有人公同酌议为取赎者认息，或取赎者竟将此物据为己有，即应于赎金外酌给物值还之共有者。又或抵押此物时，系由共有者之一人私自使用，并非以济共有者之穷，则应迫促共有者一人取赎，共有者可无所事事，此正办也。今各州县中除由共有者之一人取赎不录外，余皆分列于下：

公押则公赎，私押则私赎者：

华亭县、清水县、宁夏县、宁朔县、敦煌县。

一人取赎，仍归共有者：

正宁县、西和县、渭源县、靖远县、河州、固原州、循化厅、抚彝厅、碾伯县、玉门县、镇番县。

不得由一人抵押，即不得由一人取赎者：

隆德县、安化县、董志县丞、礼县。

不得由一人取赎者：

海城县、化平厅、宁远县、会宁县、文县、灵州、肃州。

意合则一人取赎，不合则否者：

狄道州、平凉县、环县、泾州、灵台县、秦州、徽县、成县、武威县、花马池州同。

第三章　地上权关系

（在他人所有之土地上有盖筑房屋或培植竹木之权者，曰地上权）

（一）有使用他人土地以盖筑房屋或培植竹木者否（如借基造屋、租山种树等是）？如有此事，请详述左揭各项之情形：

一、地租是否每年交付一次，或统行先交？

二、订有一定年限者,至长以若干年为限? 至年限既满,地主不允展续时,系如何办理?

三、未订有一定年限者,地主欲取还土地,及使用土地者欲退还土地时,系如何办理?

四、因年限满而退还土地时,须仍复土地之原状否?

五、退还土地时,土地上之房屋或竹木地主愿照时价买收时,使用土地者得拒绝否?

按:借基造屋、租山种树之事,全省中无此习惯者居多,其或各占一事二事均有者,统计不过三十余处。除无此习惯者不录外,合并答覆如下:

皋兰县　有借基造屋一事。地租按四季或年满全交,年限以十年或二十年为率。限满或欲展赎,另行商议。至主欲辞佃、佃欲辞主皆听,绝无勉强。期满亦有地据两交者,亦有换立字据仍住者。造屋年久,势不能仍复土地原状,退还土地之日,其房屋由地主补价、照旧原留,或令其拆屋存地,无拒绝情事。

金县　同上

渭源县　二事均有。地租每年交付一次,年限以十年为率。限满不允展续,即将房屋、树木售与地主。若未订年限,地主欲取还土地,须将地上房屋、树木增价收买。限满退还仍须复土地原状,其树木、房屋或地主愿照时价收买,使用土地人亦得拒绝。

靖远县　二事均有。地租每年交付一次,惟造屋不出赁金,年限以十年为率。不允展续,即将土地退还。如未有一定年限,取还、退还均由当事者酌议。至限满退还仍须复土地原状,退还时地主欲收买房屋、竹木,亦不得拒绝。

沙泥州判　有造屋一事。地租每年交付一次,余与皋兰同。

华亭县　二事均有。地租每年交付一次,以三十年为率。不允展续,即作罢论。未有年限,取还退还均各听便。退还时须复土地原状,地主欲价买房屋、树木,亦不拒绝。

庄浪县丞　有借地栽树一事。无租钱,年限以十五六年为率。余与华亭同。

隆德县　二事均有。地租、年限等均与华亭同,惟退还时不必复土地原状。

静宁州　有借基造屋一事,与庄浪县丞同。

泾州　有借基造屋一事。年限以二十年为率,按年给予地租。限满不准展续,则另立租约,议增租钱。未有年限,取还退还听便。退还时,不必复土地原状,地主价买,亦不拒绝。

合水县　有借基造屋一事。不取租钱,限满其房全归房主;期限未满,取还退还均各听便。地主欲价买,亦不拒绝。

灵台县　有造屋一事。地租分三节交付,年限以十五年为率。不允展续,另立租约增租。未订年限,取还退还听便。退还时,不必复土地原状,地主价买,亦不拒绝。

海城县　有种树一事。地租无一定,交付之期亦无年限。取还退还听便。退还时,须复原状。既退,即将树木砍伐,不得价买。

伏羌县　二事均有。地租每年交付一次,或按季,或先交,不定年限,以十年为率。不允展续,即行退还。未有年限,取还听便。退还时,须复原状,地主价买,得以拒绝。

岷州　有造屋一事。地租每年交付一次,无一定年限。退还土地时,须复原状,地主愿买,亦不拒绝。

会宁县　有造屋一事。地租每年交付一次,年限以十年为率。不允展续,将土地退还。未有年限,取退听便。退还时,不必复土地原状,地主价买,亦不拒绝。

洮州厅　二事均有。地租、年限等均与会宁同。

安定县　二事均有。地租、年限、不允展续等均同洮州,惟退还时须复原状。

秦州　二事均有。地租等均与会宁同,惟无一定年限。

秦安县　二事均有。习惯与秦州同。

徽县　二事均有。习惯与秦州同,惟地主欲买得以拒绝。

阶州　二事均有。地租每年交付一次,以二十年为限,不允展续。将房屋、树木按时价买收,不得拒绝,亦不必复原状。

文县　二事均有。地租每年交付一次,以五十年为限,不允展续。土地退还未有年限,或地主取还、租户退还,除所取租利不计外,其盖筑、培植之费,地主给出。限满退还,不复原状,地主欲买,不得拒绝。

成县　二事均有。均与文县同,惟以十年为限。

宁夏县　二事均有。地租按季交付,或每年交付一次。不定年限。取还退还听便,应复原状,地主欲买,得以拒绝。

灵州　二事均有。地租或先交,或每年一次,以三四年为限。不允展续,即退。余与灵台同。

花马池州同　二事均有。地租每年交付一次。造屋无年限,种植以十年为限。不允展续,退还不须复原状,地主欲买不拒绝。

宁灵厅　二事均有。地租每年交一次,以一年为限。不允展续,即退。未有年限,取退另行商议。退还时须复原状,地主欲买不拒绝。

循化厅　二事均有。与宁灵同,惟以五年为限,地主欲买得以拒绝。

武威县　二事均有。地租先交,以三十年为限。余与宁灵同。

镇番县　二事均有。地租每年交付一次,以五年为限。余与宁灵同。

抚彝厅　有造屋一事。地租或按季、或每年交付一次。余与会宁同。

张掖县　有造屋一事。地租、年限等均与会宁同。

王子庄州同　二事均有。地租每年交一次,以二十年为限。余同肃州。

肃州　二事均有。无一定年限。余同宁灵。

安西州　二事均有。地租每年交付一次,以十年为限。余同肃州。

毛目县丞　二事均有。地租、年限等概同肃州。

第四章　抵押权关系

(一)凡借人之财,以物为质者,为抵押。抵押物有过手管理、不过手管理之别。是否以动产(如衣服、首饰等)为抵押时,均须过手管理？以不动产(如田地、房屋等)为抵押时,无须过手管理(如以田地为抵押者,其田地仍由业主耕种或出租;以房屋为抵押者,其房屋仍由业主居住或出租)? 或不动产抵押,亦有须过手管理否(如田地一经抵押后,即交押主耕种或出租;房屋一经抵押后,即交押主或出租)?

按:以动物抵押,则过手管理;以不动物抵押,则不过手管理,乃人情之常。甘肃此类甚多,不具录。录其异者:

过手、不过手无一定者:

皋兰县、金县、靖远县、沙泥州判、红水县丞、河州、隆德县、宁州、环县、正宁县、花马池州同、化平厅、固原州、宁远县、清水县、徽县。

不动物亦过手管理者:

渭源县、平凉县、华亭县、安化县、合水县、崇信县、海城县、伏羌县、秦安县。

土地不过手、房屋过手者:

静宁州、泾州、灵台县、通渭县、岷州、洮州、西和县、安定县、秦州、礼县、阶州、文县、成县、陇西县丞。

(二)质、当、典、押,其名目既异,其规则有无异同?

按:质、当、典、押,名目既异,规则亦自不同。除渭源、靖远、河州、静宁规则无甚异同,及固原、金县有当商无小押外,大抵当商按月取息三分或二分五厘,冬腊两月减息一分,以二年为限;小押则取息五分,统以百日为限,无余限,无减息,所以异也。今查各州县之质、当、典、押规则之异,举不外此。

(三)抵押物有无限制?(如军装、爆发物、动物、植物等得抵押否?)

按:质、当、典、押,向有限制。甘肃全省,惟华亭、隆德、伏羌,除军装外一律抵押;灵州、张掖无论军装、爆发物、动物、植物均得抵押。然皆小押之所为,亦习惯也。

(四)抵押是否以票据为凭?(以票据为凭,请抄黏票据式样。)

按:全省习惯皆以票据为凭。略存其样式如下:

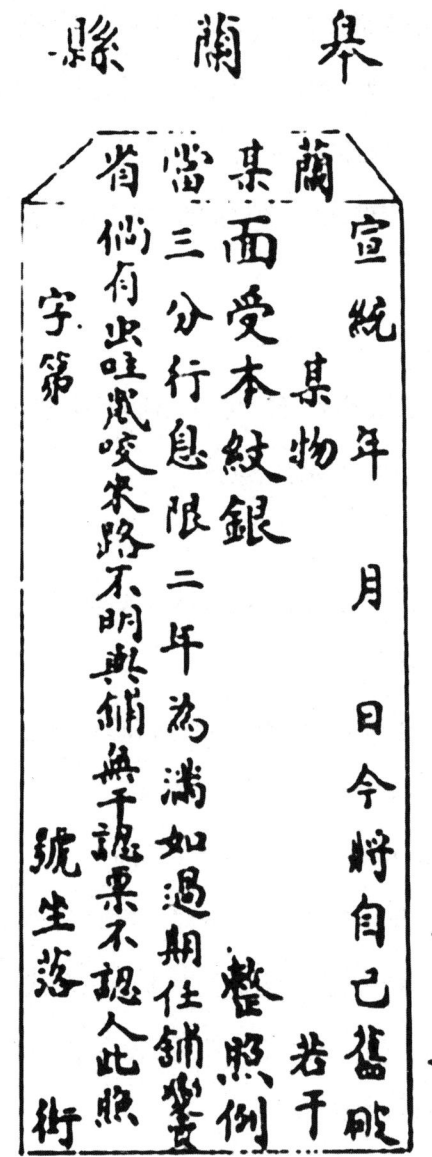

皋兰县

兰某当省

宣统 年 月 日,今将自己旧破 某物 若干,面受本纹银 整,照例三分行息,限二年为满。如过期,任铺变卖。倘有虫蛀鼠咬,来路不明,与铺无干。认票不认人。此照。

字第 号坐落 街

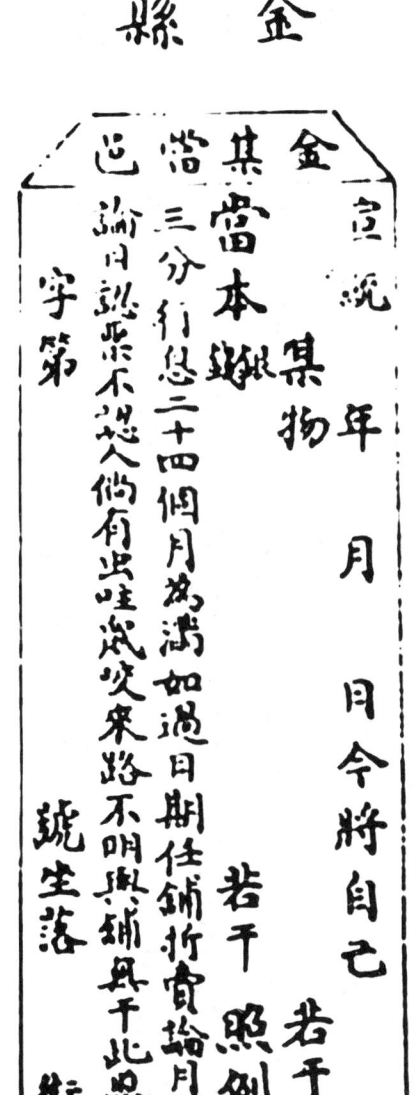

金县

金某当邑

宣统 年 月 日,今将自己某物 若干当本银/钱 若干。照例三分行息,二十四个月为满。如过日期,任铺折卖。论月不论日,认票不认人。倘有虫蛀鼠咬,来路不明,与铺无干。此照。

字第 号 坐落 街

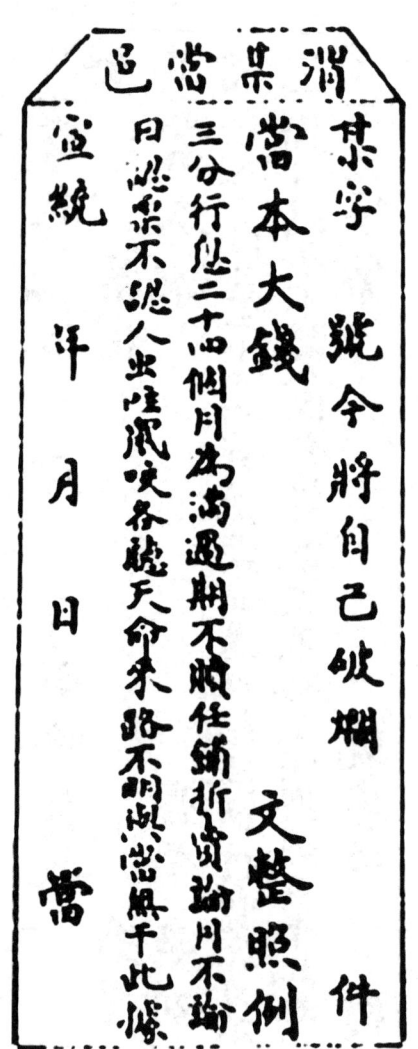

渭源县

渭某当邑

某字　号。今将自己破烂　件当本大钱　文整。照例三分行息，二十四个月为满。过期不赎，任铺折卖。论月不论日，认票不认人。虫蛀鼠咬，各听天命，来路不明，与当无干。此据。

宣统　年　月　日当

河州

河某当州

今收到某人抵押某物,借去银两/钱文,当面交付清楚,其银/钱若干,议定周年/按月分起息,限　年/月内算还本息。亲手取赎原物,此交某人收执为凭。

宣统　年　月　日某人　立票

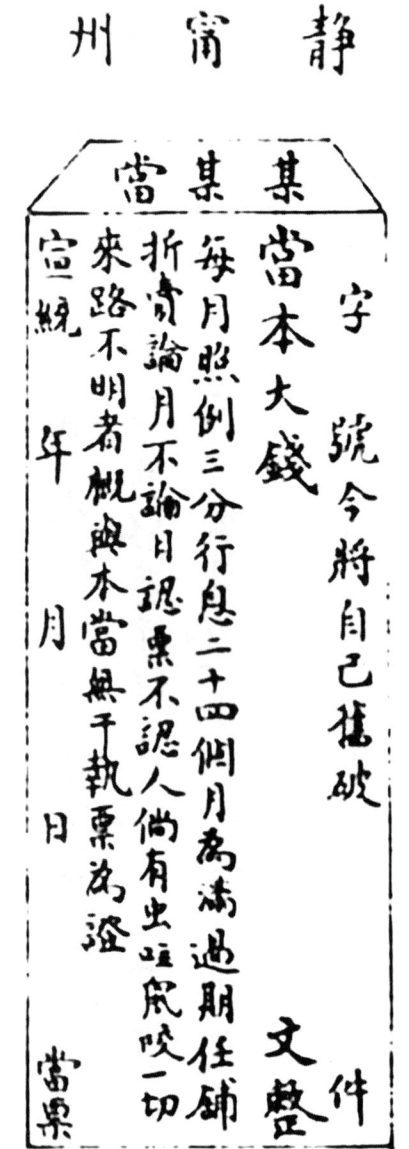

静宁州

某某当

字　　号。今将自己旧破　件当本大钱　文整,每月照例三分行息,二十四个月为满,过期任铺折卖。论月不论日,认票不认人。倘有虫蛀鼠咬,一切来路不明,概与本当无干。执票为证。

宣统　年　月　日　当票

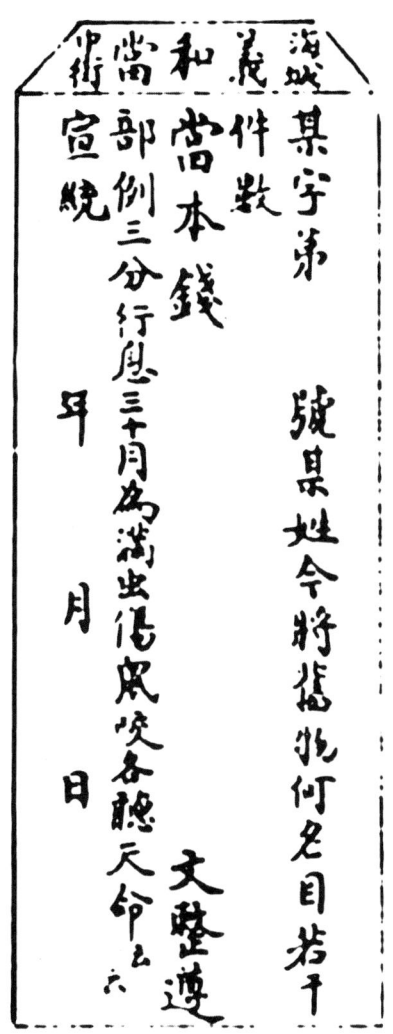

海城县

海城义和当中街

某字第　号。某姓今将旧物何名目若干件数　当本钱　文整,遵部例三分行息,三十月为满。虫伤鼠咬,各听天命云云。

宣统　年　月　日

陇西县丞

某当

某姓将自己破烂旧物某几件当净大钱若干,照例二分五行息,二年为满。过期不赎,任铺售卖。论月不论日,认票不认人。虫伤鼠咬,各安天命,来历不明,与铺无干。

宁夏县

某当

某字第　号旧破　物　件当尥钱　文。照例三分行息,三年为满。过期由本号变卖。倘有来历不明,鼠咬虫伤,与本号无干。认票不认人。此票存照。

宣统　年　月　日　票

（五）以票据为凭，若票据遗失时，得如何办理？

按：遗失当票，甘肃办法有四，惟安西州、岷州二处为特异。安西则即时向押主说明，俟拾票者持票来取时，传业主对质，以辨真伪。岷州则凭认识妥人作保，名"挂缉票"。挂缉票之名，为岷州所独。自余办法则邀同约保，向当商赶为止号征失，候赎者半；向押主另换票据，注明年月遗失何物，以前票作废纸者亦半云。

（六）若不用票据者，凭何为据？

按：抵押以票据为凭，虽相识之人举不能出此规则，盖无凭据无以征信也。甘肃全省竟有不用票据，以中证保人为凭者（靖远、河州、平凉、隆德、环县、泾州、灵台、洮州、化平厅、陇西、秦安、阶州、花马池州同、宁灵厅、循化厅、张掖、玉门、巴燕戎格厅），以认识人为凭者（华亭、正宁、西宁、庄浪县丞），以自说抵押及赎取日期为凭者（文县、安定），以清单底账号簿为凭者（海城、宁朔、宁州、肃州、安西州），然此种习惯多系民户缓急相通之举，非质、当、典、押营业之行为也。

（七）押主得将抵押之物品使用或借给于人否？

商允抵押人，乃可使用、借给者（靖远）

赎期未到，得使用、借给者（金县、皋兰）

自使用则可，借给于人则不可者（河州、秦安、花马池州同、平凉、循化厅）

得径自使用、借给者（庄浪县丞、镇番县、王子庄州同）

按：以上四者，全省中止此数处，余皆不得使用、借给云。

（八）修理与保管抵押物之费用，是否由押主任之？

修理、保管费用由业主任之者（渭源、灵台、宁远、秦州、循化、泾州、海城、会宁、文县、敦煌）

各任一半者（狄道、固原、玉门、通渭、成县）

过手则押主任之，不过手则业主任之者（碾伯县）

按：以上三者，第举习惯之歧异者言之。若其从同，则无不由押主任之者，故不具录。

（九）押主得以抵押物转抵押于他人否？如得转抵押于他人,则因转抵押之故而抵押物被毁损时,押主向于业主是否应负责任？

按：皋兰、金县押主不得转为抵押,如押主无力保管,业主暂难取赎,然后转押于人,至有毁损,业主欲赎时,押主应负修理之责任。他如渭源、河州、环县、红水县丞、皆以毁损赔偿,两押主分担,余则无不由押主独负责任者。

（十）抵押物有毁损灭失时,押主是否折价偿还？其价以何时之率为准（如抵押时之价或偿还时之价）？

按：此亦有二义：自抵押者言之,则应如抵押时之价；自偿还者言之,则应如偿还时之价。然人心狙诈,既有毁损灭失情事,往往波澜横生,抵押人衡前后物值之低昂,必择其昂者为说,偿还人衡前后物值之低昂,必择其低者为说,各取其利己,而抵押、偿还时值皆不可以为准,其习惯固无一定云。除须临时酌定者不录外,分列于下：

以偿还时价为准者（渭源、沙泥州判、河州、静宁、宁州、泾州、崇信、正宁、通渭、洮州、陇西县丞、秦州、清水、秦安、徽县、阶州、文县、成县、宁夏、宁朔、灵州、花马池州同、西宁、宁灵厅、碾伯县、巴燕戎格厅、镇番、张掖）

以抵押时价为准者（靖远、华亭、庄浪县丞、固原州、宁远、安定、会宁、循化、武威、玉门）

准先后价值折衷者（狄道州、隆德、环县、抚彝厅、西和、海城）

（十一）因天灾时变致抵押物有灭失毁损时,押主得免赔偿之责任否？

按：天灾时变致抵押物有灭失毁损之事,押主亦自罹其灾,与前条损毁灭失者有别,自可无庸赔偿。兹于得免赔偿者不录外,余列于下：

曰酌量彼此境遇赔偿者：宁州、文县、花马池州同、抚彝厅、敦煌县。

曰如数赔偿者：皋兰县、金县、沙泥州判、河州、平凉、循化厅、阶州、镇番。

曰赔半价者：狄道、靖远、隆德、华亭、环县、崇信、固原州、化平厅、海城、正宁、通渭、伏羌、宁远、陇西县丞、徽县、成县、宁夏、宁朔、宁灵厅、巴燕戎格厅、安西州、肃州。

(十二)抵押物是否本利还清始得取赎,抑专将本钱还清即可取赎?

按:本利还清始得取赎,乃全省之习惯。若论私交则有不取利而任其取赎者。

(十三)抵押年期至长以若干年为度?

按:典当以二十四月或三年为度,不赎则变卖,此通例也。物主于期满时须将利银还清,换票转当。若不转当,未有能出三年外者。自余抵押,皆得展缓年期,不必与当典一例云。略书于下:

以三年为度者:

河州、海城县、徽县、阶州、成县、武威县、镇番县、永昌县、安西州、肃州。

以四年为度者:

渭源县、狄道州、靖远县、静宁州、安化县、宁州、崇信县、化平厅、正宁县、通渭县、西和县、宁远县、安定县、会宁县、洮州厅、秦州、清水县、秦安县、文县、宁夏县、宁灵厅、灵州、循化厅、张掖县、董志县丞、陇西县丞、花马池州同、沙泥州判、王子庄州同。

以五六年为度者:

固原州、红水县丞。

以七八年为度者:

西宁县、碾伯县、玉门县。

以十年为度者:

皋兰县、金县、隆德县、环县、伏羌县、宁朔县。

以十五年为度者:

庄浪厅。

以二十年为度者:

泾州、灵台县。

以上七类全省之习惯尽之矣。惟岷州之抵押物无一定年期,不动产有至四五十年取赎者。

（十四）期限将满时，物主得将利息付清请再展期否？

按：全省习惯皆许展期。

（十五）业主至期限无力取赎，如何办理？

  一、抵押物是否即归押主所有？

  二、满期限后，押主得不通知业主即行变卖否？如得变卖，其卖价不敷抵价时如何办理？或卖价扣除抵价及利息尚有余时，又如何办理？

按：抵押之物无力取赎，惟典当可以不问业主径自变卖，其价之盈绌亦不与业主相干。除典当外，未有不问业主径自变卖者。今考各州县，如靖远、河州、平凉、伏羌皆不能变卖，俟有力时再赎；宁州、泾州、灵台、西和、环县则皆以至期无力取赎，或由业主亲族取赎，否则押主以原价转押他人，但不得擅行变卖；固原、渭源亦以至期无力取赎有卖于押主者，有卖于他人而付清押主本利者，有央人求押主展期者。余皆不闻有私自变卖之事。

（十六）抵押利息每年至少若干？至多若干？平准若干？

皋兰县 每年每两息银至少一钱二分，至多三钱，平准二钱一分。

金县 每年每两息银至少一钱二分，至多三钱六分，平准二钱四分。

渭源县 每年至少一分，至多三分，平准二分。

沙泥州判 照官例每月以三分为率，冬腊月减一分，则以二分为率矣。

红水县丞 每月二分，亦有二分五者，平准一分二厘五。

狄道州 每年至少八厘，至多二分，平准一分四厘。

靖远县 每年至少一钱二分，至多三钱六分，平准二钱四分。

河州 至多三分，至少一分二厘，平准二分一厘。

平凉县 每年至少一分，至多三分，平准二分。

隆德县 每年至少二分，至多四分，平准三分。

庄浪县丞 每年至少一分五厘，至多三分，平准二分二厘五毫。

静宁州 每月至少二分，至多五分，平准三分五。此小押习惯，大当不然。

安化县　少则一分,多则三分,平准二分。

董志县丞　少则一分,多则三分,平准二分。

宁州　每年至少二分四厘,至多三分六厘,平准三分。

环县　每年至多三分,至少一分五厘,平准二分二厘五毫。

泾州　每年至多三分六厘,至少一分二厘,平准二分四厘。

灵台县　每年三分六厘,至少一分二厘,平准二分四厘。

崇信县　每年至少一分,至多三分六厘,平准二分三厘。

固原州　至少一分,至多三分五厘,平准二分二厘五。

化平厅　无一定规则。

海城县　每年至多三分,至少一分,平准二分。

正宁县　满年多则三分,少则二分,平准二分五厘。

通渭县　每年至少一分,至多三分,平准二分。

西和县　每年至少二分,至多三分半,平准二分半厘五。

岷州　利息极重,普通习惯按月三分。

伏羌县　每月一分,多者三分,平准二分。

宁远县　与伏羌同。

安定县　每月三分为率,至冬月减去一分,平准二分。

洮州厅　至少二分,至多三分,平准二分五厘。

清水县　每年每两三分为率。

秦安县　至少一分,至多三分,平准二分。

阶州　每月至少二分,至多三分,平准二分半。

文县　每年有一分五厘者,有二分、三分者。

灵州　每年二分、三分不等。

花马池州同　至多不过五分,至少二分,平准三分五。

宁灵厅　少则一分，多则三分，平准二分。

循化厅　至少二分，至多三分，平准二分五厘。

西宁县　至少一分，至多二分五厘，平准一分七厘五

碾伯县　至少二分，至多三分，平准二分五厘

武威县　每年利息与碾伯同。

镇番县　至少二分，至多四分，平准三分。

永昌县　至少二分四厘，至多三分六厘，平准三分

抚彝厅　每年至少一分，至多三分，平准二分。

张掖县　每年至少七八厘，至多五分，平准二分五厘。

王子庄州同　至少一分，至多二分，平准一分五厘。

肃州　至少一分，至多二分，平准一分五厘。

玉门县　至少二分，至多三分，平准二分五。

按：甘肃利息颇重，违禁过取之事亦所时有，市侩以此居奇，乡曲因而垄断，民间鲜有攻讦者，习惯使然也。今举大凡，余从同者，故不备列。

（十七）不动产抵押是否以契据为凭？（以契据为凭者，请抄黏契据。）

按：全省皆以契据为凭，略存数式于下：

皋兰县

立抵押契据人某，因为紧急，将自置／祖遗庄院、田地、房屋、铺面、地基、水磨，父／母子商议，情愿抵押某人名下为业，同中得受时值抵押价银／钱若干，比交无欠。其四至道路书明，照古通行。嗣后有银／钱无论年限远近，任抵押主抽赎，无银／钱由抵押人常年管业。恐后无凭，立此抵押契据为证。

宣统　　年　　月　　日立此抵押契据某人

中证人某

代书人某

渭源县

立当地土文约人某，因为使用不足，今将自己押占某处某地若干亩，情愿问当于某人名下管业耕种，得到当价银/钱若干。其地四至分明，额银照地承行。有钱抽赎，无钱永远耕种。恐后无凭，立此当约为据。

河州

立典地文约人某，情因使用不足，今将某乡某会某社坐落某庄水/旱地几块下籽种若干，其地东至某为界，南至某为界，西至某为界，北至某为界，每年应纳仓斗正粮若干，正银若干，央凭中人某等说合，出典于某名下承典耕种，得受典价银若干两整。当日对中交清，其粮钱从出典之年起归承典人完纳。议定几年照原价取赎，两无异言。恐后无凭，立此为据。

固原州

立约据人某，今因手中拮据，将自置某庄田地若干亩/房屋若干间，东至某，南至某，西至某，北至某，水沟几道/树木几株/门扉几合/井灶几座，凭中说合，典当某人名下，言明典价钱若干串，以几年为满。届期有力赎取，无力者常年耕种/居住，惟不得变卖拆毁。其应完钱粮，业主自行承纳，与当主无干。恐后无凭，立此为据。附原置印契几张。

海城县

立典当房/地契人某云云同上，即日交足，并无短少。其地银粮草束照亩上纳，房屋梁木陈腐两家修补，余同。

徽县

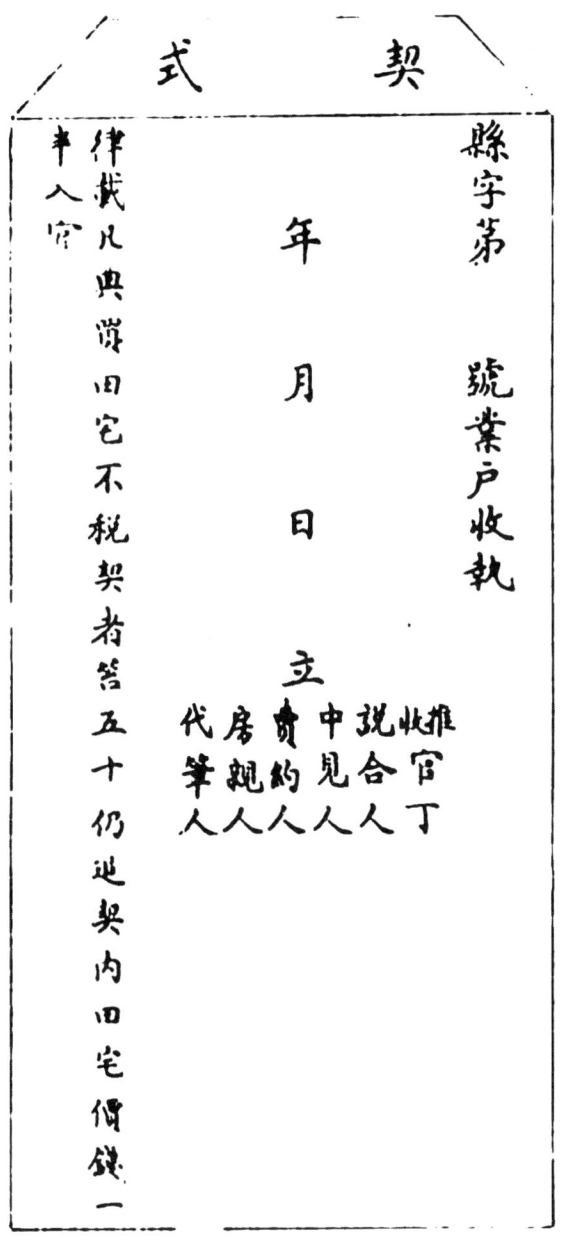

契式

县字第　号业户收执

　年　月　日。立推/收官丁　说合人　中见人　卖约人　房亲人　代笔人

律载凡典买田宅不税契者,笞五十,仍追契内田宅价钱一半入官。

秦州

立当地土文字人某,因手中不便,情愿央中某将自己祖遗置买山川地一段几垧/亩问当于某名下为业,当价时钱若干串文正,其地纳某里/百户某甲/旗原粮几升几合,当主上柜完纳。日后有钱抽赎,无钱管业,余同。

礼县

立当田地/房屋文约人某,因为手中不便,今将自己某处田地/房屋一分/院情愿立约当于某人名下,当到大钱若干串文正,对同中人将地/房仍行自种/住言明,每年每月承纳租息三分,按年交清,不许拖欠。恐后无凭,立约为据。

中人某人

代笔某人

文县不过手管理不动产契式

立典水/旱地文契人某,因使用不便,今将某处水/旱地零分情愿典于某人名下为业,同中言定,得受价钱若干文整,即日交清无欠,每年秋夏地禾二家下地均分。日后不拘年月远近,有钱取赎,无钱永远。恐后无凭,立约为据。

过手管理不动产契式

立典水/旱地文契人某,因为使用不及,今将祖/自置某处水/旱地零分情愿典于某人名下为业耕种,同中言定,得受价钱若干文整,当日钱地两交清白。日后不拘年月远近,有钱取赎,无钱永远。恐后难凭,立约为据。

巴燕戎格厅

书立指头押契文约人某,因为手中拮据,遂将祖/自置某处下籽几斗水/旱地几段,合家商议,情愿作为指头,自央请中人某从中作保在某号名下,承借纹银若干两,言明每两每月几厘行息,按月交清,利银不得拖欠。如有拖欠不清之处,将此指头业阻当自种。有钱时抽赎,无钱者常年耕种。恐口无凭,书立指头押契,存照为凭。

西宁县

立借钱文约人某因为某,事使用不便,今借到某处某人名下承借厘钱若干,每串每月行息若干，待至某年本利一并还清，不得拖欠分文。倘有拖欠者，将自己某处某产某房作为质当。恐后无凭，立此合同借约为据。

（十八）过手保管之不动产抵押是否即以该产所得之利息（如田地收获、住宅租银之类）充利息，抑须别给利？

按：全省习惯皆即以该产所得之利息充利息，不别给利。

（十九）过手保管之不动产抵押，其不动产每年应交纳之丁粮、捐税，是否由业主完纳，抑由押主完纳？

按：产既过手，则丁粮捐税自应由押主完纳。惟粮名未改，遇有公家之事，仍由业主主名，押主此时只应照给银钱归业主过手，无径自完纳之例，然其实则由押主完纳也。今除此项不录外，间有由业主完纳，或押主、业主各纳一半者，分列于下：

由业主完纳者：

平凉县、庄浪厅、静宁州、安化县、合水县、泾州、清水县、中卫县、循化厅、永昌县、花马池州同。

各纳一半者：

文县。

（二十）抵押取赎年限有最长至若干年者？

按：抵押取赎无一定限期，至短一二年，至长有至数十年或百年，经子孙始克取赎者。盖抵押非同当典，无例限可拘故也。略著于下：

一二年者（中卫、陇西）

三年者（狄道、崇信、循化厅、安西州、宁灵厅、伏羌、肃州）

五六年者（红水县丞、灵州、固原州、花马池州同）

七八年者（成县、碾伯）

十年者（河州、平凉、安化、环县、泾州、玉门、灵台、化平、秦安、永昌）

十四五年者（董志县丞、庄浪厅、安定、洮州、秦州、清水）

二十年者（皋兰、金县、正宁）

三十年者（靖远、宁州、合水、通渭、宁夏、张掖）

四五十年者（西宁、武威、王子庄州同）

数十年百年以至子孙者（西和、沙泥州判、隆德、海城、抚彝厅）

（二十一）过手保管之不动产抵押，其抵押物之修理（如房屋修理）及保管费用，是否全归押主任之？

按：此亦如十九条之例当由押主任之，盖产既过手，则利权已归押主，一切行为自应由押主担任。然甘肃习惯每不一定，除由押主担任者不录外，分著其说如下：

小工押主任之，大工业主任之者（皋兰、金县、永昌）

业主任之者（泾州、灵台、宁远）

三年内业主任之，三年外押主任之者（海城）

各任一半者（西宁、张掖、肃州、平凉、固原、通渭、秦安、文县、成县、花马池州同）

（二十二）过手保管之不动产抵押，于抵押期限中业主将其业出卖时，系如何办理？

按：此虽常有之事，办法究无一定。查各州县中先赎后卖者，敦煌县也；业主取卖价、押主取典价者，文县、巴燕戎格厅也；限内出卖、限满后买主始能管业者，秦安、碾伯也；他如靖远，则买主必为全部办济，而后抵当权因之消灭，追及权亦不存在，否则押主仍得行使其抵当权；张掖则此种手续不文法，上不承认之，倘业主将其业出卖，押主必极力反对；平凉则由保管人担任，阻其出卖；古浪则必付清抵押之利息，若业主至期不清利息，则押主必将其利加于押本之内，并为押本以生息。以上均非大同，其大同者惟皋兰、金县、沙泥州判、狄道、渭源、河州、隆德、华亭、静宁、安化、董志县丞、宁州、合水、环县、泾州、灵台、崇信、固原、化平厅、正宁、海城、通渭、西和、岷州、伏羌、宁远、洮州厅、陇西、秦州、清水、徽县、阶州、成县、灵州、花马池州同、宁灵厅、中卫、宁夏、宁朔、西宁、镇番、武威、平番、永昌、王子庄州同、肃州、玉门等厅州县，必先问明押主，不买，然后交清押价，抽销押据，卖与他人云。

（二十三）不过手保管之不动产抵押，其利息每年若干？至业主到期不交利息，押主得如何办理？

按：此等利息亦不一定，皋兰、金县皆三分，花马池州同二分，自余州县大都在此范围之内。若业主到期不交利息，其办法约有数端：押主尽力催追者，安化、会宁也；将抵押之业收管，以逐年所得赁钱为利者，皋兰、金县、花马池也。此外则须向押主恳求宽限，押主应允方许原主管业，否则将所押之产即时过手云。

（二十四）以一不动产抵押于数人，则押主与押主间之权利有先后区别否？

按：各州县多以先押为主，后押皆为偷典，无效。余如宁夏、宁朔、平罗、中卫、靖远、平番、高台、敦煌等须视税契日月之先后为凭，若甲之抵押虽先于乙，而乙之税契在先，乙即有优先权。以税契之日月有凭，而抵押之日月易伪，此先后区别之义也。

（二十五）不过手保管之不动产抵押，若业主将不动产出卖于他人时，押主得向买主索还抵价否？

按：此得向买主索还。盖甲之抵价物虽卖于丙，而乙之抵当权犹存，此时丙若代甲偿还，则乙之抵当权消灭，否则仍得对于抵押物行使其权利，即日本民法所谓追及权也。全省多同不具录，录其异者。如皋兰、金县、碾伯、镇番、华亭，有卖主先交当价、抽销当约，再行出卖者；亦有先立卖契，由卖主向押主商议，取便交价抽赎者。固原、安定、成县，卖过后先将押价交清，如有不清，押主执约有阻止之权，并无向买主索还抵价之事。狄道、文县、渭源，应由押主即时向业主索还抵价，不得向买主索还，宁远、伏羌、平凉、徽县、西宁、敦煌、静宁州、洮州厅、泾州、灵台、通渭、宁灵厅、宁朔、张掖皆同。惟海城以押主与业主直接得令其将押价悉数偿出与买主，间接须与业主对面将押债扣还云。

（二十六）业主变卖其抵押物摊还债务时，押主较他借主有尽先摊还之权利否？

按：此得尽先摊还，全省皆同，惟平番、渭源、华亭、碾伯，业主先向押主赎回抵物，另行偿债，虽微有不同，总不外押主有尽先摊还之权利。

（二十七）买得不过手管理有抵押之不动产者，得代业主备价向押主取赎抵押否？

按：买主代业主备价取赎抵押一事，甘省甚少，盖多由业主先行取赎故也。其或业主无力取赎，先向押主声明取赎之法，买主偕业主取赎者，有之，然不过固原、狄道、静宁、河州数处而已。否则，虽买主愿代业主取赎，而押主不认可，不得交价，抽约仍无效力，此习惯所大同也。

第五章　物权之消灭

（一）各国法律，凡权利者经过若干年后不行使权利，则其权利归于消灭。吾国关于物之权利亦有此习惯否？如有此习惯，其年限若何？且关于各种物权之消灭年限有无区别？

按：各国物权之消灭为法律所规定者，添附混同而外有时效，时效期间之短长，因权利之种类性质而异。然考诸通例，西洋多为三十年，日本为二十年，过此年限不行使权利，其权利即归消灭，而甘省尚无此习惯也。故关于物之权利，设权利者在远隔之地，虽百数十年不行使之，而其权利犹存，匪惟所有权如此，即地上权、抵押权以及他种物权，亦以契约为得丧之准据，无消灭时效之可言。盖地处边陲，交通多梗，非若东西各国有火船汽车之便，行使权利甚易易也。而况各国之所有权，苟未为人占有，虽永不行使，而权利亦不消灭也乎。

第三编　债权
第一章　契约

（一）订立契约时是否必以证书为据？又，在证书外更须用别种之方法否（如中证人等）？其办法如何？试详述之。

按：靖远、狄道、华亭、张掖、渭源等县，皆以证书为据，并须将中证人名字具载约内。盖契约为创设债权之目的，非有书据、中证不足以保当事者之权利。自余各州县或有证书又有中证者二十六：合水、董志县丞、灵台、海城、洮州厅、秦安、阶州、宁州、泾州、崇信、安定、陇西县丞、礼县、宁灵厅、宁夏、碾伯、巴燕戎格厅、镇番、平番、宁朔、西宁、花马池州同、武威、古浪、抚彝厅、王子庄州同；有中证而无证书者二十九：皋兰、河州、静宁州、环县、岷州、文县、隆德、平凉、庄浪县丞、金县、秦州、成县、固原州、正宁、宁远、会宁、清水、中卫、化平厅、通渭、伏羌、西和、徽县、循化厅、永昌、肃州、安西州、敦煌、玉门。以上三说，实括全省之习惯云。

(二) 未成年之人能否与人订约，抑或须由其家长父母出名？

按：未成年之人不得与人订约，概由家长父母出名，全省皆同。

(三) 为人妻者及奴婢与人订约，应否得家长及夫之许可，抑或一切契约均须家长及夫出名代订？

按：妻与奴婢无与人订约之事，既欲与人订约，必不肯令家长与夫知之，安有许可？自其经常者而论，往来交际一切契约，固均由家长及夫出名代订也。

(四) 托人代订契约时，关于左揭各项情形试详述之：

一、代理人与人订约能自行出名否，抑或须用本人名义？

按：甘省订约必须用本人名义，代订人名列中证内，惟靖远则以立约者虽为代理人，当事者仍有本人，但须于契约上载明其义务，即可移于第三之本人，是自行出名之说也。

二、代理人之有无代理权限，及其权限如何，应以何法证明？

按：订约者虽为代理人，当事者仍是本人，苟违反本人所委任之意思表示，则可不生效力，此代理权限也。又，代理人于此有完全之债权，并可据法律缔禁他人之干预，惟只准有保管行为，不准有变卖行为，此权限之确证也。全省皆同。

三、代理人所订契约若出其权限之外，本人可不承认否？如可不承认，代理人对于彼造应否照所订契约自负履行之责？若彼造更有损害，是否并须赔偿？

按：契约关系至要，代理人所订既越权限，本人可不承认，则履行与损害赔偿之责，代理人均应自行担负。全省皆同。

四、代理人受托后得转托他人代订契约否？如得转托他人，则其所托之人苟办理不善，本人因之受损，代理人并其所托之人对本人应负赔偿之责否？

按：代理人因本人信用其人而予以代理权，若以非其所信用者代之，则与其本旨相背,惟代理人或遇有事故可以转托他人代订契约,即日本民法所谓复代理是也。苟所托之人办理不善,代理人对于本人负赔偿之责任,复代理对于代理人负赔偿之责任。全省皆同。

(五)契约若定有期限,在期限未满以前,债主得以索偿否?

按:全省习惯,惟隆德、环县、安定、岷州、化平厅五处得以随时索偿,自余州县皆待限满然后为之。盖契约为创设债权之目的,期限未满即不能行使其索偿之权利,但债户为破产之宣告者不在此例。又或债主将有远行及他项急务,必欲债户缩短日附、办济债款,亦可向债户婉商减少子银,以取戾母银,二者之外,更无限前索偿之事。

(六)契约若无定期限,债主须俟何时方得索偿?

按:契约虽无期限,而债主得预定一期限为催告,使之从容办济。除各州县有定限者不录外,凡随时索偿者二十四:狄道、沙泥州判、河州、平凉、隆德、安化、西和、徽县、文县、宁朔、武威、永昌、董志县丞、宁州、海城、张掖、宁远、洮州、灵州、花马池州同、西宁、肃州、安西州、玉门;按季及年终索偿者二十五:皋兰、渭源、金县、华亭、庄浪厅、合水、泾州、灵台、崇信、固原、正宁、化平厅、通渭、会宁、安定、伏羌、陇西县丞、秦安、清水、阶州、宁夏、中卫、循化厅、碾伯、镇番。

(七)履行契约应在何地?若未约定,债主应否至债户家索偿,抑或由债户送还债主家,又或可另定一地以为履行之地?试分别言之。

按:履行契约或由债主至债户家取戾,或由债户至债主家办济,或以保证人、中介人之宅为引渡之地。全省习惯,究无一定。然由债主至债户家取戾者多,而另定一地以为履行之地则较少云。

(八)债户若逾限尚不履行契约,债主因以受损,债主得使债户赔偿否?

按:债主受损,因不履行契约而生债务者,债户应负其责任。如债户逾限尚不履行契约,实系无力者,债主虽受损,亦未必尽行责令赔偿。查全省习惯,债户不得赔偿者仅十分之一:红水县丞、渭源、正宁、秦州、中卫、古浪、河州、静宁州、西和、徽县、西宁、毛目县丞、庄浪厅、安化、陇西县丞、宁灵厅、镇番县,而责令债户赔偿者,几于无地无之。

(九)契约若约定应为某事而债户不为时,债主得以债户之钱请人代为,以副原约否?

按:债户不照约定行事,固有违反立约者之本心,然遽以其钱请人代为,不免横生争论,遇此场合,债主可取消其债务,而不得请人代为,此甘肃所同也。然古浪县于约定应为之事,债户不为,债主不能请人代为,仍须曲全债户为之,以副原约。至不能消其债务,并不能请人代为以副原约者,仅泾州、灵台、正宁、宁远、陇西县丞、毛目县丞五六州县,余皆无甚歧异云。

(十)契约若约定不准为某事而债户竟为时,债主得以债户之钱请人除其所为,以副原约否?

按:约定不准为某事而债户竟为之,其对于债主亦失财产上之信用,债主可取消其债务,而不得以债户之钱请人除其所为。然亦不如古浪县仍须曲全债户,除其所为,以副原约。全省自合水、陇西县丞习惯不同外,余皆一致云。

(十一)债主依限履行契约,债主若不领受,债户得以该物托人保管,以免其责否?

按:甘肃习惯,债户因债主不受履行,恐日后受迟滞之责,得将该物托人保管,告知债主,随时取用,以尽履行之义务,即日本民法所谓自供托之日起,即免除其债务也。惟庄浪厅谓另借于人,静宁州、环县、秦安、宁灵厅、西宁、肃州、张掖不得托人保管,以免其责,微有不同云。

(十二)债主依限履行契约,债主若不领受,债户因以受损,债户得使债主赔偿否?

按:甘肃风气,债户既将现实之物交于债主之处,债主拒不领受致生损害,则是债主之迟滞履行,非债户之不为办济,其损害应归债主负担为一种;又,债主不领受,债户因以受损,其场合可由中介人或保证人言渡之,使债主领受而债户亦不必责令赔偿为一种。调查所及,主损害归债主负担者三十六:华亭、隆德、平凉、董志县丞、安化、宁州、合水、泾州、灵台、崇信、化平、通渭、宁远、会宁、安定、伏羌、西和、洮州厅、秦州、秦安、徽县、阶州、文县、宁夏、宁朔、花马池州同、中卫、碾伯、武威、永昌、平番、古浪、抚彝厅、肃州、毛目县丞、玉门县;债户不必责令赔偿者十一:皋兰、金县、渭源、河州、静宁州、庄浪县丞、环县、正宁、礼县、成县、西宁；惟狄道称依限履行契约，如债主不领受，债户因以受损，当令债主认赔七分，债户认赔三分，则异矣。

(十三)交付银钱时，或用银圆，或用外国货币，有一定之办法否？

按：支拂时为生银，办济时仍用生银；支拂时为一文钱，办济时仍用一文钱，此习惯之一定也。然通融办法，亦有以银合钱、以钱合银办济债务者。至本国银圆与外国货币全省尚未通行耳。

(十四)契约约明有利，若其利率若干未经明定，则依本地习惯，每月或每年应付若干方得免责？

按：利过三分即为违禁，法律所不许也。今除各州县于未经明定之利，得依习惯即可免责者不录外，余皆分列如下：

皋兰、金县、文县、成县：每月行息至多三分，少则二分不等

红水县丞：每年每两利或三分或二分不等

狄道州：如借钱一串，每月须付息钱二十文，借银亦同

西宁、永昌：每月一分或二、三分不等

河州、毛目县丞：每月付利一分二厘或二分不等

宁朔、庄浪厅：一分五厘、二分五厘不等

循化厅、肃州、董志县丞：每月二分五厘，每年三分

安化县：每年一分，每月七八厘不等

固原州、环县、宁州、宁远、陇西、礼县、阶州、灵州、中卫、镇番、平番：均每年二、三分不等

洮州厅、碾伯、张掖、武威、通渭、秦州、花马池州同、抚彝厅：均每月二分为率

安西州：每月三分或五分

徽县：每年十分之三

宁夏县：每串以下每月付息二分五厘，百串以上每月二分

(十五)债户若逾限不付利息，债主因以受损，债主得使债户赔偿否？

按：债主因债户不付利息以致受损，甘肃风气，除必令赔偿者不录外，余如责成保证，禀官勒追，清还利息，别无赔偿，各州县谨列于下：

皋兰、金县、沙泥州判、红水县丞、狄道、渭源、河州、平凉、静宁、庄浪厅、安化、宁州、环县、泾州、灵州、正宁、海城、安定、伏羌、西和、陇西、秦州、礼县、徽县、宁灵厅、宁朔、永昌、镇番、平番、古浪、毛目县丞。

（十六）债户若逾限不付利息，债主得以所欠利息作为原本重征利息否？若许重征，其所欠利息应积至若干，并所误期限应迟至何时债主方得如此办理？

按：债主惟利是求，律文所载年月虽多，不过一本一利之规定，无如遵行者绝少。查甘省习惯，将利作本，不论欠息若干，只论误期在一年之后，即日本民法所云利息在一年以上有迟滞情形，经债权者催告尚不给付，则债权者得组入于原本也。然如此办理，仍须视债户之力何如耳。

（十七）一契约债主数人，债户亦有数人时，其各债主、各债户之权利义务是否平等均分，抑或另有办法？试详言之。

按：债主所出之银数同、债户担负之责任同，则其权利义务一切平等。否则，债主享受之权利视其所出银数之多寡为率，债户担负之义务视其享受权利之厚薄为率，此甘肃全省所大同也。至若皋兰、金县、渭源、中卫、文县、阶州，债主、债户纵有数人，必以一人经理，办法虽异，而权利义务仍视其应享受者平等均分云。

（十八）债主数人同一债权，债户所负债务若仅一物，不能分偿各债主时，则债主中一人可否代各债主而对债户索偿，抑或须会同各债主方得索偿？又，债户若以其物交还一债主时，对他债主能免其责否，抑或须约齐各债主当面交还，方得免责？试分析言之。

按：债主数人同一债权，必公设总经理人为当事，即所谓支配人是也。如无支配人，债主中之一人不得以己意行使债权，必得多数债主之同意，方得索偿。债户亦不得将其物交还一债主，须约齐各债主当面交还，方得免责，此一说也。债务之目的，既因其性质而不可分，若一人不得代各债户为全部之请求，债户不得对一债主为全部之办济，则于实际甚形不便，此又一说也。订约时注明债主中某一人为允借人，债户中某一人为专偿人，至期由允借人向专偿人索要全部之债，伊债户即与专偿人集偿，由专偿人与允借人归偿全部之债，允借人即与各债主照数分给。如专偿人与允借人其中有侵吞情事，其他债主、债户亦得各免其责，此又一说也。举此三说而全省之习惯尽之矣，惟前说同者为尤多云。

(十九)债户数人同负一债，各债户若与债主约明连带负责，则债主或对债户中一人索偿全部之债，或同时对各债户索偿全部之债，又或顺次对各债户索偿全部之偿〔债〕，是否属其自由？

按：债务之性质既成连带，则债户虽有多人，债主则直视为全体，任对债户之一人，或同时，或顺次对于各债户者，均得请求全部或一部之履行，此属其自由之说也。债主同时对各债户索偿全部之债，或顺次对各债户索偿全部之债，均可，惟不得向债户之一人索偿全部之债，此不属其自由之说也。今考各厅州县，由前之说者三十：皋兰、沙泥州判、渭源、河州、金县、平凉、华亭、董志县丞、安化、宁州、环县、崇信、化平厅、正宁、花马池州同、宁远、伏羌、秦州、秦安、礼县、徽县、文县、宁灵厅、灵州、循化厅、西宁、武威、永昌、靖远、抚彝厅；由后之说者二十六：隆德、静宁州、庄浪县丞、安定、西和、洮州厅、合水、泾州、灵台、固原州、海城、通渭、陇西县丞、阶州、成县、宁夏、宁朔、中卫、肃州、毛目县丞、碾伯、平番、古浪、敦煌、玉门、张掖县。

(二十)前条债户中一人若有特别事故(如更改、抵销、免除等)，其所应负之债额归于消灭时，则他债户按其所消灭之数，是否得以援免？

按：出名负债之一人若有特别事故，债额得以消灭，而无事故之债户生计依然无恙，岂容无故负人，此不得援免之说也(皋兰、沙泥州判、环县、宁远、秦州、秦安、宁朔、循化厅、碾伯、平番、肃州、敦煌、玉门)。然连带债务之各债户于债务目的皆有完全给付之义务，如甲一人得更改、抵销、免除，亦可使各债户之债务消灭，此得以援免之说也(靖远、张掖、狄道、渭源、河州、金县、平凉、华亭、海城、隆德、洮州厅、庄浪县丞、通渭、董志县丞、安化、伏羌、宁州、礼县、徽县、宁灵厅、灵州、中卫、泾州、安定、静宁州、灵台、崇信、化平厅、西和、陇西县丞、阶州、文县、宁夏、花马池州同、西宁、武威、古浪、抚彝厅、永昌、毛目县丞）。

（二十一）前条债户中一人若清偿债务，则对他债户按其所应免之债额是否得以索偿？

按：此亦有区别。若清偿者系其一人之债额，不能索偿；若系全部之债，则除其应偿之额外，可索偿于他债户。盖各债户之债务既因连带消灭，则对于其各自负担之部分，应有求偿权也。全省习惯同。

（二十二）契约若有保证之人，则关于左揭各项情形，试分别言之：

一、保证人资格能力有何限制？

按：保证债务虽由保证者自愿，要必有独断而为保证人之行为与适当之住所及足以偿还其所保证债务之资财，否则无保证资格能力也。

二、保证人对债主负何责任？

按：保证人对债主应负不准债户违背契约之责，且保证债务虽附主债务而成立，若主债务不能完全办济，即当任履行之责也。

三、保证人在保证债务外，对于利息、违约、罚款并赔偿损害之事等，亦负保证之责否？

按：保证人凡因债务发生事件均任负保证之责。盖债务既为保证，则对于利息及损害之事均有相互之关系，惟因债务、违约、罚款，少此习惯，通省中不过二三处而已。

四、保证人所负之责得较重于本契约所定者否？

按：此不得重于契约所定。盖保证债务所以保主债务之存在，非欲其为过当之负担，故保证人所负债务之目的必使合于主债之限度也。

五、债户若尚有资力，吝不还债，债主不与交涉，直向保证人索偿时，保证人对债主应用何法抵制？

按：保证债务系附主债务而成立。若债务履行时，不先催告债户而预向保证人请求，则昧于主从之分矣，故得以当先催告主债务者为之抗办。惟立契约时如有"承还"字样，则保证人无法抵制，不免自任赔偿耳。

六、债主至期不即索偿，至债户擅自消费，资力有缺，其后不能清偿时，与保证人责任有何影响？

按：保证人必量债户之资力足以及时偿还，始为保证。若至偿还期而不请求办济，使债户失其资力，保证人不免受赔偿之影响，此全省所大同也。然至期债户力能清偿，保证人请求办济而债主并不索偿，及至消费资力不足，保证人可免责任，此又全省所同也。

七、保证人若有数人，其保证之法如何？

按：保证既有数人，即有各自负其一部分之责任。若债主对于一人请求全部之债务，则此一人可主张一部之义务，不允其全部之请求。盖数人保证一债，其法有四：曰承还、曰保人、曰中证、曰代笔，其中惟承还者责任较他保证人为重大云。

八、保证人代债户偿债后，对债户有何权利？

按：此亦有数说：凭其亲戚变卖其产业者，宁州也，而毛目县丞同之；将代偿之数加以重利对债户索偿者，秦安也，而崇信、正宁、中卫、武威、永昌同之；昔保债而今主债，对债户亦有债主之权利，可执契约索偿者，安化也，而伏羌、固原、碾伯、玉门、花马池州同、庄浪县丞同之；此外，惟有宽缓其期，陆续索偿之权利。

(二十三)债主、债户间若各有欠债，可否互相抵销？又，两债务期限若有不同，或依契约所定，其债务各不相同不能抵销，是否各应偿债，不得援抵销之例办理？

按：援例抵销者，以其债之轻重、同期之远近，同而后得以抵销也。若各不相同，勉强抵销，反形枘凿，故仍以各还各债为是。今将各州县不得抵销者之多数不录，录其得以抵销者如下：

皋兰、金县、平凉、华亭、安化、合水、环县、固原、海城、安定、宁远、徽县、宁夏、西宁、敦煌、化平厅、洮州厅。

(二十四)前后有二契约，以后契约废弃前契约时，前契约是否归于消灭？如归消灭，则前契约如有保证人，或以物件作担保，后契约得以援用否？

按：以后约废前约，必已更改债务，以新债务代旧债务，则旧债务之保证人及物上担

保均应同归消灭,不得再行援用也。今考各州县,除不得援用者不录外,录其援用者如下:

皋兰、渭源、平凉、安化、环县、固原、金县、河州、华亭、宁州、泾州、化平厅、沙泥州判、董志县丞、合水、灵台、海城、通渭、安定、宁远、西和、秦州、陇西县丞、会宁、伏羌、礼县、徽县、洮州厅、西固州同、文县、宁灵厅、灵州、花马池州同、中卫、循化厅、永昌、平番、古浪、抚彝厅、肃州、敦煌、玉门。

(二十五)各国法律,债主若经过若干年不对债户索债,其债权有归消灭、不能再行索偿之例,吾国亦有此惯例否?如有此例,则其年限以若干年为限?又,因各债务之不相同,其年限亦有不同否?

按:甘省无此惯例,然消灭年限亦有,可约略计之者录之如下:渭源、灵州,债主不对债户索偿,其债权消灭大约在十年以后,亦有因各债务之不同,其年限亦不同者;西固州同,债务无论经过若干年不能全归消灭,然其间不无区别,过十年者计本计利,二十年者一本一利,三十年者计本止利,年限再多,如债主得利已多,债户又贫,应酌量减本;秦州、敦煌,债主经过三十年不对债户索偿,其债即归消灭,不能再行索偿;循化厅,年限少则七年,多则十年,因各债务者贫富不同,故年限亦不同。

(十二)〔(二十六)〕左揭各契约之情形如何?试分别言之。

(一)赠与契约

甲、以物与人,虽已约明,若未立有书据,与者得自反悔,将该约撤销否?

按:全省习惯,自河州、宁远、清水、中卫、碾伯、永昌、玉门数州县外,无不可以撤销前约者。

乙、以物与人,其物若有瑕疵或欠缺,与者应否换给以完足之物?

按:前条既约而复撤销,已见民情之偷薄,若瑕疵欠缺而犹望其换给完全难矣,然敦庞古处此风未遽绝也。录其可以换给者二十四州县:华亭、隆德、正宁、董志县丞、化平厅、陇西县丞、安定、会宁、伏羌、秦安、清水、阶州、文县、宁灵厅、宁夏、灵州、花马池州同、武威、永昌、镇番、平番、古浪、肃州、玉门。

丙、约定每月或每年与物若干,若未订明以若干年月为限,其契约以何时为完毕之期?

按:契约虽未订明年限,然亦自有完毕之期。如与幼孤,则以成年为完毕;与老病残废,则以病愈或终老为完毕;又或与者破产且死亡,则视其钟鸣漏尽时为完毕,惟慷慨任侠者为能始终其事耳。

(二)买卖契约

甲、彼此约定买卖一物,物、价均未交割,中途有一人违约不买或不卖时,其处理之方法如何?

按:甘省习惯多以即作罢论为言,各厅州县中惟靖远则以须得相手方之承诺方得取消,盖买卖既经约定,则当为种种之准备处分,若任意变更,两造必有受损者。狄道则以中有一人食言,即照违约议罚。渭源则须酌量多寡,或偿卖者钱或偿买者钱方为平允。华亭则以已定买卖中途违约,必由物价低昂之故,如买主违约,则量减其价;卖主违约,则量增其价,以期相与有成。皆处理之法也。

乙、约定买卖并付有定钱,中途有一人违约时,其定钱作何处理?

按:此亦视其违约之人以评曲直。买者违约,则定钱即作罢论;卖者违约,则定钱当倍蓰偿还。此不成交易之说也。如必欲成其交易,亦宜度物值之低昂以为损益。低则增之,以益卖者;昂则减之,以益买者。定钱仍不干没,或算入物值,或还之其人。处理之道如此而已。

丙、买卖时应有一切用费(如夫马酒食等类),由买主、卖主何人任之?

按:全省习惯向无一定,有由卖主任者(宁远、西宁、古浪),有由买主任者(静宁州、庄浪县丞、宁州、固原州、海城、通渭、陇西县丞、会宁、伏羌、洮州厅、徽县、礼县、文县、花马池州同、岷州、中卫、秦安、西固州同、宁夏、宁朔、循化厅、武威、永昌、安西州、肃州、镇番),有各任一半者(安化、董志县丞、合水、西和、崇信、化平厅、秦州、阶州、成县、宁灵厅、敦煌、灵州、毛目县丞、玉门、张掖),有由买主任或各任一半者(皋兰、金县、河州、平番、狄道、渭源、沙泥州判),有在买主家则买主任、在卖主家则卖主任者

(靖远、华亭、泾州、灵台、碾伯),余皆无一定之法云。

丁、买卖用费是否照实费计算,抑有特定标准(如买价若干,须加用费若干之类)?

按:全省照实费计算者四十二:皋兰、金县、狄道、渭源、张掖、华亭、沙泥州判、隆德、安化、正宁、合水、泾州、灵台、化平厅、静宁州、庄浪县丞、董志县丞、通渭、陇西县丞、安定、宁远、洮州厅、秦州、秦安、徽县、礼县、阶州、成县、文县、宁灵厅、宁夏、宁朔、灵州、中卫、循化厅、碾伯、武威、镇番、平番、古浪、抚彝厅、玉门。有特定标准者七:肃州、岷州、海城皆百分之三;花马池州同每银一两抽费二分;毛目县丞照买价加一成计算;河州多行店中及居间人分得之款、取之货物价值中者,伏羌如买价十串,应加付中证用费三百文,代书三百文。若买价甚多,酌量轻减。更有一种买卖牲畜皮革、羊毛等类,各与中证人照其价值量为加付费用以及衣服、物品各类。此外皆无一定标准,随时酌议而已。

戊、买卖经过一定期限,如未付价,或付价未清,卖主可向买主索加利息,或撤销买卖之约否?

按:全省习惯有六:有算至本年年底止不加利,再逾限加利者(皋兰、金县、宁夏);有得以加利亦得以撤销者(河州、华亭、隆德、庄浪县丞、宁灵厅、狄道、宁州、阶州、灵州、西宁、抚彝厅);有不得加利亦不得撤销者(张掖、平凉、陇西县丞、伏羌、肃州、海城、通渭、会宁、成县、礼县、西固州同、碾伯、武威、循化厅、中卫县);有不得撤销但许加利者(静宁州、沙泥州判、玉门、洮州厅、永昌、镇番);有不得加利但许撤销者(靖远、渭源、平番、古浪、正宁、环县、花马池州同、岷州、秦安、徽县、安化、董志县丞、毛目县丞、敦煌县);有全未付价则撤销,付半价则不得撤销亦不得加利者(泾州、秦州、灵台)。民事固无一定云。

己、买卖已成交后(指物、价均已交割,或物已交清,价尚未付清时而言),买主如不合意,有无退换之事? 其退换之方法如何?

按:买卖既已成交,则买主于物之真赝妍媸辨之已审,决无退换之事,故河州、隆德、庄浪县丞、安化、董志县丞、环县、泾州、灵台、固原、海城、会宁、伏羌、西和、秦州、秦安、礼县、阶州、成县、宁灵厅、宁夏、宁朔、中卫、镇番、平番、毛目县丞、张掖、玉门皆主不得退换；亦有得以退换者，曰靖远、曰平凉、曰静宁、曰华亭、曰正宁、曰崇信、曰古浪、曰化平厅、曰安西州、曰沙泥州判、曰陇西县丞。其退换之方法则不一致：贱物退换、贵物不能退换者，皋兰、金县也；伪物退换，余皆不能退换者，灵州、渭源、狄道州也；三日内退换、三日外不能退换者，合水、文县也；退换一半、不得全行退换者，通渭也；物价两交不得退换，物交而价未交得以退换者，岷州、花马池州同也。自余州县或另易合意之物，或增减物品之值，皆退换之方法也。

庚、买卖已成交后，如买主因该物有缺损差异（如数量不足、品质有异之类）与原约不符时，其退换之方法如何？

按：甘肃民事朴拙，而市侩则狡狯绝伦，如买物与原约不符，除河州、正宁、文县、靖远、化平厅令买主退物取价、卖主加利处罚外，全省皆以如约退换为止，而宁州、通渭、安定、宁远、成县、循化厅竟至莫可谁何，惟有将物价各自取还，以作罢论而已。

辛、退换货物有无一定期限？

按：此须在四五月内通知则视为有效，盖时日过多或卖主已为别项事业支出种种之费用，又或成交时价甚高腾，退换时价已低落，卖主必大受其损害也，靖远、静宁、通渭、崇信、伏羌、合水、化平厅、洮州厅、花马池州同大率类此。今查各属期限有至速者，曰即时退换（华亭、董志县丞、固原、海城、西宁），曰一二日为限（渭源、礼县、碾伯、安化、成县），曰三日为限（皋兰、金县、狄道、秦州、宁夏、永昌、肃州、宁远、文县、玉门）；有至迟者，曰不得出十日（宁州、泾州、灵台），曰不得逾月（陇西县丞、隆德），曰不得逾三月（西和）。惟河州、张掖、循化厅等处，凡卖主有管保来回成约者，退换则无一定限期云。

壬、故将左揭各物出卖，买主不知，致买卖无效时，卖主对于买主有何责任（如加利退价或别议处罚之类）？

一、抵押租借之物

二、官有或公有之物

三、寄存或遗失之物

　　四、盗窃之物

按：以上四项卖主得请求退价，无加利习惯，盖四者皆违例之事，告官处罚可也，然四者须辨轻重。如以抵押租借物出卖，经物主查知，抵押物则除原抵之价商量赎回，租借物则由卖主用价赎回交还物主，此一事也。以官有、公有物出卖，官有物则其事发觉，卖主及买主知情者，均治以应得之罪，若买主并不知情，则从末减；公有物则禀官，照例究治，此二事也。以寄存或遗失物出卖，经物主查知，寄存物则与租借物同一办法，遗失物则原物主与买主均匀用价赎回，或四六成，或三七成，或原物主与卖主、买主按三股分任，而其物仍归原主，此三事也。以盗窃物出卖，则例有明文，均按定例办理，此四事也。全省习惯，举不外此。

癸、定买之物，如卖主已先抵押于人，应由何人取赎？

按：此有由买主取赎者，盖买主恐所抵当权者之追及，定买之初，即约定代为偿还也，然此种习惯惟靖远、狄道、华亭、隆德、文县、碾伯、河州、安定、礼县、循化厅、永昌多有之。其余各属皆以抵押出自卖主，则取赎亦应出自卖主，以买主而代卖主取赎出于无名，押主亦必不应。如以买主代赎，则应从买价中提出赎价交与卖主，仍以卖主名义赎之，买主不与云。

子、定卖之物，卖主再以卖人时，其对于前、后买主有何责任？

按：此非得前买主之承诺不得取消。盖物既定卖，则买主得为别样之处分，若随意变更，必至大受损失，故对于后买主无责任，对于前买主有承认偿利之责任，又有公议处罚之责任，此普通情形也。至若前、后买主价平，则前买主得物，后买主无与；后买主价增，则后买主得物，而罚卖主金以与前买主，亦甘省惯例云。

丑、买卖已成定约，买主或卖主一人死亡，其承继人得撤销其约否？

按：此得以撤销。盖对此物品价金负相对给付之义务者，惟买、卖主二人，则不得以买卖相对请求之权利移于承继之第三者也。然已成定约，则承继人皆可踵而行之，不必遽毁其成约。今查各州县准其撤销者半，不准撤销者亦半云。

寅、已定买之物，因天灾事变致有毁损灭失时，其处理之法如何？

按：此视物之交割与否，未交割则由卖主担任，不能索取物价；已交割则由买主担任，仍须给付物价。盖物体虽与事变相伴，权利则不与事变相偶，处理之法一。价已交，物未过手，得由买主索偿原价，或酌让一二成；物已过手，价尚未交，得由卖主索偿原价，或酌让一二成，处理之法二。卖主当退回原价，买主不得索利，以天灾事变生于不测，与人事不到致有毁损灭失者不同，处理之法三。纵览全省，多归卖主认者，其或归买主认及各认一半以为处理者，究居少数云。

卯、买卖时卖主如预约买回，其价值如何预定？

按：预约买回，其价值较不买回少三分之一，必先于契约内注明"原价赎回"字样。盖原价赎回可免时价高低之争竞，买主卖主均无亏损，此全省所同也。

辰、预定买回期限最长以若干年为限？

按：预约买回多无一定年限。盖天时人事不可前知，即得丧荣枯每难预定，出卖之后或家道日起，则买回在所必先，或时事日非，则买回遂将绝望。综览各厅州县，除无预定年限者不录外，余列如下：

一月为限者：灵州

两月为限者：阶州

五六月为限者：碾伯、毛目县丞、宁夏、海城、董志县丞、渭源

一年为限者：安定、古浪、永昌、循化厅、中卫、陇西县丞、通渭、华亭、静宁、狄道

二年为限者：西宁

三年为限者：平凉、西固州同、秦安、灵台、泾州、庄浪县丞

五年为限者：平番

十年为限者：敦煌、武威、会宁、化平厅、宁州、正宁

二十年为限者：洮州厅

三十年为限者：安化

巳、预约买回之物，买主可于期未到时转卖于他人否？如转卖后，原买主于期到时得向后买主买回否？

按：此得转卖，但不得买回。甘省全同。

午、买回之物，其未买回以前所有修理、保管一切用费应算入买价中否？

按：物未买回以前，则买主无利用其物之权利，即无修理、保管之义务，此不认算入买价中者十三：狄道、靖远、渭源、会宁、中卫、碾伯、敦煌、西和、庄浪县丞、海城、循化、毛目县丞、安定。天下无久而不敝之物，保管有经常权变之分，此应酌量算入买价中者三十二：河州、华亭、董志县丞、泾州、陇西县丞、文县、静宁州、安化、宁州、灵州、宁远、宁夏、平凉、正宁、合水、洮州厅、秦州、秦安、花马池州同、永昌、平番、抚彝厅、张掖、通渭、灵台、沙泥州判、徽县、阶州、武威、镇番、古浪、玉门。

(三)借贷契约(分为三种：曰消费借贷，曰使用借贷，曰租赁)

一、消费借贷(以金钱或物借人，许其自由消费后以同样之钱或物归还者，曰消费借贷)

甲、消费借贷之预约若未交清，适遇借主或贷主破产时，其契约效力是否即归消灭？

按：消费借贷以所有物转移为目的，于其目的物未引渡前既有破产，则契约不能践成，得视为无效，即宜消灭，皋兰、金县、河州、靖远、平凉、华亭、隆德、正宁、董志县丞、宁州、合水、崇信、化平厅、海城、通渭、会宁、宁远、洮州厅、西和、岷州、秦安、秦州、徽县、阶州、成县、西固州同、文县、宁灵厅、宁夏、灵州、花马池州同、中卫、循化厅、西宁、武威、永昌、平番、古浪、抚彝厅、肃州、毛目县丞、玉门等州县习惯类此。亦有借贷以后，或贷主破产，其约分归何人，借贷者即与其人交付，或向其人索取，前约并不消灭者，清水、安化、宁朔、镇番是也。此外有随时随势办理者，张掖也。有缓期践约不得全归消灭者，狄道州也。有借主破产则消灭，贷主破产则令借主交还者，渭源、固原、敦煌、伏羌、庄浪县丞也。余如泾州、灵台、碾伯等州县，皆以消灭旧约、改订新约为变通办法云。

乙、消费借贷之约若订有利息,则贷主所贷与之物苟有瑕疵,应否换给以完全之物?

按:此应换给完全之物,盖消费之物于异日偿还之外,仍须计算利息,则不能任其再有瑕疵也。靖远、狄道、渭源、泾州、灵台、崇信、化平厅、敦煌、玉门、海城、通渭、会宁、宁远、平凉、洮州厅、西和、岷州、秦安、华亭、徽县、礼县、阶州、文县、宁灵厅、安化、宁朔、平番、抚彝厅、镇番、古浪、肃州、毛目县丞、宁夏、宁州、灵州、循化厅、西宁、环县、碾伯、武威、永昌、沙泥州判、西固州同、庄浪县丞、董志县丞习惯类如此。然皋兰、金县、中卫、河州、伏羌、秦州皆不另换给,正宁则请求贷主解除契约,而让灭其利息,自余州县则有换给者,亦有不换给者。

丙、不定期之消费借贷,贷主得随时向借主索偿否?

按:随时索偿必得定期催告,盖不为返还催告,则债务者不克先为准备,往往受意外之损失,此种风气全省多同。惟碾伯、中卫、循化、西固等处,凡借贷之物,非一年后不得向索,是又不能随时者也。

丁、定期之消费借贷,在期限中借主破产,贷主得即向之索偿否?

按:中国向无破产宣告,如借主生计损坏时,贷主照例仍应索偿,其能否达其目的则未可知,若必俟期限,到时转恐丧其应有之权利,此全省习惯如是。然亦有笃于敦厚者,皋兰、金县、环县、宁朔、伏羌、循化、碾伯、肃州、西固州同、花马池州同皆无索偿之例云。

二、使用借贷(以物借人使用,约定以原物归还者,曰使用借贷)

甲、使用借贷契约若订明使用之法而借主不照约使用时,贷主得将该约即行解除否?又,有损害时,更得向索赔偿否?

按:此得解除、索赔,盖贷主自然之权利,甘省亦甚注重云。

乙、借主若欲以所借之物转借他人,应否经贷主之允许?苟不经允许擅行转借时,贷主对之有何办法?

按:乞邻而与,事属掠美,况擅行转借直侵贷主之利权,故轻则率转,重则议罚,皆无不可,此种习惯各州县之下流社会人多为之,否则无不经贷主允许而后转借者。

丙、所借之物如有灭失毁损,借主得以同样之物或折价偿还否?其计算以何时之率为准?

按:借人之物而有灭失毁损,自应觅同样之物偿还,然物有美恶之分,人有爱憎之见,物主或存赊望,即品质高于旧物,容或犹有歉心,故按现时物值或借得时物值酌估赔还者有之。今查各州县以得时物值赔还者二十二:狄道、河州、庄浪县丞、泾州、通渭、安定、平凉、华亭、安化、灵台、秦州、陇西县丞、徽县、宁灵厅、循化厅、武威、古浪、礼县、宁夏、西宁、镇番、玉门;以现时物值赔还者二十八:靖远、张掖、隆德、正宁、董志县丞、宁州、崇信、固原州、海城、会宁、伏羌、洮州厅、西和、阶州、碾伯、肃州、毛目县丞、秦安、清水、成县、宁朔、花马池州同、永昌、抚彝厅、文县、灵州、平番、敦煌;余皆以同样之物偿还云。

丁、所借之物,其必须修理、保管、培养(如牛马食料之类)一切用费由贷主、借主何人任之?

按:此有为贷主任之者,岷州、秦安也;有为各任一半者,狄道、西固州同、镇番、抚彝厅也。然借主有收用其物之利益,即应负修理、保管、培养之义务,故全省习惯由借主任者独多云。

戊、由借贷物所生之果实(如畜类产子、花木结果之类),原约未定归何人所有,贷主得向借主索还其果实之一部或全部否?

按:上条修理、保管、培养,既以责之借主,则此中权利自应为借主所有。第甘省风气,借主已得使用其物之利,则使用之外似别无可收之利,原物所生之天然果实,即应由贷主全收,贷主或让给一部归于借主亦所常有。若畜类产子,则只酌付借主以饲养之资云。

己、不定期之使用借贷,贷主得随时向借主索偿否?

按:此与消费借贷有别。盖消费借贷其物已归消灭,咄嗟取办,势必不能,故宜频频为返还之催告,使得预准备。若使用借贷,则其物固在随时索还,固无伤于雅谊也。全省习惯同。

三、租赁(以钱租物使用之约曰租赁,分而为二:曰不动产租赁,曰动产租赁),兹分别拟题如左:

一、不动产租赁

甲、租主所纳保证金(俗称押租)多少?以何为准(如以租金几分之几为率之类)?

按:保证金所以预承租金之乏,租金不继,即从保证金扣除,故必抵一年之租金为率,如一年租金百两,则保证金亦百两。倘租金一年不纳,租主即应辞退,而保证金无还,此大较也。今考全省有以十分之三为准者,有以十个月为准者,有以百分之三为准者,有以十分之二为准者,有以十分之五为准者,有以四分之一为准者,有以十分之八为准者,有产值百金则保证十金者,有租金每月三两则保证金三十两者,有租金一百则保证金七八十两者,习惯不一,其大致未甚悬殊。

乙、住宅租金,其交约期限共分几种(如按月、季之类)?有无先期交纳者?如逾限不交,宅主可向租主索加利息否?

按:租金交纳限期共分三种:有按月交纳者,有按季交纳者,有年终交纳者。逾限不交,即从保证金扣除,无加利之习惯,亦无先期交纳之习惯。又或租金交纳率多后期,宅主只能为履行之催告,催告不应,有为契约之解除而已。

丙、租宅期限中遇房价腾贵,宅主可向租主索加租金否?

按:租宅在期限中不得索加租金,谓房价腾贵非人事所可逆料,既已约定于先,即不得苛索于后。甘省风气同者颇多,然除渭源、红水县丞、静宁、隆德、金县、庄浪县丞、合水、泾州、灵台、海城、通渭、会宁、安定、西和、成县、文县、宁朔、花马池州同、靖远、碾伯、张掖、武威、镇番、古浪、秦州、秦安、清水、礼县、西固州同、中卫、巴燕戎格厅、敦煌、毛目县丞而外,亦有随时增价者,约固未可恃也。

丁、租佃田土耕种者,其认租之法如何(如按亩计算,每亩计租若干,或照收获之额计算,业主、佃户各分若干之类)?

按：甘肃地气高寒，不宜粳稻，黍麦之利亦不甚丰，租额过多，即无人承认。今将按亩计算及照收获额计算主佃划分之习惯分列如下：

按亩计算者：

皋兰　每亩计租钱二串或三串不等，如照收获计算，则主三分，佃七分。

张掖　每亩一斗。

河州　按下籽种之数并分别水、旱地计算。下籽种一斗，水地认租三斗或二斗五升，旱地认租二斗或一斗五升。如照收额则主佃各半。

平凉　每亩租三升至五升不等，如按收额则主三佃七。

静宁州　每塪租麦一斗或一斗二升（塪系甘肃俗用之字，土人云二亩半为一塪）。

华亭　每亩五升，折钱则每亩二百文。

隆德　每亩五升，照收额则主佃平分。

董志县丞　每亩七八升至一斗。

宁州　每亩一斗至二斗。

合水　每亩麦一斗。

泾州　认租之法有三：其领牛种而所收均分者，曰伙租；按亩起科而不问丰歉者，曰租种；折钱交纳者，曰典种。

灵台　同泾州。

崇信　分山地、川地，山地每亩三升，川地每亩一斗。

固原州　每亩二三升不等，抑有农器、耕牛系业主伙助，获时均分者。

陇西县丞　每塪一斗五升。

会宁　川地每亩租二分，山地每亩一分五厘，有以收获之数计算者，每石租二斗。

伏羌　地有厚薄，按亩分等，上等每亩纳钱二串，次等一串五百，下等一串。如系川沙山坡，承认租粮亦分等次，上等出市斗麦一斗，次等八升，又次等五升或三升。抑有照收获之额计算者，主佃各半或主四佃六剖分。

洮州厅　每亩租八九斗，亦有五六斗者。

秦州　每亩二三斗不等,亦有主佃平分者。

清水　分租课、伙务两项:租课照地肥瘠计塃,科算山地,每塃四五升,川地一斗;伙务则于收获打碾后按所得之数两半均分。

礼县　川田每亩五升,山田二升半。

宁夏　每亩三斗或二斗不等。

宁朔　每亩租钱一二串或三四串不等,亦有按收获之额平分者。

中卫　每亩租钱一二串不等。

碾伯　每亩租一斗三升。

武威　每亩四斗或二三斗不等。

镇番　分上、中、下三等,上等每亩三分,中等二分,下等一分。

平番　水地以亩计算;旱地以籽种计算,下籽三升约地一亩,认租一斗。

肃州　按亩计算不过十分之二。

毛目县丞　每亩一斗。

安西州　每田一块出租一斗五升。

玉门　每亩租银二两。

照收获之额计算者:

安定　业主二分半或三分。

西和　各分一半,或四六分,或三七分不等。

岷州　伙种主佃各分一半。

秦安　业主得十分之三。

徽县　主佃各半。

阶州　同上。

文县　同上。

循化厅　收获十成得交业主十成之三,或照收获之额主佃各分一半。

西宁　主六佃四。

红水县丞　以收获之捆束计算，每十束地主三束、佃户七束，亦有二八分或四六分者。

靖远　主六佃四，按亩则每亩一斗或七八升。

渭源　主三佃七。

狄道　同上。

沙泥州判　多则四六分，少则三七分。

正宁　主佃各半。

环县　四六分。

海城　主三佃七。

通渭　主佃各半。

永昌　业主得三分之一。

余如抚彝厅、敦煌各处皆系主佃均分。

戊、田土认租是否仅于秋收时交纳一次，抑有无按照所出各种谷物分季交纳者（如夏季纳麦、秋季纳稻之类）？

按：甘肃种植之产不一，收获时分先后，纳租时亦分先后，分列如下：

秋后交纳一次者：皋兰、金县、沙泥州判、静宁、华亭、隆德、安化、正宁、合水、泾州、固原、海城、陇西县丞、岷州、宁夏、宁州、环县、灵台、化平厅、通渭、西和、文县、花马池州同、循化厅、西宁、镇番、抚彝厅、肃州、安西州、玉门、中卫、碾伯、武威、永昌、张掖、古浪、敦煌、毛目县丞。

冬季交纳一次者：会宁。

夏季纳麦、秋季纳稻者：平凉、崇信、伏羌、董志县丞。

按地中所出谷物分季交纳者：渭源、狄道、河州、宁远、洮州、秦安、徽县、宁朔、红水县丞、庄浪县丞、清水、礼县、成县、宁灵厅、灵台、阶州、西固州同、安定、秦安、平番。

己、田土认租是否皆以谷物交纳，抑系以金钱折算？其折算之法是否皆照时价，抑有预定之率？

按：农家多系贫民，得钱不易，以谷物交纳为便利，然亦间有以金钱折算者，皆照现前时价，并无预定之率。

庚、荒年歉收，佃户可向田主请求免租或缓租否？其缓租期限如何预定？补纳时有无加认利息之事？

按：天灾流行，国家代有，如迩年岁荒歉，佃户虽有纳租之义务，而力实未逮，不能不报告被灾轻重，请求田主酌量免缓，以免其责。惟缓租之期无定，加认利息亦不多闻。兹谨摘录如下：

可缓至来年而不加利者：皋兰、金县、渭源、沙泥州判、狄道、隆德、安化、董志县丞、泾州、灵台、崇信、秦州、循化厅、碾伯、平番、毛目县丞、通渭、宁远、洮州厅、成县、靖远、华亭、固原州、陇西县丞、西固州同。

可缓、无免租加利之事者：徽县、清水、静宁州、礼县、中卫。

可免、可缓而不加利者：宁州、合水、化平厅、会宁、伏羌、岷州、阶州、宁灵厅、宁夏、西宁、武威、镇番、古浪、张掖、抚彝厅、敦煌县。

可免、无缓期加利之事者：河州、正宁、环县、海城、红水县丞、永昌、玉门。

可免、可缓至丰年加利者：平凉、宁朔。

无缓、无免者：安定、西和、秦安、安西州。

可缓至三年而不加利者：灵州、肃州、花马池州同。

辛、租佃空地修造房屋或为牧畜种植之用者，其租金如何计算？

按：租地造屋，其租金当以屋之利益多寡为计算，如系商埠之区，较寻常必加倍蓰；或牧畜种植之用，则视其土地之肥瘠按亩计算，大抵地土权之利益，全省习惯不过主三成佃七成而已。

壬、租佃山林专为采取柴木果物用者，其租金如何计算？有无以所出之物纳租者？

按：甘肃全省其山多童，租佃樵采之事绝少，盖因地气高寒，土脉焦燥故也。惟狄道、华亭、循化厅、西固州同、秦州、洮州厅、宁州等处,小有森林之利,亦少租佃。自余或有租植果物者,仍多按亩计算。间有即以所出之物纳租者,则须按成计算云。

癸、租佃田宅、山林,其预定期限有最长至若干年者？有无不定期限,约定永归一人承租者？

按:租佃山林多不定期,即以一人承租,泾州、灵台、陇西县丞、伏羌、西和、秦州、阶州、文县、张掖等处皆是;自余田宅则均有定期,有以十年为限者(皋兰、平凉、董志县丞、宁灵厅、永昌、古浪、金县、隆德、安定、循化厅、毛目县丞);有以五六十年为限者(西宁);有以五六年为限者(红水县丞、狄道、崇信、固原州、成县、肃州、安西州);有以三十年为限者(渭源、化平厅、徽县、宁朔、武威、平番、河州、通渭);有以二十年为限者(华亭、正宁、洮州厅、西固州同、宁夏、灵州、花马池州同);有以三年为限者(庄浪县丞);有以一年为限者(安化、清水、玉门)。沧海桑田随时更换,故无约定永租之事也。

子、定期租佃期限中物主将租物出卖,租主得仍继续承租满期否？

按:物既易主,期限即因之消灭,继续与否听买主之自由处分,物主、租主均不得执续租满期之说,全省皆同。若买主变通办法,仍许承租,不在此例。

丑、租佃之物遇有必须修理之时(如房屋、堤坊破损,沟堰淤塞之类),其用费是否概由物主担任？

按:此与使用借贷之修理有别,借贷无利息,故修理多自借主任之;租佃有额租,故修理多自物主任之。惟遇欲修理时,必先通知物主,估计人夫、工料须费若干,经物主允许,然后可以施工,否则物主不能承认。

寅、租主将租物加工以求坚美,其用费可向物主索偿否？

按:此亦与上条同,意须先得物主允许,然后可行。若不经物主允许,辄加工以求坚美,是违反本人之意思,即向索偿,决不承认。

卯、租主或物主若欲解租,在解租前须互相先期通知否？其通知期限若何(如前若干月之类)?

按:此须前一月或数月通知。盖契约将为解除,租主或另佃他业,物主或另租他人,均须预为处分,故必于解租前早为通告也。

辰、租主自行添置之物(指附着于租物上者),解租时得概行撤去否?物主如愿接受,其价值如何计算?

按:物系租主添置而未经通告物主,则租主得以概行撤去,不得强迫物主接受。如解租时物主自愿接受,有增减原值者,有酌照时值者,习惯究无一定云。

巳、田方播种或田稼将熟,田主得遽解租以田改佃他人否?

按:田主或因佃户树蓻不善,致田业荒废,租额损伤,从而解除其契约,亦常有之事,惟必须前数月通知佃户,无使播种。既已播种,则俟其稼熟解租,然后得以改佃。若田方播种、田稼将熟,遽令解租改佃,不独损害佃户之利权,亦且违背个人之公理,如此风气,甘肃无之。

午、租主破产,物主是否即得解除原约?

按:甘肃习惯多即行解除原约者。盖租主既经破产,已丧失其处分自己财产之能力,若仍听其租佃,则宣告破产者不知为何人之物,必致大受损失,此物主对于租主亦处不得不然之势也。然各州县中有念租主破产不即解除原约者,特录于下:平凉、静宁、隆德、庄浪县丞、固原州、陇西县丞、清水、文县、循化厅、碾伯。

未、租主若经物主允许以物转租他人,转租主对物主间关系如何处理?

按:此亦有二说:以物转租,虽经物主允许或原租主并未消除契约,则物主仍认原租主,不知有转租主,而转租主仅充代位,为偿还其租金而已;若转租主已与物主直接关说一切,则原租主已无权利义务之可言,凡有行为转租主与物主无庸为间接之周转也。

第二、动产租赁

甲、赁用之物,其必须修理、保管、培养,一切用费是否由物主自任,抑有由赁用之人分任者否?

按：此由物主自任者有之，以赁用之人，既于其物出有租金，即不能再任修理、保管、培养之费用。然修理、保管、培养之费用即从赁用而来，不赁用无此费，既赁用又当与物主分任者有之，故甘肃习惯分任者为较多云。

乙、赁用之物如因天灾事变毁损灭失时，赁用之人得免赔偿之责否？

按：赁用之物有保管存在之责，无毁损灭失之权，虽曰天灾事变，究由赁用之人所致，则赔偿损失在所不免。如属细微之物，又当别论云。

丙、赁用之物如有毁损灭失时，赁用人得以同样之物或折价偿还否？其价以何为准？

按：此有以同样之物偿还者，赁用之物已旧，偿还之物更新而品质又复无异，则还物便有以赁用时物价折还者，因赁用时物权已属，则折还时宜准赁用时之价值；有以现时物价折还者，赁用虽在先，而折还实在后，则应准现时之物价。全省习惯举不外此，然以现时物价折还者为较多云。

丁、因赁用物所生果实是否概归物主，抑有归赁用之人者否？

按：此不概归物主。盖赁用物所生果实，既与元物相离，则取收之权利当属之赁用之人，物主只得其使用利益、价格以求酬偿，即日本民法所谓法定果实是也。然所生之果实，其利益或视赁价为倍蓰，或与赁价相等，则赁用人坐得天然之利，物主必不许焉。故甘肃习惯多重平分。

戊、不定期赁用之物，物主可随时向赁用人索还否？

按：此应先为返还之催告。盖赁用既无定期，而非预为通知，则赁用者可不承认随时索还，甘肃无此习惯。

（四）雇佣契约

甲、佣人有无缴纳保证金之事（如商店学徒缴纳押柜之类）？其处理之方法如何？

按：全省佣人惟商店与匠工学徒有纳保证金之事，其处理之法须俟满佣后退还其金。合水、两当之商店，用人无保人，则用保证金，名曰"押头"，除商店外，无此办法。

乙、雇佣期限有最长至若干年者？又，有无定终身为佣之约者（凡因买卖抵押终身为佣者不在此类)？

按：雇佣契约有按月者，有按季者，有按年者，此雇佣之期限也。若两情相洽，或自一年以至数年、十数年、数十年，则虽有最长之期限，究非有终身之定约云。

丙、给付佣金有定期者，雇主如过期不给，佣人可向雇主索加利息否？

按：佣工之人大半贫窭，期限未到而预支佣金者有之，若雇主过期不给佣金，乃绝无仅有之事。一时拮据虽所不免，亦并无索利情形，有之则必过期已久，佣人解佣矣。今查全省，惟宁州、灵州、敦煌、化平厅四处有索利习惯，余皆未闻。

丁、有期限之雇佣，在期限内因物价腾贵，可求雇主增给佣金否？

按：佣人在期限内，不能要求雇主增给佣金，以定约在先，物贵在后，故也。如佣人平日不抛弃劳务，雇主允许请求为羁縻之计，全省有此习惯者，亦十居二三，著录如下：渭源、沙泥州判、河州、平凉、安化、宁州、崇信、固原州、化平厅、海城、通渭、伏羌、平番、抚彝厅、肃州、玉门、洮州厅、岷州、阶州、西固州同、文县、灵州、武威、古浪、安西州、敦煌。

戊、雇主不经佣人承诺得使佣人为他人服劳否？又，佣人不经雇主承诺得使他人自代否？

按：习俗相沿，惟雇主之权限为最重，甘肃全省虽不一致，而尊雇主卑佣人，其大较也。今考各州县有皆可行者（平凉、董志县丞、崇信、海城、洮州厅、秦安、徽县、清水、阶州、西固州同）；有皆不可行者（静宁、靖远、隆德、庄浪县丞、安化、正宁、宁州、合水、泾州、宁朔、灵台、安定、礼县、文县、宁灵厅）；有不经佣人承诺则可行，不经雇主承诺则不可行者（渭源、沙泥州判、狄道、河州、华亭、固原州、化平厅、通渭、陇西县丞、西宁、会宁、伏羌、西和、岷州、秦州、宁夏、灵州、花马池州同、中卫、循化厅、碾伯、武威、镇番、永昌、平番、古浪、张掖、敦煌、抚彝厅、肃州、毛目县丞、玉门县），余皆因时变通云。

己、雇佣于期限内雇主无故解佣，有须别给佣金者否？又，佣人无故解佣，有须缴还佣金者否？

按：期限内无故解佣，佣金仍视其时之多寡为率，并无别给、缴还之事。

庚、有期限之雇佣，在期限内雇主若遇破产，佣人得自行解佣否？

按：此得自行解佣。盖雇主既经破产，丧失自己财产处分，虽有期限之雇佣，究无可服之劳务，此种习惯全省多同。

辛、佣人因服劳致疾或死亡而解佣时，雇主对于佣人或其家族有无给养之事？

按：此视雇主待人之厚薄为标准，各厅州县大都如是。若西宁且有给养家属卵翼子孙逾十数年之事，惟其厚也。

（五）承揽契约（为人包办事件或完成工作而取报酬，谓之承揽。承办之人，谓之承揽人。以事工交人承揽之人，谓之出揽人。）

甲、承揽人于事工未完时死亡，其承揽之责须由其承继人继续负之否？

按：承揽之义务由当事者所立契约而生，当事者身既死亡，若将其义务移于第三者，是纯然失其当事之本人，即为违背契约，故其效力不能及于承继人同者不少。如承继人自愿负责，出揽人仍得允其继续承揽，全省习惯同者亦多。

乙、承揽事工逾限尚未完成，出揽人得另觅人承办否？

按：承办事件至逾限而不能完成，是承揽人先自背约，出揽人遇此困难若不另觅承办，将于经济上甚形不便也。除各州县不得另觅承办者不录外，余皆列下：渭源、河州、狄道、平凉、隆德、庄浪县丞、安化、正宁、宁州、灵台、化平厅、海城、陇西县丞、洮州厅、秦州、徽县、西固州同、宁灵厅、灵州、董志县丞、泾州、崇信、固原州、通渭、会宁、伏羌、西和、秦安、阶州、成县、文县、宁夏、宁朔、花马池州同、武威、平番、古浪、敦煌、中卫、碾伯、镇番、永昌、肃州、玉门。

丙、因物价腾贵或事变发生，致原约承揽用费不足而事工不能完成时，承揽人得向出揽人索加用费或解除承揽之约否？

按：物价腾贵、事变发生，非意计所能逆料，原约若无加费、解除之条件，应由承揽人自为赔偿、完成事工者，靖远、循化厅也。余皆以变生不测、非游惰旷工不尽承揽之义务者可比，应得向出揽人索加用费或解除承揽之约云。

丁、承揽工作中途天灾事变致前工尽弃，承揽人得向出揽人索取赔偿否？

按：承揽人以本欲完成之事功遇天灾事变而前工尽弃，是失其契约之权利，难再责以赔偿，惟不受出揽人之报酬而已。然全省州县遇此意外皆商议继续之法，出揽者不得藉事变另觅承办，承揽者亦不得藉事变索取赔偿云。

戊、承揽工作，其定保固年限（即约定至若干年止，遇有毁损须由承揽人赔修之事）有最长至若干年者？

按：皋兰地方城工、堤防、房屋、桥梁等事，少则十年、多则三十年限内毁损归承揽人赔修，近则洋匠承揽，有保固至八十年之久者。今考各州县，定固保五年者二：宁灵厅、肃州；十年者十三：金县、靖远、静宁州、安化、肃州、崇信、抚彝厅、伏羌、秦安、成县、循化厅、武威、毛目县丞；二十年者六：狄道、固原、隆德、文县、花马池州同、平番；三十年者八：董志县丞、通渭、秦州、宁夏、中卫、永昌、敦煌、玉门；四十年者二：庄浪县丞、碾伯；五十年者四：陇西县丞、洮州厅、会宁、宁远；百年者一：灵州，其余皆以十五为率。

己、承揽工作由出揽人自出材料，或示以一定办法，而其材料恶劣，定法不良，致于保固年限中工作毁损时，承揽人得免赔修之责否？

按：此须向出揽人通知，否则仍负赔修之责。盖材料恶劣，定法不良，乃毁损所必至，承揽人既已明知而犹妄为保固，则责有攸归也。全省同。

庚、于保固年限内工作毁损，有于赔修之外别议处罚者否？

按：全省惟渭源于赔修之外得别议罚，余皆视承揽契约有"议罚"字样则得议罚，否则保固，以防毁损；既有毁损，责令赔修而已。

辛、保固年限中承揽人死亡，其承继人须继续负保固之责否？

按：保固义务由承揽者所立契约而生，人既死亡，其效力不能及于第三者，故承继人无负保固之责，非若前条继续承揽尚有愿负责任者，此亦甘肃习惯也。

壬、承揽人有甲乙二人，于保固年限中因甲修之一部不固致乙修之一部毁损，其赔修之责由甲乙何人负之？

按:此有由甲一人任者二十六:静宁、隆德、宁州、泾州、灵台、化平厅、通渭、会宁、宁灵厅、西固州同、宁夏、宁朔、灵州、花马池州同、循化厅、永昌、平番、古浪、渭源、正宁、安定、敦煌、玉门、宁远、洮州厅、秦安;有由甲乙二人共任者十三:平凉、庄浪县丞、安化、董志县丞、合水、陇西县丞、秦州、成县、碾伯、武威、肃州、抚彝厅、毛目县丞;有甲多乙少者四:狄道、伏羌、文县、两当,余则以契约内系甲乙二人出名承揽,保固同负责同,甲修不固,乙早宣布与乙无涉,否则乙亦不能免责云。

癸、出揽人若遇破产,承揽人得即解除原约否? 又,解除原约时,承揽人得对已完之事工请求报酬否?

按:此应解除原约,仍得对已完之事工请求报酬。盖出揽人虽因遇有破产丧失其处分工作之权利,而承揽者应得之报酬,要不因破产之宣告而消灭,同此习惯者二十九:隆德、安化、正宁、宁州、泾州、灵台、崇信、化平厅、通渭、会宁、洮州厅、伏羌、秦州、阶州、西固州同、文县、宁夏、宁朔、灵州、花马池州同、中卫、循化厅、永昌、平番、古浪、抚彝厅、渭源、敦煌、毛目县丞;解除原约不得请求报酬者二十:皋兰、金县、狄道、河州、平凉、静宁、华亭、庄浪县丞、董志县丞、宁灵厅、碾伯、肃州、固原州、海城、陇西县丞、宁远、安定、秦安、玉门、武威县,自余州县皆不得解除原约、请求报酬云。

(六)委托契约(即以事托人代办之约)

甲、委托人如要求报告委托事务情形,受托人是否须即报告? 又,委办事毕,受托人应否即将其颠末报告?

按:业务之执行由受托而生,既有委托者之请求,无论何时须报告其业务执行之状况,委任事毕报告颠末,则又其应尽之义务也。全省多同。

乙、委托之事若须用费,委托人应否先行支付?

按:此须视委托人之信任与委托事之缓急以定标准。盖用费等事,本因契约之后日而生,非于契约之先时即能预定者也,故全省多不先行支付。

丙、受托人因处理委托事务得有财物或权利,应否移归于委托人?

按:此应移归委托人,盖财物及权利虽以自己名义取得,究因处理委托事务而生,应负转移之义务,全省习惯多同。惟秦州、秦安、花马池州同皆不得归委托人,平凉、狄道、正宁、沙泥州判、毛目县丞则委托人当与受托人均分,颇不一致。

丁、受托人若将应归委托人之银钱自行消费,应否算还利息?

按:此受托人应算还利息以践契约,委托人应不取利息以尽报酬。然受托人既有自行消费之行为,即失委托人之信用,委托人得按契约索还应归银钱,以免损失,全省习惯鲜及利息者。

戊、受托人因处理委托事务代委托人支付用费或负债时,委托人须认偿否?又,受托人得向索保证人及财物以为保证否?

按:全省习惯,受托人代委托人支付用费或负债时,委托人须认偿。盖此段应付因处理委托事务而生,委托人即应负偿还之义务。至债务未及办济时,请供相当之担保,则无此习惯耳。

己、受托人得向委托人索报酬否?

按:受托人有应尽之义务,委托人有应享之利权,如约定报酬,受托人可以向索;否则委托人不应、不能强迫,此习惯也。

庚、受托人因处理委托事务,如自己并无过失竟至受损,得向委托人索偿否?

按:此得向委托人索偿,全省皆同。

(七)寄托契约(即以物寄托他人代为保管之约)

甲、保管物件如须用费,受寄人可否请寄托人先行支付?

按:保管物件约定用费,甘肃多俟事后支付,欲物件之完全存在也。如受寄人为贫交请先支付,寄托人通融办理,不在此例。

乙、受寄人因保管物件得有财物,应否移归于寄托人?

按:此与受托丙条同。

丙、受托人未经寄托人承诺得以寄托物自行使用否?或以寄托物转托他人代为经管否?

按:此应得寄托人之承诺,转托代管须先通知寄托人,以免违反契约之责。

丁、受寄人因保管物件代寄托人支付用费或负债时,寄托人须认偿否？又,受寄人得向索保证人及财物以为保证否？

按:此与受托戊条同。

戊、因寄托物有瑕疵致使受寄人受损时,寄托人应负赔偿之责否？

按:受寄人受损因物有瑕疵而生,则寄托人应负赔偿之责。各厅州县习惯皆同。

己、有期寄托契约,寄托人得随时向之索还否？

按:寄托之物非借贷契约可比,虽定有期限,受寄人不得使用,故可不按期限随时索还。

庚、受寄人得向寄托人索报酬否？

按:此与受托己条同。

(八)合伙契约(即合伙共营事业之约)

甲、依合伙契约,各股东所认之股本及经营事业所得之利益,是否作为各股东共有之财产？

按:全省皆作股东共有之财产。

乙、认股之法是否专用银钱,抑或劳力、信用等亦许作为股本？

按:集股皆以银钱为主,间有以房屋、器具作抵者,必照时值估成银钱若干,按股分配。至劳力、信用亦许作为股本,即俗所谓干股是也,然此等习惯不多。

丙、经营事业时,其处理事务之人若有数人,其事项应以何法决行(如以过半数议决,或一人独得专行之类)？

按:数人经营事业,权利义务数人共之,其处理事项必须过半数议决乃生效力者有之,如数人中选举一人处理事项,即取决一人者,亦有之。甘省营业不甚发达,而理事人之权限多不外此二法云。

丁、依合伙契约,若专委股东数人以当处理事务之任,则闲散之股东得随时检查其事业及财产之情形否？

按:此得随时检查。盖闲散股东虽未当处理事务之任,而与事业及财产情形均有密切之关系，若不听其检查，必致侵害权利，全省商界无此弊也。

戊、经营事业如有得利及亏本之事，各股东间以何标准而决其分担之法？

按：此以契约所定股东资本之多寡为标准，得利、亏本照本分担，有共得利益之权利，即有分担亏损之义务也。

己、各股东在结算以前得请收回股本并分割财产以脱合伙之关系否？

按：账未结算，亏盈难知，商事习惯不得收回分割，使脱合伙关系；或遭遇事变，势处万难，强为拘留，反使公私交困。通融办理，先行结算，许其收回股本，分割财产可也；或先行脱伙留三分之一，俟结算后处分，间亦有之。然此特别办法，非契约中所得订也。不得脱合伙关系者不录，兹将通融办理各州县略著于下：

渭源、狄道、文县、华亭、海城、洮州厅、岷州、宁夏、灵州、中卫、碾伯、镇番、古浪、平番、敦煌、玉门。

庚、合伙契约若定有期限，各股东得随时自行脱退否？

按：全省多不得随时脱退，其得以随时脱退者凡十七州县而已：金县、华亭、董志县丞、秦安、宁灵厅、西宁、永昌、宁州、合水、抚彝厅、西和、西固州同、循化厅、镇番、平番、肃州、敦煌。惟中卫县合伙契约亦有不定期限者，如定有期限不愿合伙，必俟一年后始能脱退，习惯稍异。

辛、股东如遇死亡、破产，是否作为脱退合伙关系？

按：死亡与破产不同，股东如破产，则仅能保其得利，不能保其亏本。亏本必须分担，为破产者所不能，故宜脱退。至若死亡，其承继人自可按照契约继续行事，不得遽行脱退，此一说也。渭源、狄道、平凉、隆德、静宁、合水、泾州、灵台、固原州、洮州厅、伏羌、西和、秦州、徽县、清水、两当、西固州同、西宁、灵州，皆主是说。合伙契约为股东共营之事业，股东死亡，即于社会生存之信用不存，与破产者丧失自己财产之管理处分同，有退社之原因，此又一说也。皋兰、金县、沙泥州判、河州、华亭、庄浪县丞、安化、正宁、董志县丞、宁州、化平厅、通渭、会宁、宁远、安定、岷州、秦安、阶州、成县、文县、宁灵厅、宁朔、花马池州同、循化厅、碾伯、武威、永昌、平番、古浪、张掖、抚彝厅、肃州、敦煌、玉门,皆主是说。

壬、股东如有不合之处,经各股东全体商定后,可否即行除名?

按:合伙契约以共营事业为目的,若股东不能尽其义务,或为不正行为,则应剥夺其股东之资格,全体商定得即除名。

癸、脱退合伙关系之股东与各股东结算账目,其估定财产财值以何时市价为准?此时若尚有未了事件,是否俟清了之后再行结算?

按:股东脱退合伙关系,所有应估之财产财值均以现时市价为准,若有未了之事,应即设法结算,即行了局,以免缪辀,全省皆同。惟靖远县须俟清了后结算,以事件未清则应算给若干,各股东亦难悬揣,此小异耳。

子、合伙事业苟经解散,其结算帐目应否会同各股东面行清算,抑有无选任数人委令清算之事?

按:此得选任数人清算。盖合伙解散,凡现务之了结,债权之取立,债务之偿还及残余财产之分配,均有必要之处分,非选任清算之人无由悉其情伪。然亦有由各股东清算者较难允洽耳。

丑、结算账目之人若有数人,其事项应以何法决行?

按:此应以过半数决之。盖清算既有数人,非有过半数决议,设一人有不正行为,即难求股东之承认也。

第二章　无委任之事务管理

(一)无受他人委托而管理其事务时,其两人间对于左列各项之关系如何?试详述之。

一、管理人应用何法管理事务?

按:此应依利益本人方法及本人意思而为管理。盖未受本人委托为之管理事务,必须注意求其利益,无义务而自为管理,必相知有素能知本人若何管理情形,故又以不违反本人之意思为要素也。

二、因管理事务致使本人受损,管理人应负赔偿之责否?

按:此应负赔偿。盖初无义务而为他人管理事务,必依利益本人之方法,若使本人之财产受损,则应负赔偿之责也。

三、管理人既管理事务后,应否通知本人?

按:未受本人委托而为管理,则本人之愿意与否尚未可知。即本人愿意,而对于财产如何管理之方法,及为如何管理之权限,应得通知,以免违反本人之意思,全省所同也。然未受委托而为管理或系本人不能自理,亲戚朋友不得不暂为代理,一时权宜,亦有不必令本人知者,此偶然耳。

四、管理人既管理事务后,在本人未能接管间,应否继续负管理之责?

按:管理事务虽未受本人委托,而既为管理即有当为继续之义务,否则半途抛弃,于本人之财产恐有损失,故必待本人或相续人接管而后可卸其责也。全省皆同。

五、管理人既管理事务,代本人支出用费并负债,得向本人索偿否? 又,得向索保证人及财物以为保证否?

按:管理事务既未受本人委托,且未通知本人,则支出用费与负债时,本人可不承认;或已经通知用费及负债,实为本人之利益所发生,亦得由本人偿还。至向索保证,通省无此习惯。

六、本人如有要求报告管理事务情形,管理人是否即须报告? 又,本人接管时,管理人应否即将其颠末报告?

按:此应为详细报告,代理事务未经本人委托,已属权限不清,反至要求,又不将管理情形为之报告,则权利义务,此心难明矣。至于本人接管,尤应将其颠末据实言之,以免防害利益。全省民事大抵相同。

七、管理人因管理事务得有财物或权利,应否移归于本人?

按:管理事务得有财物权利,究因本人之财产发生,未经委托自为管理,所获利益应归本人。调查全省,除渭源、泾州、灵台、秦州、宁朔、中卫、碾伯、古浪不移归本人,或本人愿将利益给予管理人外,余皆移归本人,惟静宁州、西固州同二处则利益均沾云。

八、管理人若将应归本人之银钱自行消费,应否算还利息?

按:管理人消费银钱有应还利息之义务。盖事务既自行管理,银钱复自行消费,不算还利息,即侵占本人之利权,损害本人之财产。然全省习惯,多以消费之银钱归还本人为率,利息亦鲜计及者。

第三章　无因得利

(一)借人之财产、劳力私自得利,致使他人受损,而其利益又系非所应得者,则两人间之关系如何?

按:此须依私得者所受之利益负返还之义务,盖无法律上之原因,而因他人之财产或劳力以受利益,致生损害于他人,于法律当加裁判。全省习惯,惟狄道、华亭、沙泥州判得将所得之利益两人分受,余皆举其全数还之其人也。

第四章　不法行为

(一)因故意或过失毁人名誉、损人财产、伤人身体、杀人生命者,对于被害人及其遗族,加害人应负赔偿损害之责否?若应赔偿,试详述其办法如何。

按:此须负损害之赔偿,盖四者被损害时被害人直接受其痛苦,其遗族即间接受其感情,而究其所终,皆得影响于财产,故应负赔偿之责。其办法则分别轻重,除杀人生命者照例录供招解审实偿命、伤人身体照例科罪、损人财产照数赔偿外,至毁人名誉则照造谣生事分别究办而已。

(二)未成年人若因不法行为对人加以损害,应负赔偿之责否?又,其父母及其监督之人亦应负责否?

按:未成年者无辨别事理之智能,故应由行亲权之父母及监督之人负责,惟父母及监督之人若不知情,应免负责;若知情而不将其子弟训阻,致有故纵之事,即应负责,如纵子行凶为匪,均应坐罪;若兄长不能约束,亦坐失察。

(三)为人妻者若因不法行为对人加以损害,其夫应负赔偿之责否?

按:妻以从夫为主义,有不法事其夫应负赔偿之责。夫不知情,可从末减。

(四)狂人及愚痴之人若因不法行为对人加以损害,其监督之人应负赔偿之责否?

按:狂与愚痴皆系无知之辈,其家长应不时监督,若误对人加以损害,监督人即应负赔偿之责。

(五)被役使人若因不法行为对人加以损害,其主人应负赔偿之责否?

按:主人若有主使之情,即应负赔偿之责。若不知情,可不负责。

(六)妻子被人加害,其夫及其父母得索赔偿否?

按:妻子之名誉、身体皆与夫及父母有密切之关系,而皆影响于财产,故得为损害之索偿。

(七)狂人、愚痴之人、被役使人被人加害,其监督之人得索赔偿否?

按:此项人等如被人加害,应由其监督之人报官,究治人命为重,得索赔偿。

(八)加害人如系二人以上而有左揭各项情形者,其赔偿损害之责任有分轻重与否?试详述之。

一、共谋

按:此应公同赔偿,亦必分首从而别轻重。盖有一人首谋,而后有共行害人之事也,全省同。

二、并无共谋,系适与共同加害者

按:此虽未共谋,适与共同加害,即系下手加功,应公同赔偿,各按其所犯情罪轻重以为权衡也。

三、一造教唆他造者

按:未出首共同者系为暗助,并无实据,应责令出首之人赔偿。教唆词讼,则照讼棍例拟军罪。若有实据,则甲之不法行为由于乙之教猱,应不分轻重,一体科断也。

四、一造帮助他造者

按：此应以甲为重。盖甲之不法行为虽成于乙之帮助，而祸首则实为甲也。

五、一造利用不知情之他造者

按：因不知情而利用之，固属狡狯，惟赔偿损害之责任，则多从末减，亦有以甲为重者，以乙虽有此不法行为，而利用其不知者为甲故也。推勘情罪，分别重轻，全省不外此二者。

第四编　亲属关系

第一章　总则

（一）依本地习惯，亲属二字包括何人？

按：亲属二字，除生身父母外，其祖父母及其伯叔父母、兄弟、子女皆包括，亲属以内伯叔、姑母、姑父为父党，外祖父母、舅父、舅母、姨父、姨母为母党，岳父、岳母、内兄弟姊妹为妻党，以及外戚之连襟与瓜葛，均有亲属之名义，全省习惯皆同。

（二）为人后者对于所后者之亲属，其亲属关系是否与亲生者同？

按：全省习惯皆与亲生者同。盖既为人后，即应为本宗亲属降服，以重大宗，礼也。惟河州、静宁、正宁、宁州、伏羌等州县，与亲生者稍逊，则异矣。

（三）凡由婚姻而生之亲属关系，离婚后尚承认否？

按：此多不承认。盖此等关系由婚姻而生，婚姻既离，即视同秦越，无复亲属关系也，然皋兰、华亭等县，凡由婚姻而生亲属之关系，虽离婚后尚应承认，缘认亲在前，离婚在后也。同此者亦十之二三云。

（四）凡由承继而生之亲属关系，归宗后尚承认否？

按：此多不承认。盖既已归宗，则自有本宗亲族之关系，而由承继而生之亲族关系即归消灭。然皋兰、华亭等县则承继者虽经归宗，其亲属关系尚在仍多承认，缘曾为人后，不忍因归宗而绝其亲谊也。同此者亦十之二三云。

第二章　家制

（一）家长是否必以一家中之最尊长者为之？

按：全省习惯多以最尊长者为之，重家庭之秩序也，然亦有择德望优崇、能以礼法训子弟者为之，不必其最尊长者，如渭源、狄道、平凉、庄浪县丞、宁州、宁远、西和、礼县、成县是也。

（二）一家中最尊长者遇老病不能理家政时，或志在静修不愿理家政时，次尊长者是否即居家长之位，抑仅代理家长之事？

按：次尊长者只能代理家长之事，遇重要事件仍须禀承最尊长者，不得以其老病好静而遂蔑其名分，全省习惯多同。然皋兰、渭源等县亦有径于次尊长内择其公正有智识者，请居家长之位，不必循代理名也。

（三）一家中辈最尊者尚未及岁，是否先以次尊长者为家长？（譬如一家兄弟二人并不分家，兄死弟幼，而兄之子则年长，是否以兄之子为家长？）

按：全省习惯即以次尊长者为之。盖最尊者年未及岁，无辨别事理之智能，则家中不可无主，应先以次尊长者为长也。

（四）家中无男丁，或有男丁而未及岁者，妇女得为家长否？

按：家中不可无主，男丁未及岁，妇女既为尊长，即有得为家长之权利，亦有妇女仅充代位，男丁虽小，亦应出名，必家无男丁而后可移于妇女者，全省皆不外此。

（五）依本地之习惯，何者为一家之公产？何者为家属之私蓄？

按：此约有三说：有以未分为公产，私有为私蓄者；有以田宅、财物为公产，服饰器具为私蓄者；有以祭田为公产，妻之嫁资及以自己名义所得之财产为私蓄者。全省习惯尽于此矣。

第三章　婚姻

（一）男子定婚寻常在若干年岁左右？女子在若干年岁左右？

按：男婚女嫁，古有定年，今则男女智识开化甚早，故寻常定婚多无一定期限。除随时议婚者不录外，略摘习惯列左：

男女均十七八岁者（华亭、安化、通渭、宁夏、碾伯）

男女均二十岁者（平番、王子庄州同、庄浪同知、皋兰、化平县）

男女均三五岁者（环县、崇信）

男女均在十岁左右者（金县、泾州、灵台、狄道、平凉、洮州厅、张掖、镇番）

男女均十五六岁者（古浪、安西州）

男十五、女二十者（宁州）

男十七八、女十五六者（渭源、河州、隆德、海城、宁远、西和、西宁、肃州、宁灵厅、花马池州同、巴燕戎格厅、玉门、循化厅、平凉、正宁、陇西县丞、安定、伏羌、秦州、秦安、清水、西固州同、灵州）

男十三四、女十二三者（礼县、武威、沙泥州判）

男三十以内、女二十以内者（红水县丞、合水、两当、固原州、敦煌）

男十二、女十岁者（静宁、会宁、毛目县丞）

男八九岁、女十四五岁者（阶州、董志县丞）

男十五六、女十七八者（中卫）

男二十、女十七八者（岷州、徽县、成县、文县、永昌县、抚彝厅）

（二）外姻亲属中不得互相结婚者有几？

按：全省习惯除同姓不婚、尊卑失序不婚外，姻亲中惟姑之子女不得与舅之子女结婚，俗谓之"倒舅姑"。

（三）父母主婚有先询其子女之意见者否？

按：子女于父母有服从之义务，无自由之权利，故不必先询其意见即可定婚，然全省中亦有恐拂子女之意见而先询者十数州县：平凉、华亭、隆德、安化、董志县丞、合水、崇信、固原、化平厅、通渭、王子庄州同、洮州厅、西和、秦安、秦州、阶州、西固州同、巴燕戎格厅、碾伯、古浪、肃州、安西州、玉门县。

（四）定婚请书、允书之式若何？

按：皋兰本地俗规但凭媒妁，多不请见，允书用红纸开列男女生年月日，谓之庚帖；渭源以红纸折简，长七寸，宽三寸，亦曰庚帖；碾伯定婚书用红帖套，另粘小签，上书："某甫某姻翁大人阁下"，内用六折十二页红帖，允书式亦同；西宁女家于男家予以福元红枣，名曰讨果茶，向无定婚之书；敦煌向无请书、允书，定婚后写立庚帖，其式用红书一扣，书面写"庚帖"二字，书内第一开阳面写男生庚，阴面写女生庚，第二开阴面写某年某月某日订年月，左面写媒妁姓名、署押；阶州定婚时，女家告于寝，谓之插香，转向男家报喜，旋由媒妁偕男家亲属至女家，谓之谢允，复偕女家亲属至男家，谓之踵门，彼此互通子女年庚，谓之庚帖，帖用龙凤全红笺，上书男女八字，下书龙飞凤舞，年月日某订，后书媒妁姓名；狄道请书写："不揣卑陋，谨邀冰人某翁曲请台命，愿以令媛作配某男，伏维不弃为幸"，允书写："伏承嘉命，不弃蓬荜，辱冰人某翁陈请，敢不惟命是从"，互立庚帖，前后称名；静宁定婚时，婿家请媒往女家通言，女家情愿，婿家再请媒携酒两尊至女家，若女家收受即为允许，此外无允书、请书名目；合水初许婚时并无允书、请书，但凭媒具服饰往聘，杯酒片言便相期许，名曰"占亲"，用赤绳贯青钱百文送之女家，名曰"挂锁"，其聘礼以梭布数对、白银十两为最厚，贫者递减，且视其女年大小为差，极贫者以梭布一对与女，名曰"小引"，即童养媳也，男子之无力早娶者，往往如是；环县俗无请书、允书，但有婚约，其文曰："立婚约字人某某今有女，现年若干岁，凭媒证某说合许与某人之子为妻，言明财礼银若干两，均系两家情愿，立约之后不得反悔，今恐无凭，立此婚约为据"，后书男女生庚，后附财礼名目，后附两家互议事由，后书凭媒证某书年月日，主婚人某订立，最后署代书人名；固原汉民定婚必有庚帖，帖面书"螽斯衍庆"或书"百年偕老"四字，其问名纳采、纳吉、纳币、亲迎均与古礼不甚悬殊，回民则不用庚帖，但请媒人说合，以茶果等物为聘，定议后亦有纳采等礼，成婚之日请回教阿訇念经一卷，然后合卺；隆德定婚请书之式用红全帖，帖面写"全福"二字,内写:"敬求台允"。允书之式亦用全帖,帖面写"全福"二字,内写:"谨遵台命",末写"姻愚弟某姓名顿首拜"。自余州县,或有书或无书,大率类此。

(五)定婚后,未婚之男死亡,女得别嫁否?

按:未婚贞女虽例得与节妇同请旌表,究无不许别嫁之规定,故多从其便也。

(六)定婚时未订婚期,逾多年无故不嫁或无故不娶者,各得别娶别嫁否?

按:定婚已逾多年,必早过应婚之期,许聘之男女并未犯有奸盗,亦无男女妄冒及居丧失序等故,不嫁不娶则是废弃人道,应听改嫁改娶,即例文期约已至五年,无故不娶之规定也。

(七)定婚后、成婚前,男女之一造有犯奸盗者,彼造得退婚否?

按:未婚男女一造有犯奸盗系律应治罪之人,即与彼造无夫妇之关系,故律有别嫁别娶之规定。然皋兰、金县凡犯奸盗而未议罪名者,仍不得退婚;渭源则有犯须呈诉离婚,不得私退。此外,有直谓不得退婚者凡八:沙泥州判、正宁、海城、化平厅、洮州厅、循环厅、安定、西和。

(八)定婚后、成婚前,男女之一造有婴残废癫狂疾者,彼造得退婚否?

按:此不得轻易退婚,全省多同。

(九)夫死再嫁是否须经夫之父母允许,或须经妇之父母允许?夫死后约若许时期方得再嫁?

按:夫死再嫁必经夫之父母允许,妇之父母不得擅行允许;若夫家无例应主婚之人,母家始得主婚改嫁,此皆例文所规定者也。至改嫁时期并不一定,或过百日即嫁(古浪、河州、武威、合水、平远、巴燕戎格);或周年而后嫁(环县、陇西县丞、宁夏、宁朔、碾伯、敦煌、玉门、毛目县丞);或两年而后嫁(渭源、固原、会宁、伏羌、西宁);或三年而后嫁(狄道、沙泥州判、平凉、华亭、静宁、隆德、庄浪县丞、安化、正宁、董志县丞、宁州、泾州、宁远、洮州厅、徽县、清水、阶州、文县、宁灵厅、灵州、中卫、镇番、灵台、崇信、化平厅、海城、通渭、西和、秦州、秦安、礼县、成县、西固州同、花马池州同、循化厅、永昌、平番、张掖、皋兰、金县、安西州、肃州、王子庄州同)。余皆视妇志之所向何如耳。

（十）须有如何情形，夫得呈诉离婚？

按：全省习惯有二：有谓妻犯七出，夫得呈诉离婚者（华亭、庄浪县丞、安化、合水、董志县丞、泾州、灵台、伏羌、徽县、崇信、固原、平远、通渭、陇西县丞、洮州厅、花马池州同、安定、西和、清水、阶州、文县、宁夏、宁朔、西宁、永昌、肃州）；有谓犯奸、犯盗、不孝翁姑、背夫逃走，夫得呈诉离婚者（狄道、河州、平凉、静宁、沙泥州判、隆德、正宁、宁州、皋兰、金县、环县、化平厅、海城、会宁、宁远、秦州、秦安、成县、西固州同、宁灵厅、循化厅、碾伯、武威、张掖、镇番、古浪、玉门、毛目县丞）。如有残废颠狂之疾，夫得呈诉离婚，惟渭源县云。

（十一）须有如何情形，妇得呈诉离婚？

按：夫有不韪，妇请离婚事甚希少。今查平凉、正宁、沙泥州判、泾州、灵台、海城、通渭、陇西县丞、伏羌、岷州、清水、镇番、敦煌等州县皆不得呈诉离婚，惟文县、渭源、安化、宁州、合水、永昌等州县，夫有冠攘奸宄不法行为者，妇得呈诉离婚。

（十二）离婚之妇得携其子女同去否？

按：妇之于夫虽有应离之状，而子女究应留于夫家，但子女无绝母之理耳。今查各州县均不得携子女同去；或离婚后可携女去，及子女幼稚，家人又贫寒，无人照管，可暂携去代养，子成年、女及笄仍归本夫婚嫁，惟皋兰、金县、文县、安定、董志县丞、花马池州同、武威、渭源、庄浪县丞、西和、碾伯、平番等处有之。

（十三）夫妇财产是否皆为共有？妻之嫁资及妻以自己之名所得之财产是否归妻私有？妻私有之财产，夫得管理之否？

按：夫之财产妻虽有共有之实，究无共有之名，妻之嫁资虽妻所私有，然亦由夫管理。至妻以自己之名所得之产，甘省州县并不多见，即有亦不得私为己有也。

（十四）离婚及妇再嫁者，妇得携其私有之财产以去否？

按：妇之财产夫皆能有，妇既犯绝，即与财产分离，无听其携去之理。必再嫁之妇乃可取携自便，然不动财产只准携去一半。全省皆同。

（十五）赘婿、招夫有无于定婚时订明夫须永远在妻家居住者？

按：赘婿多因无子，招夫多因养子，例须于立婚书时开写养老及出舍年限，养老既终便可自由；至坐产招夫，则永在妻家居住也。全省习惯同。

（十六）关于夫妇财产之事，有无于定婚时订明契约者？

按：既为夫妇，则妻之财产皆夫之财产，订明契约之事全省甚少，惟再嫁之妇或带有财产子女，则须订明契约耳。

第四章　亲子

（一）继母或嫡母遇有虐待其子之事，近支亲族可出而保护否？父死之时，有无预嘱近支亲族保护其子以免继母或嫡母之虐待者？

按：继母、嫡母不必皆有嫉妒之心，然非其所出，恩义已轻，多逞凶悍，如实有虐待情事，父不能庇，近支亲族自可出而保护，父死时亦有预托保护以重嗣续者。

（二）父母虐待子女，近支亲族或官府得干预阻止否？

按：父母虐待子女事所罕见，如实顽嚚，近支亲族得干预阻止，至经官府惩儆尤罕闻矣。

（三）小儿在胎时期寻常以若干日为最多？若干日为最少？（以寻常之事实为准，其奇异偶有之事不必问）

按：此以十月为最多，七月为最少，全省同。

（四）寻常受胎时期之中父与母实不同居而生子者，父得不认其子否？

按：全省凡言得不认其子者四十二：渭源、沙泥州判、狄道州、河州、董志县丞、宁州、合水、泾州、华亭、静宁州、安化、隆德、庄浪县丞、灵台、崇信、固原州、平远、通渭、陇西县丞、安定、西和、秦州、秦安、灵州、中卫、西宁、武威、平番、毛目县丞、化平厅、会宁、宁远、洮州厅、伏羌、徽县、宁灵厅、循化厅、碾伯、永昌、安西州、张掖、玉门。余皆认之，盖胎孕十月而生者常也，亦有因胎禀奇异迟至十三四月而生者，有因郁怒伤肝、血涸胎干迟至三四年而后生者，故须视其妇平日之贞淫若何，果系奸生则可不认，以无认奸生子之习惯也。

（五）奸生子为父所收留，与其生母尚有母子关系否？

按：律有奸生男女，责付奸夫收养之条，然每遇奸生，多抛弃以盖其丑，即为父所养，亦讳言其生所自来。全省习惯，多无母子之关系。

（六）奸生子已成立，如其父母欲认明为己子，须先经其允诺否？

按：奸生子为他人收留成立时，早已谓他人父、谓他人母，必不认其父母，其父母虽欲认明为己子不得也，故无论贤否，非经允诺不可。

第五章　监护

（一）凡未及岁之子女，上无父母，应由何人管教？其应行管教之人何人居先？何人居后？（如有祖父母者，先由祖父母管教；有胞伯叔者，先由胞伯叔管教。有无此习惯？）

按：未及岁之子女而无父母必由其尊长者管教之，其尊长管教之人必亲者居先，疏者居后，如有祖父母则祖父母居先，从祖父母居后，有胞伯叔则胞伯叔居先，从伯叔居后是也。

（二）父母临终时有无指定某人管教其子女者？

按：此亦常有之事，所指定之人必父母平日相信甚深、克当托孤之任者。

（三）管教他人之子女者是否兼为经理该子女之财产？其经理财产向用何种方法使免侵蚀？

按：管教他人之子女多兼理该子女之财产，其经理方法须凭该子女之亲族管教者之近邻宣布财产出息若干，除养赡外，每年能余若干，出入分明，详细登记，以为后日归还之证据，庶免侵蚀。

（四）他人之子女及岁后，经理财产之人是否即将财产交还该子女，听其自行经理？其交还时是否须交出历年清帐，由近支亲族公同阅看？

按：此应交还自理并阅看清帐。盖经理既多历年所，财产有无侵蚀，旁人不得而知，非将清帐交出，由近支亲族公同阅看，难免日后之猜疑也。

（五）凡管教他人子女并经理其财产者，如有侵蚀情事，该子女之近支亲族得出而干预，另选管教经理之人否？

按：财产既有侵蚀，该子女又无自行经理之智能，非得近支亲族为之维持，必至概归消灭，应得干预另选也。

（六）管教他人子女、经理其财产，得收受酬劳之资否？

按：管教经理之人，非近支亲族即外戚至交，均有应尽之义务，不得收受酬劳，其大较也。然该子女既劳教养，或及岁后深具感情，酬劳之资实出本意，在管教之人亦有不得不为之收受者（皋兰、金县、沙泥州判、狄道、河州、平凉、静宁、隆德、宁州、合水、泾州、灵台、崇信、固原、平远、化平厅、海城、会宁、礼县、成县、西固州同、灵州、西宁、武威、古浪、毛目县丞、安定、伏羌、秦州、秦安、阶州、宁灵厅、宁夏、花马池州同、永昌、张掖、抚彝厅）。

（七）经理他人子女之财产者，于该子女之财产是否禁其自行买受或承租？如有自行买受或承租之事，该子女及岁后是否可索还不认？

按：经理他人子女财产，无自行买受者，而承租之事则有之，子女及岁后只认其承租，弗认其自行买受，此一种也。子女财产既因事故出卖，必有承受之人，但得其近支亲族之同意，即可不禁经理者之自行买受，该子女及岁后亦无索还不认之理，至自行承租，则应听其索还，此又一种也。全省习惯，各居其半云。

（八）成年之人患癫狂、酗酒、流荡之习者，其财产是否可由家中尊长管理？其应行管理之人何人居先？何人居后？

按：此与首条同。

第六章　亲属会

凡亲族会议由何人招集？集议时何人主席？如何决事？决定后如何施行？

按：此须视其会议之事体以为分别。盖亲族会议有因合族公举集议兴修者，亦有因别项事端集议处罚者，兴修由主持之人招集，处罚由被事之人招集。至主席决事，类以年长而明白事理者为之，决定后即遵照施行，此其大较也。

第七章　扶养之义务

（一）亲属中互负扶养之义务者为何人？

按：全省习惯多以最亲之人及戚族中之热心公益者负之，除祖父母、父母外，凡同胞兄弟、伯叔父母、伯叔兄弟及外戚尊长之类皆是。

（二）负扶养义务者有数人时，何人应先担任？何人为次？

按：此有以尊长而能干者应先，幼稚者为次（皋兰、金县、庄浪县丞、泾州、化平厅、狄道、正宁、灵台、洮州厅）；有以最亲者应先，较疏者为次（渭源、河州、平凉、华亭、安化、董志县丞、安定、伏羌、礼县、文县、西固州同、宁州、合水、崇信、固原州、通渭、会宁、宁远、秦安、徽县、宁灵厅、宁夏、宁朔、灵州、花马池州同、中卫、循化厅、抚彝厅、肃州、毛目县丞、玉门、西宁、碾伯、镇番、永昌、平番、古浪、张掖），其余皆以家道宽裕者应先，贫难者为次云。

（三）负扶养义务者有数人，而此数人居于同一应先担任之地位者，是否平均分担其义务？

按：全省习惯皆应平均分担，惟环县、崇信得由本人所属意者责成扶养之，不拘先后，亦不平均分担云。

（四）受扶养权利者有数人时，何人应先享受？何人为次？

按：此亦有三说：一曰担任事务者应先，协理者为次（皋兰、金县、正宁、伏羌）；一曰亲而长者应先，疏而卑者为次（渭源、狄道、河州、平凉、华亭、隆德、宁州、合水、泾州、灵台、固原、海城、会宁、宁远、秦安、徽县、礼县、洮州厅、成县、文县、宁夏、宁灵厅、灵州、花马池州同、中卫、循化厅、西宁、碾伯、永昌、平番、古浪、玉门、张掖、肃州、毛目县丞）；一曰贫而老病者应先，余皆为次（静宁、靖远、化平、安定、秦州、清水）。自余州县则曰不分先后，一律享受云。

(五)受抚养权利者有数人,而此数人又居于同一应先享受之地位,则如何办理?

按:此视负义务者之人数与家资何如耳,如负义务者亦数人可分配,而受其扶养即仅一人,而家资尚厚,则数人受扶养于一人,否则无善全之策。自余有以近族最尊之人先受者(合水、固原州、秦安、中卫、玉门、抚彝厅、毛目县丞),有以贫而多病之人先受者(宁州、清水),有由扶养人公议轮流享受者(狄道),有一概享受者(沙泥州判、董志县丞),有以尽义务最多之人先受者(皋兰、金县、碾伯、张掖、花马池州同),余于平均分受中视其力之高下以为断。

(六)凡负扶养之义务者,是否以其财力为准?无此财力者,是否可免其扶养?

按:此应以财力为准,盖无此财力难责以尽其扶养之义务也,惟祖父母、父母不在此例。

(七)凡受扶养权利者,是否以不能自存者为限?如有因怠惰、流荡以致不能自存,其负扶养义务者是否可因此拒不扶养?如果可因此拒不扶养,何人当在例外(如同胞兄弟之类是否在例外)?

按:此除祖父母、父母外,如有因怠惰、流荡不能自存者,可拒不扶养,盖孽由自作,难责他人以尽义务也。若同胞兄弟又当别论。

第五编　承继关系

第一章　总则

(一)依本地习惯,承继种类有几(如承继宗祧、承继遗产之类)?

按:全省习惯多只承继宗祧,然承继宗祧无不承继遗产者。惟河州有不为立嗣而瓜分其财产,谓之分无子财产,不曰承继云。至承继遗产而不承继宗祧,甘省甚少。

(二)承继以何时为始?

按:承继宗祧以抚立子嗣、订立抚约时为始,承继遗产以授继人将死及已死时为始,全省习惯大抵如此。

（三）胎儿有承继之权否？

按：此有承继之权，盖宗祧相续较遗产相续之范围为广，不惟承继遗产，并其谱系及禋祀而亦继之，故虽胎儿，不得不留以待之也。

（四）承继人有不承认承继，自由抛弃者否？

按：宗祀为重，固无可以自由抛弃之理，然或因无产可承遂不承认者，各州县中亦有此习，著录如下：沙泥州判、河州、董志县丞、华亭、海城、平远、化平厅、安定、伏羌、西和、岷州、阶州、文县、宁夏、灵州、花马池州同、肃州、毛目县丞、循化厅、碾伯、张掖、抚彝厅、安西州、敦煌。

（五）因承继之事若有一切用款，是否由遗产中支付？

按：抚子入继一切用款，全省州县多由遗产支付。

第二章　宗祧之承继

（一）有子之人得再抚他人之子为嗣否？

按：承继多因无子而起，既有亲生之子，多不肯再抚他人之子，全省习惯，大抵如是。惟河州、平凉，有因己子不肖或患癫狂、盲哑等疾，亦得再抚子嗣；华亭、安化、西和、董志县丞，有子之人如遇有无依族子，亦得收留为嗣；至固原、平远、通渭、岷州、秦州、秦安、阶州、抚彝厅，凡有子者，皆得再抚他人之子，则异已。

（二）大宗无后，小宗得先立嗣否？

按：汉大戴云："大宗不可绝。"族无庶子，即当绝父以后大宗。此小宗不得先为立嗣之说也，同者颇多，惟皋兰、金县、平凉、平远、通渭，大宗无后，小宗自得立嗣，以小宗继大宗为正。至河州、岷州、秦州等处，则视遗产为规定，如大宗无后无遗产，小宗无后有遗产，小宗得先立嗣，并不为大宗立嗣。宗法不明，相沿久矣，成县、宁灵厅、宁朔、循化厅、西宁、武威、平番、抚彝厅、安西州、敦煌、宁州、礼县、西固州同、宁夏、中卫、巴燕戎格厅、镇番、张掖、毛目县丞、玉门，习惯同。

（三）承重之人及大宗之子孙,得承继他人为嗣否?

按:全省习惯有四:不得承继他人为嗣者(渭源、沙泥州判、华亭、隆德、静宁、安化、庄浪县丞、宁州、合水、环县、泾州、灵台、化平、会宁、陇西县丞、宁远、徽县、礼县、西固州同、宁灵厅、中卫、循化厅、镇番、肃州、玉门、洮州厅、安定、伏羌、秦安、阶州、成县、文县、宁朔、灵州、巴燕戎格厅、碾伯、敦煌);得以承继他人为嗣者(皋兰、金县、狄道、河州、平凉、正宁、董志县丞、西宁、武威、古浪、抚彝厅、安西州、崇信、固原州、海城、平远、通渭、宁州、宁夏、花马池州同、毛目县丞、靖远);只许兼祧不许出继他人为嗣者(西宁、平番);自余州县承重之人不得出继他人为嗣,大宗子孙则可出继他人为嗣。

（四）以族人为嗣,其先后之序以何为定?

按:此先尽同父周亲,次及大功、小功、缌麻,如俱无,方许择立远房及同姓为嗣。盖承继之法由亲而疏,例文所特为规定者,遵者颇多,惟正宁则以长幼定先后,皋兰则以族人为嗣,多不论先后,择贤择爱,悉听自便云,金县、崇信、海城、平远、岷州、阶州、宁夏、花马池州同、古浪、抚彝厅、敦煌,皆同。

（五）如不依承继先后之序择贤择爱为嗣,须经亲族之公允否?

按:应继不继必平日先有嫌隙,但于昭穆伦序不失,择贤择爱应听其便。如族中希图财产勒令承继,地方官得以惩治,此例文所特为规定者也。然必须经亲族之公允而后敢行者,正自不少,著录如下:皋兰、金县、渭源、沙泥州判、狄道、河州、平凉、隆德、庄浪县丞、正宁、董志县丞、泾州、灵台、崇信、固原州、海城、平远、通渭、陇西县丞、洮州厅、安定、岷州、清水、礼县、阶州、文县、西固州同、宁灵厅、宁夏、宁朔、灵州、花马池州同、中卫、循化厅、巴燕戎格厅、西宁、碾伯、武威、永昌、平番、古浪、抚彝厅、毛目县丞、安西州、玉门。

（六）可继之人如系独子,可否准其兼祧两房?

按:此可兼祧两房。盖大宗不可绝,次房又止有一子,必准其承继两房,俟其子复生子,以其次者还继次房,方为恩义兼尽,即礼所谓诸父无后,祭于宗家,以其庶子还承其父也。

（七）以外姻之人为嗣有无限制(如限于姑舅之子、两姨之子及妻侄之类)?

按:异姓为嗣,照例不许。甘省习惯,亦有外姻之人为嗣者,大都以姑舅、两姨之子及妻侄、女婿为限制。惟镇番、敦煌、毛目县丞等处，姑舅之子可以入继，其余外姻皆不能行。若中卫，凡属外姻，皆不准为嗣，独为殊异。

（八）承继长房宗祧时，授继人之直系卑属有数人，若其间亲等有远近、年岁有多少，并有嫡庶之分，应以何者居先为应继之人？何者居后以俟递补？试详晰言之。

按：此多以嫡子之弟居先为应继之人，嫡子之次则庶子及近族之子以俟递补。又有择其亲近贤爱者为居先应继之人，年岁多少所弗计也。甘处边隅，难绳礼法，所谓立子以贵不以长，立嫡以长不以贤，诚不多见矣。

（九）有无既已成继即不许悔继归宗之例？

按：既已成继，若所养父母有亲生子，及本生父母无子，均听归宗，此律文所特为规定者也，遵者不少。然全省习惯不准悔继归宗者，计四十四州县：渭源、狄道、河州、平凉、华亭、隆德、静宁州、庄浪县丞、安化、正宁、泾州、灵台、崇信、平远、化平厅、安定、会宁、陇西县丞、宁远、洮州厅、伏羌、岷州、秦州、徽县、阶州、成县、西固州同、宁灵厅、宁夏、宁朔、抚彝厅、肃州、敦煌、灵州、花马池州同、中卫、巴燕戎格厅、西宁、武威、镇番、永昌、平番、张掖、毛目县丞。

（十）本宗承继之人许其悔继否？

按：此不许无故悔继，若所养父母有亲生子，本生父母无子，亦有凭族许其悔继者。

（十一）由少抚育成立之承继人，尚准其悔继否？

按：全省习惯多不准悔继，以自少抚养至于成立，恩义已深故也。如有失德败行，实可以覆宗绝祀者，乃准悔继，渭源、狄道、河州、平凉、华亭、安化、董志县丞、隆德、静宁州、庄浪县丞、正宁皆同；或亲属人执意不愿，亦有悔继者，应分财产以安其家，岷州、秦州、碾伯、古浪、敦煌皆同。余皆不准悔继者也。

（十二）如有左揭各事，得由承继人悔继归宗否？

甲、不堪嗣父母之苛侍

乙、所后之亲生子

丙、所生父母无子

按：以上三项得悔继归宗。盖不堪苛待则恩义已轻，所后有亲生子则继嗣有人，所生父母先有子而后无子，则宗祀无托故愿还者并听之，然所后父母或年老子幼，本生父母或可以抚孙，均不得悔继。全省习惯，举不外此。

(十三)悔继之人，其已受嗣家之财产，应否全部返还？

按：此应全部返还。盖人而悔继，即与嗣家财产相离，自不许携回本宗也。全省同。

第三章　遗产之承继

(一)未分析之家产是否归家长管理承继？

按：全省皆由家长管理承继。盖家政统于家长，财产亦应由家长处分也，惟泾州、灵台以精明敏达人经理，不必指定家长。

(二)无子嗣及同居亲属之人，其遗产应由何人承继？

按：此为户绝，财产既无同宗应继之人，应与亲女承受；无女者，听地方官详明酌拨充公，此例文所规定者也。全省习惯多由近而远，由亲而疏，以为承继云。

(三)无亲属之人，其遗产得由其外姻承继否？

按：亲属无人承继，则承继者惟有外姻，亦得于三党及女婿内择贤择爱承其遗产。全省多同。

(四)负债多于遗产，袭产人得将其遗产经众或经官尽数摊还，不复承继否？

按：承继无人，其所遗之产应即同众尽数摊还所负之债；如已经承继，袭产人应承还所负之债，亦得酌提继子养赡，以奉祠祀，即经众经官无将遗产尽数摊还，不复承继之办法。全省同。

(五)析产分配之法是否皆以房计？

按：析产分配之法大概多以房计，并先集房亲凭众拈阄，然后各执分关一纸，以凭管业，若被相续人死亡时有出生之二子，更有遗腹子，即不得竟分为二，亦必待是子出生后，始为处分也。全省同。

（六）左揭各项之人，其分受遗产有无轻重之别：

甲、大宗之子及嫡子

乙、小宗之子及庶子

丙、嗣子或兼祧之子

丁、赘婿

戊、奸生子

己、无子寡妇

按：（甲乙二项）除有官荫袭，先尽嫡长子孙外，其分析家财田产，不问妻妾婢生，止以子数均分，此例文所规定者也。然亦有提长房及长子田地者，则随当事者之意思为之。（丙）无子始行立嗣，无当继之人始行兼祧，应分遗产，仍概归其承受。（丁）招赘养老仍与同宗应继者均分，亦遵例文所规定。以上皆无轻重殊。（戊）犯奸有辱家门，奸生子类不养育，虽"卑幼私擅用财"条内有"奸生子，依子量与半分"之文，而遵从者绝少。（己）寡妇虽无子嗣，而既在夫家守节，遇有应继之人，仍当为其立继，故应承受其夫应得之分，亦鲜区别轻重者。

（七）左揭各项之人亦得分受家产否？

甲、被出复归之子

按：子无绝父之文，虽一时不得亲欢，而既出复归，则得分受家产。全省同。

乙、出子之子孙

按：全省多得分受，惟出子未归、子孙在外，仍不得分受家产。

丙、未嫁女

按：此无分家产，有酌分异日嫁资者三十二州县：靖远、渭源、狄道、河州、平凉、隆德、华亭、庄浪县丞、安化、正宁、董志县丞、崇信、海城、会宁、宁远、伏羌、岷州、秦州、秦安、徽县、成县、文县、宁夏、宁朔、花马池州同、玉门、循化、大通、武威、永昌、肃州、敦煌。

丁、收养或买继之子

按：此得分受，盖收养遗弃小儿及乞养异姓义子均得酌分财产，此遵立嫡子违法例内所规定者也。全省同。

戊、配偶者

按：此应分受。盖配偶者夫妇相互之意，其夫既死，应得分受财产以为养赡也。全省同。

已、直系尊属

按：全省多不分受家产，惟酌提赡养云。

庚、亲兄弟

按：全省多得分受，惟靖远、渭源、河州、平凉、中卫、张掖、洮州厅不得分受。

辛、家长

按：全省多不分受家产，惟与尊属酌提赡养云。

（八）不可分割之产（如房屋之类）以何法分析？

按：不可分割之产，其分析之法有作为时价或以抵对法分析者：渭源、沙泥州判、狄道、河州、平凉、华亭、庄浪县丞、正宁、董志县丞、海城、西宁、大通、碾伯、永昌、东乐县丞、宁远、伏羌、岷州、秦州、文县、灵州、花马池州同、循化厅、古浪、张掖、宁州；有以所收之租按股均分者：隆德、固原州、化平厅、西和、宁朔；有以间数分屋、亩数分田者：静宁州、合水、泾州、灵台、崇信、通渭、陇西县丞、安定、镇番、平番、安西州、敦煌、成县、宁灵厅、中卫、武威、西固州同、肃州；有存为公业作祭祖之资，并不分析者：清水、徽县、抚彝厅。余皆大小美恶均匀配定，以拈阄为分析之法也。

（九）授继人在生前或以遗书对某承继人有特与以财产时，受与之人仍得与他承继人共分遗产否？又，其所受之物应否缴还？

按：此受与之人仍得与他承继人共分遗产，所受之物可不缴还，所以重遗命也：平凉、靖远、华亭、隆德、静宁州、董志县丞、宁州、合水、崇信、通渭、会宁、肃州、毛目县丞、宁远、岷州、伏羌、秦州、秦安、徽县、灵州、中卫、循化厅、西宁、大通、永昌、张掖。然亦有分遗产，必将特与财产如数缴还者：狄道、陇西县丞、安定、阶州、宁州、抚彝厅、宁朔、碾伯、花马池州同、武威；有不能与承继人再分遗产者：皋兰、金县、渭源、沙泥州判、河州、安化、正宁、泾州、灵台、固原州、化平厅、海城、洮州厅、清水、成县、宁夏、平番、东乐县丞、西固州同、古浪、玉门。自余州县，无生前遗书特与财产之事。

（十）某承继人以其应继之分出卖或抵押时，他承继人得行赎还否？

按：甘肃民事家产之观念最重，典卖田宅必先尽亲族承受，故得赎还，全省多同。然或任其出卖、抵押，承继人不得过问；亦或岁月近者可以赎还，远者则否；又或抵押则得赎还，出卖则否。习惯殊难一致云。

（十一）授继人遗书若言在一定年限内不准分产，其承继人得随时共议分析否？

按：授继人虽有遗言，承继人或于管理遗产别生异议，若俟一定年限，至日必启竞争，非所以保家庭之和平也。然亦有年限未满，遇特别事故，共议分析者。此外，不得任意处置，多遵遗书云。

（十二）遗产中如有债权，各承继人间应如何分析？如分归一人，后日债权倘不能索偿，各承继人应否分垫损失？又，其分垫之法如何？试详述之。

按：此有分归一人，当时必立契约，日后不能索偿，与各承继人无涉者：大通、渭源、河州、西宁；有分归一人，日后不能索偿，则此一人者受损，应均匀分垫者：安化、庄浪县丞、海城、会宁、阶州、成县、文县、西固州同、循化厅、花马池州同、平番、古浪。其余州县如有债权，各承继人均分，不得分归一人，即日后不能索偿，亦无分垫损失之事。

第四章　遗书

（一）无字据之遗言，以何为证？

按：本地习惯，遗言即为遗嘱，以凭对亲族、戚族及同中之人当时与闻为证。

（二）立遗书须用一定之方式否？其方式如何？试录其式样以对。

按：临终嘱以后事，或垂训子孙，谓之遗书，俗亦谓之遗嘱。向无一定方式，今著录一二如下：

镇番县　立遗书某人，因为夫妇年近古稀，生子几人，长曰某，次曰某，均各年壮，能操家政。余恐日后儿等兄弟不能体父母之志，重财产轻骨肉，自相残害，趁余在世，凭同族亲友某人等将所有家产、器物，除余夫妇养老外，其余按几股配搭均分。迨余夫妇故后，尔等宜兄友弟恭，和衷共济。倘不愿同居，将余所立遗言各执一纸，照依后开各项，各守各业，如有不遵，即执遗言，或经族训饬或秉官究治，以为不孝者戒。至余夫妇所存养老之项，将来亦准尔等均分。欲后有凭，立遗言存照。同族戚亲友某人押

固原州　遗书谕儿等知悉。父病恐遂不起，惟父一生所立产业房屋若干，田地若干，存余银两若干，衣物若干。今将某处房屋分授某儿，某处田地分授某儿，某儿银两若干，某儿衣物若干。其各仰体父意，毋相争夺欺害，毋习非为游荡，致败家业。如能发奋上进，起声大家，则父当含笑于九泉已。儿等应共勉之。

河州　立遗嘱字人某，情因病将不起，特请凭族亲将父留遗田房若干及余自置田房若干，所有契据交付尔等兄弟承受管理，日后尔等兄弟几人按股均分，毋得争执，致伤和气，是为至嘱。恐后无凭，请某亲戚书此，交某亲戚收执，以为证据，凭族戚某某年某月某日某人代笔。

（三）遇有变故，请人代立遗书，如别无证人，亦为有效否？

按：遗书既非亲笔，又无证人，视为无效，全省多同。或有本人手押，不在此例。

（四）关于立遗书能力有何限制（如达若干岁方许立遗书之类）？

按：全省习惯并无限制，多于将死时为之年岁，能力所弗计也。

（五）未成年人立遗书应否经其法定代理人允许？

按：未成年人如有能力，不必经法定代理人允许，亦得自立遗书，全省同。

（六）撤销遗书之法如何？

按：立遗书之人或生前见其子不克负荷，将分授之业提作养赡，撤销遗书者有之。若既没之后，则子孙奉为铁券，永不得撤销矣。或遗书载明书中事务完竣作为废纸，是时即得撤销；或由家长执持遗书，向亲族、戚族指明某事不合，某事不合，公同撤销。以上数法，全省多同。

（七）遗书若未指定执行之人，应以何人为执行遗书人？

按：执行遗书人多以嫡长与最亲近者为之。

（八）因执行遗书若须各种费用，是否由遗产中支付？

按：此得由遗产中支付。

（九）遗书所嘱之事如属不法（如无故出妻之类），其子女亲族得为之撤销否？

按：遗书垂训子孙。所嘱之事，如有不法，即《春秋传》所谓乱命也，无论何人皆得撤销。

（十）立遗书时应否用保证人？又，保证人之资格有何限制？

按：此以亲戚之贤者为保证人之资格，余皆不得干预，此限制也。

第五章　遗留财产

（一）授继人应否以遗产若干留给后人，抑可以全部财产随意赠与他人？

按：甘肃民事财产之观念最重，如有后人，则财产必全部留给，并无随意赠与他人之事。

（二）左揭各项之人，其应得遗留财产有无轻重之别？

甲、直系卑属

乙、配偶者

丙、直系尊属

按：甘肃习惯乙丙二项只酌提膳〔赡〕养，余皆遗留与甲，是为轻重之别。

第六章　无人承认之承继

（一）承继起始时，若应继之人踪迹不明，无人承认，其承继财产应如何办理？

按：此应公同查照登簿，暂行择人代理，俟寻觅有迹，然后举而还之，全省多类此。

（二）承继财产若命人管理，其管理人之职务如何？

按：管理财产虽属代理人，而职务与本人无异，惟岁出岁入记载必明，贵保守其利权，毋损伤其遗业，则职务尽矣。

（三）寻觅承继人时应用何法探索？

按：此不过托人寻访、四处侦探而已。如不可得，或张白帖于通衢，或行关文于邻省，皆所不免，未见有法之善者也。

（四）承继人若经探索历久无踪，其承继财产应归何人所有（如归国库或捐办公益事业之类）？

按：全省习惯，族人瓜分者最多，能以归国库者甚少，至捐办公益闻亦有之，或输入祠堂以崇禋祀，或施之寺观，以饷僧雏。近年各州县锐意兴学，亦有充作学堂经费者。

第七章　债权者及受遗人之权利

（一）承继债权者（即受继人之债权者）及受遗人（即受授继人遗赠之人）在承继人起始后，可否请将承继财产与承继人固有财产分离，以充偿还之用？

按：此得请与承继人固有财产分离，以充偿还之用。

（二）承继债权者及受遗人如有前条权利，应向何处请求（如向审判厅或向承继人请求之类）？

按：此得向承继人请求。盖承继人既续其遗产，即有应尽偿还债务之义务，然只能将承继财产办济权利者，不得因权利者之请求，而使固有财产受影响也。

（三）承继债权者及受遗人请求分离财产后，应否定以一定期限通知各债权者、各受遗人会同核算、公同索偿？如应若此办理，其通知期限最短以若干月日为限？

按：此应通知各债权者、各受遗人会同核算，公同索偿，至通知期限则不一定，或十日，或一月，或四十日，或三五月不等，至短有在三五日之内者。此全省之习惯也。

（四）承继人若供出担保，可否不许承继债权者及受遗人分离财产？

按：既供出妥确担保，即可不许分离财产。

（清钞本，见《西北民俗文献》第4卷，兰州古籍书店，1990年，第2—218页。）

广东调查局法制科调查问题总目

广东调查局办事细则
第一章　总则

第一条　本局办事细则系遵宪政编查馆《奏定章程》第十三条,由总办挈同科长各员议订,呈请督宪核定施行。

第二条　本局科长掌股各员均应遵照宪政编查馆《奏定章程》第三、四条载明各项职掌办理。

第三条　本局遇有宪政编查馆《奏定章程》第十一条所载调查之事,均应分别遵行。

第四条　本册细则呈请核定后,凡办事各员皆应遵守。

第二章　法制统计两科通则

第五条　本局遵照宪政编查馆《奏定章程》第三条,法制、统计两科各设三股,所有掌股各员业经选拟,详奉督宪派定,某股某员自应各尽其职。其因事繁而派两员者,亦各分认职掌,以一事权。

第六条　法制、统计两科互有关系,凡行文派员时,或并案或分办,由科长承商总办核定办理。

第七条　两科中有一股一员者,遇有事务繁重时,由该股员承商科长,酌令他股股员暂行协理。如本科股员均无闲暇,则商由总办酌令别科股员帮同办理,以均劳逸。

第八条　两科报告表册,先责成各该股员编造,呈由该科长修改,再由督办总办核定,详请督宪咨送宪政编查馆查考。

第九条　所有编造报告表册,各该科长股员均需签名。

第十条　本局公牍属各股者,股员核拟;属一科者,科长核拟。呈由督办、总办核判签行。

第三章　法制统计两科分则

第十一条　法制科之调查,或奉行,或由本局提议,均由本科科长商同各员,将应订之调查方法及说例表目等件先行拟订呈核。

第十二条　关于法制调查得有报告之后,应将所得事件加以考核,并具其原委、因革利弊,及附具案语、释例等件,由各股员拟陈本科科长核办。

第十三条　关于法制调查应按事类编录者,由各股员依次纂辑,呈由科长核送督办、总办审定,再行分别发缮付印。

第十四条　法制科之事项,分别门类调查如左:

一、民情调查。此以验人民之趋向,即以备政治之设施。气质不齐,固有强悍、和平、朴诚、浮诈之别,即好勇斗狠、喜博嬉游,宗教之各殊(指分民教),黎猺之杂处,亦应就各处情形,分晰详查,据实胪列,以凭报告。

二、风俗调查。此指庆寿、婚嫁、丧葬、酬酢、祭祀、赛会之礼节,居处日用之丰约,一乡一邑未必尽同,应由府厅州县教佐先就所闻见者识之,而后就各该乡耆访问录记,以资印证。若黎人,则由抚黎局查之。

三、地方绅士办事之习惯,应分三项调查。凡关于地方财产管理之事项,关于举办地方公益之事项,及对于官民之权限。

四、民事之习惯。此事最为繁琐,分三大纲以例其凡。其一,关于家族之事项;其二,关于财产居业之事项；其三，关于合群办事捐资济公之事项。

五、商事之习惯。此从商务上调查所有各商营业与组织会社（即公司）之成立及其办事之规条、当事人之责任，一切利钝情形属之。

六、诉讼事之习惯。此应从访问诉讼当事人入手，而参之以答辩（即供词）、保证、和解（即和息）各习惯，仍分民事诉讼、刑事诉讼调查之。

七、本省督抚权限内之各项单行法。此指督抚颁行之命令有法律性质者而言，凡与人民之权利义务有直接关系之事项属之。

八、本省督抚权限内之各项行政规章。此指督抚颁行之命令与人民之权利义务无直接关系者而言，如核准各衙署局所之组织方法，以及办事章程属之。

九、本省行政上之沿习。此就办理之事而言，如依照单行法及行政规章所办一切事务属之。

十、本省行政上之利弊，即就沿习之利弊而言。应由地方官征取条陈，并访询绅耆录记呈报，以备改良。

第十五条　统计科之事项，分别门类调查如左：

一、统计须将其租界及各领事衙署、洋栈（统外人之来粤居肆者言）、教堂、教会、我国之聘工师及外人之置产业年份、辛价、处所、人额（游历之人数、划界之里数、公司轮船往来之只数准此）逐一调查之。

二、民政统计更繁。凡境域田地、户口、警保、工程、善举、地方自治及乡约局所（此指乡间公局公所）等类属之，应从有案可据者调查。八旗之民政仿此。

三、财政统计。无非取资于各衙署局所现各添设统计处，应俟列表汇送到日核办。至八旗之财政，则归本局调查之。如地租、房租、官兵俸饷、房捐局款、右司库储各项，由所派之调查员协同主管各衙署局所详核案卷办理。

四、教育统计。凡隶教育之公所、学校、教育会、各学堂、蒙养院，以及游学留学官费、自费各生之薪费、名额、处所，须一一统计之。八旗之关于教育者仿此。

五、军政统计。系指水陆绿防各营、新旧各军、内河外海水师各勇额饷章、军火装械、炮台巡船、兵轮马匹,并制造购办军火、兵房、军医各数目,调取各主管衙署局所案卷查之。如八旗之城防、堆卡、衙署、箭道、马圈之类,由所派之调查员参酌查之。

六、司法统计。凡发审局及各处审判(分别已结、未结、上控、京控、重罪、轻罪)之案,暨监狱、习艺待质所,以及囚粮、赎金等类属之。

七、实业统计。凡垦牧、森林、路(指铁路之工作等类)矿、蚕桑、渔盐、织绣、纺缫、工艺(分机器、手艺两项)、制造(指土货制造各项)等类属之。

八、交通统计。凡火车(指日行几次并几架)、路轨(指境内之支干路几条,各计里若干,起讫分明)、轮舶(指中外大小往来几只)、帆船(指往来只数)、关津桥梁(指明数目)、水陆轮运(指进出口货物数目),以及邮政电信、文报驿站等类属之。

第四章　调查通则

第十六条　本局调查无分满汉,所有满洲汉军驻防,均应一律调查。

第十七条　本局调查先行文通省府厅州县调查,如查覆含混,或多模糊影响之谈,再派员协同覆查,期归的实。至驻防满洲汉军,则派员协同协佐领暨理事同知实力调查。

第十八条　本局行文调查,固责成府厅州县,而离府州县城驾远者,设有县丞主簿巡司,与民日相亲近,其教职一官,籍隶本省,尤为熟悉情形,应令一体调查。

第十九条　本局派员调查,临时由总办商请督办,遴选熟悉该处情形,或谙习该股事项之员派往调查,以收实效。

第二十条　本局遵照宪政编查馆《奏定章程》第十条,凡调查所得之件,由各该股员按类编订,呈由科长核定,由督办、总办核判,详请督宪咨送宪政编查馆,其统计事项并分咨各主管院、部衙门。

第二十一条　本局调查范围甚广,若待全案查竣而后覆答,不免延误,应由府厅州县随到随查。查得一二事或一二处,即据实详覆,以凭随时申报督宪咨送宪政编查馆查考。

第二十二条　本局行文调查,府厅州县归本局行文,其教佐各员,则由该府厅州县行文，县丞主簿巡司衙门本无书吏，准其作行草函覆，并不必拘于文义，即白话亦可，但求其明白晓畅而已。

第二十三条　本局创办之始，一无凭藉，惟从各项案卷溯其原因，由各该股员随时择要开列案由，呈由科长承商总办，分别详移，由各该承录送。应给纸墨笔费，视录案之多寡为衡。

第二十四条　地方士绅凡充地方警员、学员、咨议局议员、参事会会员者，均得充本局地方义务员，由本局随时延订调查。其隶外府者，由地方官延订。

第二十五条　本局调查，应照事件繁简，分别行文派员，酌立日期程限，以免延置。

第五章　调查分则

第二十六条　本局调查分两类：

一、行文调查；

二、派员调查。

第二十七条　行文调查应具之件如左：

一、文内叙明该项事件之性质，于旧政俗为某项即新政某项之根据；

二、申明调查该项事件之意旨及其作用；

三、应具图说者；

四、应具表目及释例者；

五、应具调查简章者；

六、应饬属先行出示晓谕者；

七、临时拟具之件；

八、专件行文调查。

第二十八条　派员调查应筹之件如左：

一、派员调查分列三项，司局委员调查，各股员调查，特派干员调查。

二、调查程限以行程之远近、查事之繁简为衡。

三、调查考成视调查之明晰疏漏为断。

第二十九条　本局分三级以任调查：

一、初级，村围（指围内所有居民者）。凡依山而居者曰坑，傍水而居者曰涌、曰滘者准此。

二、二级，都堡。凡都堡外之乡墟准此。

三、三级，城镇。凡府厅州县城厢内外，以城概之。先从初级入手，层递推求，较易调查，或可免疏漏。

第三十条　本局分立权限，以专调查：

一、盐法之调查。凡东矐之行政规章及沿习利弊，洋盐之浸灌、路途，缉私之船局、名额，其间绅商办事，民灶控争，并有关于矐法场情者归运司调查，由本局汇报。

二、财政之调查。现在司道府厅州县各衙门添设统计处，应遵宪政编查馆《奏定章程》第十一条，由各该衙门统计，分别列表汇送调查局，其各局处所，亦应仿照办理，以归一律。

三、军政之调查。此项应归本局调查，然止查统计，其营垒之形势，军港之险要，炮台之坚固，仍归督练公所调查处暨水陆营务处任之。

四、军政隶八旗之调查。凡满汉驻防，督练公所不遑顾及，仍归本局调查，责成所派之员协同协佐领办理。

第六章　庶务细则

第三十一条　本局庶务事繁，遵照宪政编查馆《奏定章程》设庶务处一所，选派妥员二人，分司其事。

第三十二条　庶务长虽派二员，而事务繁琐，应派司事一人，以资调遣。该司事常川驻局，不得暂离，致误职守。

第三十三条　庶务处应分设两股如左：

第一股　掌一切会计及购办什物并杂物。

一、本局经费由会计处按月造预算表，呈候总办核定，备文移善后局核发，以凭应支。如有临时支出，须特经总办许可，方准动支。

二、本局款项出入随时簿记，每旬呈总办查核，每月造册详报，年终将全年支出与预算表互核，造具决算表，以计盈绌，而便稽考。

三、会计处置采办请示簿，凡购置器物，开具名色、件数，酌拟价值，经总办盖章，方准采办。其日常必需之品，事属细微者，或先行购办，于每旬核阅帐目时补请盖章。至购置图书，由科长开单送总办核定，发交会计处采办，或酌派他员购办，均仍登簿补章，并将原单黏簿，以便查对。

第二股　掌一切稽查调度及管理图书器具。

一、核对收发录事各员司勤惰，由该股庶务长随时稽查暗记，商由总办存记，分别功过，汇办其夫役人等，见有犯局规及不力者，即斥革之。

二、局内布置或有未尽事宜及应行添置之件，随时承商总办核定施行。

三、局内图书均列表册，自总办以讫股员，取书阅看，必先取有盖章手书条字而后发书，俟缴书时仍将原条退还，以杜弊混。

四、局内器具登簿存案均归管理，遇有添置，则续登之。

第七章　书记细则

第三十四条　本局按法制、统计两科各设三股，每股派书记一员，以资缮写公牍。

第三十五条　本局督办详定章程，书记等员每日八点钟到局，下午四点钟后出局，不得藉端旷离。

第三十六条　本局按股派书记员书缮本股公牍，或非一科一股之公牍，亦应分手赶缮，将来以书件之多寡，定各员之勤惰。

第三十七条　本局事物繁赜,如遇通行及报告之件积帙成册,非书手一时所能赶办,改用刷印,以期简捷,各该员既免誊写之劳,难辞校对之责,应帮同核对,更昭缜密。

第三十八条　本局文牍关于新政者居多,难保无新异名称之处,誊写时尤宜留心,不得以下行之件,率意作草,以致传讹。

第八章　核对细则

第三十九条　本局公牍繁多,兼编报告造表,选派核对两员,期无舛误。

第四十条　凡书记员缮就之文牍,交由核对处校誊,务须校若画一,交由录事处标注日期,登号封固发行。

第四十一条　凡于书记员缮就各件悉心校对,如或脱误过多,及札文内有草书者,发回重缮。于表册各件,尤须留意详校。

第四十二条　定章下午四点钟后出局,此指科长、股员、书记等员而言,核对不得援引,应以核对之件完竣为率。

第九章　收发细则

第四十三条　收发公文函电,凡收发均于簿内记明年月日时、摘录事由,并叙明投递之法(分别邮寄、驿递、文报、专差)。

第四十四条　承启公事,凡收函电立时挂号登记,径呈总办阅办,其文件仍交由录事处记簿转呈。

第四十五条　录存来往电稿。

第四十六条　承催公事,如文到四五日未见发送督办核判,迳向股员请示;如已送督办核判,收回后延二三日未见发行,则向核对处催之。

第四十七条　收发文件无定时,来文尤不可测,应常川驻局,不得旷离。

第十章　附则

第四十八条　本局办事细则自督宪批准之日起为施行之期。

第四十九条　本局现订细则，系就粤省情形，参酌北洋、南洋现行通则拟订，如有未尽事宜，仍由督办挈同科长各员随时修改，详报督辕立案。

广东调查局办事员司衔名一览表

职掌	官阶	姓名	籍贯
督办局务	头品顶戴广东布政使司布政使	胡湘林	江西新建县丙子进士
督办局务	二品衔署广东提学使司提学使	沈曾桐	浙江嘉兴县丙戌进士
督办局务	署广东按察使司按察使	蒋式芬	直隶寿县丁丑进士
督办局务	二品衔署两广盐运使司盐运使	丁乃扬	浙江临安县附贡生
督办局务	二品衔广东巡警道	王秉必	四川华阳县监生
督办局务	二品顶戴广东劝业道	陈望曾	福建侯官县甲戌进士
总办局务	盐运使衔广东补用道	汪雯	浙江海宁州廪贡生
法制科科长	遇缺前先补用道前潮州府知府	吴荫培	江苏吴县庚寅进士
统计科科长	运同衔广东候补同知	李葆麟	山东齐东县廪生
庶务	四品衔正任广东赤溪同知	唐盛松	广西郁林州乙亥举人
庶务	广东补用知县	张楷荫	云南安宁州甲午举人
法制科第一股员	五品衔广东委用知县	任重	浙江黄岩县癸卯举人，京师大学堂优级师范最优等毕业生
法制科第一股员	广东试用县丞	汪植宽	浙江仁和县附贡生，法政毕业员
法制科第二股员	同知衔议叙广东补用知县	徐凤衔	浙江乌程县丙子科举人
法制科第三股员	四品衔广东先用知县	查廷赓	浙江海宁州廪监，江南广方言馆法文生
法制科第三股员	五品衔广东补用盐经历	葛赐勋	浙江山阴县监生，法政毕业员

续表

职掌	官阶	姓名	籍贯
统计科第一股员	同知衔广东即用知县	于祖谦	河南鄢陵县丁酉拨贡,法政毕业员
统计科第二股员	同知衔广东试用知县	李景熙	浙江仁和县监生,法政毕业员
统计科第二股员	捐升知县,广东遇缺先补用县丞	崔世泽	浙江山阴县监生,法政暨警察毕业员
统计科第三股员	五品衔广东试用知县	叶曾祺	江苏吴县监生,法政毕业员
八旗驻防调查员	广东补用知县	保熊韬	广东驻防汉军癸卯科举人
法制科第一股书记	广东补用府经历	黄懋森	广西桂平县丙午优贡
法制科第二股书记	广东试用从九品	周方楝	湖南衡山县监生,法政毕业员
法制科第三股书记	广东就职班试用府经历	陈瑞禧	广西贵县监贡生
统计科第一股书记	广东试用县丞	杜宗诗	浙江会稽县监贡生
统计科第二股书记	广东试用巡检	钟樾森	湖南平江县监生,法政毕业员
统计科第三股书记	广东考职班试用巡检	叶骏琛	福建闽县附生
核对委员	广东试用布库大使	邱懿元	福建长乐县壬寅举人
核对委员	广东试用县丞	谢炳耀	江苏阳湖县附监生
收发委员	广东补用盐经历	王鋆	广西马平县监生
庶务司事	县丞职衔	张之偁	江苏清河县监生
录事	县丞职衔	林证菊	福建侯官县监生
录事	分部八品笔帖式	刘锡封	广州驻防汉军监生
录事	从九品衔	任邦杰	湖南长沙县附监生

局员到差日期表

职任	官阶姓名	别号籍贯	委派	薪津	到差去差	兼差津夫
调查局总办,综理一切局务	广东补用道汪㻞	笃甫 浙江海宁	由前宪张札委	薪水一百两 公费一百两	光绪三十四年六月	宣统元年十二月奉制宪札委暂代善后局会办差,薪夫二百两

续表

职任	官阶姓名	别号籍贯	委派	薪津	到差去差	兼差津夫
调查局法制科科长，掌理本科三股事务	江苏拔贡 梅鹤章	介节 江苏常州府阳湖县	由本局呈请制宪札委	薪夫一百零二两	宣统元年十二月	无
调查局统计科科长，职掌本科三股事务	补用同知兼袭云骑尉 李葆麟	辰孙 山东济南府齐东县	由本局详请前制宪张札委	同上	光绪三十四年七月	宪辕收呈差，薪夫八十八两
调查局庶务科，掌管本局出入款项、决算、预算表册，稽察一切事宜	四品衔正任赤溪直隶同知 唐盛松	梦侯 广西郁林直隶州人	同上	同上	同上	无
调查局法制科第一股股员，职掌编辑本股报告册及承任核册、拟稿各事务	广东委用知县 任重	心尹 浙江黄岩县人	同上	薪夫五十六两	同上	学务公所实业科科员，薪夫八十元
同上	法政毕业生试用县丞 汪植宽	讷庵 浙江仁和县人	同上	同上	光绪三十四年八月	审判厅兼监狱筹办处监狱助理员，薪夫五十两
调查局法制科第二股员，职掌本股编辑及拟稿、查案各事务	议叙补用知县 徐凤衔	篆香 浙江乌程人	同上	同上	光绪三十四年七月	学务公所会计科工程委员，薪夫八十元

续表

职任	官阶姓名	别号籍贯	委派	薪津	到差去差	兼差津夫
调查局法制第三股员,职掌本股编辑及拟稿、查案各事务	拣发知县 段裕文	德圃 直隶永年县人	由本局详请制宪札委	薪夫五十六两	宣统元年八月	无
调查局统计科第一股,职掌民政及交涉事宜,并核民政表	荫监分缺先知县 查廷赓	觐宸 顺天籍浙江人	由本局详请调办制宪袁札委	同上	同上	无
调查局统计科第二股,职掌本股事宜,并核军政、教育、司法各表	拣选试用盐大使 姚贵岱	鲁青 云南晋宁州人	由本局详请前宪张札委	同上	宣统元年五月	无
调查局统计科第三股,职掌本股事宜	法政毕业生试用知县 叶曾祺	翰斋 江苏苏州人	同上	同上	光绪三十四年八月	无
调查局调查员,专查满汉八旗法制、统计各事宜	广东补用知县 保熊韬	渭宾 广州驻防汉军人	由本局禀准前宪张札委	同上	光绪三十四年九月	无
调查局核对员,核对文牍	候补县丞 杜宗诗	咏斋 浙江绍兴府会稽县	由本局札委	薪夫二十七两	同上	无
同上	优贡补用县丞 邹运清	会卿 江西南昌府南昌县	同上	同上	宣统元年五月	司法研究馆庶务员,薪夫四十两

续表

职任	官阶姓名	别号籍贯	委派	薪津	到差去差	兼差津夫
调查局收发员，专司往来函电、公文各事宜	优贡补用府经历黄懋森	勉唐 广西浔州府桂平县	同上	同上	宣统元年九月	无

调查民情风俗条问

民情类

（甲）八旗民情　子目十九

此广州八旗驻防，康熙、乾隆年间先后拨汉军禁旅、满洲劲兵来粤以靖海疆，储选干城，似不得与齐民同视，迄历二百余年，其间文闱复设，欧学盛行，时出环材，亦不得以旗丁概之。近又迭奉明诏融和满汉，准其出外谋生，是亦无事强分畛域矣。惟省垣自大北门至归德门止，直街以西概为旗境，自九眼井街以东至长泰里，复西至直街以东，则非旗界。江城一角，无所区别，其乡村应由特派之员会同协佐领按照满汉合驻之十六段逐段调查，以征实在。

（一）北方刚劲之风犹有存否，抑久与粤民相处，变易其性情欤？

（二）讲肄军伍者固多，而从事诗书者亦复不少，各分举其约数。军伍及旗民知书识字者几许？

（三）讲肄军伍者近年喜习何事？操法取范何国？

（四）从事诗书者崇尚新学，抑仍守旧？有实心办学及立学会以资研究者否？

（五）子弟或喜出洋游学，或喜入官立学堂，或喜入私塾，以何者为多？

（六）旗民有不务正业、嬉游街市，或嗜赌博，或嗜鸦片烟、不愿力戒者否？

（七）有好揽词讼及鱼肉乡里者否？

（八）旗属有菜地十余幅，鱼塘数口，学圃业渔有无其人？

(九)喜工艺或喜经纪何者为多?即工艺、经纪中以何项工艺、经纪为多?有出洋营商作工及集股营运者否?

(十)有喜出洋及外省营商作工并喜集股营商者否?

(十一)有喜串民人关开设摊馆及售山铺票者否?

(十二)有喜将旗地自建之房屋出售及赁于人者否?

(十三)有甘心作匪,越界窝贼分赃及种种不法之事者否?

(十四)有喜入天主、耶稣各教者否?

(十五)有无妇女愿操井臼,或缝纴,或刺绣,或蚕织,不愿出外佣工肩挑负贩者?

(十六)有无妇女喜入学堂及在家自行诵读者?

(十七)有无妇女喜入庙祈神及嬉游道路者?

(十八)有无愿与汉界民人婚嫁者?

(十九)有无迷惑神巫及风水者?

以上略举十九条,其所未及者仍责成特派调查之员协同协佐领随时增入详叙,以期纤悉无遗,有美固不得不彰,即恶亦不必曲为之隐。

(乙)陆居民情　子目二十八

此中原种族唐宋后转徙来粤者及明代韬隶归甲,我朝因明旧制,相沿至今,其间强悍、和平、朴诚、浮伪,固气质之不齐,即好勇斗狠喜博嬉游亦所难免,应照详定办事细则内分三级调查,先从初级村围入手,而都堡,而城镇,层递推求,自无疏漏。

(一)前代转徙来粤者皆为土著之民,新来者为客籍,其间性情气质(或强悍,或和平,或朴诚,或浮伪)各有所近,甚或五方杂处,良莠不齐,务各道其实。

(二)士农工商四者皆民,究竟该村围等(都堡、城镇准此)以何者为多?

(三)士人学业或仍讲旧学,或研究新学,或新旧相间,试分举其约数?

(四)办学者能否以礼教约束生徒,有无藉此以敛钱?

(五)有出洋游学游历或自行研究及赴京城、省城入学堂者否?

(六)有游闲子弟不务正业者否?农工中人知书识字者几许?

（七）有自恃绅衿横行乡里，或好词讼代人作状，或喜揽钱粮及承认各项饷捐者否？

（八）蚕桑森林菜果各农业该村民喜种何项为多？

（九）近海之村可以煮盐，愿作煎晒盐业者几许？或多于农工否？

（十）工作营造有无匠心及习工艺者多否？

（十一）出资营业有喜合运，有喜独运，何者较多？有出洋营商及作工者否？

（十二）有作赌商领牌开赌及墟场诱赌者否（大而番摊馆售山铺票荷兰牌，小而牛牌十五和牌之类）？偏僻之区有开设花会者否？

（十三）有因忿争而械斗者否？

（十四）有拐卖人口出洋者否（俗称猪仔头）？

（十五）有无甘心作匪分赃窝贼（俗称米饭主）掳人勒赎，或私盗坟墓以地售人，或未抢劫而先索人财者（俗称打行水）？

（十六）现闻各处党会（如革命、三点之类）飘忽靡常，该村镇城市有无被其煽惑？

（十七）现在禁嗜洋烟，三令五申，迭饬戒食，该村镇城市有无喜食吗啡及戒烟丸粉？

（十八）逐年教士在内地传教者颇多，该村镇城市有愿入天主、耶稣教者否？

（十九）有信风水不愿开矿办森林者否？

（二十）有迷惑神权患病不事医药而用巫祈祷及造蛊害人者？

（二十一）有出家为僧道者否？有乞丐及残疾人、患麻疯者否？

（二十二）演戏及盲词歌说是名盛行？业此者几许？

（二十三）妇女以操井臼习缝纫为本职，贫家妇间有耕种织布织履为业，并佣工于有力之家，及肩挑背负者，该村镇城市之妇女喜作何项？

（二十四）妇女有喜入学堂，或自在室诵读者否？

（二十五）妇女有嗜赌博者否？

（二十六）贫家有鬻女于人为婢妾及作妓者否？

（二十七）富家妇有喜买幼女供其使令及笋转卖于人作妾者否（俗称养瘦马）？

（二十八）有女子以嫁夫为耻，矢誓终身守贞，及出嫁日交拜后即返母家永不见夫面者（俗称不下家）？

以上二十八条，略举见闻所及，其有遗者，仍由各府厅州县先就各村详查补列，由此以推及都堡、城镇，固不可饰无以为有，尤不可讳有以为无，美恶同登，方为真切。

（丙）水居民情　子目十

水居种族曰蜑，俗作蛋，或谓高梁之人，或谓庐循之党，或谓采珠能户之后，或称谓蓬莱耆薄之遗，年远代湮，莫衷一是，要之河泊输赋，同隶版图，雍正七年钦奉谕旨："蜑户本为良民，无可轻藐，且彼输纳鱼课与齐民一体等因，钦此。"王言纶綍，炳若日星，自应一律调查，不得轻视而略之。

（一）操舟楫业者气质亦复不齐，强悍、和平、朴诚、浮诈各有所近，甚或外海内洋人因地异，试各就其民情详言之。

（二）濒海之区有无喜习风涛、潜行水底及熟谙海线者？

（三）近水之乡过渡、业渔、运货、载客随处有之，某处究以何者为多？

（四）有知书识字安分营生者否？

（五）有无别设画舫为游宴之所？

（六）有无接济匪类及抢掠财物情事？

（七）有无合造楼船领螟蛉女及养媳以作妓寮者，或妇女停桡水次诱人冶游者（俗称水鸡）？

（八）有无因嗜鸦片赌博而仰食于妻女者？

（九）有无妇女诱人卖疯？

（十）有无习针黹及作工艺之妇女？

以上约举十条，所未及者仍由各该府厅州县随时调查补入。

（丁）山居民情　子目八

此是百粤种族。居惠、潮、连者，曰猺；居高凉、合浦者，曰獠；居琼崖者，曰黎。猺、黎有生、熟之分。生、熟猺之中有汉种焉，自湖南溪峒入广西而蔓延东省。生、熟黎之中有苗人焉，自广西来居高山大岭之间。其最著者惟猺与黎，所以远山设厅以绥猺，琼崖设局以抚黎,是亦调查所应及者。猺獞苗獠散处山谷,不得专责诸绥猺同知暨抚黎局,仍由各府厅州县查明境内如有以上各项山居之民,亦应一体调查,俾昭周密。

（一）此与中原民质稍异,而蛮野之中亦有区别（或质直,或犷悍,或狡獝）,须悉心查察之。

（二）有安居山落不为民患者否?

（三）有以山货易物驯良不扰者否?

（四）有种山禾而供赋役及纳粮不当差并当差者否?

（五）有延师教读知书识字者否?

（六）有狙伏山林见平民辄杀,或自相残害,彼此仇杀及掳掠乡村以为乱者否?

（七）有无姓名及计年岁?

（八）妇女性情如何？有能耕织、知王化者否?

以上略举所知八条,山峦伏处非亲临其地者不得尽知,仍由各该府厅州县详查补叙。

风俗类

（甲）八旗风俗　子目十六

《传》曰:"百里不同风,千里不同俗。"广州驻防来自蓟北,与粤民自异,惟相处二百年来,其或移风易俗欤,故调查及之。

（一）男女之装束或仍北派,或仿粤装,或男衣军士服式,或女作学堂妆饰,以及衣帛衣布短褐长衫,究以何项为多?

（二）房屋之大小、高低、砖墙、土墙,以何者为多,及有无西式之楼居?

（三）日常买物用银毫、用铜圆,以何者为多,及有无汇兑钱庄、硕贾大铺(此指外江及粤人之在旗界开设者)?

（四）岁时之节文如何(如除夕元旦之祀神祭祖,除岁贺年馈问往来亲友宴会,清明、中元之扫墓赈孤,端阳、秋节之赠贺、赏玩以及赏灯、修禊、乞巧、登高之类)?

（五）嘉礼之婚嫁奢俭繁简以及冠笄庆寿各情形如何？

（六）凶礼之丧殓殡葬节文以及卜地茔兆（此指寄土安葬而言）情形如何？并有用僧道尼唪经鼓吹送殡葬否？又，北方多族葬之风（合族共葬，见周礼），有沿此习否？

（七）有无行乡饮酒礼？

（八）有无迎神赛会、斋醮及巫祝祈祷等事？其糜费迷惑较粤俗稍减否？

（九）贫家之领女为媳及富室之买女作婢有无虐待情事？

（十）有无讲究风水，葬已多年而重行卜地迁葬？

（十一）满汉联姻早已有之，现在情形如何？有无娶外国女并嫁作外国妇者？

（十二）蓄婢之家嫁婢年龄及子女之婚嫁早晚时期？

（十三）有无因夫出不归、儿病不医祷及于木石者（此指拜桄树榔〔桄榔树〕及社稷石者）？

（十四）有无入山修道、披薙作僧及妇女作尼及道姑者（此指带发修行者）？

（十五）土货、洋货之习尚以何者为多？

（十六）子弟于五六月间仿弄潮故事嬉水江边，近尚沿行之否？

以上十六条约略言之，琐事繁多不及备举，应由调查员协同协佐领分满汉八旗调查补入。

（乙）陆居风俗　子目二十二

陆居之民最多，粤东民族自前代转徙而来，自成风气，尤为繁杂，然其要不外乎村围、都堡、城镇，奢俭、华朴、蛮野、文明亦视其所处之地耳，应由各该府厅州县分三级调查之。

（一）男妇之服饰如何？

（二）居处房屋大小高矮，或瓦屋砖墙，或茅庐土壁，或筑花圃，或建洋房，究以何者为多？如村围中之实非洋房，而以油漆粉染作洋者，亦应详注，不得以洋房、洋楼等名目浑之。

（三）日常买物需用银钱，或银毫，或铜仙，或制钱，村镇城市习尚各殊，须分别调查其多寡。

（四）城乡有别，贫富亦殊，其日食或米麦，或兼杂粮，以及物品之有无、肴馔之丰俭，均须调查及之。

（五）四民之中农工并列，其作息之时限如何？

（六）岁时节文不外祀灶、贺年、谒祠、宴客、拜山（即扫墓，粤谚谓之"拜山"）、竞渡、乞巧、赏灯数端，村围堡中有行之者，有简陋而不行者，即城镇亦未必一律举行。试详举其品物之异同，礼节之繁简。

（七）嘉礼之婚嫁以及冠笄庆寿节文大致相同，而冠礼多于迎娶日行之，村围都堡中或阙如焉。其俭约、奢华之俗尚情形如何？

（八）婚嫁或有不合礼者，如男家诬以不贞而出其新妇，女家索以重聘而迟其婚期，或纳再醮之人，或娶同姓之女，甚或因蚁媒而购逃妇，欲救贫而卖发妻，以及豪棍抢孀，荡子两娶（此指家已有妻而复娶妻，俗称"两头大"），此虽悖礼之端，而风浇俗薄之处，恐难保其必无。至指腹订姻与殉夫守节，尤须切实调查之。

（九）满汉联姻，叠奉明谕，究竟近来情形如何？至娶外国女人，北洋奏明"外洋女嫁华人，原籍取销，遇有事犯词讼归中国官裁判"等语，亦须调查其有无。

（十）凶礼之丧殓殡葬以及卜地茔兆（此分寄土深葬而言）固称家之有无，惟有力者延僧道女尼以唪经，用鼓吹花亭以送殡，甚至迷惑风水，停柩看山；无力者殓具不周，尸未寒而即窆，推之攒埋（即义冢）、族葬（合族共葬，见周礼）、题主赙丧，其俗尚情形均一一调查及之。

（十一）庐墓三年，粤中昔有行之者，现在有无其人？至墓祭非古礼有之，自唐始，现有沿行者否？其惑于风鉴之言，葬已十年或二三十年而重行卜地迁葬之俗，现已革除否？

（十二）社日迎田祖、春祈秋报，礼之常经，此外有无迎神赛会、斋醮驱疫、巫祝祈祷等事？

（十三）富买婢女，贫领养媳，人事之常，须调查其有无虐待情形及嫁婢之时期早晚。

（十四）乡饮酒之礼现有循行者否？

（十五）粤地通商最早，近来土货、洋货之习尚若何？

（十六）出洋营商年久不归，以妇孺患病，其家有无祷及于木石(此指拜桄榔树及社稷石者)及延道巫求治者？

（十七）近时有斗蟋蟀、鹌鹑、画眉角胜负而博输赢，粤中有无此风气？

（十八）番摊、山票、铺票阖省风行，有无一乡一邑之中守先正遗风而不准开设，并筹抵以禁赌者？

（十九）演戏以资观感，惟粤戏窃取演义小说中古人姓名变易事迹，或袭其事迹改换姓名，悖礼不情，颠倒错乱，近来已未改良，或仍有演旧本者？

（二十）富家妇女有无舟舆出入，日夜嬉游，或临剧会之场，或以饮博为事，不务女工者？

（二十一）僧道例所不禁，亦即信教自由，其间有无幼穉因强迫而作生徒，壮岁觊财产而入空门，老年厌尘嚣而栖山寺，以及妇女之为尼或道姑，亦应调查及之。

（二十二）盲女弹词，瞽者谈命，废人糊口之端，各该处以何者为多？并调查其教师有无虐待情事。

以上二十二条略举所知，风俗各殊，尤难枚举，应由各该府厅州县随查随补。

(丙)水居风俗　子目十

水居以船为家，自成风气，其间所处境地，有丰啬之不同，习尚情形亦奢俭之互异，更有久泊于其地耳濡目染渐易其风者，应一体调查之。

（一）男女之装饰如何？有无读书识字及习工业者？

（二）舟制之大小、形式、名称若何，并何种类(如载货、业渔、过渡、游宴、娼寮等类)？

（三）舟制大小、华朴视其人贫富为衡，其装修之精粗，饮食之厚薄，操作之勤惰，休息之早迟，须分别调查之。

（四）冠笄礼恐未必行，而婚嫁事所恒有，其有力者如何遣嫁迎娶，无力者不能行聘纳媳，或先领幼女作养媳(俗称"媳妇仔")，其情形又如何？

（五）岁时节文除午秋年节而外，如夺标竞渡，放棹超幽(俗称水盂兰)，赏月以结桅灯，重九以张纸帜，为船家所习尚，须调查其情形。

（六）凡婚嫁之迟早时期,及有无娶孀逼醮、同姓为婚,并孀居招夫来船者,或卖女作陆居之民妾,或暂时作外人之客妻（俗称咸水妹）,均应调查。

（七）庆寿亦风俗之一端,有无沿习行之者,其简略情形如何？

（八）治丧之殓具服制,殡后之立主回灵,埋葬之茔兆寄土,或渴葬（数日即葬）,或停棺,虽为礼法所无,而或限以地,或迫以时,情尚可恕,亦不必讳言其无。

（九）迎神或无其事,而赛会、斋醮则有之,或以保安,或以神诞,中流箫鼓,半舫梵音,以及治病延道巫,抱儿拜木石（寄名于榕樟诸大树及社稷石者,俗称"花仔"）,其迷惑糜费如何？

（十）雍正七年奉有恩旨,准其于近水村庄盖屋搭棚居住,近来情形若何？

以上约举十条,恐多未及者,由各府厅州县调查补列之。

（丁）山居风俗　子目十

猺、獞、獠、黎、苗五者,南蛮也,有何习惯之可采。我朝于判则剿之,驯则抚之,一视同仁。帝德广大,诚不得以非我族类弃之。

（一）男妇以何者为衣？何者为冠？其装束若何？形式若何？以布为之,以帛为之,及妇女作何妆饰,须一一调查之。

（二）作息之早迟,饮食之生熟,馔肴之品物,器具之精粗,居处之穴巢,疑事之问卜,其情形如何？

（三）日常交易有无制钱？是否刳竹以作筹,刻箭以为质,借贷不吝负约责偿,其情形如何？

（四）山中岁月不知尚何岁时之有,然彼必有以为岁时者,究竟以何时为岁首,其节文如何？

（五）婚嫁是否自由？有无媒妁之言,父母之命？其迎娶情形如何？

（六）庆寿有无贺祝之事？是否集铜以制鼓,击鼓以为乐,其情形如何？

（七）治丧是否亦以泣血不饮水浆为尽哀？棺用何木？是何形式？殓具如何？以及卜地茔兆如何？

(八)蛮触性成,风气习武,大都以射猎为生,究其兵器、火器之制造情形如何?

(九)散处山岩,岂无统率,有无酋长头目率领之?其对待于酋长头目情形如何?

(十)该酋长头目是否夫亡妻主,父死子承?其会推情形如何?

以上十条约略言之,务须详查,据实答覆,为抚绥地步。

调查民事习惯条问

(甲)家族之事项　子目十

咸丰同治年间,南海朱子襄先生次琦刚方正直,学渊宗风,课子家居,敦睦宗族,一乡化之,称为九江先生,是乡迄今无妓寮烟馆,于此益征家族之间于治安大有关系,应切实调查之。

(一)家庭之教育。粤多讲学先儒,流风犹存。近年欧学东渐,家教日益昌明,并有蒙养院以养其正,应举世家之可法者,并及村市儿童之习尚胪陈之。

(二)家政之接替。年老倦勤则委之于子,聚族而居多委诸弟,亦有以子已成立委诸长子者,分爨而居则委诸子。粤中巨室当亦有此情形,其沿习如何?

(三)独子继承家业固有定则,若有数子女及承重嫡长孙,其分承如何?又,女之分承,已嫁、未嫁有无区别?

(四)孝养之分责。家有老亲,子孙孝养,固不易之常经,惟数子析居,或议归长子专养,或挨月轮养,或以异母而各奉其所生,或因无子而赘婿,或并无女而依侄,其平时之习惯如何?

(五)无子以侄继,礼也。小宗祧大宗以长子,大宗继小宗以次子,著为令典,然有于应继之外择诸侄之贤者,则曰爱继。是以立长、立爱之议起,并欲认在外私生之子归养,及育螟蛉子者,应详查其一切情形。

(六)兄弟同居,传为盛德。如康熙年间惠来方豹合爨,延及五世,至今称之。近来有无守此遗风,抑或多分析?其析产之中有无取瘠让肥以尽友爱之道,并因析产而争讼者?

（七）合族人以建书院或家塾，近有改名学校、学堂者，内实奉祀祖先，是亦乡村之宗祠也。凡祠祭之典礼，祠产（指市屋祀田之类）之管理，开祠之集议，宗祠之谱牒，须逐一详查其情形。

（八）宗祠既改学堂，自必筹款以教族中子侄。其章程若何？筹款若何？有无延聘外人为教习？

（九）聚族而居，粤固有之，然族大人多或分两村居处，其族长兼理两村，或各举一村之长以分理之，及其对于族人之权限，阖族之周恤，并有无建义庄以赡族者？

（十）族大不免有事故，如鳏寡孤独以及夫弃其妇、妇离其夫，甚或殴夫愁父、械斗行凶、烟赌闲游、奸淫掳掠，其族长对待情形若何？

以上举其大概，所未及者尚多，甚或出诸情理之外，不必曲为隐饰，此为八旗驻防陆居之民所应有者，推之水居、山居，岂尽无家，应由实心调查者随时补入之。

（乙）财产居业之事项　子目十

粤省人民口口，安居乐业者多，其关于财产居业之习惯，尤为繁赜，亟应调查之。

（一）独有之财产（如房屋、田地、园林、财帛、动植各物等类）或受先人之遗，或购他人所弃，为一己之独有者，其享受使用之习惯如何？

（二）共有之财产（即前条各项物类）或合族，或兄弟，或数人共置，其分派使用沿习如何？是否责任一人经理，抑系轮流分管？经理者倘私自变易（即盗卖盗押），应责赔偿，及无力赔偿者之情形如何？

（三）典卖租顶之财产，如富家之典买田地、房屋等事，而人之租承耕种、租领居住、租开店肆，或典租未及满期而屋主遽令迁移，以加租价、典价者，并市店之召顶、召盘，以及先典后卖，其找价贴绝暨作中人之各习惯情形，须详查之。

（四）借质交换之财产，例如借地筑室、借屋暂居，或以敝庐易人广厦，或以远处易彼近邻，以及质产贷银、钱债物换等类，如何议约立契，及利息之分数，偿还之限期若何？试详举其习惯，并及作中之情形。

（五）巨族富绅广置田宅，自必雇聘伙友经理之，小康之家自行经理，各该处何者为多？究之自行经理与请人经理，以何者为核实，何者为宜，试详言之。

（六）窖藏之在孔道者，自必归公，其发见于家宅田园及典租于人之家园内者，能独享其利欤，抑主客均分欤？又，路遗之物，偶尔俯拾，有无一定之时期为不能追取之准则？

（七）塾师、书算、医卜、星相、技师，下至仆役、苦力、乳媪、梳佣并贫家押女（俗称"押女仔"），其所得酬金佣值并待遇之情形如何？

（八）邻居房屋自以界石为凭，而年久石倾，难免侵占，小家筑室有无依傍邻墙盖造，不自砌墙？其分界若何？

（九）沙田塌涨无定，总以子母相生为断，有无抢筑人田及越畔而耕、阻人水道者？

（十）营建房屋、庙宇、桥梁、堤岸等事，所雇匠人是否点工，或包工，究以何者为多？及其承揽习惯均须调查。

以上约举大端，所未及者仍由调查者随时补入，由八旗而推暨山居之民，大都为财产者多，似亦不必区别之。

（丙）合群办事捐资济公之事项　子目十

粤人慷慨好施，昔多义举，其最著者，嘉庆年间新会卢观恒父子捐田五百余亩，充新会义学义仓，捐银四万以筑南海桑园围，拨修三水、石角关，南海伍元从昆仲捐六万助之，此外捐修周郡等关，捐筑石堤至十数万两，复捐田以作岁修，其间风兴起者，更不乏人，近尤合谋公益团体日坚，应按后列条目查之。

（一）众擎易举地方之事，自必群策群力以赞成之，然其间有集二三人，或十数人，或数十人以办一事者，甚或以合境全力赴之，各该处究以何者为多？

（二）乡约载在通礼，粤中现依行之，特易其名称曰公约，曰公局，曰公所，其办事则一也，究竟各该处各若干人？办事如何？试胪举之。

（三）地方结社集会现亦盛行，应详举其名称、宗旨，并如何成立，及有无利益于地方。

（四）公益之事甚多（如筑围、修堤、浚河、兴学校、建桥梁、平道路等类）不胜枚举，应就各处现办者查其成立之原因及成效。

（五）兴建公益者有人，而破坏者亦难保其必无，应调查其兴建之人，并有无破坏者。

（六）立宪有期，举国翘企，现在讲求自治，是否风行？究竟一乡一邑之中以何界人居其多数？

（七）合众器以成乐，固贵合群，然集思广益则可，恃众要求则不可，甚或欲胁制官长，须调查其有无此种恶习。

（八）粤中急公好义代不乏人，捐巨万资财而踊跃争先，为各省冠，然亦视其力之所至，须就各该处之捐资济公者历言之，勿以捐之多寡为优劣。

（九）人人有恻隐之心，而妇女尤怀慈善，如婴堂、医院、养老、恤嫠、方便所、施药局、施赈诸善事，固由地方社会中人提倡，有无妇女之舍助赞成者，须就各处调查之。

（十）事有巨细，人亦有等差，如地方之修整巷栅、演戏酬神、建立茶亭、募修庙宇等事，或酾金襄举，或独任乐输，其合群办事者为何如人？有无于此中染指及作醉饱之谋者？

以上亦约略言之，且有为水居、山居之民所不能办者，仍由调查者分别详查补之。

调查绅士办事习惯条问

(甲)兴学之事项

粤东绅士富于自治能力，举办公益事项不少，特就见闻所及者详列之。

（子）教育会

（丑）劝学所

（寅）改良私塾会

（卯）宣讲所

（辰）家族私塾

以上五项应调查者：

（一）现时办理之情形；

（二）管理人之姓氏、职业、期限；

(三)内部之组织;

(四)经费之筹集;

(五)现办之规则。

　(巳)宾兴卷金

　(午)学田

以上二项自科举停后或仍旧,或更章,现作何用?应调查者:

(一)现在之情形;

(二)将来之支配。

(乙)公益保安之事项

　(子)自治研究社

　(丑)团防局

　(寅)警保公所

　(卯)团会及公约

以上四项应调查者:

(一)经费之筹集及支用;

(二)管理之选任有无资格(如无职及无财产者不得充当之类);

(三)办事之章程及规则;

(四)公约施行之效力(此条专就卯项调查)。

(丙)备荒之查项

　(子)义仓

　(丑)社仓

以上两项应调查者,系指属于本地方筹款建设者而言,其列入交代由官经理者不必牵入。

(一)成立缘起年分;

(二)积谷物若干;

(三)经理人之期限及章程；

(四)籴出粜入期限及有无利息；

(五)所有义社仓办事之绅士是否由地方官委派,或由地方公举？

(丁)救灾恤难之事项

  (子)救火

  (丑)水灾

  (寅)防护基围

  (卯)旱灾

  (辰)风灾

以上五项应调查者：

(一)施救之方法；

(二)办事之章程；

(三)经费之筹集；

(四)三年内办理情形及其效果。

(戊)农工实业之事项

  (子)农学会或农业研究所

  (丑)蚕业研究所

  (寅)沙田

  (卯)各种实业

以上四项应调查者：

(一)管理之职任期限；

(二)办事之情形及其规章方法；

(三)办理之成绩；

(四)任事人之多寡。

(己)慈善之事项

  (子)慈善会

  (丑)善堂(如各项善举及赠药、施衣、舍材、茶亭、义渡等类,附列于后)

  (寅)赤十字会

  (卯)天足会

  (辰)恤嫠局(或全节堂)

  (巳)育婴堂

  (午)养疾院

  (未)瞽目院

  (申)麻疯院

  (酉)戒烟会

以上十项应调查者:

(一)成立缘起、年分及其名目(辰以下并详列人数);

(二)经费之筹集及支用约数;

(三)管理人之员数及其责任、年限;

(四)办事章程及规则;

(五)办理之成绩。

调查商事习惯条问

(甲)商业

  粤东商务发达,习惯复杂,本难枚举,兹依据新定商律,并参以各属情形、外洋商法编为条目,俾有根据。

  (子)商业之种类

    (一)营各种商业者(不拘资本大小,在陆、在水,本地、外来)约分若干类,现最发达者为何种商业(如山铺、彩票、番摊亦承饷称商,应详查及之)?

(二)所营之业必先经官许可者为何种商业(如典押、盐行之类)?

(三)中立于两人间以传意思俾成交易(如牙行经纪之类),或以自己之名为他人贩卖货物,抑买入货物为业以及代办运送物品者共分若干类?其名称若何?

(四)开设牙行充当经纪,于请领部帖一切费用外,尚有别项费用否?

(五)牙行经纪是否即于物价中扣取费用?约扣若干?

(六)各项经纪与牙行之同异若何?其抽收费用若何分别?

(七)水陆运送及为人囤积货物者共有若干种?其名称及规章若何?

(八)运送人对于届期不付运费者能否留置?其货物倘因运送逾期而物价跌落,货主所受损失是否归运送者赔偿?其赔偿之议章若何?

(九)为人寄存货物,因水火风灾损失,其受寄人之责任如何?

(十)凡作小经纪者(小买卖),有无同业组合相与订立规约以谋事业之维持而御外界之压抑者?

(丑)商人之资格(即商业之主体)

(一)出资营业有资主自行经理者(俗称"连东带管"),有请人经理者(俗称"掌柜"),或一人或数人,其责任之异同若何,及何者居其多数?

(二)未及十六岁之男子及废疾之人有为商人否?

(三)有无妇女自为商人,或代夫、代父营业者?

(四)营商之妇所负债务,是否专责该妇筹偿,抑并责成其夫?

(寅)商业主体之变更

(一)自营之业让与他人,其权利之移转如何?债务之更改如何?试列叙其计算之法。

(二)未届合同期限而倒闭转业者,其经理人是否须俟清算后出号?

(三)有仅以字号出顶者,有连货底出顶者,区别其计算价值之法。

(四)商号既赠与他人,或出顶于人,其本身能在同一区域内沿用已赠人及出顶之字号营同类之业否？

(卯)资本额及结帐方法

 (一)必具若干资本始可成立大商号？计有若干种？试分列之。

 (二)资本不足周转而称贷于他号,其借据用商号之名,抑并用资主之名？

 (三)有无本号经理人自行加入资本以维持店务者？

 (四)结帐时期有一年、二年、三五年不等,是否以商业之大小分年期之长短？

 (五)本店与分店营业不同,其结帐盈亏是否归宿于本店,抑各计之？

 (六)凡亏倒之商店,有无减成偿债之成例？

(辰)商业使用人

 (一)自经理人以迄学徒共有若干名目？试列叙之,并分别其最要、次要。

 (二)资主付于经理人之权限、责任,是否预为明定？

 (三)经理人如有全部代理权,其选任或解任伙友诸人,可自行专主否,抑必俟资主许可而后行？

 (四)资主能否无故更换经理人？

 (五)资主若欲提用成本,或退资解约,经理人有无力制之权？

 (六)商号若有亏累,所有经理人对于资主负如何之责任？

 (七)伙友(有一部代理权者)之权限与责任如何？其由徒弟递升者循资量以何者为多？

 (八)凡用伙友,有无身元保证金？

 (九)分配红利是否遍及各伙友？学徒有无分润？其差等若何？

 (十)经理人暨各伙友能否自营与本号同类之业或代他人兼营与本号同类之业？设或不能而暗中为之经理,本号察出,其罚则如何？

 (十一)任用伙友、徒弟,是否均有保单？

 (十二)有担保人之伙友若有亏累,中保之责任如何？

 (十三)伙友违犯号规,有如何之罚则？

(十四)伙友更调以及给假归家日期并学徒之学成年限若何？

(十五)伙辛按月支给者多，其津贴是否于年节派拨？

(巳)商号及商标

(一)商号(招牌)是否以禀官立案遂有专用权？

(二)同一区域内有无袭用他人已得专用权之商号者？如或有之，其本有专用权者能否禁止之？

(三)商号能否任意让与他人，或变更、废止？其让人、变更、废止之沿习如何？

(四)商标(即制造及贩卖品上所用之文字、图形或记号者是)选用及专用之权利如何？

(午)商业帐簿

(一)凡记载逐日之收支，一切财产之数目，贷出、借入之比较者，其簿籍分若干类？若何形式？

(二)帐簿及关于营业之书信，其保存年分如何？

(三)帐簿书信如或意外毁失，其如何处分债权、债务？并以何种方法为对外之公布？

(四)或因索债而倒闭，有无藏匿寄顿及故意毁失簿据？如或有之，其索债者如何处分？

(未)商业登记(如注册呈报商部及呈请地方官立案之类)

(一)各商营业或更易字号，或废止暂停，有呈明于该管官者计若干？起分若干类？

(二)登记之处所(如禀官立案，或就近呈请商会、商务公所转报者之类)及其时期(如先行登记而后开张，或距开张若干日者之类)若何？

(三)凡登记者之公示(凡登报纸刊传单，即公示之一端)方法如何？

(乙)公司(商律公司分四种：合资公司，合资有限公司，股分公司，股分有限公司)

(子)合资公司(资主全部负无限责任)及合资有限公司(以所集资本为定有限制者)

(一)合资公司与合资有限公司，境内现以何项公司为多？其组织之完善、利益之丰厚,推以何项公司为最?

(二)此二项公司以营何项事业为多?

(三)出资之方法如何?除银钱外有无以别种动产、不动产及债权、劳务、信用作为出资者?

(四)资主始终有若何之利益?

(五)资主对于公司能随时行其检查否(如检查财产及营业情状之类)?

(六)公司中有一资主未得众资主之承诺时,有无另为属于公司营业部类之商行为者?

(七)公司于损失尚未填补之先,有无虚作利益分配者(假作赢余以分红利)?如或有之,公司外之债权者(公司之债户)能否责令追还?

(八)公司之经理人是否系记载合同,即以创办人为之,抑自咨资主公选任之?

(九)经理人之选任及解任,是否须总社员商定任之,抑过半数即任之?

(十)经理人于公司之财产既负责任,所得酬劳若何?

(十一)经理人能否为一己之便利而随意辞职,以及资主能否无端辞退经理人?

(十二)经理人或有不法行为,公司是否负赔偿之责?

(十三)合资公司之资主,或有亏负于公司财产,或不足抵偿,是否一律负连带之责任?

(十四)公司或有变更,其合同及规章是否俟众资主商定而后变更?

(十五)公司或遇解散之时,于放出、借入之财产自应一一处分之,其清算之方法如何?

(十六)清算人是否以总社员为之,或以社员过半数选任者为之,抑以公司外熟悉商情之公正人为之?

(十七)公司了结现行事务,凡债权之索取、债务之偿还、余剩财产之分配、清算人之办法各若何?

(十八)清算人或有不正行为,人得请另行选任否?

(十九)公司事业已成,或不能成,或定款期间已满即可自由解散否？其解散之事尚须登记否？

(二十)公司或因破产而解散,其清算办法与自由解散者如何区别？

(五)股分公司及股分有限公司

(一)股分公司及股分有限公司,境内以何项公司为多？何者为最发达？何者为最完善？营何项事业为占多数？

(二)现有者系何名称？所办为何事？

(三)招股及分期缴股之方法如何？

(四)股东之权利责任如何？是否于合同内明载之？

(五)董事之选任并权限及其会议之规章若何？

(六)股东会议之规章若何？

(七)股款常年生息若干厘？各公司是否一律？或参差于其间？及有无公积(每年于息银外提若干另存生息,筹备亏折时弥补,谓之公积)？

(八)公司查帐人之选任,阅若干时而一举行？

(九)股分有多寡之分,是否皆有选举查帐人之权,抑定有若干股分而有此权？

(十)公司结算帐目及报告之规则若何？

(丙)海商(指在海上营业者,濒海之区有之)

(一)海上营业约有若干类？以赴何国、何埠运何种货物者为多？应详考而备举之。

(二)共有之船舶,其选任船舶管理人之方法及船舶管理人之权限如何？

(三)船长选任之方法并责任与权限如何？

(四)船长是否以有精熟之技能者充之？

(五)船长以下共有若干人？其名称若何？

(六)船员(即船长以下之人)是否无故不准离船？

(七)船长遇风涛危险之时,或酌弃积货以轻船身,或割桅帆以免倾覆,其责任船长一人任之,抑众人分任之,其分任如何？

（八）船舶或有碰撞之时，其处理救护之方法如何？

（九）海商与洋商贸易与内地商人贸易法之区别如何？

（丁）商行为

　（子）买卖

　　（一）商人与民人交易买卖，价格有区别否？

　　（二）商行为之代理人如不明示为本人而为之买卖，其对于本人仍生效力否？

　　（三）买卖不以现钱交易，其清帐之定期如何？

　　（四）银洋纹水涨落不时，其付价以定货时为准，抑以取货时为准？

　　（五）订买之货届期不交，或遇水火盗贼，其损失归何人负任？

　　（六）物、价已交，或交而未清，买主可否因不合意而退换，抑如何而后得卖主之允许？

　　（七）购货者届期不付价，或付而未清，卖主可向买主索取利息及退约否？

　　（八）期买之货，交物与定单不符，或缺数，或货低，买主与卖主之交涉如何？

　　（九）卖主交货或以窳作良，或以伪充数，买主事后察出，仍得退物或减价及使赔偿损失否？

　　（十）买卖之任用保证及中人，其方法如何？是否有一定之报酬？

　　（十一）买卖而有额外之费用，卖主任之，抑买主任之？

　　（十二）期货交物，其量数（件数、斤数）较原定货单有多寡于其间，其追补送还之方法如何，抑缺者追补而多者藏匿欤？

　　（十三）退换货物之期限若何？

　（丑）借贷

　　（一）商人利息，例有常则，然亦有因银根之宽紧为伸缩，其最高、最低之程度若何？不妨质言之。

　　（二）借贷期限短期者多？或长期者多？短长各约若干时？其届期而未获清偿者能否展期？是否先交息银，抑或以息归本并计之？万一年久未清，力不能偿，有无减轻利息及停利拔本之方法？

(三)同业通融之利息,能否较非同业及居家之借贷为减轻？

(四)数人共负一人之债,此数人是否一律负连带责任？其借还方法如何？

(五)债主有物抵当(指不动产言)、质押(指动产言)者届期不偿,能否作为己有？

倘实因事故(如出门或疾病等事)逾期,而偿债取物尚能复归故主否？

(六)抵押物有无随时取赎或转押于他人者？

(七)有保证之债务而届期不偿,保证人之负责任如何？

(八)借贷有无以若干年限不还即归消灭之例？

(寅)契约(指以语言及文字预相约定者)

(一)觌面商量是否以立时承诺为定？倘须斟酌者,可否请人稍待之？

(二)居各一方,一方之通知限时承诺者,是否必于限内承诺方可作准？

(三)预约买卖而未交价,设有违约者,当如何处理之？

(四)买卖有定钱者设有反复,其定钱如何处分？

(五)簿折往来,其簿折形式共有若干种？

(六)簿折往来,其计算期限之短长若何？

(七)照折揭算后,两方相抵尚有余数,是否立时找清,抑可另订偿期？

(八)暗名合伙契约,是否一方以出资为职务,一方以实力营业为职务？

(九)暗名合伙,以营何种商业者为多？

(十)暗名合伙,其两方分配利益,是否预于契约内定之？

(十一)为人说合买卖者是否明定契约？其权利与义务如何？

(十二)为人运送物品所定契约,水运与陆运有无区别？

(十三)运送人之责任与权利如何？

(十四)为人寄存货物者,其契约之形式若何？

(十五)受寄者享如何之报酬？负如何之责任？

(十六)保险事业有若干种？其结约之方法若何？

(十七)保险者有如何之权利与义务及其效力？

(十八)被保险者当守如何之章程？得如何之利益？

(十九)保险契约因何事实之发生而解除？

(戊)银行票庄(钱店附)及各种票据周转之情形

(一)官设银行与商业钱庄汇兑之信用若何？

(二)银行专为补助商业之机关者若干？

(三)票庄有通外洋者,试分别其某是专行内地,某兼行外洋。

(四)银纸、银元、双单银毫及生银,通行以何项为多？其银纸是否皆由官发？有无由该号自行刊印者？曾否禀准有案购后用之？

(五)电汇、票汇、贴水汇费之差率。

(六)汇票、期票、支条等之有关于商事信用者共若干名目？

(七)各种票据万一遗失,有无补救之方法？

(八)期票及定期存款倘因需用急迫,可否认息先提其利率,有一定否？

(九)记载姓名之证券,可否辗转让与于人？其方法如何？

(十)记载姓名之证券,是否须本人亲取,抑签押后即可取用？

(己)商会及商务公所

(一)成立之缘起。

(二)内部之组织。

(三)会议之规程。

(四)维持之方法。

调查诉讼事之习惯条问

(甲)民事诉讼之习惯

中国诉讼向无民刑之分,近日修律大臣所编《诉讼法》分为刑事、民事两部分,兹照此分列。

（一）民事诉讼之手续是否先投局绅诉断，阅时未决，而后禀官？自递呈以至判决，其次第若何（其状式或红白禀款式附及之）？

（二）例有告期，除届期呈诉外，有无拦舆及传呈者？

（三）诉讼代理人（即抱告，未成丁之男子、有夫之妇暨一切有身分之人往往用之）之资格、权限若何？

（四）候讯取保之情节如何？

（五）中证人之备质是否自行投到，抑须差传始行投质欤？如或人数过多，其分别传提若何？

（六）命令息讼及双方呈请和息，其情节若何？

（七）原告多名，或被告多名，是否以首列之一人赴审即可断结，抑须全体到堂方能定案欤？

（八）有无捏列多名指控及差传无其人者？

（九）有无被人列名控人而自请摘除者？

（十）有无缠讼不休而不投质者？

（十一）有无抗辩而坚不遵断者？

（十二）有无完结图翻赴省上控以及未结而遽行上控者？

（十三）罚款暨欠项抵偿押追之外，或饬局绅，或谕地保差役督同交割过付其财产能遵行否？

（十四）抱告遵结之案，本人有呈请覆审否？

（乙）刑事诉讼习惯

（一）命盗案之告诉发起人大都地保差役或局绅，邻右及本案苦主是否失事后即行呈诉，其距城远者以若干日为限？

（二）命案有无即经呈报而旋请免验者？

（三）命案有无以钱财贿属苦主私行和息者？

（四）或自尽图诈，或移尸陷人，有无此种恶习？

（五）械斗之案有偶见否？

（六）年老家贫有无自愿顶凶冀得钱财以赡其家者？

（七）局绅送匪送凶是否情真罪当？有无挟嫌诬枉情弊？

（八）被劫之事主意在起在起赃获盗，有无挟嫌而诬指为盗者？

（九）悬赏缉匪费出于官，抑有由地方绅士呈缴花红者？

（十）盗案有无熬刑狡供及诬攀多人以泄私忿者？

（十一）有无买盗攀供冀遂其挟嫌之谋者？

（十二）有无差役买盗并承认他案以卸缉捕之责者？

（十三）凡关风化之案，是否由邻右举发者为多？

（十四）有无故匿其妻女诬控人诱拐者？

（十五）抢孀逼醮之案，其举发是否限于夫党、母党？

（十六）刑事被告人而无确实证据者，如何处理之？

（十七）刑事案犯有无终年拘不到案案悬莫结者？

（十八）勘验命案有无当场拦验及滋闹者？

（十九）被劫之家有无浮开失物、饰词耸听者？

（二十）招解案件用费是否全由官给？

广东调查局调查行政上沿习利弊条问册

总例

一、本局法制科第三股遵照馆章掌调查行政上之沿习及其利弊，是册专就行政之范围编列条问，分类征集。

一、是册分类参照《奏定外省官制通则》督抚衙门幕职分定十科作为类别，一交涉科、二吏科、三民科、四度支科、五礼科、六学科、七军政科、八法科、九农工商科、十邮传科。

一、立宪各国，无不以法治为主义。凡细微事项，皆有法律规定。是册调查沿习，虽事属细微，而与行政上有关系者均应报告详咨，以备编制法规之助。

一、是册调查利弊专属沿习而言，应先查行政上之沿习，复就沿习而求其利弊。如于沿习外另求行政之利弊，不在此列。

一、调查方法有二：一甄录案牍，二采访舆论。此次调查沿习利弊除甄录案牍外，非兼采访舆论不足以抉利弊之真际者，应即博采士绅条陈，以资考镜。

一、是册所列问题，概用大号字排印，恐有涉于误会者，并系以解说，用小号字双行排印，以昭区别。

一、调查之后汇册报告，除将小号字之解说无庸赘述外，所有某纲某款某条某目问题皆应照是册高低格式缮写，以便核阅报告。至报告写法，当就问题下空一格缮写。

一、关系报告事项，凡有习用书类式样，均须照原式摹写一张送局汇案详咨，以备参考。

一、报告事件有非格式纸内所得详列者，尽可附列表式或附绘图形，期于详尽。

一、是册条问为各行政官管辖之内者，应将沿习利弊详明条对，其所无者，亦应注明，不得空而不注。

一、调查所得事件为本册条问所无者，应即另增纲目，详细附报。

第一　交涉科之行政

(甲)行政机关

　(子)督辕

　(丑)道署

　(寅)府州县署

　(卯)洋务局

(乙)交涉法源

　(子)法令　粤省现行交涉上之法令，须照左列三条分别汇钞：

　　(一)由各部颁行者；

(二)由南北洋大臣颁行者；

(三)由本省督抚颁行者。

(丑)条约　此条约种类不一,分列于左。粤省已有缔结者,皆须分类照钞；未缔结者,则阙之。

(一)关于政治上之条约　如移交罪犯条约、领事裁判条约等类；

(二)关于经济上之条约　如通商条约、航海条约、检疫条约、关税条约、著作权保护条约、工业保护条约、电信条约、邮政条约等类。

(寅)例案　凡有成例在前,即可按照办理,此于交涉上最有关系者,如各衙署局所有交涉例案,皆须照左列二条,分类汇钞：

(一)本有法令条约而为相沿办理者；

(二)本无法令条约而亦相沿办理者。

(丙)财产权　粤省之动产、不动产皆为国家所有之权利,应即分列条问：

(子)陆领范围

(一)附近岛屿　凡领海之州县发见岛屿,其历来管理方法,应举以报告。

(二)租借区域　如租借之缘由及租借之期限,皆应详细报告。

(三)划分界线　如香港、广州湾等划分之界线,或因山岳,或因河川,或立界碑,各就划分方法,详细报告。

(丑)陆领支配

(一)游历内地　外国人至粤省游历,若无护照,有无限制方法；既有护照,其保护方法若何？各举沿习报告。

(二)购买土地　国家领土之内许外国人购买田地房产,本非各国通例,粤省对于教士等许其购买否？如购买之后有无制限？各就地方沿习,分别报告。

(寅)水领范围

(一)领海　粤省滨海之州县距海岸六海里(合中国二十里)以内为本国主权所及之领海否？应查报告。

（二）港湾　沿海港湾向隶于粤省者有自由管辖之主权否？应查明报告。

（三）河川　河川之流域属于粤省内者，本有管辖之主权，亦许外人航行否？各举沿习报告。

（四）海峡　凡两岸逼近陆境，其中有一线之水以接连于海者，谓之海峡。有自由管辖之主权否？应举沿习报告。

（卯）水领支配

（一）法律　水领之内，无论何国船舶（军舰不在此例）停泊该处者，即有服从水领国法律之义务，外国船舶停泊粤省水领之内，亦服从粤省之法律否？查明报告。

（二）警察

保安警察　外国船舶进口时，防有军械火药之混入，有无检查之法？应各举报告。

卫生警察　外国船舶进口时，遇有传染病症之船舶，如何处置？应举报告。

税关警察　外国船舶进口，预防漏税等弊，其检查之法若何？应举报告。

航海警察　领海之内，非有路灯栈桥（沿海滨架桥以便海舶之停泊、旅客货物之上落者谓之栈桥）预为标签，不免触撞之虞，各该处有无设置？倘有触礁等事，如何保护？详细报告。

（三）航海　各国领海之内准外国船舶通行与否，本属各国之自由。粤省领海之内，凡遇外国船舶之通行，有无限制？详举报告。

（四）渔猎　沿海居民恃渔猎为生活之大宗，粤省领海所及之处亦有外人渔猎否？查明沿习报告。

（五）海贼　凡无国籍之船舶而在公海中作盗贼之行为者，拿获之后如何办理？悉录例案报告。

（丁）裁判权

（子）罪犯移交

（一）粤省人在粤省犯罪后逃匿外国者　如有此事，粤省行政官向其索交，历来如何办法？其有逃匿港澳等处者,亦应并告。

(二)外国人在粤省犯罪后逃回外国者　粤省行政官如何办法？并应详细报告。

(三)粤省人在外国犯罪后逃回粤省者　如外国索犯时,历来如何办法？并应报告。

(四)外国人在粤省境内被粤人殴伤或殒命者　此种偿恤办犯〔法〕之沿习并应胪举报告。

(丑)治外法权　此言外国特别之人、特别之物无服从粤省法律之义务也,应即分别征集。

(一)对于人者　此指元首、公使、领事等而言。

(二)对于物者　如平时外国军舰得本国之许可,停泊之处本享有治外法权,惟军舰中之舰员人等当登陆时,亦有此种权否？各国主张不一,有主张登陆而有此权者;有主张登陆而无此权者;有主张因公事登陆则有此权、因私事登陆则无此权者。粤省遇有上项各事,其沿习若何？查明报告。

(戊)尊敬权

(子)交际礼式　各国礼俗不一,或以拜跪为礼,或以鞠躬为礼,或以免冠为礼,或以握手为礼。礼式既殊,相见亦异。粤省交际礼式如何？应举其沿习报告。

(丑)海上礼式　海上礼式不外举旗、升炮两种,惟在领海之内是否客者先礼,主者答之？历来沿习,应举报告。

(己)交通权

(子)港督澳督

(一)港督澳督设立之缘由;

(二)港督澳督颁行之条例。

(丑)领事

(一)领事阶级　有总领事、领事、副领事、代理领事之四种。粤省通商口岸某国驻某领事,应举报告。

（二）领事职务

　　　管理商务之规则

　　　代行商埠之命令

　　　领事裁判权之范围

第二　吏科之行政

（甲）官厅类别　官厅二字，包括衙署、局所而言。衙署之组织，备载官制，无庸调查，官制中所未载者，为局所，应将局所之类别以及递相管辖之关系，分列条问，以为作统系一览表地步。

　（子）关务处　此关务处之下共有九关，九关之下又有总分百五十余处，其递相管辖之关系，应列报告，如能迳作统系一览表，尤较醒目。

　（丑）太平关　解说与前参看。

　（寅）厘务局　解说与前参看。

　（卯）邮政局　解说与前参看。

　（辰）善后局　解说与前参看。

　（巳）官电局　解说与前参看。

　（午）盐厘局　解说与前参看。

　（未）巡警局　解说与前参看。

（乙）官厅监督

　（子）征收报告　会典诸书虽未备载报告形式，而粤省官厅之报告已成二种沿习，应即分条征集。

　　（一）汇报　有年报、季报、月报之区别，各就沿习，详举报告。

　　（二）随时报　某事当随时报告，亦有定否？应举以报告。

(丑)颁发训令　如下级行政官厅之办理事务有不适当,或有未周,或有不应为者,如何分别训令？应举报告。

(寅)考验成绩

　　(一)外官大计

　　(二)年终考校

　　(三)临时奖励

(丙)文官试验　凡分发到省及改省到粤相升递班未经引见验考并未注册人员,如何分别办理,应照左列三款详细报告。

(子)验看

(丑)学习

(寅)甄别

(丁)文官地位

(子)职务上之关系　从前分设官职,有因新政颁行或因地势迁移(凡督销批验大使等差缺,遇有产地运道之迁移,最有关系)致有空存名目、无所事事者否？各举报告。

(丑)缺分上之关系　粤省烟瘴苦瘠之缺在任若干年有分别调离者,历来沿习,亦应报告。

(戊)文官任用　粤省文官任用之序若何？应历列征集。

(子)任用机关

　　(一)衙署任用者

　　(二)局所任用者

(丑)任用类别

　　(一)题

　　(二)调

　　　　奏调

　　　　咨调

(三)升

(四)补

  升补

  调补

  轮补

  酌补

  借补

(五)署

  升署

  调署

  委署

  兼署

  护理

  兼护

  代理

(六)委

  超委

  挨委

  补委

  酌委

(己)文官权利

 (子)财产上之权利

  (一)俸银

   银数定额　衙署如何分别,一并报告。

   领给时期

　　　　领给场所

　　　　平色减扣

　（二）养廉银

　　　　报告细目与前项参看。

　（三）公费　兼薪水夫马津贴而言。

　　　　报告细目与前项参看。

　（四）规费

　　　　新任贺礼

　　　　按月例规

　　　　开征席金

　　　　三节礼敬

　　　　书吏充费

（丑）身分上之权利

　（一）终养

　（二）给假

　　　　疾病给假

　　　　事故给假

　（三）兼差

（庚）文官义务

　（子）职务上之义务

　（一）依限赴任

　（二）交代离任

　（三）公座署事

　（丑）分限上之义务

　（一）讲读律令

(二)遵守秘密

(三)保持品行

(辛)文官惩戒

(子)普通惩戒

(一)记过

(二)罚俸

(三)降级

(四)革职

(丑)特别惩戒　雍正三年议定,各官任内凡有承追承缉督追等项未完事件,仍令催追缉拿等案所行惩戒方法,亦分列条问。

(一)降俸

(二)住俸

(三)降职

(四)停升

此外刑事上之惩戒如有沿习,亦当胪列报告。

(壬)幕友　新颁官制,各设科员,本无幕友名,而在旧制衙门尚藉刑名钱谷之幕友助理职务,亦应分款征集。

(子)幕友延订　凡幕友有眷属现住本省及本城地方者,亦有延订入幕否?延订之后应开明姓名、年貌、籍贯、住址、三代及莅事日期申报否?各举报告。

(丑)幕友员数

(寅)幕友职务　现分若干席,有无办事规则?应举报告。

(卯)幕友任期　延订入幕有关书否?其任期若何?应举报告。

(辰)幕友薪水

(巳)幕友迁秩　会典内载"司道以下各官幕宾,自申报有案之日起计算,六年期满,准令本官出具保结申送督抚考试,据实保题"等语,粤省沿习若何?应举报告。

(午)幕友惩戒　幕友中如有舞文纳贿等事,应如何惩戒之?详举报告。

(癸)书吏

　　(子)书吏选用　光绪二十七年裁撤书吏之上谕颁行各省后,粤省选用书吏之沿习若何?选用之后应开明姓名、年貌、籍贯、住址、三代及充役日期汇案咨部否?应各详细报告。

　　(丑)书吏额数　各省吏额备载会典,近来定额之外复增各项名目,应各举沿习报告。

　　(寅)书吏职务　有办事规则,即照缮送;无则将各科各房办事方法,详细开报。

　　(一)典吏　凡奉职于司道府厅州县者,谓之典吏,各就其职务报告。

　　(一)攒典　凡属于州县佐贰杂职之部下者,谓之攒典,各就其职务报告。

　　(卯)书吏公费

　　(辰)书吏役期　会典内载书吏以五年更换为定期,免得为日已久,熟于作弊。近闻粤省书吏名为五年役满,实未更换,且有悍为世业者,应举其流弊,详细报告。

　　(巳)书吏选秩　役期既满,无过犯者得考职录用。粤省每年七月间尚有书吏试验否?应举报告。

(午)书吏惩戒

第三　民科之行政

(甲)警务行政

(子)警务执行机关

　　(一)巡警官吏　自巡警道以下有警务长、区官、巡长、巡警等阶级名目,均应照左列各项分别报告。

　　　设立年月

　　　官吏资格

　　　管辖区域

办事权限

各种章程及书类式样

（二）宪兵　宪兵之职务虽专掌军事警察，而在行政警察、司法警察，亦有辅助之义务，惟执行其义务向受地方官之指挥，抑受巡警局之指挥，应详细报告。

（三）军队　军队之权限虽不掌管警察事务，而地方有变端，仅恃警察之力不足以保治安，亦可征调军队为之辅助否？应举办法报告。

（丑）官吏携带物品

（一）物品之种类　凡刀剑、木棍、手册、捕绳、警笛、提灯、名片、印章以及晴雨服装，均应逐件报告。

（二）携带之方法　凡刀剑木棍如何佩带，提灯携带系何时限，服装系何制度，手册、捕绳、警笛、名片、印章或藏绔之袋内，或藏衣之袋内，均应分别报告。

（三）拔剑之限制　携带刀剑必于势不得已之时方能拔剑，即携带木棍亦不宜妄用，粤省有无制限方法？各举报告。

（寅）办理巡警费用

（一）由库项筹拨者

库项类别

筹拨场所

（二）由地方筹集者

筹集方法　有用保甲团防存款，有加房捐、花捐者，各举方法报告。

筹集人员　由官厅筹集，抑由绅士筹集，各举报告。

（卯）保安警察

（一）出版之管理　立宪国之臣民固有言论著作印行之自由，然悉任其自由，漫不加察，则危害公众之安宁，亦非浅鲜。粤省出版物如何管理，亦应分列条问。

文书图画出版　凡（一）发行、（二）形式、（三）内容、（四）颁布，如何管理？各举方法报告。

新闻杂志出版　新闻纸(俗呼报章)及杂志皆为定期出版物,其管理方法如何?此外保押费一项如何缴纳?一并报告。

(二)结社之管理　凡以一定之宗旨合众联结公会经久存立者,皆谓之结社,此其管理方法亦应分列条问。

结社种类　为研究政治,抑为研究学术、实业,究竟各有若干?有无秘密结社?一并报告。

管理方法　是否悉照结社集会律为之管理?应详细报告。

(三)集会之管理　凡以一定之宗旨临时集众公开讲演者,皆谓之集会,此其管理方法应照左列二项报告。

集会种类

管理方法

(四)多数运动之管理　专指室外道旁聚集众人,或整列游行无一定之会场而言,此其多数运动关系于治安者亦匪浅鲜,如何管理,应分列条问。

运动种类　应除祭葬迎神赛会、学堂体育运动及一切习俗所常见者之外所有多数之运动,应举报告。

管理方法

(五)特种人之管理

监视　犯人之主刑既终(如从前外省解到军流人犯是),为预防其再犯,如何监视其行为?各举沿习报告。

预戒　凡无业游民(如猺人、难民、流氓等类)、不安本分者,应否限其一定之时日内从事生业,并戒其不得藉端干涉外事,此种预戒方法有无规定?应分别报告。

留置　遇有泥醉者、疯癫者、闹自杀者及他认为应救护者,应暂留置于局所否?此种留置方法有无规定?应分别报告。

(六)外国人之管理　外国人来居住满三个月者,应将其姓名、国籍、职业、年岁、居住所及居住年月日先行呈报登录否？登录簿之式样如何？应一并详细报告。

(七)武器之管理

刀剑　除军人及警察官吏之外尚有佩带刀剑之人否？有无一定之管理方法？各举报告。

烟火　制造烟火虽为一小营业，然关系公众治安亦复不小，各处营业者应先呈报否？制造场与人家有一定之距离否？制造贩卖亦限以一定时候否？详细报告。

铳炮火药　此铳炮火药关系治安更巨，所有管理方法应举报告。

(八)违警罪之判决　是否悉照违警律办理？应举报告。

(辰)风俗警察

(一)戏院之管理　有公立者，有私立者，其间各有利弊，应分列条问。

演剧脚本　凡设立戏院，应将演戏之名目开列脚本先行呈报否？各举报告。

优伶艺名

观览银数

各种章程

(二)书场之管理　凡以讲谈论说与夫音曲歌唱诸端藉供公众之听闻者，谓之书场，亦应征集其管理方法，报告细目与前项参照。

(三)观物场之管理　凡以手品之艺，以犬艺、猪艺等项陈列于公开之场所供人观览者，谓之观物场，亦应征集沿习。

(四)娼妓之管理

年龄制限

区域限制

管理方法

各种章程

(五)艺技之管理　凡以跳舞歌唱为营业者，谓之艺技，亦应调查报告，报告细目与前项参看。

(六)妓船之管理　报告细目与前项参看。

(七)茶园酒馆之管理

(巳)消防警察　未办警察之州县,总有救火会所,历来如何办理?亦应分列报告。

(一)消防组织

(二)职员分配

　　驻所职员

　　出队职员

(三)办事权限

　　驻所办事权限

　　出队办事权限

(四)消防制度

　　设立区域　此应参酌地理上之便利而定设立之多寡,各举沿习报告。

　　布置水利　凡水管、水井如何分别置布,各举报告。

　　使用器具

　　望火场所　有置望火台,应将旗灯分别报告;无则应将望火方法略举报告。

　　警钟设备　此项警钟有则应将钟点之系数分别报告,无则应将各处报火方法略举报告。

　　技术演习　救火器具是否限一定之时期会同演习,以睹技术之优绌,各举沿习,分别报告。

　　消防方法　凡窒熄、遮断、冷却三法如何应时使用,各举报告。

　　补充勤务　消防之余,尚有应巡视者、应扫除者,有无一定规则,各举报告。

　　各种章程

(午)营业警察

(一)旧货店之管理

　　收买货物之限制　收买货物是否认明卖主,倘疑为不正如何办理,有无限制?

各举沿习详细报告。

遗失货物之检查　如有特别记号之赃物交与失单,该旧货店应否检查申送官长,有不申送者如何处罚？各举沿习报告。

(二)当押店之管理

报告细目与前项参照。

(三)客栈之管理

构造图样　欲设客栈者,是否将其构造图样申报官长检查核准,然后营业？各举沿习报告。

房金定额　房金定额若干,是否揭示帐房、客房之内？亦应调查报告。

管理方法　客栈内宿泊之人应开明姓名、年岁、籍贯、职业呈报官长否？招致艺技有禁令否？各举沿习,分别报告。

各种章程

(四)澡堂之管理

构造图样

管理方法

(五)菜场之管理　营业者于一定之日时、一定之场所以鱼鸟兽肉与蔬菜果物公为交易卖买者,谓之菜场,亦应征集其沿习。

菜场位置

管理方法

(乙)卫生行政

(子)保健行政

(一)饮食物品之管理

水道　凡水道水质、水量时时检查否？有无管理方法？各举报告。

烟卷　未满十六岁者吸食烟卷有害身体之发育,此禁止之办法早奉部文颁行,各处是否照办？应举报告。

饮食物用器具　凡饮食物及用器具有与卫生危害者应否检查,或禁止其贩卖,或废弃其物品,各举沿习利弊报告。

鸦片　鸦片之有害卫生,无庸赘述,各处是否禁绝?据实报告。

各种章程

(二)清洁之方法

下水道之装置　疏通污水、雨水应有排水管或排水线路(俗呼阴沟),方能保持土地之清洁,各处装置费用以及管理方法亦有规定否?各举沿习报告。

扫除污物　凡出污秽之物于街巷者,律例所禁,尚能实行否?在街巷固有之处芥污泥,是否设置相当容器时为扫除?各取沿习详告。

墓地埋葬　墓地近于道路河川,其埋葬死体,病毒之传播最有害于卫生,各处墓地有限一定之区域否?其死后经过若干时间然后埋葬,均应调查沿习报告。

牛豚类之畜牧　此在人口稠密之市街是否禁止畜牧?各举报告。

(三)传染病之预防

传染病之种类　如麻疯、吐、泻等传染病,应查明其发生之时期,发生之状况,详举报告。

预防方法

(四)种痘之管理　此管理方法外国皆有法令规定,亦应分列条问。

种痘时期　小儿生后满若干月始行种痘?其种痘之时期或在春季,或在秋季,或在冬季,均应调查报告。

种痘方法　医生采取痘液如何接种,亦应调查沿习报告。

(丑)医疗行政

(一)医院之管理　凡病院、麻疯院等,亦照左列各项报告。

构造图样

职员分配

(二)医生之管理　凡官医、私医均照左列二项报告。

医生资格

管理方法　凡庸医杀伤人,刑律载有专条,尚能实行否?此外有无管理之法?

各举沿习报告。

（三）稳婆之管理　此管理方法，外国皆规定于法令中，亦应分列条问。

  稳婆资格

  管理方法

（四）药品之管理　凡贩卖药品者、配合药品者、制造药品者，有无管理方法？分别报告。

（丙）宗教行政　我国奉儒教为归，自可无须调查，至有信仰释道者，任法律上则于自由之中寓制限之意，应即应即分列三款征集：

（子）僧道之簪剃　凡私自簪剃者，户律所禁，尚能实行否？各举沿习报告。

（丑）寺观庵院之创建设置　凡私自创建设置者，户律所禁，尚能实行否？亦举沿习报告。

（寅）僧纲道纪管理之事务

（丁）土木行政

（子）道路之管理

（一）道路幅员　县道（府厅州县治所在之道路）、里道（乡里间之道路）之幅员有分别否？应查报告。

（二）禁止侵占　侵占街巷道路而起盖房屋及为园圃者，本为工律所禁止，尚能实行否？各举沿习报告。

（三）修理费用　道路修理之费用系官长负担，抑系地方负担？应举报告。

（四）建设码头　由人民之私费或由地方之公费架设码头，亦可征收地租否？征收租价有无高下？各举报告。

（五）各种章程

（丑）河川之管理

（一）河川管辖

（二）修浚责任

（三）负担费用

(四)禁止侵占

(五)各种章程

(寅)堤防之管理　各州县关基有土堤、石堤之别,均应分别报告。

(一)堤防起止

(二)修理责任

(三)负担费用

(四)各种章程

(卯)古迹之管理

(一)古迹种类　凡祠庙之建造物以及贵重物,足供历史上、美术上之研究者有若干种类?各举报告。

(二)管理方法　如何管理及动拨费用,应分别报告。

(辰)收用土地之方法　如认为公益事业(造公所、学堂,或筑马路、铁路等类)而收用其土地者,应照左列调查报告:

(一)地段丈量

(二)地价定额

(戊)救贫行政　社会上之贫民最易犯罪,其有衰老,或年幼,或罹疾病以致不能营业者,急应设法救助,亦分款征集其沿习。

(子)救助机关　是善堂,抑系公厂,亦举报告。

(丑)救助方法　给与一定之银,抑给予一定之来米,此外有无加以教育?各举沿习报告。

第四　度支科之行政

(甲)行政机关

(子)管辖机关　自将军司道至州县皆有管辖库项,应先将管辖范围分条征集。

(一)将军所管辖者　会典载有广州将军专储官兵俸饷等项,其历来管辖之权限及库内如何组织,均应报告。

(二)藩司所管辖者　除管辖藩库外,有无兼管局库及粮道库,其管理之权限及库内如何组织,均应报告。

(三)学司所管辖者

(四)臬司所管辖者　会典载有臬司库专收赃罚银钱及存各州县驿站夫马工料银,粤东臬司所有各属解缴赃赎等项,历来系存何库,应将沿习报告。

(五)运司所管辖者

(六)各道所管辖者　如巡警道、劝业道、关道等各有管辖库项,应参照前列一二两项解说,胪举报告。

(七)府厅所管辖者　会典内载广东韶州府、惠州府、潮州府、肇庆府、高州府、廉州府、雷州府、琼州府、连州、南雄州、嘉应州、罗定州、南澳同知各库皆有分储银两,以备州县急需请领,是府厅既有管辖库项,应参照前列一二两项解说,详细报告。

(八)州县所管辖者

(丑)监督机关　如总督监督司库,各司监督道库,各道监督府库,各府直隶州监督州县仓库,皆负法律上之责任,应即分条征集。

(一)决算报告　凡下级官管辖库项所有收支、出纳,皆造清册报告于上级官,其报告期限或至年终,或分春秋二季,有无一定?各举报告。

(二)盘查库项　凡上级官于新任之时,或下级官于交代之时,皆当盘查库项,其盘查时之方法以及盘查后之结果,均应报告。

(乙)田赋　雍正五年以前征收正赋分地、丁、漕三种,将来规复旧制,分三种征收亦未可知,应就粤省征收地、丁、漕之沿习,列款征集,以资考镜。

(子)现行科则　田赋科则及随征耗羡本有单行法规定,惟闻现行征收科则,一府之中有此县与彼县不同者,一县之中有此关与彼关不同者(连平州如此,他县容或有之),甚至一关之中有大户与小户不同者(阳山县之文武生员及捐纳监生职衔等有减则征收之例,他县亦或有之),究竟此项沿习起于何时,应照左列各项详细报告。

(一)官田　上则、中则、下则以及有闰、无闰,每亩各征银若干?征米若干?分别报
　　　告。以下仿此。

(二)官塘

(三)民田

(四)民塘

(五)民麦地

(六)山秧地

(七)农桑地

(八)僧道田

(九)学田

(十)旗地

(十一)营田

(十二)沙坦

(十三)地租　有群房地租、沙面地租、外国地租,此外尚有各种地租者,每年如何收
　　　　租,应分别报告。

(十四)濠租　每年如何收租,详举报告。

(十五)新垦起科　开垦荒地逾若干年起科,各举沿习报告。

(十六)转则升科　清丈田亩,查出垦熟田亩如何转则升科,详举报告。

(十七)屯丁　每丁纳银若干,应举报告。

(十八)黎丁

(丑)加征款目　加征款目有载入由单串票内者,有不载入由单串票内者,既由官厅经
　　　征,应详报告。

　　(一)由地丁加征者

　　　　粮捐　每正银一两带征若干,各举报告。以下仿此。

捐输

补水

纹水

倾销火耗

解费

上司衙门各房册费

官得长余银

官得溢余银

帐房厘头银

家人厘头银

门印厘头银

户房纸张饭食银

库房纸张饭食银

柜书饭食银

银匠饭食银

站书饭食银　如有向花户收东银者,均应列入报告。

图差收年例银　此外签差协催、添勇帮催,如有向花户收银者,亦应附列报告。

串票　每张收钱若干,大单、小单有无分别,离城较远有无加增,均应详告。

(二)由漕米加征者

粮捐　解说与前条参看。

捐输

加纹水

解费

上司衙门各房册费

官得羡余银

帐房厘头银

家人厘头银

门印厘头银

管仓厘头银

斗级厘头银

粮书厘头银

仓房纸张饭食银

银匠饭食银

站书饭食银

串票

(寅)办事吏役

(一)承办推收过割、经造征册、由单者　何项吏役分承以及如何办理,详举报告。以下仿此。

(二)承办入额编征、核计完欠、出票催输者

(三)承办征收银米、备文批解者

(四)监视银色、经手上兑者

(五)承催图中地丁漕米者　图中地丁粮米皆有殷实业户一人承办,以专责成否?由户首(俗呼排年)轮当,抑由公举一人经管?其责任若何?所得脚费有无限制?胪举报告。

(卯)征收方法

(一)设柜　乡民完纳国课,有送付粮柜之责任。在署设柜征收,自为正当办法,间有分派员司房书银匠粮差分设粮站征收,或由粮差携带印串沿乡征收,有无流弊,详细报告。

(二)折价　地丁漕米折合花银,再用毫子合平码上兑,系何平色,或用龙毫上兑作银几钱,各举详告。

(三）减水　在正月间有无减水数天，以体恤远乡粮户所赶不及者？至交代之际，有无减水数天之事？应据实报告。

(四）追催　民间充纳不足，如何追催？有由承办粮柜之人代为缴清者，后来向本人取偿，有无一定利息？详细报告。

(辰）储存场所　征收地丁漕米皆储存仓库否？如有存储钱铺或交仓库各房者，应举沿习报告。

(巳）赏罚成例　征收有一定期限，依限完纳及逾期不完纳者，如何分别赏罚？胪举报告。

(午）办理蠲缓　遇有水旱偏灾，理宜详请蠲缓，历来如何办理？照左列三目详查报告。

　　(一）勘灾费用

　　(二）缓征办法

　　(三）带征数目

(未）详请豁免

　　(一）家产净尽者　凡亏空钱粮之人，如果产业全无，本人身故，是否申请豁免，抑令粮差索追？各举报告。

　　(二）田地没失者　凡公占田地，如开河筑堤、建立营房等项，及水冲沙积、荒废田亩不能开垦者，有无申请豁减？系何区域，应即详查报告。

(申）免科地亩　粤东奇零沙地并高州、雷州、廉州等府之山场荒地，不论顷亩，历来概免升科，其报官给照一切办法，有无一定章程，应详细报告。

(酉）征完支解

　　(一）坐支项下　款目依次开列。

　　(二）起解项下

　　　　起解款目　凡解费加平补水及投文赎批等报，均应开报。款目依次开列。

　　　　起解时期　每年一批起解，或分数批起解，有无一定时期，应举报告。

　　　　起解方法　由印官发银给与银书吏带省汇交银铺上兑藩库，抑由印官迳交省城倾销银号缴纳上兑,详举报告。

(戊)各种章程及书类式样

  上忙

  下忙 (上忙、下忙、漕米)易知由单式样 串票式样

  漕米

  实征簿式样 流水簿式样

(丙)关税

(子)管辖机关 由现任官兼充总办,抑另委总办专办,系管辖何处关务、何项官银号?详细报告。

(丑)驻扎场所

(寅)委任员司 自裁去家丁书役改用司员,如何分别委用?至官银号兑收税课,管事司事有无担保甘结?应分别报告。

(卯)关税定率 前订新约值百抽五,而今日物价增高,究竟抽收税率收足与否?据实报告。

(辰)征收制度

(一)征收时间 凡船舶进口所有货物目录与旅客姓名表及船舶国籍证书,限定若干时内申报?所有关税是就输入之日所行之法规征收否?有无休息日?均详细报告。

(二)合算税金 收税之标准,有从量而税者,有从价而税者,有混合而税者。粤省收税如何合算?应详报告。

(三)收纳款目

  加一纹水

  炭火银

  担头

  火耗饭食银

（巳）存储场所

（一）抽收税钞　从前由部差者有监督库专存关钞，如系道府厅州县等官经管者，则存经理之该员库内，后来如何更改，应举沿习报告。

（二）拿获禁品　如拿获私带炸药军火以及犯人衣物，如何分别存储，应举报告。

（午）漏税罚则　此项罚则本有旧章，自委用员司办理后，有无更改，应抄录报告。

（未）免税物品

（申）约束方法

（一）比较收数　凡办事员司到差一年期满，征收足额或征收短额如何分别办理，有无一定章程？各举报告。

（二）监察员司　总办委员巡阅各分口有定时否？如员司办理不善或侵亏税课如何办理？各举沿习报告。

（三）酌给津贴　向例规费提充公用后如何分别给予津贴？应举报告。

（酉）征完支解

（一）坐支项下　如委员薪水、夫马巡丁工食、护勇口粮、厨役工食、打杂工食杂费均应胪举报告。款目依次开列。

（二）起解项下

起解款目

起解时期

（亥）各种章程及书类式样

收税簿式　各税票式

（丁）盐税　粤盐出场发帑收买似外国国家专卖办法，继因帑本积亏，一纲日敝，遂由众商合集盐本仓价赴场收买，此中关系最巨，应分列款目征集。

（子）产盐场栅

（一）生盐熟盐之产地

（二）晒盐煎盐之成效

(丑)检查收盐

(一)场官检查之方法　查察偷漏之外,所有盐质之美恶亦检定否?各举检查方法报告。

(二)巡丁缉查之方法　私盐肆行,在场栅偷漏者居多,或晒丁、灶丁漏不归堆,或堆脚通同买带,流弊不一而足,欲无偷漏,非从此处严行缉查不可,应将巡丁缉查之方法详细报告。

(三)优待晒丁、灶丁之方法　晒丁、灶丁之生计足而后场内收盐可免偷漏,各处优待方法,应详报告。

(寅)收买制度

(一)由商齐价收买者

给发程票　给发之官员有由运司或由运同,各举沿习报告。

收买场所

完纳场价　如灶价、晒价、蒲包、篾篓、水脚、驳脚等项历来如何完纳,各举报告。

盐包重量　每引几包几斤,每包净盐若干斤,各埠多寡不同,是否全用潮称计算,各就沿习报告。

装运盐数

运回限期

逾限罚则　从前逾限分别罚追堂饷,嗣因有名无实,如何办理,以副奏报,应详细报告。

(二)由官发帑收买者

报告细目与前项同。

(卯)掣验方法

(一)掣配场所

场收场配者

场收省配者

　　　　场收桥配者

　　　　场收柜配者

　　　　场收无配者　琼属四面环海,遍地产盐,向由灶丁自煎自卖,只归州县征解羁縻,其历来办法如何,应即详查报告。

（二）掣配次第　凡配正盐、公盐、余盐、羡盐有无一定次第,各举报告。

（三）发给盐票

（四）核验放行　凡按埠核引、按引核盐、按盐核照、按账放行以及印载水程共需若干时,应将办理情形分别报告。

（五）中途盘验　验放之后有直抵埠者,有须中途过秤方可抵埠者,有至中途查验上仓后复用船运抵埠者,其盘验地方是官自委员,抑系商自设卡,有无抽收款目,应分别详细报告。

（六）抵埠里数　水路、陆路若干里?有无艰阻情事?各举报告。

（七）承办官员

（辰）埠商贩卖

（一）贩卖许可　埠商贩卖非得官厅许可不得为之,近阅现办之商有十足认办者,有减成认办者,皆得官应许可否,应分别报告。

（二）盐斤成本

（三）行销疆界

　　　　行销本省者

　　　　行销外省者

（四）市面价值

（五）借销融销之办法

（六）无引盐斤之办法

（七）禁运洋盐之办法

(己)征收课饷

  (一)场官征收场课

    灶丁晒丁　报告每丁征银若干。

    场地　有上则、中则、下则,每亩征银若干,各举报告。以下仿此。

    灶地

    灶田

    漏　有上则漏、中则漏、下则漏,又有大盐漏、小盐漏,每漏征银若干,各举报告。

    池漏

    沙漏

    盐灶　每眼征银若干。

    包税　无闰征银若干,有闰征银若干。

    认增场课各项

  (二)盐商认缴引饷

    正盐程价

    溢盐程价

    加三饭食配费

    炉饷

    铁税

    修仓费

    铁规小礼

    部稿规

    发倾纹银

    各项羡余　凡正盐场羡、子盐京羡、子盐溢羡、远场溢羡、秤头饭食盐羡、婴盐羡各有若干,分举报告。

    引纸　每张合银若干,举以报告。

　　　　加价　　凡海防加价、筹饷加价、赔款加价、练兵加价，应将历来办理情形报告。

（午）存储场所　　经征正杂课饷是否起解运库存储，抑系储存钱铺生息，应各据实报告。

（巳）处罚规则

　　（一）贩卖私盐之处罚　　误买私盐如何处罚一并附告。

　　（二）盐包短少之处罚

　　（三）掺和泥沙之处罚

（未）支解款目

　　（一）坐支项下　　有无减成一并报告，款目依次开列。

　　（二）起解项下　　有无减成一并报告。

　　　　起解款目　　款目依次开列。

　　　　起解时期　　有以十二个月为一年，有以十一个月为一年者，究竟大例若何，应分别报告。

　　　　起解方法　　由司员带省上兑，抑由银号汇兑，各举报告。

（申）各种章程及书类式样

　　水程各式（场官、关官、厂官截去程角一并说明）　挂号簿式　兑盐秤杆（合库平大若干）　联票式　小票式　运照式　运票式

（戊）厘税　　查英美日续订行船条约载明裁厘加税，将来裁去厘税、改征销场税渐合于外国营业税之办法，虽尚未及实行，而粤省历来商货之来源去路，亦宜分款征集。

（子）办理官员　　由州县兼办，抑另委官员专办，各举报告。

（丑）管辖范围

（寅）商货产地

（卯）畅销地方

（辰）经过路程

（巳）征收制度

　　（一）征收时间　　凡船舶行抵局卡，应于若干时间内申报货物目录，于若干时间内查

验放行,有无一定？各举报告。

  (二)征收科则

(午)存储场所

(未)免厘货物

(申)漏税罚则

(酉)约束方法

  (一)比较收数　　解说与关税申款参照。

  (二)监察员司　　解说与关税申款参照。

(戌)征完支解

  (一)坐支项下　　款目依次开列。

  (二)起解项下

    起解款目　　款目依次开列。

    起解方法

    起解时期

(亥)各种章程及书类式样

(己)杂税　　抽收之款不论系何名目,凡解部库司库支销者,概作杂税论,应认定本旨,分条征集。

(子)契税

  (一)现行税则

  (二)随征款目

  (三)征收方法

    折价

    追催

  (四)存储场所

  (五)承办人员

(六)匿税罚则

(七)征完支解

  坐支款目

  起解款目

(八)各种章程及书类式样

(丑)当税

(寅)牙税

(卯)烟酒税

(辰)铁税

(巳)房捐

(午)茶糖税

(未)桂税

(申)榔税

(酉)山河小税

(戌)槽木税

(亥)赌捐

  报告细目均与契税参照。

(庚)杂捐 抽收之款不论系何名目,凡留本地方支销者概作杂捐论,应认定本旨,分条征集。

(子)巡警捐

(一)现行科则 如纳米一石,带征若干,或房租一元,加捐若干之类。

(二)征收方法 就官府征收之捐税附加若干,抑于官府所征捐税之外另定种类名目征收,应详细报告。

(三)承办人员 由该管官吏征收汇交地方绅董收管,或由绅董呈请该地方官出示晓谕,交该绅董自行征收,各举报告。

（四）抗捐罚则

（五）支用款项

（六）各种章程及书类式样

　　各种捐簿　各捐票式

（丑）学堂捐

（寅）花捐

报告细目与子款参照。

（辛）官业　此就官本经营事业而言，以官本成立而由商人包办者，皆应参照调查，如系商本成立，由官督办，毋庸报告。

（子）官银钱局

（一）主办官厅

（二）筹集官本

（三）成立年月

（四）办理成绩

（五）监查方法

（六）岁入余利

（七）支销款目

（八）各种章程及书类式样

　　财产目录式　贷借对照表式

（丑）官纸局增源纸厂

（寅）电力公司

（卯）造币厂

（辰）自来水公司

（巳）土敏土厂

（午）工艺厂

（未）官锑局

（申）皮革公司

（酉）官书局

（戌）堤工局

（亥）瓷业厂

　　报告款目均与前参照。

第五　礼科之行政

（甲）礼乐局

　　（子）组织方法

　　（丑）管理事务

　　（寅）用费细数

　　（卯）动用款项

　　（辰）各种章程

（乙）典礼

　　（子）元日长至　此二节庆贺之沿习如有区别，当分报告。

　　　　（一）庆贺场所

　　　　（二）办事人员　凡陈设、稽察、弹压、替礼及开送、宜注各人员，均应开列。

　　　　（三）用费细数

　　　　（四）动用款项

　　　　（五）各种宜注

　　（丑）恭祝万寿

　　　　（一）恭祝场所

　　　　（二）贡献礼品

(三)进呈方法　专差赍送,抑系驿递送进,应将沿习报告。

(四)办事人员

(五)祝嘏盛典　如启经坛、立碑亭及演戏等事,各举沿习报告。

(六)用费细数

(七)动用款项

(八)各种宜注

(寅)迎春

(一)办事人员　如芒神、土牛、鼓吹、彩亭以及春色等向归何人承办,各举报告。

(二)用费细数

(三)动用款项

(四)各种宜注

(卯)恭迎明诏

(一)恭迎场所

(二)办事人员

(三)用费细数

(四)动用款项

(五)各种宜注

(辰)题请旌表

(一)各属采访人员

(二)总督具题时期

(巳)春秋祭祀

(一)例行祭祀　各处共有若干,应详列报告。

(二)致祭官员　督抚及地方官亲往致祭者若干,遣员致祭者若干,应详细报告。

(三)祭祀日期　应将丁日、戊日、壬日等分别报告。

(四)陈设品物

(五)办事人员

（六）用费细数

（七）动用款项

（八）各种宜注

（乙）〔（丙）〕刊颁书籍

（子）刊送时宪书

（一）承办官员　应将校阅官几人，书吏、工匠几人，及何员经管，分别报告。

（二）刊刻本数　应将官书若干，民用样本若干，分别报告。

（三）用费细数　承办委员饭食银若干，书吏饭食笔费银若干，工匠工料银若干，此外有无开支，一并报告。

（四）动用款项　藩库额支若干，各属分捐若干，此外有无动用，一并报告。

（丑）刊印誊黄

报告细目同前。

（寅）刊刻关防

（一）请给官员

（二）刊刻场所

（三）关防制度　长几寸几分，阔几寸几分，清文篆书，分别报告。

（丁）相见礼

（子）文职官相见

（一）入门　由中门，或由左门，各举沿习报告。

（二）初见常见　本省礼节如何分别，应将沿习详细报告。

（三）坐次　正坐、侍坐居左、居右，各就沿习分别报告。

（四）辞出　本省礼节有无沿习，应举报告。

（五）文移　凡用咨、用咨呈、用禀、用申详、用照会、用案验、用移、用牒、用呈、用札、用牌、用谕单、用朱票，各项沿习，分别报告。

（五）武职官相见

报告细目同前。

(寅)文武官相见

　　报告细目同前。

(戊)例贡

　(子)本省例贡

　　(一)例贡定额

　　(二)办贡时期　春贡,秋贡,端阳、年底二贡,当先期若干日办齐,分别报告。

　　(三)承办官员

　　(四)品物价目

　　(五)用费细数　部饭银两若干,水脚银两若干,此外有无用费,一并报告。

　　(六)动用款项　藩库额支若干,各属分捐若干,此外有无动用款项,一并附告。

　(丑)外国例贡

　　(一)外国国名

　　(二)例贡定额

　　(三)验贡场所

　　(四)伴送官员

　　(五)招待方法

　　(六)用费细数

　　(七)动用款项

第六　学科之行政

(甲)行政机关

　(子)管理机关

　　(一)提学司自定办理者

　　　学堂职员之聘用　高等学堂以下小学堂监督、堂长、教员等,是否悉由学司分别聘用委派,应举报告。

学堂之稽查　各学会有犯《教育会章程》第十三条各项者,有无解散例案,有则摘录大旨报告。

　　振兴学务之方法

(二)提学司详请办理者

　　地方官员之惩劝　地方官员之办理学务,有延宕玩视办理不实者,有办事实心卓著成效者,如何申详分别办理,应将例案详细报告。

　　学堂职员之举劾　高等学堂以下小学堂监督、堂长、教员等,其平日办事功过有无详请举劾,有则历举例案报告。

(三)视学员巡视之时期

(四)视学员巡视之标准　凡巡视学堂教授管理方法与学级之编制、教员之配置、学科课程及学生入学上课各事项,有无规定巡视之标准?详举报告。

(五)各种章程及书类式样

(丑)佐理机关

　(一)劝学所

　　成立年月

　　办事职员

　　分定学区

　　劝学方法

　　兴学次第

　　筹集经费

　　各种章程及书类式样

　(二)教育会

　　成立年月

　　办事职员

　　会员总数

　　历办学务

　　　　会费定额

　　　　各种章程及书类式样

（乙）行政类别

　（子）普通学堂

　　（一）学堂名称

　　（二）设立年月

　　（三）招考时期

　　（四）就学年龄

　　（五）编制学级

　　（六）科目分合

　　（七）引用书籍

　　（八）收取学费

　　（九）寄宿人数

　　（十）试验方法

　　（十一）各种章程及书类式样

　（丑）专门学堂

　　报告细目与前项参照。

　（寅）实业学堂

　　报告细目与前项参照。

　（卯）检定教员　塾师之学力、品行、身体堪为教员者，各州县有无检定章程，应照左列
　　　二项报告。

　　（一）检定方法

　　（二）检定结果

　（辰）学校医生

　　（一）学校医生之资格

（二）学校医生之职务　凡学校换气之良否，采光之适否，桌椅之适否，前列、最后列之桌与黑板之距离、室内之温度等项，以及每月视察时期，有无规定职务章程，此外学校传染病预防及消毒方法、学校清洁法、学生身体检查，章程有无规定，详细报告。

（巳）图书馆

（一）组织方法

（二）设置场所

（三）存储图书

（四）阅览时期

（五）各种章程

（午）编译所

（一）组织方法

（二）编辑书目

（三）筹集款项

（四）各种章程

（未）宣讲所

（一）讲员资格

（二）宣讲时期

（三）宣讲书籍

（四）宣讲余兴

（五）各种章程

（申）阅报社

（一）组织方法

（二）设置场所

（三）采择报纸

（四）阅览时期

　　（五）各种章程

（酉）地方测候所　粤省现在虽无测候所,而各州县报告阴晴雨雪例应详报奏咨者,亦应分列条问。

　　（一）阴阳学之选用

　　（二）阴阳学之役所

　　（三）阴阳学之职务

　　（四）阴阳学之报告

第七　军政科之事项

（甲）军政监督

　　（子）将军监督之权限

　　（丑）总督监督之权限

　　（寅）陆、水提监督之权限

（乙）军用财产

　　（子）物品之征发　平时演习行军或为征调之时,所有军需物品如何征发于民间,应即分项征集。

　　（一）征发书之颁发　应说明何官之权限。

　　（二）征发物之种类　食物、住屋、车马、船舶及演习地面器具,凡经征发者,应举其种类征集。

　　（三）征发区之指定　有应征之州县,有应征之镇乡,有应征之公司,各征集其沿习。

　　（四）赔偿费之成例

　　（五）人民不应征发之罚则

　　（六）官吏妄行征发之处分

（七）各种章程及书类式样

（丑）要塞地带之制限　凡因防御上而建造之台垒署所等有关系之地段者,谓之要塞地带,如何制限,应分条征集。

（一）建造兵备之种类　凡水陆各营,因兵备而建造者,应分别征集其种类。

（二）周围区域之幅员　日本要塞地带,不问陆地与海面,分为三区,其定幅员方法以连结各台垒突出部之线为基线,由此线于外面一定距离之内定之。粤省台垒署所周围区域如何定其幅员,应详细征集。

（三）盘验军装之时期

（四）制限外人之方法

（五）编布海军之基础

（六）各种章程及书类式样、海口详图

(丙)军人类别

（子)旗营

（一）管辖机关

（二）驻扎场所

（三）编审丁册

（四）城池守卫

（五）营兵职务

（六）平时约束

（七）海面操演

（八）考察成绩

（九）拔补壮丁

（十）特别权利

　　养赡银

　　红白赏银

退休官丁之恤赏银

受伤恤银

阵亡恤银

祭葬银

家中亲老丁单者之恤银

(十一)兼任杂务　右列杂务案照《会典·八旗处分例》摘录征集,后来有无更改,各征集其沿习。

巡查海洋

缉拿强盗

(十二)生计筹画

(十三)各种章程及书类式样

(五)绿营　查《会典》内载广东绿营设提督二人,内水师一人,至总兵官副将、参将、游击、都司、守备,各设外海水师数人,内河水师数人,皆依左列各条征集。

(一)管辖机关

(二)驻扎场所

(三)户口申报

(四)营兵职务

(五)平时约束

(六)简阅方法

(七)拨补兵官

(八)特别权利

报告细目与旗营同。

(九)分任职务　右列职务,案照《会典·绿营处分例》摘录征集,后来有无更改,各征集其沿习。

捕扑蝗蝻

解运铜铅

捕获海盗

巡防方法

缉拿盗犯

查察私铸私盐私带军器

(十)裁汰情形　应将原载若干,死亡若干,出外营业若干,现存若干,详细征集。

(十一)各种章程及书类式样

(寅)巡防队

(一)管辖机关

(二)改编年月

(三)驻扎场所

(四)巡防方法

(五)平时约束

(六)考察成迹

(七)劝惩规则

(八)特别权利

报告细目与旗营同。

(九)法律制限　如应住居于军队之所在地,不得被选为议员,亦不得入于结社集会之中,此其制限之沿习,应各征集。

(十)各种章程及书类式样

(卯)陆军

(一)管辖机关

(二)征集年月

(三)驻扎场所

(四)规定资格

年龄限制

身体检查

平素名誉　如曾被处监禁,或因赌博而受惩罚者丧失名誉,如此尚许其服役否?应详细征集。

（五）平时约束

（六）逃匿办法

（七）特别权利

报告细目与旗营参照。

（八）法律制限　解说与巡防队同。

（九）疾病或死亡之待遇

（十）休职退职后之处置　欲兵休后退职,不能再受国家给料,亦是正当办法,惟从前应征者良莠不齐,将来退伍之后国家既无给料,而又不能自为营业,如何处置之方法有无议定,应详细征集。

（十一）各种章程及书类式样

（辰）宪兵

（一）管辖机关

（二）编制年月

（三）资格规定

（四）驻扎场所

（五）约束方法

（六）劝惩规则

（七）特别权利

报告细目与旗营参照。

（八）法律制限　解说与巡防队同。

（九）各种章程及书类式样

(丁)军人教育

 (子)陆军学堂

  (一)设立年月

  (二)入学资格

  (三)编制学级

  (四)教授科目

  (五)试验方法

  (六)各种章程及书类式样

 (丑)军医学堂

  报告细目与前参照。

 (寅)测绘学堂

  报告细目与前参照。

 (卯)宪兵传习所

  报告细目与前参照。

 (辰)赤十字会

  (一)管辖机关

  (二)职员资格

  (三)办理成绩

  (四)各种章程及书类式样

第八　法科之行政

(甲)审判管辖　粤省审判厅现未设立,所有事物之管辖无从调查,兹先就土地管辖之沿习列款征集。

 (子)一犯罪人介于两个区域之间者　如两主张其有管辖权,或两主张其无管辖权,当此事实发生,如何定其管辖？各举沿习报告。

(丑)在此区域犯罪、在彼区域发觉者　如在此区域犯罪,已经着手审判,逃至彼区域而被发觉者,如何定其管辖；或在此区域犯罪,未经着手审判而被彼区域发觉,已经着手审判者,又如何定其管辖？各举沿习,分别报告。

(乙)审判机关　审判汉人、旗人如何分设机关,是否承审官之外各添帮审员,兹宜一并列款征集。

(子)资格

(丑)员数

(寅)责任

(丙)检察机关　粤省检察官现未设立,而当左列各项事件地方印佐各员、警察官、宪兵、城镇乡之董事,亦会同办理否？各就沿习报告。

(子)调查犯罪事实

(丑)搜集犯罪证据

(寅)逮捕被告犯人

(卯)监视判决执行

(丁)承发吏

(子)登用方法　外国登用规则,必选其年龄满二十五岁以上、身体健全、家计整理、品行方正、考试合格而又无过犯者方为合格,粤省登用承发吏有无一定方法,各举沿习报告。

(丑)办公经费　承发吏递送文书传票一日得往返者,每件征收若干？一日不得往返者,每件加征食宿费若干？此外有无需索？分别报告。

(戊)代书

(子)考试方法

(丑)收受费用

(寅)惩罚规则

（卯）书类式样

（己）审判监督

 （子）训令　如下级审判官之办理事务有不适当，或不周到，及不应为者，如何分别训令，应详细报告。

 （丑）惩罚　训令之后若不服从，有无惩罚，应详细报告。

（庚）判决执行　确定判决之执行，民事、刑事各不相同，应在诉讼事之习惯内编列条问，兹仅就监狱一项，征集报告。

 （子）监狱种类　除监狱外有传问、待质、候保、候审、看守所者，究竟已决、未决、重罪、轻罪，如何分别处置，各就沿习，详细报告。

 （丑）监狱职员

  （一）典狱官职务

  （二）看守员职务

  （三）各司役职务

 （寅）监狱经费　归库项留拨，抑由地方筹集？应详报告。

 （卯）监狱行政

  （一）入监

   检阅牌票　凡新入监者，应检阅何种牌票，然后入监？各举报告。

   领置货物　新入监者携带之财货物件如何检点领置？若其货物无保存之价值，或难久保存，或不便保存者，又如何办？即应分别报告。

  （二）监房　男犯、女犯之监房如何区别布置？其年龄长幼亦有分别监房否？各就沿习报告。

  （三）作业

   作业种类

   给与钱数

  （四）教诲　囚人满十六岁者亦应施以教诲，冀其悔悟。粤省有此沿习否？各举报告。

（五）赏罚　囚人谨守狱则,勉励作业,有悛改之行状者,予以赏表否？囚人犯狱则如何量其轻重？分别处罚？其有预防逃走,或预防毁坏狱舍狱具时如何施以铁索锁禁？各举沿习及其利弊,一并报告。

（六）各项章程及书类式样

(辰)狱内警察

（一）给予衣食　有无定数,各举报告。

（二）剪剃发须　有无定期,各举报告。

（三）检阅书信　来往书信有无检阅,各举报告。

（四）外人接见之监视

（五）疾病死亡之办法

（六）非常事变之处置

（七）各种章程及书类式样

(巳)监狱监督　地方官于莅任之初,或每年一定之时如何检阅监狱,各举报告。

(午)旗人监狱

照前列各项细目报告。

(辛)筹办审判厅及改良监狱之方法

第九　农工商科之行政

(甲)行政机关

(子)劝业道

（一）详请举办者

（二）自定举办者

(丑)劝业员　属州县农工商之事宜由劝业员掌理,应照左列两项报告。

（一）劝导方法

　　（二）筹办次第

（乙）农业行政

　（子）农业团体　　凡图农业改良发达而联结之会，或因讲习农务而聚合之所，皆可谓之农业团体，其办理方法应照左列各项历举报告。

　　（一）设立年月

　　（二）职员权限

　　（三）物产调查

　　（四）研究方法

　　（五）各种章程及书类式样

　（丑）试验农事

　　（一）巡回讲话　　如有人巡回于其管辖区域内讲话农事，应将其讲话之时期、讲话之场所一并报告。

　　（二）分配种苗　　粤省天气较暖，分配种苗有分三熟者，应将分配时期、分配方法一并报告。

　　（三）土壤肥料农产物之分析

　　（四）各种章程及书类式样

　　　　农事试验场章程　农事讲习所章程

　（寅）驱除害虫　　凡害农各种之虫类，谓之害虫，应如何驱除、预防，在外国皆有法律规定，亦宜征集报告。

　　（一）害虫种类

　　（二）发生区域

　　（三）被害物产

　　（四）驱除方法

　（卯）管理肥料　　凡供农产物之肥养物料，谓之肥料，应如何管理，外国皆规定于法律中,亦宜征集报告。

(一)肥料名称

(二)原料种类

(三)制造方法

(四)贩卖场所

(辰)检查蚕种

(一)蚕种制造　粤省天气较暖,制造蚕种有得八期者,应将制造时期、制造方法一并报告。

(二)蚕儿伺育

(三)蚕病种类

(四)检查方法

(五)各种章程及书类式样

(巳)清丈地亩　参照《会典》,凡州县地亩丘段坐落田形四至等项,间有不清者,印官宜亲自丈量,作鱼鳞册。粤省地亩全行清丈否？所有清丈方法详细报告,如有章程一并附送。

(午)督促开垦　凡一切荒地早奉部章分别开垦,粤省办理成绩应照左列二项详细报告。

(一)开垦荒地

(二)开垦沙坦

(未)振兴林业　振兴林业办法,早奉部文限期详细查明,备具图说咨报,亦应分列各项征集报告。

(一)森林种类　天然之产随地多有,粤省各州县森林有何种类,各举报告。

(二)造林区域　在何地适宜,应举报告。

(三)振兴方法　江苏、福建等省设有树艺公司,山西设有农林学堂,早有振兴之基础。粤省振兴方法如何,各举报告。

（四）砍伐制限　粤东山多地少，无田耕种，穷民赴山搭寮取香砍柴烧炭者甚多，照《会典》定例，应由各州县每寮给牌，遇有迁徙消长赴县添除，此种制限方法，如何办理，各举报告。

（申）采取水产　凡以水产之动物、植物为之养殖或为采补，以营利为业者皆是，应分细目征集。

　　（一）分划区域　粤省沿习，凡在碙内采取者，谓之碙；造船出海者，谓之浦。究在海面有无分别区域，有则应将分划方法，或以建筻，或沉没土石竹木，分别详细报告。

　　（二）呈报官厅　得此渔业之权，犹得一种田产，应先呈报官厅，得其许可，方有专用之权。粤省沿习如何？渔民不为呈报有无争斗流弊？历举报告。

　　（三）采取器具

　　（四）水产种类

　　（五）制限方法　为保护公益上必要之时，亦得制限其渔业否？各举沿习报告。

（酉）狩猎鸟兽　凡以铳器或筻或网或纳绳为捕获鸟兽者皆是，应详分细目征集。

　　（一）官厅许可　狩猎亦为一种营业，应得官厅许可，携带执照方可出行狩猎。粤省沿习如何，各举报告。

　　（二）鸟兽种类

　　（三）狩猎制限　凡在祠庙境内，或在墓地，或在通行道路，均不便妄行狩猎，其在人家稠密地方，或众人聚集地方而行铳猎，亦甚危险。粤省有无制限，各举沿习利弊报告。

（戌）养牧家畜

　　（一）家畜改良

　　　　牧养方法　外国牧养家畜以及检查方法皆有法律规定，粤省牧养方法，各举报告。

　　　　蹄铁工人　受人之请托以装蹄铁，及剪蹄铁为业者，谓之蹄铁工人。外国必须试验合格，方准为之。粤省之蹄铁工人有无资格，其受费用若干，一并报告。

(二)家畜卫生

　　兽疫预防　粤省牛马豕羊犬之罹，兽疫热症为多，此外有何兽疫，其预防方法若何？应举报告。

　　兽医资格

(丙)工业行政

(子)工业团体　凡图工业改良发达而联结之会，或因讲习工业而聚合之所，皆谓之工业团体。其办理方法亦应征集报告。细目与农业团体同。

(丑)制造新法

　　(一)造茶新法

　　(二)制皮新法

　　(三)制糖新法

　　(四)织造新法

　　(五)造纸新法

(寅)保护工人　工人卫生均应保护，每日作业时间向有制限否？各举报告。

(卯)检查度量权衡　中国度量权衡固已颁行画一制度，惟各地方旧器习用既久，虽于骤改，应即分列细目征集其沿习。

　　(一)度器

　　　　种类　如营造尺、矩尺、折尺、链尺、卷尺等类，此外有无别种名目，各举报告。

　　　　式样　有直形，有直角形，有直接直角形，有连节织绳形，有带形，粤省习用之式样，应详报告。

　　　　材料　有金属象牙、骨、竹、木，有金属木，有金属，有金属麻革，粤省习用之材料，应查报告。

　　　　合营造尺　度器之制度以营造尺为标准，应将习用之度器折合大小举以报告。能横列一表，尤为醒目。

(二)量器

  种类 如斛、斗、升、合、龠之类,此外有无别种名目,各举报告。

  形式 有方形、圆筒形二种。如方形一种,应将其面底方边开明几寸几分,其高有几尺几寸几分几厘;至圆筒形一种,应将其径几寸几分,其深有几尺几分,详细报告。

  容积 应将几立方寸、几立方分详查报告。

  材料 方形一项有木、有金属木;圆筒形一项有金属玻璃、有金属木玻璃等材料,均应详查报告。

  合漕斛 量器制度以漕斛为标准,应将习用之量器折合大小,举以报告。

(三)衡器

  种类 有部库天平,有商用天平,有杆秤、戥秤、重秤,更有法马,此外有无别种名目,各举报告。

  材料 平秤有金属,有金属木,有牙骨木等材料;法马更有铅黄铜,有铅锡铜铁等材料,均应详列报告。

  合库平 衡器制度以库平为标准,应将习用之衡器折合大小,举以报告。

(丁)商业行政

 (子)商业团体 凡因商业改良发达,或因筹备出品而联结之会,或由商家一业而设立之会馆、公所等,皆谓之商业团体,其办理方法亦应报告。报告细目与农业团体参照。

 (丑)专利办法

  (一)专利种类

  (二)保护方法

 (寅)商品陈列

  (一)商品种类 如天产、水产、林产、农产、工艺、教育品、制造机械品各有若干,应查明报告。

(二)陈列方法　有临时陈列与常时陈列之分,其收游览费有定额否？应详细报告。

(卯)保险营险

(一)营业种类　为生命保险,抑为损害保险,分别报告。

(二)保险银额

(三)赔偿方法

(辰)商务调查　应将各种商务之销路以及获利之多寡胪列一表,详细报告。

(巳)保护华侨　粤省人民经商营工于槟榔屿、新嘉坡、小吕宋等外埠者实繁有徒,所设保商总局在于省城,现在华侨往来是否称便,各举其沿习利弊报告。

(戊)矿业行政

(子)管理机关　开采之处系何局所管理,或系何公司管理,应即注明。

(丑)矿产图税　矿区之四至界限占若干方里,其苗脉入地深浅系何种矿石,何种山石、土石分若干层,每层有若干尺寸,非绘图列说不能明晰者,应照以上各项分别详注。

(寅)批准年月

(卯)购地价值

(辰)矿师权限　如延订外洋矿师,是否于合同内严定权限,应将合同抄录报告。

(巳)开采方法　开采方法随矿地而异,有用土法,有用机器,应举报告。

(午)矿质化验　化验之处是否有分析室,有分析炉,所有分析矿质亦应报告。

(未)矿税完数　除纳矿界年租外,有无交纳出井矿税,其完纳数目加纹水汇费及完纳期限,均应报告。

(申)价值比较

(酉)运道距离　矿业发达,全恃运道通畅,其道路艰阻则运费加多,应将其距离销售处所之道里一并报告。

(戌)私占限制　各省私占矿地矿山之案层见叠出,非设法查禁,流弊必多,粤省有无限制方法,各举报告。

（亥）各种章程及书类式样

第十　邮传科之行政

（甲）铁路

（子）管辖机关

（丑）勘定路线　无论现在建筑与否，凡从前已预勘定者，均应报告。

（寅）敷设次第

（卯）洋员权限

（辰）各种章程及书类式样

原奏折片　全路图说　勘路章程　勘地章程　招股章程　聘员合同　借款合同
购料合同　车栈条规　车上条规　载客章程　运货章程　保险章程

（乙）船舶　船舶二字，统轮船、帆船而言，亦分别款目征集。

（子）商船团体　凡为保护整顿航业而立设之会所，皆谓之商船团体，均照左列四目详细报告。

（一）设立年月

（二）职员权限

（三）办事规则

（四）整顿方法

（丑）造船制度　粤省造船，凡船体与机关如何配置有一定制度否？应查明报告。

（寅）船坞设置　凡因建造修理船舶、设置船坞有若干处？如何管理，一并报告。

（卯）奖励方法　凡能制造船舶或能航行于海港，间有给与奖励以昭激励否？各举沿习报告。

（辰）船舶登记　凡载客运货之船舶，应先将所有者之姓名与船身尺寸、吃水尺寸、速力吨数及制造者之姓名登录一簿始可航行各埠否？各举沿习报告。

（巳）检查规则　凡船舶足供航行与否？有无检查规则？各举报告。

（午）船员约束　凡欲为船员,应先得官厅许可否？倘犯纪律,如何加以惩戒？此种约束方法应详细报告。

（未）运送限制　凡运送军火以及装载赴外埠入口有无限制方法,亦应查明报告。

（申）航路标识　凡保护航路安全,有设航路标识否？如何看守？有无章程？亦应详细报告。

（酉）冲突预防　凡船灯与航法及雾中速力、雾中信号、航路信号、难船信号、昼夜各信号,有无一定规则,亦应查报。

（戌）水难救护　凡遭难之本国船舶、外国船舶皆为救护否？各举办理情形报告。

（亥）各种章程及书类式样

（丙）电信电话　收发电报以及减价均已重订章程通行各省,兹就粤省管理监督情形列款征集。

（子）管辖机关

（丑）敷设线路

（寅）保护规则　如窃毁电杆、电线以及斫断海道水线如何分别治罪？有无例案？在于平时责令何人保护亦有规定否？应分别报告。

（卯）铁路传电　铁路之电线为便利铁路之用,其传电之界限亦应报告。

（辰）无线电报之办法

（巳）电话收费

（午）监督方法　凡商办电信非严为监督,流弊必多,应举监督方法详细报告。

（未）各种章程及书类式样

　　无线电报学堂章程　办事规则　告示

（丁）邮政

（子）管辖机关

（丑）邮政处所　粤东繁要地方添设售票信柜、信箱、信筒等项,各州县有若干处所系何地方、何年添设，应列表报告。

（寅）办公时间　此办公时间各按地方情形适宜者为之酌定出示，应将出示办公时间抄录报告。

（卯）投发次数　每日封发若干次，投递若干次，有无一定？系何时刻？应详举报告。

（辰）各种章程及书类式样

　　通邮汇编　事务通报　办事规则　告示

（戊）驿传

（子）管辖机关　驿站所需各项向有额定钱粮，或设驿丞专管，或归州县兼管，或令武职带管，各就地方沿习，分别报告。

（丑）分设场所　《会典》载番禺、三水、清远、曲江、英德、仁化、保昌、高要、封川、德庆共置驿十处，置驿之外并有设铺，后来有无裁撤，系何年月？各就地方沿习，详细报告。

（寅）夫马额数

（卯）收发登记

（辰）递送方法

（巳）勘合排单

（午）平时约束

（未）驿费支付

（申）处罚规则

（酉）各种章程及书类式样

[节选自《广东调查局公牍录要初编》，广东调查局编，宣统元年（1909年）铅印本，广东省立中山图书馆藏。本篇标题为编者所加。]

惠来县民情风俗民事暨绅商诉讼事册

惠来县民情风俗民事纲目

民情类

陆居之民情（子目二十八）

　　查县境城镇五，县城而外，一神泉，一靖海，一隆江，一葵潭；都五，曰惠来，曰酉头，曰大坭，曰隆井，曰龙溪，共计大小乡村六百四十三。分三级调查之，应以乡村为初级。又，查附山居民，无猺、黎各种族，故以陆居统之，合并注明。

　　一、明嘉靖四年始建县治，时有多数居民，先由河南徙福建转徙而来者，曰福老；其小数自嘉应州稍后至者，曰客家，要皆向来之土著，非新来之客籍也。其性情气质，村乡则多朴诚，城镇不免浮伪。葵潭一带多客家，亦间有强悍者，语音亦与福老异。本邑无通商口岸，虽非五方杂处，然亦良歹不齐矣。

　　二、四民之中乡村务农者约百分之六，工商三，士一；若城镇则士约百分之二，工商六，农二。

　　三、士人学业原多守旧，城乡风俗气渐开，讲维新者颇不乏人，然真维新者少，新旧相间者实居多数。

　　四、士夫知出身必由学堂，故办学者多以礼教约束子弟，安分读书，不至藉此以敛钱财，故学界冲突、彼此争执之案，刻尚少闻。

　　五、游学日本者县属则有林姓、卓姓二人，赴省陆军小学堂者有方姓三人，水师学堂、法政学堂、优级师范学堂各有方姓一人,实业学堂有黄姓一人,述善学堂有朱、林、方、詹、翁各姓共八人,赴南京陆军中学堂者有方姓二人,赴京者无人。若自行研究城乡世俗,闻亦有之。

六、赌风炽则正业荒,子弟游闲,势所不免。农工中人而能知书识字者,城镇难观其一二,若乡村更可知矣。

七、本邑绅衿,其谨饬自好者安分家居,非公事不入公门。间有不肖者亦只窥探官意,吓骗乡愚,求讼者每受其欺。现在民事诉讼之窥〔规〕则组织未全,其代人作状者往往有之,但地方有司诚精白乃心,审察情理,勤于裁判,彼亦不能施其鼓簧也。屠捐、膏捐各饷承认者有人,若钱粮征收,衙门则有房书,乡里则有排甲,绅衿向无包揽者。

八、县境少桑,故蚕业未究。森林,则为风水所惑,盖附山葬坟,即禁种树也。若菜,则神泉、华湖等处之萝卜为多;果木,则县东之双溪、东洋、鹅地等处,县西之葵潭一带均多荔枝,盐岭一带则多梅、梨,梅林、新楼等处多茶、柿,其余各处类皆童山矣。蚕桑一项,闻前方绅桂东尝捐资倡办,惜病故,事遂中止。

九、近海之村,东而靖海属之葛山港内,南而神泉属之文昌乡、金东乡等处作煎晒盐业者居多,操农工者较少。

十、营造祠庙,其木工、石工、□□、绘画、油漆尚见匠心,若商市民居率安朴陋,以故习工商业者无多也。

十一、商业不竞,虽城镇亦少合股营运之风,惟自作小经纪较多,出洋营商而能获巨资者不过数人,近来纷纷过洋,多属庸工。

十二、县城有在汕头领牌承充缉捕经费公司一所,分设宝馆,实与番摊馆相类。若村镇圩市向有赌馆处所,均准由公司领牌开设,公然行之,似不待诱。至售山铺票等类,本邑尚无。开设花会,向来多在惠与潮普交界山僻之处,自去岁文武衙门认真查拿惩办后,此风顿憩。

十三、邑民愚而任气,往往因薄物细故,忿争互殴,赴县请验伤痕者。若因忿争而械斗,村乡间或有之,官到弹压即止,以其尚知畏法也。

十四、县境无通商口岸，洋船不能停泊，故少拐卖人口出洋之事。

十五、甘心为匪，分赃窝贼，自光绪卅年拿获陈乌毛正法后，迄今罕有所闻。至掳人勒赎与未抢劫而先索人财，本邑刻无其事。

十六、三点会匪煽惑乡愚，光绪廿七年曾有在金刚髻山竖旗者，经地方文武严加惩办后，此风顿熄。至革命之谬说，无论城镇、乡村，均未习染。

十七、禁嗜洋烟，自去年发给烟牌、严行查办并联合绅董在县城设立戒烟会，其戒断者颇有成数。现又照会各村镇大族绅耆，各设家族戒烟会，劝惩兼行，以期依限净绝而固本源。至种莺粟、食吗啡，则为本邑所无。

十八、在县境传教者有华洋教士共四名，奉教者以葵潭地方为多，县城、神泉、隆江、靖海等处均少。总而计之，入天主教者一千三百二十四人，入耶稣教者五百零四人。

十九、近来士人颇多习医，而习星相者少。邑人喜谈风水，坟山多处则林木必少。至矿产，未经测验，亦无开采之举。

二十、迷信神权，患病延巫祈祷者有之，然亦未尝不事医药。若造蛊害人，合邑所无。

二十一、出家为僧者，县城附近庵庙寺院共计不过数人，各村镇则为道士者较多，乞丐及残疾之人尚少，有患麻疯者则收入癞民院居养之。

二十二、近来维新之风颇开，演戏渐少，故业此者顿减。若盲词歌说则为本邑所无。

二十三、乡村妇女种耕织布为多，城市则操井臼习缝纫为多。本邑风尚勤俭，虽富贵之家，并无佣工如疏头婆之类，至贫家妇女，肩挑背负是其常事。

二十四、妇女入学堂者无闻，其在室诵读者，城镇绅富之家间亦有之。

二十五、妇女无他赌博，最嗜花会。今幸花会禁绝，当亦各务女工也。

二十六、贫家妇鬻女为婢妾者原非情之所得已，至卖女作妓，尤所不甘。至间有女长不字以招赘婿而冀其工资之所入与其力役者，迨至资力微薄，则出逐婿之令而更招新婿，在城镇守礼之家均定族规禁止之，若村愚相沿绝不为怪也。

二十七、富家妇喜买使女，其爱之之情颇挚，以本邑妇女之价值最高也。至及笄转卖与人，无论为妻作妾，则必问女及女之父母所愿而后定，似尚非以此为奇货者。

二十八、女子出嫁交拜后即返母家永不见夫面者,本邑尚少此风,惟因尼姑设立斋堂,煽惑有愿作斋娘终身不许问名者。论者谓宜责成其父母早定婚嫁,禁其勿入斋堂,庶毋此患。

水居之民情(子目十)

一、县属神泉、靖海两港有蛋户,男业渔,女织网。其气质朴愚、柔弱,往往受人欺凌,以故依附有势之家,谓之"船父",年纳小银,以祈保护。近来屡被狂徒滋扰,船父亦无如之何。论者谓宜仿办渔团,以辅水巡之不逮,即以神、靖二埠巡警局范围之,以保护细民,一以帮助公益。此说似不为无见。

二、濒海之区亦只神、靖两港,洋轮不能停泊,民船往来业渔居多,蛋户亦只就内海捕渔,绝少潜行水底之人。惟神泉设有救生船,其水勇则可引民船出入港口,名曰"带水",似与习风涛、谙海线之意相近。

三、近水之乡,神、靖两港外如澳角村及深园等处业渔居多,若过渡、运货、载客之事,时则有之,非其常也。

四、蛋民之知书识字固少,即近水居民百分中不过一二,要皆安份营生,不干法纪。

五、神、靖两港非通商大埠,只蛋户及民船往来停泊而已。画舫游宴,无此靡风。

六、水居之民知畏国法,尚无接济匪类及抢掠财物情事弊。

七、领螟蛉女及养媳以作妓事则有之。若合造楼船以当娼寮,及妇女停桡水次,诱人冶游,尚无此种结构与此种行为。

八、嗜鸦片、喜赌博恐亦不免。若自甘暴弃,徒仰食于妻女,恐其妻女亦不能容,盖蛋家女权尤重也。

九、蛋女之作妓者,难保无毒淫徒染之,指为卖疯,以肆其陵〔凌〕虐者,时有所闻。

十、蛋家妇女只供织网,而针黹工艺,非其所长。

风俗类

陆居之风俗（子目二十二）

一、城镇风气先开，男界衣服喜作学堂生装束者颇多，其女界变为紧身窄袖天足者，十居六七。若乡村则衣服率安朴陋，妇女则皆天足高髻云。

二、居处皆瓦屋，砖墙少而灰墙多。无论城乡，所有商铺民房类皆矮少。若各姓祖祠，则颇宏敞，门壁皆绘饰花文，且往往有中厅设祖牌，而左右两廊即为各房子孙居室者。至筑花园圃、建洋房，合邑无闻。

三、日常通用艮〔银〕毫皆出自福建、江南、两湖等省所造，甚少本省龙毫。零星买物，亦无制钱，皆用嘉隆、景盛年号小钱，其轻薄可嘘气使飞，古所谓荇叶、鹅眼，此殆兼而类似之。县城及神泉、隆江、葵潭等处，皆尚通用此种小钱，惟靖海一带绅商议禁不用。若当十紫铜制钱，则本邑尚未一见云。

四、城乡各处虽贫富不同，其饮食大概从俭。县境背山面海，旱地多而水田小，早晚两造谷米不敷民食，至以番薯代粮者十居六七。

五、民多务农，工作甚少，盖无富商大贾购办机器开设艺厂，以致制造不良而生利遂寡。若农则皆出作入息，按时程工，颇自勤焉。

六、岁时节文。元旦，则彼此贺岁。至上元前后数日，则在祖祠庆祝，名曰"兴灯"。俗例生男者至是开筵燕喜以为荣，演剧侑觞以为乐，富人犹可，贫者往往称贷以博一时之高庆，似亦过矣。神庙则灯彩高悬，鱼龙杂舞，管弦歌曲，彻夜喧腾。在乡村则鼓乐迎神，有古昔乡傩驱疫遗意，惟习俗起偏见，强分疆界，游神时有越雷池一步者，以为不祥。新娶妇是夜必浓妆侍立厅堂，纵人往观而品评之，名曰"看新人"。至清明墓祭，则纸片纷飞，其大族祭毕，席地饮馂。此外，若竞端午之龙舟，修登高之韵事，乞巧月下，会施盂兰，与省郡各处相去远甚。最重者惟冬至令节前三日，即在祖祠整列先人木主行祭，三献皆以宗子，分献以族长，总献以宦族。礼毕，饮福受胙，共叙天伦之乐事而罢。

七、婚嫁行六礼，富者用金银纨绮羊豕酒果，贫者折以银元数枚。至庆寿节文，多从俭省。冠礼,即于迎娶之日行之,城乡大致相同。

八、婚娶之悖礼者往往于送聘之时较计财物,故迟婚期,致伤姻谊,此风以隆井一都为甚。若夫纳再醮、卖发妻,贫者亦不能免。至诬不贞、娶同姓、购逃妇、豪棍抢媚、荡子两娶,此风尚少。守节之妇先后详请旌表者颇夥,尤以林日觐之妻方氏少年殉夫为最,曾蒙学政张奖额曰"彤史流芳"。若指腹订婚,本邑无闻。

九、满汉联姻,华娶洋女,本邑均无。

十、丧葬称家之有无,现俗多从省约。惟延僧道以唪经,用鼓吹以送殡,及题主赙仪丧,城乡有力之家大略相同,无力者殓具不周,尸未寒而即窆,亦势之无可如何也。攒埋族葬,此风甚少。惟迷信风水往往停柩至数年之久,尚未卜得吉地,其为堪舆所惑有如此者。

十一、庐墓三年孝行也,自前明詹梦魁后迄今无闻。墓祭相沿,或就清明日,或另择日,城乡微有不同。惑于堪舆家言,既葬复迁,无论年之远近,所在多有。甚或假窨占山,冒坟盗葬,彼此争控,情伪百出,噫!愚甚。

十二、春祈秋报,礼有常经,但习其事者或未解其意。惟祀神必演剧,他乡人后至,则本乡人必相退让,谓我主彼客,不可无礼,如此则古道犹存。所谓礼失求诸野,岂不信欤!近因各处多灾,人为保安计而迎神,斋醮祝祷等事则尤俗所不免矣。

十三、富买婢女,贫领养媳,尚少虐待及故迟嫁婢之期情弊。

十四、乡饮酒之礼虽失古制,然每于岁晚暮间相聚里社,演剧酬神,设席欢饮,有报赛田事之遗意,抑或于元宵佳节聚饮,均长者在前,少者在后,其犹存引年尚齿之风欤。

十五、邑人习尚土货,若洋货除火水油外,虽多喜用,然因其不坚实耐久,亦渐厌之。如日本之钟表、滋〔磁〕器,以及洋绉、彩绸之类皆是。

十六、出洋营商年久不归,其家必多方祈祷,亦人情之常,拜桄榔树者无闻。至妇孺患病,延道巫来治,时或有之。

十七、秋时斗蟋蟀角胜负而博输赢,三十年前城镇乡村均有此风,现时罕见,惟蓄鹌鹑以斗者如故。

十八、山票、铺票本邑无有,专赌四门铜宝,非番摊,实与番摊等。守先正遗风而禁设赌馆者,惟乡间有之,城镇市埠不能禁止,缘有缉捕经费也噫!

十九、演戏以资观感,苟能出以忠孝廉节则善矣。乃频年以来多有率意妄更变为淫亵戏剧,穷刑尽相,以冀悦人心目,少年因而纵欲,妇女因而失节,是在所宜禁革而俾之改良。

二十、本邑妇女,虽城镇富家,亦务女工,时遇赛会出而观剧则有之。若身舆出入、日夜嬉游、饮博佚乐者,尚无此风。

二十一、修道成真,有所谓宋祖师者,其庙貌在县东郊后,此鲜有所闻。本邑僧少尼多,其为女尼者,大都自幼收买,不得不从披薙矣。蓄发嫁人者,间亦有之。最坏风俗,莫如斋堂立邪说以惑妇女,藉端敛钱,则有派川资往南海以见观音及上表放生诸名目,日夜聚处,毫无忌惮,此风以前湖乡、隆江埠为甚,是当思所以澌除之也。

二十二、本邑幸少盲女,故度曲糊口之风,未之前闻。

水居之风俗(子目十)

一、男则短褐箬笠,女则赤足束发,率以薯莨粗布为衣,未有能读书识字者,捕鱼织网是其工艺也。

二、蛋家终岁舟居,其形式如梳措,盖三篷,俗呼为"蛋家船",而以渔为业,并无载货过渡及游宴之事。

三、蛋家均属贫寒,其装修、饮食率皆粗薄,操作尚勤,即遇大风浪,亦在内河捕鱼。

四、婚嫁皆简略,无文福,则只有送聘及迎娶之日。如同本港,则彼此开船,蚁集港口,男家接女过舟,有似亲迎;无力者则请人说合,抱养幼女以作子媳,是其常也。

五、岁时亦祭祖祀神,但简略不足观也。至夺标竞渡、放棹超幽、赏月以结桅灯、重九以张纸帜,此繁盛之地则有之,本邑水居无此景象。

六、婚嫁之期类皆男长于女数岁,陆居如是,水居亦然。娶同姓、逼再醮者少,孀妇招后夫比比皆是。邑少洋人，卖女作客妻者无闻，作陆居之民妾者有之。

七、水居蛋家多属贫穷，未见庆寿之情形。

八、殓具用布服，死后七日雇人盖篷于河干，延僧唪经。送葬者用浅蓝布衣裙首，腰系麻，封土为坟。神泉有山一所，皆葬蛋民，俗呼蛋家山。殡后设木主于船内，制服用粗麻布，及期而除去。

九、每逢七八月，商民为盂兰会，蛋家亦敛钱演剧，以助超幽，至求神保安，俗所不免。如因神旦而中流萧鼓，半舫梵音，无此力量。

十、神泉蛋民尽居舟中，惟靖海则于河干搭篷盖屋居住，遵雍正七年之恩旨也。查神泉现存不过三十余家，男女百余丁口，靖海亦然。

民事类

甲、关于家族之民事（子目十）

一、家庭之教育，端赖先人遗泽，以贻后人。查县志，陈尚志尝著有《桑梓会约》，每朔望率里人讲习。又，张经、林兆圣，皆庭帏讲学，自相师友。又，陈梦龙、方逢皋、方应祷、苏福、吴向、林逊、唐培、谢正蒙、朱嘉璟、翁中器、胡友曜等，其品学皆为当时所重，流风余韵，相传至今。近因欧学东渐，家庭教育日益发达，邑中如方、吴、陈各世家，皆殷殷讲求教育，设立家族小学。至乡村之习惯，大都士之子恒为士，农之子恒为农，然蒙小各学正在振兴，小学私塾业饬改良，其儿童相率喜受新教育者，当日暂加多矣。

二、家政之接替，年老倦勤委诸子弟，人之常情。若兄弟合居或委诸弟、委诸长子，原无一定，亦有按序轮任者，至分爨而居，大都委任长子，其所留公产，则轮值经理之。

三、家业之分承，独子者无论矣，其嫡长子及承重嫡长孙必先择产业若干以为公蒸，然后数子均分。如女未嫁，则分储资财，为后时妆奁之费。

四、孝养之分责，家有老亲，子孙奉养，固不易之常经。至数子析居，必另存田产为生事葬祭之地。至议归长子或所爱之子奉养与数子轮养，须视亲意之所在。若异母，则各奉所生；无子有女而依赘婿者尤多焉。

五、无子以侄继，礼也。小宗祧大宗以长子，大宗祧小宗以次子。若嫡亲无可继承，则择贤择爱，推诸远族。城镇各世族大抵皆然。惟各乡村承继之习惯殊多混杂，有以一人承继数宗者，有以螟子、赘婿承继者，至认在外私生子归养，间亦有之。

六、兄弟同居，盛德也。本邑康熙间有方豹者，兄弟合爨，延及五世，到今称之。近于兄弟析产，候能尽友爱之道者，如县城之张合仁兄弟，分爨犹共同饮食，以终天年，迄今其孙侍卫张应元、武举张夺元同诸弟仍笃守祖父遗规，诚足尚也。又，方绅桂东与诸弟分产，取瘠让肥，重天伦而轻货财，有足多者。至因析产争讼者，如去年县城之张天祥、张阿赐兄弟争产，迭经晓以大义，谕以情理，而后各自怨艾，案遂完结，兄弟和好如初。

七、合族建书院、建家塾，近则改名学校、学堂，内实奉祖先者，本邑无此名目。所有祠宇，皆直题曰某氏某号祖祠，无称书院与家塾。近于祠内附设学堂，亦未改祠额焉，另用小额曰某氏某等小学堂。祠产由族众公举管理。开祀有定期，事后集众决算，谱牒由族绅掌祀。届岁时谒祖，按派序而登于版。

八、祖祠既改学堂，自必筹款以教族中子弟，其款项皆由公众议提祖产开办，及收学费以贴补常年经费，章程遵照部颁率请立案。教习延聘本邑为多，邻邑亦有之，无聘用外人。

九、聚族而居，各姓类然，邑中如方、陈、吴、林、黄各姓丁口皆万、数千以上，居村有分三数处者，照常族中事宜，各由就近族长管理，特别事故则举同族尤有名望者处理之。其对于族人之权限，凡有关于祖蒸及族众周恤事故，由族长决议，取之祖蒸。至建义庄以赡族者，则少有所闻。

十、族大则事繁，如鳏寡孤独，大都各随其所亲以处理之。县属女权较重，夫弃其妇者甚少，至妇离夫者，类尤女招赘婿，又或前夫死赘后夫，偶有意见，则出逐赘之令，村愚相习，毫不为怪。若殴夫，对父械斗行凶，与夫奸淫掳掠、烟赌闲游，间亦有之。其族长对待情形，公正明理者自能持平调息，及约束子弟不染烟赌恶习，否则无事变为有事，小事激成大事矣。

乙、关于财产居业之民事（子目十）

一、独有之财产，其贤者除纳粮、办祭、嫁娶、衣食、应酬外，或已经营商务，或俾子弟游学，及灾荒施予等用；其愚者饮博之外，无功德。

二、共有之财产，若合族与数人共置者，皆公举董事经理，其分派使用之数目，每届年终清算宣布。若兄弟析居后之公产，轮流分管为多，亦有专任经理者，皆要每年清算一次。倘经理私自变易，在合族与数人共置者，必责其如数赔偿，抑或酌量减收；在兄弟之贤者，亦能忍让吃亏。否则，因财兴讼，往往然也。

三、典买租顶之财产，凡典田房，则订明五年或十年方许收赎之契约；买田房，则书立卖断契据，并原契付交买主收执管业，而皆由中人向典买主说合，典期未满，则不能向赎加价，此典买田房之大概情形也。然民事习惯，凡遇典买田地之际，皆先招问承耕，允认纳若干租谷，方成交易，否则典买不成，盖以斗斛之大小不同，必折合后主之斗斛，不加多于前主之收数，而后承耕，乃允认也。本邑田地有粮主、质主之名。粮者，主买田，则税归自己排户者是；质主者，则以当时田地初开，有能自出资本向地主租垦，订明年纳若干租者是。质田，若不累欠租谷，粮主许其有永久耕纳及另佃转典之利权。至粮质归一之田，则不然。领耕者初送礼与新业主，名曰"进手银"，前来立领耕字约，批明"如后有欠租或不合之处，即将进手银扣抵，另招佃耕，不得据阻"等字样。除质田不能加租外，余则视地方之肥饶，均可加租另批。此又租承耕权之大概情形也。其弊也，业户多匿税，与契内亩数四至不清，佃人多盗卖，或变易土名，或改换丘段，不独串合抵制田主之加租额已也。至租领居住，租开店肆，亦必凭中说合，订立租凭年限及每年租艮〔银〕几何字约，并有所谓贴底银者，如领耕之进手艮〔银〕。然若卖断易主，可以加租，亦无违言。惟房屋经租领之出资修造，则邀合原屋主及中人再批明"修费若干，添注几年"字样，倘未及满期，不能令迁移加价。之〔此〕大概情形也。若市店之召顶、召盘，则请中人核议而订立印花薄据，一经议定，即遇物价涨落，无或异言。其屋店之先典后卖者，如田屋现议卖价四百元，除前典价二百元外，应找出二百元，俗有加一贴例，必立洗契以绝后言。其中人则于每价百元获买主酒资艮〔银〕三元，典则出典、承典各半。此又召顶、召盘及先典后卖暨作中人各习惯之情形也。

四、借质交换之财产,如借地筑室,必议明所筑之室费艮〔银〕若干,立约订明年限,期满备价向赎。借屋暂居者,亦立约批明年期、租项。至于以敝庐易彼广厦、以远处易彼近邻,在易之者,必有所利益,应凭中人议明贴价若干,然后交易。比如广厦、近邻值价艮〔银〕一千元,敝庐、远处只值五百元,应立彼此卖契,而艮〔银〕之长短凑还为是也。质产贷艮〔银〕钱债物换诸事,必议约立契,其利息自一二分至三分不等,订明期限,至期满未能偿缴清利息,仍可展缓。

五、巨绅富族广置田宅,自必雇聘伙友经理之,小康之家则可自行经理,惟雇用力役之工人则有之。然请人经理,总不如自行经理之为切实也。

六、窖藏在孔道,经众发见,自必归公,其发见于家宅田园及典租于人之家园内者,多秘密自享其利。然能彼此推让,主客均分,不其善欤！路遗之物,其贤者,尽以还人,并不受谢,其次则否。近议照巡警规,示期招领及逾期发落。

七、自食其力者以教读为最重,邑人咸知推崇。余如书算、医卜、星相、技师,均非下流,就中尤喜接待。书算、星医、堪舆,至仆役、苦力,工值皆微。乳媪梳佣,此地颇少。押养贫女只给衣食,富户间有畜奴者,只世守服役而已。

八、邻居房屋自以界石为凭。县城民房大都依傍邻墙盖造,至修筑则悉凭旧址,其契据,世远年湮,多无存者。若邻村之房屋,则彼此各留伙巷,四界分明者居多。

九、沙田塌涨无定,总以契据为凭,抢筑人田及越畔而耕者尚小。至争阻水道,每值天旱,则尝有此弊端。

十、营建房屋、庙宇、桥梁、堤岸等事,所雇匠人点工为多。至包工承揽,则订立合同,详定式样及工料,如约造作。然此种办法,则本邑固甚少也。

丙、关于合群办事捐资济公之民事(子目十)

一、众擎易举,地方之事,必资众赞成。如现年绅士,群力共策,于县西十五里新建囊铺洋桥,约长二百余丈,来往称便,是亦有足多者。

二、乡约载在通礼，邑中公局共有五所，在城一所，曰保安局；在靖海、神泉、隆江、葵潭各一所，曰保安分局。每局绅士或七八人，或五六人，类皆随事办理。近年奉谕筹办新政，尚见踊跃从公。

三、地方结社集会，邑中现有二所，一在县城者，曰戒烟会。去年夏月奉谕开办，由县提倡，及绅商捐题襄办而成，发给药丸，誓限戒断，并演说大义，以期复全人格、巩固富强之基为宗旨。一在靖海所者，曰学会。由绅士联合团体而成，其宗旨在输入文明，发达教育。是皆为利益地方风教起见，尚无流弊。

四、公益之事甚多，举近年兴办学校而言，神泉、靖海、隆江、葵潭及洪桥等处，皆有公立初等或两等小学堂，其经费向由绅民合力筹办而成；民立小学堂十余所，则由各氏族酌提祖产而成；官立高等小学堂、初等小学堂各一所，则由县筹款而成。至建桥梁、平道路，自同光以来，能捐巨款以倡赞者，有朱绅桐捐艮〔银〕七百余元，以赞成官办县东五里之光华桥（光华桥与惠政桥相连，俗呼为公婆桥），林绅凤鸣捐巨资以倡修县西之龙江溪桥，陈绅殿万捐巨资而修建县西之曩铺洋桥及县北盐岭路，至方绅桂东，其对于县东之周田岭路、啼鸡山路、石壁庵至文昌阁路，及古杭桥、澳角桥、荒田桥，皆捐题巨款，或独肩全费倡办，其挚诚公益如此。

五、兴建公益者有人，而破坏者亦难保其必无，惟查邑中现在尚少此种破坏公益之人。其兴建公益者，前条已详言之矣。

六、立宪有期，人民之幸福也；讲求自治，国民之天职也。迭经传集绅董，申明自治宗旨与其范围，惟邑民鄙塞，非得开通之士绅立所研究，悉心劝导，似难望风行也。

七、合众器以成乐，集思广益则可，恃众要求则不可。本邑民情颇知敬畏，长上恃众胁制，尚无此等恶习。

八、粤中急公好义，代不乏人。即本邑而论，光绪三十二年县城平粜时，有方氏文邰祖捐银千元，林振木、胡有魁、方九合、詹润生、邓廷基等在外洋营生，共捐艮〔银〕三千元。又，方绅向凤自行买谷数百石，碾米平粜。经张前县访闻，其祖方隆显亦尝施医棺费艮〔银〕三千余元，因奖额曰"世济其美"。其时神泉商人许同记亦一再煮粥济赈，赤洲乡吴标家本寒素,慨捐工资一百元,并募金助之,民困遂苏云。

九、人人有测〔恻〕忍之心,而妇女尤怀慈善。惠地贫瘠,妇人之力更为绵薄,其中有足表著者,闻方绅桂东之母黄氏,尝罢庆寿之费千金助修周田岭路,行人至今啧啧称道云。

十、事有巨细,人亦等差。如地方之修整等事,前年方绅向凤鼎力重修节孝祠,有足多者。至假公济私,从中染指,以作醉饱之谋,近来绅士尚少此种弊态。藉募修庙宇善事以图衣食,间有斋婆一类,此在所宜防也。

绅士办事之习惯(子目八)

一、本邑地方公事,迳由绅士办理者,如修庙、造桥、筑路及民间日常事类是也,如办掌菁、团练、义仓、平粜,则率县立案而后施行。其办事权限,大抵名望素者倡之,而众绅分任之耳。

二、地方公事有由地方官管理而仍委绅士办理者,如劝学所、戒烟会及调查一切事宜,皆不能不委绅士以资臂助而收密切之效。惟其权限有奉行而无专主,一切皆受成于地方官。

三、办理地方公事之绅士虽无资格制限,然现在公局绅士类皆诹职衔及稍有财产者多。

四、办事绅士皆尽义务,并无薪水及一定任期。

五、办事成绩向无一定报告方法及期限,其在学界者,自去岁奉有一定程报告遵照表式,期限以半年为一期。

六、绅士办事如义仓、育婴堂收支款项,皆每年造册报县一次。

七、绅士办事成败得失,原无一定稽查方法,要在地方官随时随事开诚布公,留心导率,俾居于过之地而已。

八、地方官委派之绅士,如本地人民有不服者,准其呈诉劣迹,请求更换,惟不得挟嫌诬讦耳。

商事之习惯(子目八)

此条谨依修订法律馆问题择要调查,合注明。

一、县属商人并无阶级,无论何人,皆可为之,惟以妇女而营商业则无。

二、商业有坐贾、行商之分。坐贾则城市、村镇开设店铺;行商则肩挑货物,分赴就近各乡村零售。

三、商人独资营业,亦有用一己之姓名为牌号者。

四、合资营业立有合同,各执,如有盈亏,则视出资之多寡以为衡,惟并无公司名目。

五、所营之业专属一类者少,兼卖数种品物者为多。

六、商人之制造品皆用文字图记,并标明其坐落字号。

七、商情涣散,并未设立商会,惟潮阳、普宁商人之来此营业者则设有会馆云。

八、县属无通商大埠,商务资本薄弱,故并无设立标号专事汇兑银两者。

诉讼事之习惯(子目九)

此条谨照本邑情形择要登覆,合注明。

民事类(三)

一、田宅　县属田土硗瘠,数十年前价值甚贱,近则渐增一倍,故典出之房屋、田园,欲赎者众,然或年限久逾,或则贪利掯赎,甚或白契漏税,假契瞒税,讦告纷纭,几难穷诘。至兄弟因争产结讼者,亦时有所闻。

二、婚期　幼而定婚,长而遣嫁,礼之常也。乃县属风气,每因贫富无常,动有中途加索聘金及另行嫁卖者。他若无子而女赘婿、子死而媳招夫，事前不加勤谨慎，事后因而涉讼者，又比比皆是矣。

三、钱债　民间借贷类皆抵押田房，限以半月，其利息二分或二分五、三分不等。然因不偿而控追者，百分中约居其五。至商场因买卖货物控欠数者，则更少焉。

刑事类　六

一、盗贼　县属每报劫案，事主辄听人言，罗织附近之有家资者指名控告，希图赔赃，一经驳斥，技无所施，则捏词上控。至窃案虽少此弊，然诬捏抵制，实居多数。

二、人命　斗误杀者十居八九，威迫自尽及擅杀者间亦有之，至谋故戏过失杀则甚少，究其人命起衅之由，均因争利，事后则肥，指控主谋、帮殴、喝令等，词以耸听，暗则索贿以图，重利轻生，其由来久矣。

三、斗殴　口角细故，辄起争端，挥拳互殴，无分男女，微有损伤，则赴署鸣冤，甚或装伤瞒验，先发制人。此风前此最盛，近日稍减矣。

四、奸情　县属犯奸案少，间有以调奸、强奸告发者，大都藉为抵制控案之计。

五、拐案　自海禁大开以后，邑民出洋谋生，其自愿前往者固多，假招工之名而行其略卖之术者亦间有之。至妇人不安于室，随人潜逃，往往以诱拐具控，其情节复杂，不尽一端矣。

六、坟山　官山民葬，例原不禁，惟因坟山控告之案，十恒居三，或告发冢见棺，或告毁碑灭骸。考其原因，类皆强欺弱，众暴寡。如某甲旧有一坟于此，虽远在例定弓步以外，遇有某乙安葬新坟，或界邻自己粮业建屋及开垦种植等事，而某甲则以有风水动起争端。论者谓风水种人之深，以潮属为最，信然。

查坟山案有属刑事者，如本条内云发冢见棺、毁碑灭骸之类是；有属民事者，如但云乙坟有碍甲坟，乙之建造有碍甲之坟地，彼此争执而未伤及冢骸之类是。此中情节纷纭，理由复杂，合并注明。

附查诉讼事（民刑共十六则）

（民事）

一、诉讼之手续，并无先投局绅诉断，阅时未决，由绅禀官之事，大都投诉本姓绅耆，而后自行递呈。自递呈以至判决之次第，如田宅、婚姻、钱债等事，两造有同邻〔唤〕到案者，立交的保，示期裁判，否则批准差传，传到即审，两造允服，具结完案。其状纸，近皆遵用官纸局状式，若红白禀类，皆绅耆奉谕查覆及办理地方公益者用之。

二、例有三八告期，除命盗重案外，喊呈及栏〔拦〕舆者均少。传呈之弊，在官不在民。自张前县勒石示禁，此风顿息。

三、诉讼代理人即抱告人，有代为递呈之资格，并无代为结案之权限。

四、中正〔证〕人之备质。查本邑诉讼，无论何案，其呈内并无填写中讼〔证〕人名者，惟传到审讯后，供出中正〔证〕人数，则察其于本案尤有关涉者，分别饬令，自行邀集及传提之。其两造则均取的保，候中证人到，再行讯结。

五、案经命令息讼，或两造呈请和息，则必各具遵结和约，同中证人画押附卷判决完案。

六、原告多名主事者，不过二三人，必待全体到堂，而后断结，贻累滋多。惟于本案有关系者，无论首名与否，各到二三人以上，即可定案矣。

七、被人捏名控告而自请摘除者有之，又尝有自己始愿列名，及经批斥，而遂指为背签，自出不认者。

八、缠讼不休者多，不投质者少，惟被人屡控始终不具诉者，亦有之。

（刑事）

一、命盗案之告诉发起人大都本案事主，事后即行呈诉者为多。至距离县城远不过八九十里，虽未规定日限，要皆不过三日，若太迟，则案情恐不尽实矣。

二、自尽图诈、移尸陷人者尚少。

三、局绅送匪送凶，大抵情真罪当为多。

四、悬赏缉匪,费有出于官者,若谕令匪亲缴,匪不得已而呈缴花红者,亦有之。

五、盗犯毙刑狡供者多,若诬扳多人,以泄私忿,及买盗供攀,以遂其挟嫌之谋,并差役买盗并认他案以卸其缉捕之责,尚少此等弊混。

六、凡关风化之案由邻右出名举发者,尚甚少。

七、无故匿其妻女而诬控人诱拐者,尚少此种情弊。惟诱拐妇女之案实居多数,以县属妇女价值太高也。

八、刑事案犯终年拘不到案者有之,盖以彼畏罪远飏故也。

(清钞本,中山大学图书馆藏。另见桑兵主编《清代稿钞本》八编第 396 册,广东人民出版社,2017 年,第 1—48 页。)

廉州府合浦县民情风俗民事纲目册

民情类

陆居之民情

一、合浦民多土著，国初时俗有四民，一曰客户；一曰东人；一曰俚人；一曰蛋户。日久相处，蛋民尚分畛域，其余已并而为一。民虽无土客之分，而性情各因所居而异。东北近山，习尚强朴而悍；南临大海，气质近浮；中央及西方一带则和平而懦。

二、民性愚而生计拙，积习相沿，出外经商营业者甚属寥寥。附郭之均安、白鹅江等处士居十之一，农商参半，其余各乡士得百分之五，农为十分之六，商居十分之二，工居十分之一。

三、士人学业多以经书为本，风气渐开，知维持新学新政者不无向往之心。然海隅边壤识见未广，守旧者逞意气固少专长，维新者趋风尚鲜实学，党同伐异，实以守旧居其多数。

四、县属成立学堂计共二十九所，振兴学业不得目之为不踊跃，然萌芽时代，自难期尽完全之体格。其以礼教约束生徒子弟者尚得十之六七，以办学夸耀乡里，夜郎自大，借充校长教员，徒博修膳以资仰事俯蓄者事实不鲜，藉学牟利，舆情共睹，未易逞其志也。

五、地处边隅，民无远虑，士甘家食，事属畏难，以故自修之士多，其出洋游学游历及赴京者只二三人，赴省留学先后亦不过三四十人。

六、实业未兴，子弟之游闲者所在皆有，而知书识字之农工仅十之二三。

七、县属钱粮自赴完纳者实占多数，离城较远，各乡艰于跋涉，自托商店汇兑代纳者间或有之。士绅包揽尚无此弊，其自恃绅衿恫喝乡愚，藉端凌铄干涉词讼者，语云人心不同各如其面，大抵附城各乡之士绅咸多自爱。离城既远，地方有司耳目所不及，不免轻视法纪，迭经告诫惩办，程度不齐仍难净绝。承认饷捐只有酒甄一项，职商朱炳昌承办有年，此外并无别款。

八、农事以谷为本，薯芋粟麦辅之，菜蔬瓜果又辅之。附郭之三总团蚕桑最盛，北路张黄以上讲求种植青蓝，岁中收靛输出之款三十万余两。互相比例靛为大宗，桑次之，果木如荔枝、龙眼又次之。

九、县属东南濒海，向有白龙、武刀、多颜、新村、福禄、公馆、平田七厰，灶户六十九户，北丁二百七十六口。近来盐业获利良厚，盐田几倍于前。农工比例，大抵百分之七。

十、民艰外出，知识幼稚，工作营造，殊无匠心。工作者以县属北路之进诚团建窑烧瓷器为大宗，郡城制造炮竹次之。城内设有工艺织布毛巾厂一所，艺徒甚众，所出毛巾为最特色。

十一、经商营业自作经纪者十之八，合股营连者十之二。识见偏小，恒鲜远大之志，商业不振，由来者久。地与安南接壤，其出洋经商作工者以海防为最多，其数亦不过百数十人。

十二、民情嗜赌，竟有弃身家如敝屣者，从前番摊、铺票、天挥、花会，瞩目即是。自奉前督宪岑革除赌饷，勒石示禁，地方有司按乡查拿亦不遗余力，赌风遂绝。惟下流社会抹纸牌为戏，尚复时有。

十三、一二人因事忿争而致伤人毙命者事属有之，合群械斗绝未闻焉。

十四、拐卖人口出洋。北海为通商口岸，轮船络绎，为拐贩必经之路。该处设有洋务局及北海关，稽查极严，凡有多数男子或携带女眷搭轮者，必须请领人情纸，由铺户盖章担保始得成行，拐贩不易。惟由北海至高州府属安铺地方，商渔帆船最易藏奸，其中"猪仔头"煽惑愚民由北海搭船至安铺，复由安铺至琼州海口转轮赴港，或由安铺迳搭帆船往港者间或有之。由于北海已设立渔团总局委员稽查，实行渔团保甲、十船联保，此风谅可净绝。

十五、县属界连广西,壤接钦灵,万山丛错,最为匪徒出没之区。频年匪患劫掳勒赎,甘心作匪者此拿彼窜,早已治穷于力。前岁三那事起闻风响应,民难安枕,幸而痛剿之后同时分路清乡,草薙禽狝,匪风稍戢。现在抢劫之案两月一见或一月一起,不致如前之猖獗也。冒占他人坟地先作假契以售之,从中渔利致起讼端,此等积弊势难禁绝。私盗坟墓以地售人尚无此风,未抢劫而先索人财者则前盛而今稀矣。

十六、匪乱以来,会党煽惑乡愚逼勒出钱拜会,此风以前数年为最,严办之后,今已敛迹,然大都为三点会,革命党则无。

十七、县民吸吃鸦片以下流社会为最多,奉行禁戒之后,劝谕士绅北海设立戒烟分会一所,廉城成立戒烟分会一所,推广至南康、三总团、张黄、西场等处设立戒烟分会五六所。施赠丸药,定限戒断者实繁有徒,现未戒绝者不下数千人。地土不宜,向无栽种罂粟,亦无售食吗啡者。

十八、县民入教以涠洲墩为最,南康、高德次之,郡城、北海又次之。入教者以天主教为最,耶稣教次之,综而计之,男妇入教约二千余人。

十九、迷信风水,粤民性质大都如是,不但县民为然。查前数年县属石头埠开办煤矿尚无阻挠,北路各山种植青蓝,民多踊跃,而所谈风水者只图个人私利,公益亦愿为也。习方技者以医药、星命为最多,卜相则少。

二十、廉俗最喜赛神迷信,神权是有特别之性质,徼福禳祸。又有疾病者延巫跳鬼通宵达旦。志书有云"十医不如一巫,巫师常醉饱而医人恒馁腹"之语,可见民情之所尚。惟尚无造蛊害人之事。

二十一、寺庙不多,田产亦薄,其出家为僧道者颇少,乞丐残疾及患麻风者亦有之。

二十二、盲词歌说甚少,演戏近经禁止亦稀。从前有演者,俱请外来戏班,近地为优者少。

二十三、县属妇女富者坐食,贫者肩挑背负或佣工于有力之家,其操井臼习缝纫,为中人之产帮同耕种,多出农家之妇。合县计之,以肩挑背负为最盛。

二十四、风气未开,妇女多不愿识字知书。光绪三十三年简易师范生岑应瑜毕业由省返郡,曾于家中创立家族女学,惟是经费未充,同志者少,未能扩增。其富家女子知书者只在室自行诵读。

二十五、妇女无事抹牌为戏者有之,嗜于赌博此风不盛。

二十六、贫民鬻女于人为婢妾者此风颇盛,然以县属东路南康等处为最多。此皆瘠土之民,迫于谋生之艰,而父母利得重资售为歌妓者,间亦有之。

二十七、富家买婢随在而有,然皆利其服役,及笄择配。无论为妻为妾取价甚廉,俗称养瘦马,县属无此名目。

二十八、女子感于夫婿之二三,或翁姑之压制及夫家之贫苦,因而反目下堂求去、离婚改醮者有之,矢志不嫁、食素诵经者间亦有之,如顺德之妇。归宁不返,尚无此陋俗。

水居之民情

一、县属蛋户北海最多,高德次之,而生齿不繁,统计只有千人左右。性情诚朴,尚无强悍浮诈之弊,商民咸乐用之。

二、蛋民操舟为业,风涛凫水,练习有素,自所擅长。然该处蛋民只自驾小舟迎货载客,向无远驶航路海线,实非所能也。县属近水之乡虽非止北海一处,各地运货载客业渔多属土人,日则居舟,无事则返,家居数目皆无一定,综而计之,仍以北海水居为多。

三、蛋民多属安分营生,知书识字者少。

四、县属濒临大海,画舫妓艇俱难湾泊,业此者无。

五、北海蛋民安贫守分,尚无接济匪类抢掠情事。

六、县属傍水各处均无楼船,亦无以领女及养媳而作妓寮诱人冶游者。

七、蛋民操作甚苦,尚无嗜赌嗜烟仰食于妻女之事。

八、无疯疾及卖疯者。

九、蛋户最善针缝,工精价廉,人善用之,此外别无工艺。

风俗类

陆居之风俗

一、男子家居恒短褐曳履,士绅出外穿长衣,如非士绅即出外亦多短衣。女服宽博率裤无裙,妇女出入俱戴竹纱幛面,除庆喜富家妇女外恒鲜著裙褂者。女尚大足,间有缠足者既嫁则放,所缠不小与大足无异。学生、军人则穿操衣,妓女娼界服色则紧身窄袖。

二、县属濒海历遭风患,民间房屋多不能建高者。土瘠民贫拙于生计,其务农为业又皆仰成于天。除附郭多盖瓦屋砖墙外,其余各乡多以土砖为墙,茅檐土壁或用竹瓦,故志书有云"穷人住竹瓦,竹瓦住穷人"之语。花圃无著名者。北海为通商口岸,各领事住所系属建立洋房,其余郡城教堂两间,以油漆粉染作洋式者,此外并无洋式房屋。

三、城市购买物件,制钱与银毫比例得十分之五,各乡十分之九,铜元则城乡俱无行用。

四、县属富者少而贫者多。中人之产,除居近城市外,恒多一饭一粥。贫户者多食粥,和以杂粮。城市丰而乡居俭。东南近海多鱼,西北负山则以鸟兽为肴馔。

五、日出而作,日入而息,城乡农工随处皆然。惟民愚计拙,工艺苦无良师,胼手胝足积习相沿,多属仅资糊口。

六、除夕祭鬼,富者用五牲,贫者用三牲,猪头鸡鸭之类,祭毕燕饮,谓之过年。元宵设汤圆,谒祖燃炮志庆,谓之供茶,贺年者多送年糕。清明省墓,富者猪羊,贫者五牲,兼以菜叶裹杂肴食之谓包生,用纸作金银锭焚诸墓门,或取一二置诸墓巅,谓之挂纸。端阳品物角黍、西瓜、荔枝。中秋节品沙梨、月饼、柚子。互相馈献谓之送节,献诸祖宗、献诸嫦娥谓之拜节。赏灯之夕求子者取灯带珍藏之,谓之扯灯带,或出资购灯郑重送人,谓之送灯。修禊无,乞巧亦少,间有行者,不过向织女穿针而已。登高食品最重鱼生,城乡皆同。

七、冠礼行于迎亲之前数日,男家备物往女家,谓之送上头茶,同一时间同一方向此加冠彼上笄,谓之上头。上头毕供汤圆于厅事,各谒其祖,谒祖毕,拜亲戚分送汤圆是礼也。男家奢华者费数十金,俭约者十余金,女家则千百制钱而已。

八、诬新妇不贞者少,索男家重聘者亦少,娶再醮妇者多,娶同姓为婚则无,购逃妇、卖发妻时或有之,豪棍抢孀未之前闻,荡子两娶亦非数见。

九、娶外国女无,亦未有与旗籍联婚者。

十、鼓吹送殡不甚繁华,迷信风水则称极点。尸未寒而即窆,必罹急症或不得其死者,始或为之题主,尚敦请乎。白叟赒丧,则通用乎黄丝,或大红缎、花红绫、兰绸等类。

十一、庐墓三年久未之闻,墓祭则于清明、于寒食时行之,俗谓之拜山。迷信风水迁葬,俗谓之起山,则仍有之。

十二、迎神赛会素有此风,惟仅用鼓吹、抬神座各处巡游,如广属之斗巧争奇,多用彩亭彩仗,则有异与齐醮驱疫,此风最盛。又,民间陋俗,遇有已故之人,请女巫问花装神弄鬼,说将亡魂带回与生人问答,名之为问花婆。患病者则有为之拜星,并有为之打胎。甚或保护一方延诸道巫诵经作法,名之为跳岭头。诸多怪剧,历经地方有司严禁,而迷信神权暗地召募,仍难禁绝。

十三、虐待婢女及养媳间或有闻,然只鞭挞扣食,尚不致甚于酿命。嫁婢时期多以二十成为中率。

十四、乡饮之礼已废,惟岁中祭祖颁胙聚福尚有行焉。

十五、附郭多用洋货,各乡行销土货居多,城居奢华、乡居俭朴故耳。

十六、县民出洋营商甚少,祷于木石、延及道巫来治者尚无此俗。

十七、斗蟋蟀、角胜负在昔有之,近数十年此风已绝,惟春冬间蓄鹌鹑以博输赢尚有行焉。赌兴甚豪,往往以百金为孤注,绝无吝惜。

十八、县民嗜赌,趋之若鹜,其能守先正遗风而不准开赌者实所罕见,惟廉属赌禁綦严,迫于功令怀畏而未敢开设者。

十九、廉钦匪乱,戏经禁止停演,各戏班为谋生计俱之而他往。

二十、日夜嬉游,下流妇女则然,富家出入多属乘舆,不务女工惟知佚乐者,固有其人,而专事饮博则甚少焉。

二十一、县属寺庙甚鲜，而田租丰富者亦不多购。道士类属家居，与人送丧拜星，俗名之为喃呒佬。罕有出家修真者，削发为僧多属贫为，聊赖借佛偷生。自行赴寺拜师、买子为徒尚无所闻。惟女尼抱养人女，或用价购买自行抚育，及笄削发为徒，此风粤省各尼庵类多如是，恐不止县属为然。

二十二、盲妹度曲，县属尚无此种风俗。

水居之风俗

一、男女服饰与陆居无异，惟女子时以红巾蒙首。读书识字者男子且十不得一，女更可知。工业则女善缝衣，男善造舟结网。

二、海船大者为航风船，锐首钝尾，用捕鱼。次搏船，锐首锐尾，颇长，用载货。次艇，有锐首、钝首二种，载客运货，前赴轮船江船，大者为长船形，同驳船，而较长用载货。次渡船，形似艇而较大，用以渡人游宴。娼寮之船则无。

三、装修粗，饮食薄，操作则勤，无一定休息时间。

四、有力者遣嫁迎娶，鼓乐燕宾，与陆地同，惟娶者无彩舆、嫁者无裙衫。彼此连船，夜间三打钟，男家往迎，女家以彩带负女送之，妇女以红巾覆面，犹陆居之用扇也。无力者领幼女作养媳，与陆地同，未成年男女异居，及时作合，谓之圆亲。

五、端午竞渡，奢者用巨船，龙首尾及旗鼓备焉；俭者用小船，锣一面、鼓一围、青竹一竿而已。或使巫者坐船头，两腮贯令箭，谓之神降。争夺标，谓之争花红。顾有因数贯青蚨突相哄争，致头破血出者。竞争时男女麇集欢声震耳，颇能诱起兴味。水盂兰盛行于七月十四日，联数艇为平地式，放棹水中，随所止而安焉。船上有台，台上无数小灯灿烂如明星，和尚趺坐其中念经，事将毕撒米波间以饷鬼灵。中秋节，结栀灯，敲锣彻夜。重九，张纸帜、悬红旗。其宴也，或在山或在水，各随其宜。除夕、元宵，祭祖祀神，与陆地同。

六、婚嫁迟于陆居者时期，常过二十以外。娶孀妇、招后夫各项与陆地同。卖女作陆居之民为妾时或有之,作洋人客妻则无。

七、庆寿与陆居同。

八、治丧之殓具与陆居同,惟盖棺无庸加钉。服制亦与陆居同,惟孝子之斩衰无袖。渴葬最多,因舟中不便停棺,卜葬又无待于吉日故也。

九、最尊之神厥惟省公,每届神诞,辄兴斋醮。然以保安为目的者间亦有之,抱儿拜木石,治病延道巫,迷信神权略陆居为尤甚,被发号咷于省公之前更为顽固特别之极点也。种种恶剧靡费亦无几。

十、盖屋搭棚居住者北海最多,高德次之,比年风灾扫荡靡遗,今恢复旧观矣。

民事类
关于家族之民事

一、家庭教育端望世家,惟风气未开,可法者尚难其选。城市童儿好斯文,乡村童儿好尚武;城市童儿多柔弱,乡村童儿多刚强。地理之影响,则然。至近山玩山,近水玩水,喜唱歌、喜运动,普通性质,人人皆有可造之才也。

二、父凡有事子弟服劳,斯言印于脑筋已重。一族之事,兄老委弟;一家之事,父老委子。生有数子分居分爨则由诸子各任其事,县属各乡无论巨室小家,类皆如斯。

三、家有产业父遗子承,独子则固如是,若有数子均平分数,嫡长孙另酌分,若干为长孙田是应享特有之权利。女已嫁者有拨田租以为私蓄,未嫁者除定出嫁奁资,习以为常。

四、家有老亲当析产时,富厚之家均留存田产若干为养赡费,自奉丰余,毋庸望子供给。若贫而老,数子析居,按月轮养者有之,一子专养者有之,或因异母而各养所生,或因无子而赘婿防老,或并无子女而依侄终身,各尽其情义而已。

五、无子以侄继,恒邀集绅耆亲族会于祖祠,小宗祧大宗,以长子、大宗继小宗,以次子,是为应继。戚族中恒多主之。至应继之人两不和洽,则于应继之外择诸侄之合于己意者立为受继,产业或均分或酌分,随时由择继者与亲族定论。以小宗承继小宗,多立受继,并无酌分应继之事。又,兄弟只有一子,亲房无可择继,不愿疏房入嗣,则以一子而兼祧,或抱育他族之子为螟蛉子,或再醮随来之子为带归子。至在外私生、收回抚养者,罕有之事。而社会习惯,私生子、螟蛉子不许省祖墓、入祖祠。因抚螟蛉子而起讼争,间亦有之。

六、九世同居古称盛德,今之兄弟难继遗风。欲于平分产业之中求其不择肥瘠、不较镏铢者不可多得。惟县属六湖傅姓有五世未经分业,识者称之。此外恒多分析,分析不均因而构讼者计亦不少。

七、宗祠祭典或分春秋二祭,或在冬至祭日,一宴或两宴,衣冠行礼,颁胙一斤二斤不等,或无之。祠产若干,公推族人有声望者为之管理。集议多在祭日,非祭日遇特别事故亦有会议。谱牒则族中能文者任编辑,无,缺如,盖宗旨多重财产,不以此为急务也。

八、家族学堂各就宗祠改设,已成立者如蒙屯吴姓之屯英两等小学、总江罗姓之罗江两等小学、常乐蔡姓之集益初等小学、乾体郭李姓之秩叙初等小学,均以祠内之尝租为族中之学费。延聘教习,不限本族、外人。近有将祖祠设工艺厂教子弟以学实业者,则六湖馒头墩张氏祠是。

九、聚族而居,城市鲜有。人众居乡,大族每村或数千人或数百人。一族有长,一村有长。惟听人所服从者以为定其拨义,由建义庄以周恤赡族者,难乎其人矣。

十、族大人繁,流品不一,鳏寡孤独情实可矜,悖逆邪淫迹殊可恶。每有子弟为非不遵父兄约束,始而吃烟嗜赌,继而当匪行凶,甚至不顾天伦有害人类。为族长者应如何周恤惩儆,每坐待徘徊、因循玩忽,其孤寡无依者听诸亲房处置,其为匪不法者悉候有司执而绳之。亲亲之谊殊疏,彰善瘅恶尤多缺点。

关于财产居业之民事

一、田园、房屋或受先人所遗,或向他人所购,独有之财权归己操享受使用,类多自由,其能保守或有破坏,他人鲜能禁制者。

二、公共之财产兄弟者则均分之,合族者则轮流分管,或公举专责一人为之,经理各随议定。管理非人,私典、私卖者,责令赔偿,鲜得完全数目,甚至无力者,以致全行吞没、讼端纠缠,亦可见民法未完密之一端也。

三、田地批佃承耕,按年纳租,多少随田之肥硗以为值。其租屋居住、租铺开店多立批关,订明年限租数,或有典当必定年期,未及满期而屋主欲加租价、典价,藉口于召顶勒迁急需变者往往有之。至断卖田屋,须要中人在场,此通例也。

四、借地筑室有二种:一公地,多无议约,随意纳租而已。一私地,有议约,纳租之外若干年归原主,或酌量加租借屋暂居;无议约亦无利息,以敝庐易人广厦,依买房屋例将己屋折价抵偿若干,余悉依限交收或依贷银钱例纳息,亦得质产,大概以三年为断期,利息与贷银钱等。贷银钱之利息,居家有信用及有产业为按者,以一分二厘为中率,市肆则以一分五厘为中率,偿还期限约在一年。债物换,则债主恒受亏损,无所谓利息也。以上凡遇议约立契时中人得沾余润权利之分数无定,担保之义务亦稍轻。

五、殷富之家广置田产,钱谷出款项纷繁,必须雇人司理,中资小富亲行经理,自与交替他人者较为核实。

六、窖藏之镪本无主名,偶然掘得应归受用,及旁人见知遂起争夺,宜即归公,优给掘镪之人。其赁居人之家园有所发现,地主察觉分享其利,亦属理顺情安。至拾遗于路不知失物何人,熙往攘来,难定追还之准则。

七、自食其力系属安分良民,医卜星相之流,仆隶舆马之役。贫苦之妇,有以乳媪、梳佣、肩挑谋食者。女不能养,自幼押当与人,及长赎回发嫁,亦有卖身为婢、听凭主人择配者。

八、筑室有倚傍邻墙者,或同时建筑二屋因有公共之墙,前者除庙宇等一切公产外必须纳款于被倚傍者;后者则均派该墙之价金,双方之界限皆以此墙为边线。

筑海成田时虞风浪一遭冲决,工本荡然。有基溃而力难筑复者,久弃抛荒,或招顶筑塞,邻田,乘此越畔水道,不免相争。修建庙宇,架桥筑堤,土木大兴,工程浩繁,召匠估计承揽工料者居多。营造房屋取其精实者则包工自采材料,县属木匠未尽可靠,承揽者总不及点工包工为完善。

关于合群办事捐资济公之民事

一、地方公益要政多属合群策群力以成其事，一、二人而成美举者仅有郡城育婴堂，系由王绅乃宾、李绅起高捐资二万余两自行创立。此外如北海太和医局商会、戒烟分会，廉城戒烟分会、商会，均合数十人之力。众擎易举，自与一、二较易为功。

二、县属向分十六团，各团分设公局，计共四十九局。附城名为总团公局，局绅八名；均安局局绅三名；白鹅江、石湾、乾江、西场四局，每局局绅四名；沙冈、乌家、上洋、北海、高德五局，每局局绅二名；石康局绅四名；多蕉、道歌南、道歌北均每局局绅二名；岛木、常乐、南康、福成、闸口、白龙、六湖、东成、西成、上廉、大廉各局均局绅三名；山口局局绅四名；白沙、石埔、旧州、龙门、小江、安石、马栏、北塞等局均局绅二名；张黄局绅四名；白石水、三合、古立、寨墟、乐民、土西、土东均每局局绅二名；福旺局局绅三名；平睦、横岭两局每局五名；六硍、新墟、涠洲三局各按地方之宽广定局绅之等差。勇于任事者以总团局绅为最，石康次之，北海、西场又次之，其余办事稍惯疲玩，非严行督率无以见功效也。

三、商会以改良商务为宗旨。廉城、北海均成立两所戒烟会，以劝戒鸦片为本务，成立所事皆在光绪三十四年所著成效。教育会以改良教育为宗旨，曾绅其藻、林绅朱赞募款成立，光绪三十三年四月匪乱停闭，尚未恢复。自治会以谋地方自治为宗旨，现方萌芽。各社会均属有益于地方。

四、筑围、修堤、浚河三项本地无之，学堂以林绅朱赞所办乾体学堂为嚆矢，成立在科举未废以前，是谓得风气先。继而小江及附城之学堂，由是各乡学堂亦纷纷成立，宋绅安枢、刘绅润纲实左右之，虽成立在科举既废以后，为功名求学问，亦足觇一时之盛。由钦抵廉路工现由地方有司拨款修治，谋商业之便利，谋兵事之便利。

五、兴建公益之人前已言之，明目张胆主破坏之人则无。

六、风气初开，顽固居其多数，自治立宪城市尚多，未能明其宗旨，乡村可知。学界仍多观望，其他更可知矣。

七、县属联众挟制尚无此风，惟光绪三十四年官立高等小学堂校长与教员耸动学生联集要挟辞退教员,实只一次,现经解散,此风则无。

八、县民好行其善者亦素见,如育婴堂成立经费数至巨万两,王李两绅任之。光绪三十三年钦匪刘思裕抗捐起事,影响所及,牵动三廉。同时而毁抢学堂之案,王绅荫东慨捐制钱一万贯修复各学堂,并为县属罪犯习艺所推广经费。他如水旱偏灾零星认捐者亦为数不少。

九、县属妇女题助修理庙宇者极形踊跃,诸善举则裹足不前,迷信神权,达于极点。

十、士绅经理修建多图名誉,以能办事为荣,或谋醉饱。至于从中渔利,尚无此弊。

(清钞本,广东省立中山图书馆藏。)

浙江调查总局调查商事习惯

第一类　通则

甲　习惯

习惯一事,商界中每不甚注意,岂知我国向无商法,凡商人所遵守奉行之事,无一不从习惯而来。有各处相同者,有各处不同者;有历久不变者,有今昔各殊者。不论美恶,不问利害,人人受其拘束,似乎不得不然,即所谓习惯也。其关系于商业甚大,故逐事设问以调查之。

（一）习惯之适用　凡商家遇事争执,或词讼案件,经绅董或地方官判断,概依大清商律乎,抑访问商界惯例以判断乎？若遇一事,律例所载,与惯例不同,则判断者从律例乎,抑从惯例乎？请述往事以报。

（二）适用之范围　凡商事交易,一面为商人,一面非商人。商人一面所有之同业公议或行规,在非商人一面亦可通行否？各处习惯不同,他方之惯例,可通行于本处否？今昔习惯不同,旧习惯可通行于现在否？

乙　商人

（一）商人之阶级　诸色人等,均可营商乎？有被人干涉而不许行商之制度否（如西国古代凡商人类皆世守其业,寻常人不得随意经营商业）？如有此事,请述其原因。

（二）商人之范围　凡经商而使他人出面,则本人仍称为商人否？如东家但出资本,不亲商事,一切委人经理,则东家亦称为商人否？又,并非终身经商,且不以商业为生涯,而一时乘兴偶为商人之事者,皆视之为商人否？又,受人雇请经理商业,而但得薪俸者,可称为商人否？

（三）特别制限　此制限有数种原因：有因于商品而有制限者,有因于商况而有制限者,有因有职业而有制限者,有因于资格而有制限者。兹分为五题,设问于下,望广为调查以报告之。（甲）各项商业中有不许民间经营否（如硝磺、火药、枪炮之类）？（乙）有只许某项人方得为某项商业之例否（如汇兑款项,只许本帮各庄号转手,不准山西帮上市,与主顾直接交易之类）？（丙）有几年以内,几里以内,不准营与人相同之商业否（如以当店替与他人后,议单内申明旧店主不得于几年内在该店近处再行开店营同种商业之类）？（丁）有何项人不许在本地经营商业之例否（如地方官不得在所治地经商,又如山西票号之接客员不得在该店之本处自开店铺之类）？（戊）不得擅自经商者何项人（如学生非得其师之许可,则几年内不得开店之类）？

丙　商人类别

（一）大小商之区别　有大小商之区别否？如有之,则以资本多少分商业之大小乎,抑以店面装潢、行栈完备,或挨户求售、沿途贩卖分商业之大小乎？大商小商,事实上有何分别否（如趸买、零买之类）？权利义务上,有如何之分别否（如选充董事担任捐项大商家较小商为多之类）？请据历来情形以告。

（二）能力　不满二十岁之少年,或有夫之妻,欲经营商业时,须注册否？当注册章程未颁时,有何他种方法,或存案以为证据否？少年或有夫之妻,经商时有与寻常人不同之处否？倘有少年或有夫之妻,于商业上所行之事,而其父兄亲族或妻之夫,藉词于年幼无知、女流无识,出而反悔者,向来有无预先防弊之法？既遇此等事后,其处理之方法若何？

（三）代理商　商店中有不受他人雇为伙友,在商店中执业,而常为一定商人代理其所营之事,或代其人居间介绍买卖其商业上之货物以为事业之一种商人否？有之则其名称若何？此等商人,若不经主人允准,能为自己,或为他人,营其主人所为之事业否？凡为其主人代理商业、介绍买卖时,须逐一禀承主人之命否？如主人或他人于货物出入上不能清偿,则代理者可扣留其货物否？代理者与主人间,如初时并未约定代理年限,一旦因事解约,可随时辞退否?但所代理之事,尚继续不绝,若忽然辞退,则他人将有不能接洽之虑,本处商界向例若何?

丁　牌号

(一)牌号之取义　凡商店牌号之取义,有一定规则否?凡独力经营之店,与拼东所开之店,其牌号上能一望而知其分别否?如一东家一牌号,有同业之数处商店,其牌号上应加如何区别?如数多同业之商店,东家各不相同,而公用一牌号,则其牌上应加如何区别?牌号之取义,各种商业,各有特别之风气(如饮片店之牌号,每曰某某堂;寿器店之牌号中,必有长寿之意)。请就各种商业,述其牌号用字之风气若何?庄号、行栈、作坊等名目,各业中有随意乱称者,有因办法不同而各有规矩者。其随意乱称者,属何等商业?其因办法不同而名称自有区别者,为何等商业?庄号等名称不同,因而商业之办法亦不同,其不同之处若何(如钱店许人以大洋兑小洋,以小洋兑钱,而庄家则不可;庄家能许人以银票照市易洋,而钱店则不能之类)?然他处零换店亦有称号之为钱庄者,是钱庄与钱店之分别,又不在零换与否也。请据本处之惯例以报。

(二)姓名为牌号　凡牌号中有但用姓者,有兼用名者,有但用名者,是否均用店主人之名,抑可用他人之名?如店号出盘与他人时,则新店主姓名,与旧牌中所用者不符,须零换新名否?如不更换,则遇利害出入,人惟向旧主人是问,新主人藉词推诿,将若何?如欲更换,则新牌号不易出名,又若何?现在普通之办法若何?

(三)牌号移转　凡久远驰名之牌号,或因原店闭歇而出顶于人,或东家易人,牌号随店而去,其价约分几等?其价如何估法?至后日原主欲收回时,新主不许则如何?

戊　商业使用人

(一)名称及任免　凡在他人所营之商业上继续办事,而但复薪水者,俗称为同事,其位置略分几等?其最高等者何名(如管事、大伙、经手之类)?各等名称,是否各业一例?凡一店聘定某人为管事,则主人须报告于商业界各业或存案否?其报告之方法若何?凡久任之管事,忽然辞退,则其店中应通知平日往来各户否?

(二)管事权限　凡商业使用人中,权限最大者为何等人?遇词讼事件,通例用何人出头？如大伙与人成约之事，店主可出面反悔否？店中大伙以下各人进退，归何人作主？请将以上各事依向例述之。

（三）代理权　凡未成丁者，或疯癫白痴浮浪之徒，一切有精神病者，以及为人妻者，开设店铺，由其父兄亲属或夫督理一切事务，执行代理之权，将来如遇损失，而父兄亲属或夫各自推诿，以并未代理为词，则他人将用如何对付之法？商界向来有先事预防之法否？若本人与代理者先有成约，各事项中惟某事须亲自办理，不在代理之中，代理人既不以此约向人直言，竟与他人为无权代理之事，本人复出而反悔，以先有成约为词，则将如何办理，抑将使他人受其不利乎？请据商界之惯例以告。

（四）使用人之利益　各商业分派于同事之利益，共有几种办法？花红如何匀派？如大帐亏本，则店中各伙友之提头仍可照例否？（例如衣庄学徒，在现市售得之钱内，每元提出几厘。）请将各项利益分配之名目，与分利之人，及其成数，逐一详述之。

己　竞争

（一）店主特有权　凡商店之管理或大伙，能自己另开商店或兼管他人商店之事，或与人合股开店否？如欲为此等事，应如何办法？如并未得店主允许，而已有私自开店之事，则如何办理？（在外国则店主夺取其所开之店，归之于己，名曰特有权。）如主人觉察其事，而当时并不禁止，直至半月以外，始欲禁止之，能否？如至一年以后，店主方知其事，仍能禁止之否？

（二）地段　商界争论地段，有以几家门面为限者？有几里以内为限者？其各业规矩不同，共分为几等？

（三）主顾　凡商家素日交易放帐之主顾，如忽被他家勾引而去，理应争论否？其规矩若何？

（四）冒牌　现在所谓冒牌者，系指如何之事项而言？如已经领帖或立案定一牌号贩卖物品，被当地同业之商人抄用牌号，可谓冒牌否？牌号中字形相似，可谓冒牌否（如祥茂与祥芪之类）？虽同号同业而在隔县隔市，可谓冒牌否？遇冒牌之事，向例如何办法？

庚　设备

（一）注册　商律未颁以前，各项商业，有与注册相似之办法否？向例禀官立案，请示保护者，与必须领帖开张者，为何种商业？无帖无案而自行开设行栈庄号，每年有规费否？本店只有一帖，或仅一次备案，而欲在他处开设分店，应如何办法？如有人领帖于先在某处专利，复有人领帖在该处经营同等之商业，以致成讼，于是断为停止一家者，有断为任客投行并行不悖者，以商界公理论之，果以何者为正当之办法？注册章程既定以后，人人甘心遵守否？如不愿遵守，其故何在？如初领之帖，本为数种物品之商业，后因资本浅薄，减营一二种，则初领之帖，果呈请更换否？

（二）票据　商家各业通有之票据有几种（如发票、收账票之类）？各业特有之票有几种（如定票、包票之类）？其上加注之例，各业不同，共有几种（如银洋照市贴水，凡遇关津，贵客自理，栈力外加，剪断摺绉，概不退换，包退回换，计数不缴之类）？其图式有定规否（如起首年分之类）？又如何种票应用骑缝对号图章之类？请就各业各事分别言之。如有印就者，并请每种黏送一份。

（三）帐簿　商家各业通用之帐簿，其名目有机〔几〕种？各种之格式若何？凡店中同事费用，有住家之店，其家事费用及杂货铺之零卖，所有记账之法若何？每节总结账有几期？逢分利之期，其红帐格式若何？如该店闭歇后，应将帐簿保存几年？

（四）商品　凡商店物品，有正业与兼营之别否？其品物种类之多寡，有规矩否？如以买卖何物为一店中正业，其余均为带卖之物，则仅店中人知晓乎，抑使外人共知乎？其示人知晓之方法若何？（例如杂货店果以何者为其正业？何者为其带卖乎？）杂货、洋货、广货各店，其物品甚多，果有一定之范围否？

（五）商业公所　各帮皆有公所或会馆，其办事章程若何？其利益之处何在？请将各业公所、会馆之历来情形及利弊之处，逐一报告之。

（六）商标　各业各自制一商标以杜假冒者，但既不备案注册，则他家仿造，亦不得而禁之。商界向例遇假冒商标等事，有何法以禁止之？

［缺第二类（合资贸易）、第三类］

第四类　各种营业

甲　各业普通事项

(一)代理及委任　按:此问题,与第一类丙项第三目代理商不同,且与戊项第三目代理权亦不同。因代理商为一种之商人,代理权系就亲权及使用人而言。本题所谓代理,既非以此为业之一种商人,又非亲权及使用人,乃普通偶然托人代办之事,其问题如下:

一、凡偶然受人委托代办商事,有须说明代谁办理者,或并不说明者。本处商界,向例若何?

二、如代人办事,并不说明代理,则本人对于此事能推诿否?

三、如代人办事,其初时并未声明,迨至对面之人向代理人有所要求时,代理人可推诿于本人否?

四、凡受人委托办事,只须不违本人意思,即并未委托之事,亦可自行代办。本处商界,惯例是否相同?

五、凡商界受人委托办事,其代理之权,至何时消灭?

(二)契约之申请　契约者,一面与其他一面相约,办一事件也。凡契约必先有一面表示意思,谓之申请,但其中有对面与隔地之分。如商人对面受人申请,而不立刻允许,则此申请,可以作准否?如隔地申请,并未订定回覆之期,及至能接回信之时,尚未接到回信,则此申请可以作准否?(例如本可三日得覆,乃迟至五六日,始得回信,允其所请,可就此作为成约否?但申请之人,如不克久待,已于发信之三日以后,另筹办法,无须此一面之允许,则此一面虽已回信允许,亦不能实行。)本处商界,如有此等事,其向来办法若何?

(三)允许之默示　凡商人如遇素所往来之人,就其所为之商业内有所约束,则允许与否?应立即通知。若有迟延,则对面之人即可视为已经允许,迳照所约办理。本处商界,惯例是否相同?

(四)附物申请　凡商店如遇人申请立约,于立约时,其人且有物品附来,而商店不肯允许,则其物品由何人保管?其保管费用由何人担任?如物品之价不足偿保管之费,或因于保管此物而商店大受损害,则将如何办法?请举向来惯例以报告之。

(五)连带债务　凡多数商人共营一业,如因其营业上所欠债务,无论为全体所欠,或其中之一人所欠,是否全体均负责任乎,抑仅行为者负其责任?其余未尝亲自办事之人,可不负责任乎?请举商界之惯例以报。

(六)保证债务之连带　凡商家欠人债务,而经他商人作保,则保证人与欠债者是否责任相同,抑必待欠债者万不能还,而后问及保证人乎?请举商界之惯例以报告之。

(七)代理之报酬　凡商店于其营业范围内,允许他人代办事件,通例有酬谢否?如有之,其计算之法若何?

(八)法定利息　凡商人之间贷借钱款,均有利息否?如商人代他人垫付款项,从代付之日起,可索利息否?利息之额若干?分等级否?

(九)债务质绝　凡商人因久债而以物质押,有不许赎回之例否?

(十)债券遗失之处置　凡商人所有钱债票据,如遇遗失,应即报知地方公证人而使欠债之人供出物品,或他种担保,依票中所记,催促偿还。本处商界,如有此事,其办法若何?

(十一)时间　商家每日交易之时刻,有无一定?如有定限,则索债、还债,应按限定时刻。本处商界,惯例若何?

(十二)留置权　凡商人之间,在债务未还时,如债户因商事进出,有物品存于债主处,则当还债之时,债主即可扣留其物。现在商界,有此办法否?

(十三)债务时效　凡商人因于商业上所有债务,如五年不追,则作为消灭。本处商界,有此办法否?

(十四)设定行情　凡大批客货及本地大宗土产将上市时,其行情之大小涨落,有由客人创定者,有由同行公议者。本处商界,所有客货、土产,其行情之大小涨落,由何人主持?其由本处定价者,有几种?其跟随他处市面而变动者,有几种?又,银圆、银角、铜圆等之进出兑换行情,其忽涨忽落,忽大忽小,究由何人作主?以何者为标准?市面通用货币,以何种为多?其价目共有几种?(例如粮柜当典钱业及一切卖买等之银钱价格,是否各不相同?)请举本处商界情形以报。

(十五)选用度量权衡　市面上所用之尺,共分几等?升斗斛之大小,有因进出而不同,有因所量之物品而不同(例如米与杂粮所用之斗斛各异),本处共有几等?又,称物之秤,每斤轻重,共分几等(例如有十四两者,有十六两者,有十九两三钱,又廿两、廿三四两者)?何物用何等秤,有无惯例?(例如油米盐柴所用之秤,轻重不同。)请举向来习惯,并详列其名目(如度则有苏尺、杭尺之分,量则有宁斛、市斛之分,衡则有杭平、四码秤等名是也)。

乙　各种商行为

第一款　卖买行为

(一)买主不收货之处置　凡买卖货物,如买主忽然不肯收货,或因不得已之事,而不能收货,则卖主应如何办法?如约期催促之后,能将其货任便出卖否?如遇容易损坏之物,不及约期催取,可不催而遽行出卖否?须照惯例以报告之。

(二)误期　凡买卖约定期限者,如卖主误期,而买主不即追理,即作为未曾有此卖买之事。本处商界,惯例相同否?

(三)检点货物　凡买主检点货物,如物有弊病,或数目与原约不符,应即立刻通知卖主,否则不得藉词悔约及要求减价。但遇不易查检之物,则以半年为限。本处商界,办法是否相同?

(四)解约后之事项　凡买主将物取归后,如查出物品有病,或数目不足,而不愿成交,则保管物品之费,应归何人担任?如物品容易腐坏,不及待卖主取归,应如何办理?可任便将物品出卖否?请举商界惯例以报。

(五)现买悔约　凡卖主交付物品,如查与原定之物品不符(例如原定高粱酒,后误付白玫瑰酒),应如何办理?又,如交付物品时,因错误而较多于原定之数,应如何办法?

第二款　帐目相抵行为

(一)交互计算　凡商人之间或商人与非商人之间,其平日所有商业上往来帐目,约定每几月结算一次，两相抵划，如相抵之外，尚有余欠，则用现钱付清，谓之交互计算。本处商界，有此办法否？

（二）计算时期　凡交互计算，通常几个月结算一次，有一定之时期否？除满节、中秋节、年节以外，其特定之期有几？

（三）无着之票款　凡帐目内一面如有以票款相抵，而其票款无从收取者，则对面之人可不肯承认而请其除去否？

（四）帐目之承认　凡帐目相抵，可不问对面人之承认与否而迳自核算否，抑必须对面人之承认而后可以计算乎？既经承认之后，其已开在帐上之各项款，自然各无异言，但如有错误遗漏等事，在既经承认以后，亦不能再理乎？请举商界之惯例以报告之。

（五）利息起算法　凡相抵所余之额，如不以现钱付清，则债权者可请求加利否？但加利应从何日加起？请举通行之例以报告之。

第三款　共同营业行为

按：本类目第二类合资贸易，虽指公司而言，惟我国今日商界情形，公司甚少，所有合资之店，均系共同营业性质，是因第二类中所设问题，亦非纯然为公司而发，即共同营业之大概习惯，已散见于其中，只须将第二类按月〔目〕调查，斯可矣。此处不必另设问题也。

第四款　商事居间行为

（一）名称　商界中有专于他人之间商事上代为介绍居间撮合之一种商人否？如有此等商人，其名称若何？

（二）商事居间之种类　凡须用居间人之商业，共有几种？（例如有专为卖买米谷及杂粮之中人者，有专为卖买或租赁房屋土地之中人者，有专为雇佣仆婢之中人者，此外尚有何种？）凡以居间为业者，系只介绍一种商业乎，抑无论何种商业，皆可居间介绍乎？其所介绍之人，系认定一种人乎，抑无论何人皆可托其居间乎？其所介绍之地域有定所乎，抑无论何地皆可任其介绍乎？请举惯例以报告之。

（三）居间业之设备　凡居间为业之人，有无店铺？有无标识或牌号？（例如某某堂老荐头或某某中人行是也。)其安置物品及卖买人用如何方法？请将各种居间业之设备情形报告之。

（四）居间之章程　凡商事上价值之争论，居间人有无评价之权？钱财之交付，是否必须居间人过付？估计物品之标准(例如用何等斗斛、何等秤筏之类)，时期之多寡(例如杭俗荐婢仆进门三日，主仆均无不合，即为成市。如不合而退，则工作每日给钱四十文，由原荐之人领回是也。)各业有无一定章程？请查明各业通行之章程，分别罗列以报告之。

（五）责任　凡代人居间有何等责任(例如中人行保荐仆人，如有逃亡走失，惟保人是问之类)？请就各业分别报告之。

（六）担保之法式　凡居间人如遇必须担保之时，有何等凭据(例如保结之类)？

（七）报酬　凡居间人所得报酬由何人担任？其额数如何计算？其所得报酬，通俗称之为何？请即各业分别言之。

第五款　牙行行为

按：此与日本之问屋相似，惟其行为错杂，故所设问题，亦不全依问屋之性质。

（一）名义　凡牙行代客收买货物，或代客出卖货物时，究在贱买贵卖之间博利益乎，抑按物品之数，但抽用钱乎(又名行用)，抑既赚价钱兼抽用钱乎？其仅在价钱贵贱之间博利者，俗称何名？其仅抽行用者，俗名为何？其两项兼有者，俗称何名？商界中究以何项为多？

（二）商业种类　凡该处称为行者，其所营之商业共有几种(例如柴行、米行、木行、猪行、鱼行、蕨行之类)？请列举之。

（三）责任　凡行铺中代理之事，如买主不还欠款，是否由行中自行付还，抑必须由买主付还而后转还卖主乎？又，如较委托者所预定之价，廉价卖出，高价买入，则其相差之额，是否由行中担任？请举本处商界之惯例以报。

（四）营业方法之区别　凡行铺之买卖，有受人委托而为者；有并未受人委托而自为卖买者；有虽受人委托，而表面上并不说明，所有价目之高下，钱款之抛欠，均由行中主持者。本处商界，以何种为多？

（五）物品市价　凡行铺允人委托卖买，有大盘行情（例如新丝上市时，大盘行情人人皆知）之物品，得由自己出面以卖买之，其价目照卖买时核算，而另向委托人索取报酬。本处商界办法，是否相同？

（六）牙帖费及其作用　凡有帖之行，其领帖时如何呈请？共须用费若干？常年花费于帖上之钱约若干？开设本行时，领得一帖，以后在别处开设分行，要另行领帖否？帖上姓名与现在开行之人姓名可以不符否？每帖年限未满，而行主易人，可以辗转卖买或租借否？行帖卖买或租借等事，其办法若何？请就商界中人所熟悉者，逐一访问以报告之。

［未完］

［《商业杂志》（绍兴）1910年第2卷第1、4期，余期缺。］

浙江调查局详送诉讼事习惯类目文

为详送事。窃查职局法制科各股所掌调查事件,均为编纂法典之基础,端绪纷杂,门类繁多,业经职局按照浙省情形,将第一股之民情风俗、地方绅士办事习惯、民事习惯、商事习惯,第二股之单行法及行政规章,第三股之行政上之沿习利弊上下编各类目先后编制,分别呈请宪台审定,刊印颁发。惟第一股第五部诉讼事习惯类目,前因将次编竣,尚未缮就,已于呈送民事习惯类目文内声明在案。兹复由法制科科长督同各管股员将诉讼事习惯调查类目详加审订,计成起诉、提案、审断、定案、上控五类,缮具清本,呈请宪台鉴定批发,俾便赶紧排印分颁各属查报。再,法制科一二三股所掌调查各事项所有应行拟撰之调查类目已编订齐全,合并声明,为此备由,呈启照详施行。

(《浙江官报》1910年第57期。)

西安县民事习惯报告书

第一编　总则

一、西邑寺观僧尼并无自己名义而置产业者。

二、僧尼财产即寺观之公产，其主持寺观者即为承受财产之人。

三、未经父母允许，未成年者径自与人交涉，其小事尚可通融，大事不生効力。

四、未成年者之财产，有父母者则归父母主持，无父母者则由亲族代理。

五、西邑以二十岁为成年，亦与他处略同。

六、为人妻者于夫之财产外如有嫁资及私财，其使用此等财产，有必须经其夫之许可者，亦有不必经其夫之许可者，要视其夫之权力何如。

七、疯癫人如有财产，则亲族为之管理，是财产即为其生计，若本无财产，则但受亲族之扶养而已。

八、西邑聋哑者则以习工艺为生计，其盲者则以习弹唱及推算命理为生计。

九、浪费者之财产，如其人而无父兄，则即无管束之方法。

十、西邑无区别住所及居所之制度。

十一、西邑人不轻去其乡，故失纵之人绝少，即偶有之，其家产自必由亲族代为管理。

十二、管理失踪人之家产，其权限只准保管，不准变卖。

十三、即偶有失踪迹人，并无经若干年即作为死亡之制度。

十四、失踪迹后计其人之年龄当已死亡,又无父母妻子,其家产自必由亲族或戚族处置,然西邑则罕闻其事。

十五、家产处置后,如失踪人复归而欲向处置人索偿原家产之值财,其事必多缪戾,然西邑于此等事,未之前闻也。

十六、西邑既少失踪人,亦无定而未娶之妇经若干年始得别嫁之制度。

十七、西邑并无临战阵、遭灾变而生死不明者经若干年即作为死亡之制度。

十八、西邑公益之团体,如四乡之育婴堂,则由多数财产组织而成,遴选妥绅经管,以收养婴儿为目的;如城厢之救火会,亦由多数商家集资设立,平日则轮流管理,有事则分担责任;若教育会、劝学所,虽由多数人组织而成,然款由官拨,事归绅办,至管理之情形,则亦视其人之能否热心耳。

十九、营利之团体惟工商界为然,如纸业公所、钱业公所、油业公所、财神会、鲁班会、轩辕会等,均由多数人集资组织而成,其管理人则按年轮替,如欲提议事项,则商诸管理人而邀集各同业以取决。

第二章　与物有关系之习惯

一、所谓不动产者,自以土地、房屋为限,此外则未有所闻。

二、土地与房屋虽有主物、从物之别,然西邑习惯以土地、房屋并卖者为多,若土地出卖而房屋不在内,房屋出卖而土地不在内,此事虽间或有之,而不多见。

第三章　与代理有关系之习惯

一、未成年者,其处理事务自必由父母为之主持。

二、少孤而无父母者,其代理事务则择伯叔兄弟或姑姊妹之夫诚实而可靠者任之。

三、癫狂盲哑之人如无父母,其处理事务,则亦惟族戚中之贤者为之扶持而已。

四、代理人之权限只准保存，不准变卖，然其人而不贤，则又不可知矣。

五、未成年者达于成年时，其代理人之代理权自必从而消减。

六、未成年者及癫狂盲哑人并未商允代理人，径自与人交涉事件，如其事之小者，则代理人亦得出而撤销之。

七、代理人如因事烦不能每事亲任，或因故不能亲任，则亦得另觅人代理。

第二编　物权

第一章　所有权关系

一、盖筑房屋、修理墙壁时，如欲使用邻地或走入邻宅，则必商允邻人而后可。

二、四面均被他人之土地环绕，欲通至大道，必须经过邻地，自必商请公正人酌定通过费用。

三、因低地沮塞致使高地之水不能畅行下流，高地所有者欲流通此沮塞，则必商允低地主人其费用，两造酌派，或归高地主人独出，揆时度势，殊无一定办法。

四、邻地蓄水之陂塘，其堤防有渗漏崩溃之虞，欲商请其预为修筑其费用，或由邻地主人独出，或由商请者酌助，临时量力而行，办法不过如此。

五、盖筑房屋时为防檐水注滴邻地计，于墙根外应留出隙地三尺。

六、水流两岸，一岸属于己，对岸属于人，如变更水路及幅员时，必须两岸妥商。

七、水流两岸均属一人，于更变水路及幅员时，其水流之下口自应复原水路。

八、欲将余水向下排泄，高地所有者必商请低地所有者不可排泄，其排泄时必须留心不得害低地所有者之田亩。

九、欲引甲地之水至乙地，中间须经过他人土地，则必商允其地之主人而后行。

十、土地、山林、房屋如已勘明四至界线，则必立界石以为凭。

十一、年久两造契据遗失，界标湮没，其疆界如系历年管业人人共晓，则亦相安无事，然往往有因此缪轕而致涉讼公庭者。

十二、设立界标之费用,如在毗连之地,则由两造分担;若自愿在界内设法立,则由一人独任。

十三、房屋两所分属于甲乙二人,中有空地,甲欲设立屏幛以别界限,而乙不愿意,则甲亦只得停罢。

十四、共有墙壁相邻之一人欲增高改筑,则必商允其邻而后可。

十五、邻地竹本〔木〕之枝横过疆界,如无碍于事则听之;若有碍于事,则亦斩刈之而已。

十六、邻地竹木之根抽过疆界,如两家和好则亦不甚措意;若一家有不愿时,则邀请邻人以处置。

十七、凿井、设厕,应距离疆界线三尺或五尺不等。

十八、穿池浚沟,应距离疆界线七八尺或一丈不等。

十九、西邑处万山之中,距海疆甚远。

二十、附:河岸溪岸而涨出新地者,此地或归沿岸地主所有,或为官有,或为公有,尚无一定办法。若因对岸被冲滩,而此岸涨出新地,或报官,或充公有,亦听大众之公决而已。

第二章 共有权关系

一、数人共有一物,其共有之一人欲使用此物,以不得变卖损害为限制。

二、共有者之一人不经他共有者同意,不得变更其共有物。

三、共有物之管理有由众公举者,亦有轮流管理者。

四、共有者之一人死亡而无承继人,其所。①

五、共有者之一人死亡而无承继人,其所应得之一部分自应分配于各共有者。

六、共有者之一人如欲分割其应得共有物之一部分,必经他共有者允许后可。

七、以共有物抵押于人,如其中有一人欲取赎,则商请他共有者订立条约,以免日后缪辄争论。

---

① 原文如此,漏原第四题"共有物归一管理时,其费用如何分担"之答案。

第三章　地上权关系

一、使用他人土地以盖筑房屋或培植竹木，其各项通行之例如左：

一　地租有无年交付一次者，有分作四季交付者。其于使用以前先交则为押揽，有先交半年租者，有先交一年租者。

二　订有一定年限者，至长以十年或二十年为限止。至年限既满地主不允展续时，则只得以地归还原主。

三　未订有一定年限者，地主欲取还土地，及使用土地者欲退还土地，早于租据上写明，彼此均得随时交割。

四　因年限满而退还土地，自须仍复土地之原状。或其中有建筑物，可以商允地主得以估价买卖。

五　退还土地时，地上之房屋或竹木，地主愿照时价买收而使用土地者拒绝之，则折毁房屋斩刈竹木，地主亦听之而已。

第四章　抵押权之关系

一、凡借人之财，如以动产为抵押，自必过手管理；如以不动产为抵押，其过手管理与不过手管理，则凭两造之自愿，无一定成例。

二、西邑只有当铺，并无其他名目。

三、物件中如军装、爆发物、动物、植物等，均不得抵押。

四、抵押以票据为凭，其票据式样则曰：立抵押据人某姓某名，今因乏钱正用，情愿挽中将某物抵押于某姓，计抵押钱若干千或银若干两，以某年某月为限，限满备原价取赎。今欲有凭，立此抵押据存照云云。

五、以票据为凭，若票据遗失时，其押物于当铺者，则债保证人向当铺挂号，另给当票。其在田地、房屋等物，如票据遗失，则可禀请地方官立案。

六、抵押而不用票据，亦有以保证人一言为凭者，如其事必在暂时而不得援为以常例。

七、押主以抵押之物品使用或借给于人，要视其物品之何如，大抵不易损坏之物品，则可使用与借给，其易损坏者则否。

八、修理与保管抵押物之费用，有由押主任之者，有由以物抵押之人任之者，然必于事前订明，以免日后异议。

九、押主亦得以抵押物转抵押于他人，如因转抵押之故而抵押物被毁损，则押主向于业主自应负其责任。

十、抵押物毁损灭失时，押主应折价偿还，其价以偿还时之率为准。

十一、因天灾时变致抵押物灭失毁损，其押主应否赔偿，须预在押据上写明。大约俗例在动产则须赔偿，在不动产则不须赔偿。

十二、抵押物必须本利还清始得取赎。

十三、抵押年期，大约动产至长以一年为度，不动产至长以二十年为度。

十四、抵押期限将满时，物主将利息付清，亦得商允押主请再展期。

十五、业主至期限无力取赎，抵押物即归押主所有。如押主欲行变卖，应否通知业主，与卖偿不敷抵价，或卖偿扣除抵价及利息尚有余资，两造于抵押时先行订约，均照契据办理。

十六、抵押利息每年至少八厘，至多二分，平准一分五厘。

十七、不动产抵押必以契据为凭，其契据式样与第四条票据式样略同。

十八、过手保管之不动产抵押，即以该产之利息充利息。

十九、过手保管之不动产抵押，每年应交纳之丁粮捐税仍由业主完纳。

二十、抵押取赎年限有最长至五十年或六十年者。

二十二、过手保管之不动产抵押，其抵押之修理及保管费用，大数则由业主任之，小数则由押主任之。

二十二、过手保管之不动产抵押,于押期限中业主将其业出卖时,则偿还押主以抵押时一切费用,如酒席及中人费皆是。

二十三、不过手保管之不动产抵押,其利息大约一分或一分五厘。如业主到期不交利息,则押主即须将其产过手管理。

二十四、以一不动物产抵押于数人,则押主之间其权利以先押者为胜。

二十五、不过手保管之不动产抵押,若业主将不动产出卖于他人,则买主必向押主划清押价,以免缪辗,否则押主欲向买主索还抵价,则恐滋生事端矣。

二十六、业主变卖其抵押物摊还债务时,则押主较他借主自有尽先摊还之权利。

二十七、买得不过手管理有抵押之不动产者,如业主不备价取赎,则买主亦得备价向押主取赎。

第五章　物权之消灭

一、各国法律,凡权利者经过若干年后不行使权利,则其权利归于消灭。西邑关于一切物之权利则并无此习惯。

〔第三编　债权〕

第一章　契约

一、订立契约必以证书为据,且必用中证人而使之共担其责任。

二、未成年之人与人约订,自须由父母家长出名。

三、为人妻者及奴婢与人订约,自须得家长及夫之许可。一切契约均须家长及夫之许可出名代订。

四、托人代订契约时,各项情形:一、代理人与人订约或自行出名或仍用本人名义,须预先经两造商定;二、代理人有无代理权限及其权限如何,须于契约上写明;三、代理人所订契约若出其权限之外,本人可不承认,而代理人对于彼造应照所订契约自负履行之责。若彼造有所损害,代理人并须赔偿;四、代理人受托后不得转托代人代理、代订契约。如转托他人而其人办理不善,本人因之受损,则代理人并其所托之人,对本人应负赔偿之责。

五、契约者若订有期限,在期限未满以前,债主不得索偿。

六、契约若无定期限,债主须俟其力量能遂时方得索价。

七、履行契约,或债主至债户家索价,或由债户送还债主家,或债主与债户均至中证家交涉,其履行之地须于契约上注明。

八、债户若逾限尚不履行契约,债主因以受损,债主如欲使债户赔偿,须视债之能力何如。

九、契约若约定应为某事而债户不为,则债主抵〔只〕得索还债户之钱而将原约作废。

十、契约若约定不准为某事而债户竟为之,则债主亦只得索还债户之钱而撤消原约。

十一、债户依限履行契约,债主若不领受,债户自得以该物托人保管,以免其责。

十二、债户依限履行契约,债主若不领受,债户因以受损,则债户得使债主赔偿。

十三、交付银钱时,在昔日则用银、用钱不等,近时则多用外国银圆。

十四、契约约明有利,必并其利率若干而明定之,以免日后异议。

十五、债户若逾限不付利息,债主因以受损,则债主得使债户赔偿,然多不能如愿。

十六、债户若逾限不付利〔利〕息,债主即当以所欠利息作为元本,并不必积至若干、迟至何时而始得重征其利息,然此等债户其利息亦未必如数偿原矣。

十七、一契约债主数人,债户亦有数人,其各债主、各债户之权利义务自必平等均分。

十八、债主数人同一债权,债户所负债务仅一物而不能分价,则债主中一人自须会同各债主方得索偿。若债户欲以物交还,亦须约齐各债主当面授受,方得免责。

十九、债户数人同负一债,各债户若与债主约明连带负责,则债主或对债户中一人索偿全部之债,凡此皆属债主自由之权。

二十、前条债户中一人若有特别事故,其所应负之债额归于消灭时,若他债户并无事故,不能按其数以援免。

二十一、前条债户中一人若清偿债务,则对他债户按其所应免之数能否索偿,须衡情酌理,邀请中证人共决。

二十二、契约若有保证之人,关于左揭各项情形分别开列:

　　一　保证人之资格须平日有信用,其能力则足以赔偿债务。

　　二　保证人对债主应负赔偿债务之责。

　　三　保证人在保证债务外,对于利息违约罚款并赔偿损害之事,亦负保证之责。

　　四　保证人所负之责以本契约所定者为限。

　　五　债户若尚有资力,各不还债,债主不与交涉,直向保证人索偿时,则保证人必对债务尽其索偿之力,必使债务还清,方为无负于债主。

　　六　债主至期不即收价,至债户擅自消费资力有缺,其后不能清偿,则债主亦不引咎,而保证人之责任亦可从轻。

　　七　保证人若有数人,其保证之责任平均分担。

　　八　保证人代债户偿还后,自可对债户索还其原数。

二十三、债主债户间若各有欠债,自可互相抵销。如两债务期限不同,或依契约所定其债务各不相同,自应各偿各债,不得援抵销之例。

二十四、前后有二契约,以后契约废弃前契约,则前契约即归于消灭。如前契约有保证人或以物件作担保,则后契约亦得以援用。

二十五、各国法律,债主若经过若干年不对债户索偿,其债权即归消灭,不能再〔能〕行索偿。西邑则无此惯列。

二十六、左揭各契约之情形逐条开例:

　　一　赠与契约

　　　　甲、以物与人,虽己〔已〕约明,尚未立有书据,其人而有信用者,自不反悔;若无信用者,则不免反悔而撤销该约。

　　　　乙、以物与人,其物若有瑕疵或欠缺,如与者于受者情谊较厚,自应换给以完足之物。

丙、约定每月或每年与物若干,若未订定以若干年月为姑〔限〕,其契约以情谊中衰或以财力若竭即为完毕之期。

二　买卖契约

甲、彼此约定买卖一物,物、价均未交割,中途有一人违约不买或不卖时,如其中有所损失,则违约者有赔偿之责。

乙、约定买卖并付有定钱,中途如买者违约,则定钱即归消灭;卖者违约,则定钱加倍奉还。

丙、买卖时应有一切费用多由买主任〔之〕。

丁、买卖用费俗例由〔田〕则二厘、屋则四厘、地则一分,均照买价计算。

戊、买卖经过一定期限如未付价或付价未清,则卖主可向买主索加利息,甚或撤销买卖之约。

己、买卖已成交后,买主如不合意亦不能退换,即间或有之,亦必赔偿其损失。

庚、买卖已成交后,如买主因该物有缺损差异与原约不符,如数量不足则必须添补,品质有异则必须照价。

辛、退换货物自有一定期限。

壬、抵押租借之物,官有或公有之物,寄存或遗失之物,盗窃之物,如不肖者将此等物出卖而买主不知,致买卖无效,则卖主对于买主除加利退价外,更当别议处罚。

癸、定买之物,如卖主已先抵押于人,则其物应由卖主取赎。

子、定卖之物,卖主再以卖人,其对于前后买主均失信用,不能不各有偿物之责。

丑、买卖既成定约,如有一方面之人死亡,其承继人仍须照约行事。

寅、定卖之物如遇灾变而致损失,若卖主仍行续办,则照定卖时原议;若卖主无力续办,则亦听诸天命耳。

卯、买卖之预约,买主与卖主核定买回时之价值,先付定洋几成,届时即照预定价值计算。

辰、预定买回期限最长者多则一年,少则半年。

己〔巳〕、预定买回之物未到期时,亦可转卖于他人,至转卖后原买主欲向后买主买回,亦须预先约定。

午、买回之物以前之修理、保管费用,概在卖价之中。

三　借贷契约

(一)消费借贷

甲、消费借贷未能如约清偿,即有一方面破产,其契约之效力不能即归消灭。

乙、消灭借贷之订有利息者,贷主所贷与之物苟有瑕疵,亦须换给以免〔完〕全之物。

丙、消费借贷之不定期者,随时可以索偿。

丁、消费借贷于期限中,借主适有破产情事,贷主亦得向之索偿。

(二)使用借贷

甲、使用借贷借主若违约使用及有损害,贷主得将该约解除,并可向借主索赔。

乙、借主以所借之物转借他人,经贷主允许而后可。苟不经允许而擅借,则贷主可将原物索还。

丙、借用之物如遇损失,即可偿以同样之物。若欲折价偿还,其计算以还时之率为准。

丁、所借之物或须修理,牲畜食料或须保管、培养,其费用概由借主任之。

戊、由借贷物所生之果实虽原约未曾订定,亦悉归贷主所有。

己、使用借贷如不定期限,贷主可随时索偿。

(三)租赁

第一　不动产租赁

甲、西邑租主所纳之保证金,如系租赁房屋,有照租金额全纳者,有照租金额纳半者;若田地之保证金,所纳不过十分之一。

乙、住宅租金,西邑境内以四季交纳者为常例。如逾期不交,亦不能索加利息。

丙、西邑租宅如期限未满即房价腾贵,不能于己〔已〕成契约外再加租金也。

丁、田土认租之法,其田向以斗计。田每斗三分或四分不等。如遇荒歉,则邀田主至田均分。

戊、田土租谷向系秋收时交纳,若杂粮则按所出时交纳。

己、田土认租以谷交纳者为通例。如契约上注明交钱者,则照时价计算。

庚、年岁荒歉,佃户请田主至田分割,如颗粒无收,当邀田主者遇,亦可免租。至缓租期限,即于下年秋收时补纳,不能加以利息。

辛、租佃空地,不论建筑、牧植,其租金照地亩计算。

壬、租佃山材,如有采取各物者,其租金预估所产之物而纳租。

癸、租佃田宅无一定期限。租佃山林最长者约十年,并无永归一人承租者。

子、租佃如在期限中物主将物产出卖,租主须与后物主接洽能否继续,永无一定办法。

丑、租佃之物如遇必须修理之时,物主出工资,租主供饭食。

寅、租主欲将租物加工以求坚美,物主不能偿其用费。

卯、租主解租,则前十日通知物主;若物主解租,须于二三月之前通知租主。

辰、租主于租物上添置之物,解租时如不撤去,物主愿为接受,其价值约以七折计算。

己〔巳〕、田主解租须于前一年定之，不能于田方播种或田稼将熟时以田改佃他人。

午、租主如有破产情事，物主即可解除原约。

未、租主以物转租他人，即经物主许可，则转租主须向物主换约。

第二　动产租赁

甲、赁用之物，其修理之费与物主分赁，其保管、培养之费由赁用人独任之。

乙、赁用之物如遇灾变损失，赁用人必须赔偿。

丙、赁用之物既经损失，如可采取同样者，即以同样之物偿之；如同样之物不可得，则估计现时物价以赔偿。

丁、赁用物所生果实应归物主所得。

戊、赁用之物如不定期限，随时可索还。

四　雇佣契约

甲、西邑境内缴纳保证金之事，〔前〕二十年前钱商收受学徒曾经行之，其保证金至学业满期发还，今则无之。

乙、雇佣期限均以一年为定，即有继续至十数年、二十余年者，惟视其人为何如。

丙、给付佣金，其工资以年计者，亦可陆续取用；以月计者，则按月给发；至过期不给，亦未能索加利息。

丁、雇佣于期限内即遇物价腾贵，雇主亦不能增给佣金。

戊、雇主使用人为他人服劳，佣人使他人自代，皆须两相承诺耳。

己、雇主于期限内无故解佣，必须给以全年佣金；佣人无故解雇，亦须缴还佣金也。

庚、佣人在期限内如佣主有破产之事，经佣主辞退方可解佣。

辛、佣人因服劳致疾或死亡,佣主对于佣人或家族能否给养,须视佣主之慈善与否。

五　承揽契约

甲、承揽人于事工未完时死亡,如有继续办理人,则承揽责任即在承继人。

乙、承揽事工逾限未成,出揽人或令其加雇工人赶办,或另觅人承办均可。

丙、承揽后或物价昂贵或事变发生,致原约费用不足,不能完工,出揽人亦不能另加费用。

丁、承揽后中途遇事变以致尽弃前工,则承揽人与出揽人其亏耗应各得半。

戊、承揽工作,其保固年限之约最长者十年;如限内毁损,即由承揽人赔修。

己、自出材料令承揽人工作,或材料恶劣,抑或定法不良,致保固年限内毁损,如欲修葺,则承揽人出工,出揽人供膳。

庚、保固年限内如有毁损,除赔修外,不能别议处罚。

辛、保固年限内如承揽人死亡,其承继人仍负保固之责。

壬、甲乙二人承揽,于保固年限内甲修之一部不固,致乙部毁损,赔修之责仍由甲乙二人负之。

癸、出揽人如遇破产,承揽人尚未动工,即得解除原约;如工已完竣,则报酬之费必不可少矣。

六　委托契约

甲、委托人令受托人报告委托事务情形,受托人须随即报告,至委办事毕亦须报告其颠末。

乙、委托之费用则先付,委托之酬谢则后送。

丙、受托人因处理事务有财物或权利,则委托人与受托人自应利益均沾。

丁、受托人将委托人之银钱消费,只偿还其本,不计其利息。

戊、受托人以处理委托事务支付用费或负债,则委托人自应认偿。至受托人不信委托人之行为,亦可另索保证人,或以财物为保证。

己、受托人向委托人索报酬，未为不可，然亦视两人之情谊以为衡。

庚、受托人如同〔因〕处理委托事务而至受损，委托人于事后亦当偿其所损。

七　寄托契约

甲、代人保〔证〕管物件，其用费应由寄托人先付。

乙、受寄人因保〔证〕管物件得有财物，自应移归寄托人。

丙、受寄之物未经寄托人许可，不得自行使用；如以寄托物转托他人经管，亦须通知寄托人而后可。

丁、受寄人以保管物件而支付用费，或至负债，则寄托人自须认偿；如恐其不认偿者，可另索保证人，或以财物为保证。

戊、寄托物如有瑕疵，以致受寄人受损，寄托人不辞解其责。

己、立有期限之寄托，契约自不能随时索还。

庚、受托人之报酬应由寄托人酌送。

八　合伙契约

甲、合股经营事业所得之利，并自依合伙契约作为各股东共有之财产。

乙、认股之法专用银钱，未有以劳力、信用作股本者。

丙、经营事业，其处理事务若有数人，大事则多数人议决，小事则由一人独断。

丁、合伙经营，除处理事务之股东以外，其间〔闲〕散股东亦可检查事业及财产。

戊、合股伙经营，不论赢亏，各股东均以合伙契约为标准。

己、各股东欲收回股本以脱合伙关系，务于结算后邀同各股东议决，而后可。

庚、合伙契约虽定有期限，如股东中有一人不愿，亦可商议各股东而脱退可。

辛、股东中如遇死亡、破产，即作为脱退合伙关系。

壬、股东如有不合之处，经全体股东议决，即可令其除名。

癸、脱退股东与各股东结算帐目，其财产财值以现时价值为准。如尚有未了事情,应俟清了之后再行结算。

子、合伙事业苟经解散,其账目应集各股东清算,亦可由各股东选任公正数人为之清理。

第二章　无委任之事务管理

一、无受他人委托而管理其事务时,其两人间对于各项之关〔系〕开列如下:

一　未受委托而管理事务,必先以情谊所关,不忍坐视,尤以直诚所发,一无偏私,以此意晓谕大众,方足以昭信用,而不至受人指摘。

二　既未受托而管理事务,以致损及本人,管理人自应负赔偿责任。

三　管理人既管理事务,自应通知本人。

四　管理人既管理事务后,在本人未能接管,律以始终成全之义,自应继续负管理之责。

五　管理人既管理事务,代本人支出用费并负债,如管理有效,自可向本人索偿。然既无受人委托,而欲向索保〔管〕证人及以财物为保证,则恐势有所不能。

六　本人如要求报告情形,管理人自须报告至本人,接管时管理人更应将其颠末报告。

七　管理人因管理事务得有财物或权利,自应移归于本人。

八　管理人将应归本人之银钱自行消费,其偿还原本,则为理所固然。若算还利息,则为事所难得矣。

第三章　无因得利

一、借人财产、劳力私自得利反致他人受损,而利益又非所应得,若经本人察觉,或偿其所得之利,或并科以罚金。

第四章　不法行为

一、故意或过失毁损人之财产、身体,加害者应偿其所失或处以罚金。至杀人生命,则禀官按律办理,加害者对被害人等,不仅负赔偿之责矣。

二、未成年者因不法行为而加害于人,其父母及监督人不能不负责任。

三、为人妻者因不法行为而加害于人,其夫自应负赔偿之责。

四、狂痴之人因不法行为而加害于人,监督者亦有赔偿之责。

五、被役使人因不法行为而加害于人,其主人亦难解赔偿之责。

六、妻子被人加害,本夫及其父母自可向索赔偿。

七、狂痴之人、其﹛被﹜役使之人被人加害,监督者本负责任,〔改〕亦得索赔偿。

八、加害人如系二人以上,其赔偿损害之责任,自分轻重,各项之情形开列于左:

一　共谋则无分首徒,其赔偿损害债〔责〕任二人平均。

二　二人初未共谋,而适与共同加害,其赔偿损害之责,二人亦同等任之。

三　一造教唆他造,则赔偿之责任,教唆者为重,而他造为轻。

〔第四题答案原文缺〕

五　利用不知情之他造者而加害于人,其赔债之责任,则不知情者可原,而利用其人为从重。

第四编　亲属关系

第一章　总则

一　依本地习惯,亲属关系莫先于父族,次则母族,又次则妻族。父族者父之兄弟为最亲,由亲友〔及〕疏以次递推,母与妻族亦如之。

二　为人后者,凡所后之财产即其财产,则所后之亲属即其亲属,故一切均与亲生者同。

三　亲属关系既由结婚而生,自由离婚而灭。盖离婚之后,情断义绝,反爱为仇,自无亲属之承认也。

四　承继他姓之子虽已归宗,而于其所承继之父母,养念旧恩义无抛弃,故由承继而生之亲属关系,世俗尚有承认之者。

第二章　家制

一、家长为一家之最高尚者,俗例必以最尊长者称之,盖以名分所在故也。

二、最尊长者遇有不理家政时,次尊长得以代之,然仅代理家长之事,非能即居家长之位。如遇婚丧等礼,仍以最尊长具名。

三、一家中辈长尊者尚未及岁,即以次尊长者为家长。盖俗例以十六岁为成丁,未及其年则童子无知,虽行辈最尊,亦不得为家长。

四、家中无男丁或男丁未及岁,均以妇女主持家政,是妇女亦得为家长也。

五、公产、私蓄之区别,依西邑习惯,凡田地房屋属公众部分者,为一家之公产;凡妻室嫁资与一己营利所得者,则为家属之私蓄。

第三章　婚姻

一、男子定婚年岁寻常在二十岁左右,女则较男子差早。

二、外姻亲属均得互相结婚,惟以行辈年龄相等者为宜。

三、父母主婚,其权衡自在父母,然其子女或已长成,亦有先询其意见者,特非据为定例耳。

四、定婚之请、允二书系于纳采订期时用之,其男家请书之式,则右书:谨詹某月某日备舆,恭行亲迎之礼;左书:某某庄敬顿首拜。女家允书之式,则右书:谨遵台命;左书与男家同。若初次问名，惟互用通名帖，不使以亲戚称呼。

五、两家结婚，未婚而男死者，其女得以别嫁，俗名"退站马"。

六、俗例，定婚时不订婚期至逾多年而无故不嫁娶者，必有不愿嫁娶之故，然须各愿退婚，始得别娶别嫁，否则不能。

七、定婚以后，成婚以前，男女之一造有犯奸盗者，其势不得不离婚，然俗例男退女者为多，女退男者为少。

八、俗例同前。

九、夫死再嫁，但须经夫之父母允许，不须经妇之父母允许。至再嫁时期，俗例必经三年服满，然不能遵守者多，大约迟速由妇或由夫之父母而定。

十、夫之呈诉离婚者，殊不常见，间或有之，大约因妻有淫行而其事为万难忍受者。

十一、妇之呈诉离婚者，西邑从无此俗。

十二、离婚之妇或得携其女同去，若子则各归其宗，不得携去。

十三、夫妇则产自为共有，至妻之嫁资及妻以自己之名所得之财产，虽归妻私有，其夫亦得有所管理之权。

十四、离婚及再嫁之妇，其私有财产往往有携以去者，然经夫与夫之父母阻执，亦即不能径行其志。

十五、赘婿招夫，往往定于定婚时订明有永远居住妻家之约。

十六、俗例，定婚之时并无以夫妇财产之事订明契约者。

第四章　亲子

一、继母或嫡母虐待其子，近支亲族可以出而保护。至父死之时预嘱近支亲族保护其子，以免继、嫡母之虐待者，亦往往有之。

二、父母虐待子女，近支亲族仅得出而劝喻之，无有干预阻止者。若其事未经禀官〔利〕，官府亦不干预也。

三、小儿在胎时期普通以十个月为最多，七八个月为最少。俗有"七男八女"之说，盖谓七个月而生男，八个月而生女，尚得养育成人也。

四、寻常受胎时期父与母既不同居，则所生之子认与不认在其父得以自由，他人无从干涉也。

五、奸生子为父所收留，或其母现为他人妻者，则其子与母有无母子关系，殆不可以常例论。

六、奸生子之成立并未由其失〔父〕母养育，则谓他人父、谓他人母者久矣，所生父母不得认以为己子，子亦未有允诺其为己之父母者也。

第五章、监护

一、子女尚未及岁，上无父母，应由近支亲族管教。其应行管教之人，虽有先后，然亦视其人之能力何如。

二、父母临终时虑其子女年幼，指定某人管教，俗恒有之。

三、管教他人之子女者即兼经理该子女之财产。如欲保全财产以免管理人之侵蚀，向由近支亲族公同在场证明财产若干，与管理人订立合同字据，互相监督，此其方法也。

四、子女及岁后能自经理财产者，从前经理人不能不交还财产听其自行经理。惟交还时，将历年清帐邀集近支亲族公同阅者，此在经理人之方正者，则有之矣。

五、管教经理人有侵蚀财产情事，是违反义务，使该子女大受其损害，子女之近支亲族即得出而干预，查有侵蚀确据，另选管〔理〕教经理人者，为保全该子女之财产计也。

六、管教他人子女并经理其财产，如有能实行者，应得收受酬劳之资，然在贤者，则亦能力邰之。

七、经理人若于该子女之财产自行贸受或承租，未免假端侵蚀，于理在所必禁。如违禁而买受或承租，该子女及岁后自可索还不认。

八、成年之人患癫狂、酗酒、流荡之习，势必破坏〔外〕其财产，家中有尊长者，自可由尊长者管理。其应行管理之人，以最尊长居先，次尊长者居后。

第六章　亲属会

亲族会议之事，不外析产、承继等类，其招集及主席之人，总由发起人为主体，决事则凭之公议，议定则依议施行。

第七章、扶养之义务

一、亲属中应负扶养之义务者，本族则有伯叔，外戚则有母舅。

二、负扶养义务者，如有本族或外戚数人居于同一应先担任之地位，或平均分担，或一人独任，则无听戚族之议决。

三、受扶养权利者有数人时，其享受权利应以年龄小者为先，大者为后。

四、受扶养权利者有数人居于同一应先享受之地位，则由负扶养义务者设法调停。

五、负扶养义务者自必以其财力为准，若无财力者，则自顾不暇，安然能扶养他人？

六、受扶养权利之人，自以不能自存者为限，若有怠情流荡之行为，其权利亦即消灭，否则人将自甘愿暴弃，而负扶养义务者其难矣。至同胞兄弟有不忍因此拒绝者，是为例外。

第五编　承继关系
第一章　总则

一、西邑承继习惯，除承继宗祧、承继遗产外，并无别项种类。

二、承继之时老而无子者，均以生前为始；壮而无子者，均以死后为始。

三、承继如分所应得，即胎儿亦有承继之权。

四、世俗承认承继者居其多数，间或有不承认者，其在世家大族亦不能任其自由抛弃。

五、因承继之事，如有应用款项均由遗产中酌提支付。

第二章　宗祧之承继

一、有子之人再抚他人之子为嗣者,俗虽有之,然究居其少数。

二、立嗣承继首重大宗,若大宗无后,宜先立其先大者,小宗不得先立。

三、承重之人及大宗之子孙,其责任固无旁贷,不得之继他人为嗣。

四、以族人为嗣,其先后之序,总以近支亲族公同议决为定。

五、承继固有先后,如有不依其序或择爱或择贤,其人在生前未必经亲族分〔公〕允,然授继人死后,亦必由亲族依序立嗣、均分遗产者为多。

六、独子亦可兼祧两房。

七、以外姻之子为嗣无甚限制。

八、承继长房如直系卑属有数人,其亲等则必先近而后远,其年岁则必先长而后幼,其名分则必先嫡而后庶。

九、既已承继,俗例即不能翻悔。

十、本宗承继之人无论有无遗产,不能许其悔继。

十一、承继人既由少抚育成立,更不准其悔继。

十二、承继人能否悔继,开列各事如左:

　　甲、承继人如不堪嗣父母之苛待,只能暂行归宗,日后仍须承继。

　　乙、承继后,如所后之亲生子,其承继人如愿归宗,亦准其退让。

　　丙、承继于人而所生父母无子又无想当承继之人,则承继者只可兼祧,不得悔继。

十三、既受嗣家财产,或因他故而悔继,其财产则全还嗣家。

第三章　遗产之承继

一、未分析之家产,自归家长管理承继。

二、无子嗣及同居亲属之人,其承继遗产则亦由近而及远,由亲而及疏。

三、无亲属之遗产,必本支并无一人始得由外姻承继。

四、负债多而遗产少,袭产人如不愿承继负债,若经众债户议决,亦可将遗产悉数摊还。

五、析产时先将产业搭匀,各房拈间〔阄〕管业。

六、各项分受产业之人,其轻重之别,开列于后:

　　甲、大宗之子及嫡子分受遗产时,于按股分派外,或酌提一二成以示优异。

　　乙、小宗之子及庶子分受遗产与各房平均。

　　丙、嗣子或兼祧之子,其遗产自应照股均分。

　　丁、赘婿如为岳家出力兴业者,只能优与酬劳,不能并分遗产。

　　戊、奸生之子如已认为己子,则与诸子同等分产。

　　己、无子寡妇亦与各房平均分产。

七、各项之人能否分受家产开列于后:

　　甲、被出复归之子仍得分受家产。

　　乙、出子之子孙能否分受家产,须视其子孙何如。

　　丙、未嫁之女分受家产时,视家产之厚薄,得提几成为奁资。

　　丁、收养及买继之子能否分受财产,须视其族中向例以为衡。

　　戊、配偶者于分受家产时,自须酌提数成以为赡养之资。

　　己、直系尊属于分析家产时,亦须酌提数成以资养赡。

　　庚、既已分析之亲兄弟,若其兄或弟家又有分产之事,不能再分其产。

　　辛、家长于分受家产时,其例亦与直系尊属同。

八、分析产业总以平均为准,间有不可分割,如房屋之类,其分析之法必由亲族公议,酌贴银钱若干,或田亩若干,当众认定,以免日后事论。

九、授继人在生前立有亲族共晓之遗书,特与财产于承继之人,其人仍得与他承继者共分遗产,即其所受之物亦不必缴还。

十、承继人以分内产业或出卖或抵押,他承继者不得赎还。

十一、授继人遗书者有一定年限不准分产之言,其承继人如欲随时分析,必由近支亲族公同议决,方可施行。

十二、俗例,分授遗产如有债权,均归承继人收受,即有应继受继参居其中,亦必于分产时公同认定,即日后有损失,亦不能分垫。

第四章 遗书

一、遗书总以字据为证,既无字据或有以近支伯叔及妻之兄弟为证者,然究居其少数。

二、西邑遗书并无一定方式,而世俗通行者则曰:字付某房收执,某因祖遗产业身置什物久已配搭均分,各归管理,间有应得之利,应偿之债,亦归各人承认,深恐空后争端,爰立遗书,并请亲族公同签押。子若孙各宜恪守,勿生事端,实某之愿望也。是为嘱。

三、遗书必由自立。若遇有变故,请人代立,如别无亲族为之佐证,应作为无效。

四、西邑并无达若干年岁方许立遗书之例。凡有子孙、有遗产者,皆有立遗书。〔必由亲族公议,甚或经官府判断,然必视〕①

五、西邑并无有未成年之人而立遗书者。

六、撤销遗书必由亲族公议,甚或经官府判断,然必视其事为何如耳。

七、父立遗书,各房均有执行之责。若未指定其人,应以近支亲族为执行遗书之人。

八、执行遗书若须各种费用,应由遗产中酌提支付。

九、遗书所嘱之事宜为子女所恪守。如有不法等情,其子女亦得请近支亲族公议撤销。

十、立遗书时应请亲族公同画押。如有事故即以画押者为保证人,其人总以亲族可靠者为准,并无一定资格与限制。

---

① 原文如此,应重复抄录下第六题答案。

第五章　遗留财产

一、授继人之财产均系留给后人，向无赠与他人者。

二、各项之人应得遗留财产者，其轻重之别开列于后：

　　甲、直系卑属无论一人与数人，均得平分其财产。

　　乙、配偶者得酌提财产数成以资养赡。

　　丙、直系尊属，其例亦与配偶者同。

第六章　无人承认之承继

一、承继起始时，适应继者之踪迹不明，而又无认继之人，其财产归族人公同保管。

二、命人管理承继财产，管理人应尽保守之职务，不得消费其财产。

三、寻觅承继人，或托亲友访查，或遍贴广告于通衢。

四、承继人如历久探索无踪，其财产作为本人祀产由亲族公同保管。

第七章　债权者及受遗人之权利

一　承继起始时，其承继债权者及受遗人得将其承继财产与承继人因有财产分离以充偿还之用。

二　承继债权者及受遗人如有前条权利，得请亲族议决。

三　承继债权者及受遗人请分离财产，应于数月前通知各债权者、各受遗人会同核算，公同索偿，其通知日期最短以一月为限。

四　承继人若供出担保，自可不许承继债权者及受遗人分离财产，然又须视其担保证据之如何。

（清钞本，日本京都大学人文科学研究所图书馆藏。）

江山县法制科第一股民事习惯报告书

民商事习惯调查报告（衢州府江山县）

甲　债权通则

第一款　范围及目的

一　债券

甲　境内债券仅分两种：（一借票）票内必注明起债原因及年月利率等项，或更有加签中保人者；（二凭票）则但载洋元若干并签年月及债务者之姓名而已，此则通常使用之债券也。其程式附后。

乙　债券一项前条已言之矣，然亦有限期之别。限期者，为期票，到期未缴即为无效；分期者，为拔票，亦以款目太巨，债务者一时无力缴清，但须双方议定某期拔还若干。某期再还若干，此外别无沿习惯例。

丙　境内习惯，凡持有债券者，无论何人均可索债，无有但以债券为服人之具，而预约后日不必还债者。

丁　凡订立债券有万不可缺者，惟债负者之花押及居间人之花押，其在店铺亦以本店之图章为凭。若债券上并无花押及图章，概未能生效力。

二　目的物

此项债券以通常习惯言之，但求双方不至受损为主义。如交付之时概计制钱，其债券上必订定，清还时如用银圆，其价格必照某项商业而增减之。若交付之由银圆者，反是是先后之价格虽有参差而有一定之限制,自无偏枯。

三　利息

债券概有利息,自不待言,然亦视债券之种类而有有利、无利之区别,除期票、借票例得计利外,如赁屋及押揽字据等名为无利,其实利息已计在内(例如其租赁房屋一座,计赁价银圆壹百元,约定房不计租钱,不起利,是一租一利已有分别,且如将此屋出租,每年所得房租亦不过二十元而止,无有格外加增者)。若将利作本重征利息,此在小户则有之,亦无一定惯例。

四　利率

本境利率就通常计之,大约以按月二分者为限,无有因债务之大小而分利息之轻重。若急待费用而被人要挟者,不在此限。

五　债务当事者之能力

本境能力不完全之人,凡有交涉向无效果,若未成年者及浮浪者与有神精病者,既有债项交涉,就普通观念之放债、借债之出于自由者,大概不生效力,以未成人年人及浮浪者之有父兄、有神经病者之未有相当之代理人也。

第二款　债权之效力

一　偿还期之迁延

约定还期而债务者不应期偿还,由债权者再定期限,如实无力偿还或让利拨本分期摊还,其原票即行作废,亦有仍用原票为凭者。

二　违约金

延期不还债款,在无力者往往有之,若债权者因而受损,债务者应有赔偿义务,但本境习惯,此项赔偿,债务者并不负有责任。

三　预期支取

期限未满,而债权者欲预期索取,债务者应得拒绝之,然亦有约定利息减少而先期还本。

四　预期偿还

期限未满,而债务者欲预期偿还,债权者断无以利息短少之故而不愿收领者。

五　债务之承继

凡有约债务本身不能还时,其承继人例得照数偿还,即期限未到亦无庸换票。倘债权者未知债务者有承继之事,先期通知与否,自在本人,惟向无子债父还之惯例。

六　债权之划取〔收〕

此项债权既已定有范围,向无划取〔收〕权限,但通融办理,亦须三面协商,若前路既肯承认,虽限期未到,即可照准。

七　{债权之取消权}

本境债权者虽证据具在,款项较大亦只有催索权,无有干涉债务者之惯例。若事事干涉,更无此等行为。

第三款　债权之种别

一　多数当事者

此项债权当事者虽有多数,然必各举一代表以经理之。若有交涉事项,例由经理人担任,至交涉了结,再由经理人将理由报告全部,此则通常之办法也。

二　不可分债务

债务性质向分公有、私有两种,私有者其主权自由一人,若公有者所有交涉不经全体协商,向以不生效力者为多,并无因一部而牵动全局之习惯,然亦有有特别债务私相抵划,而在全体债务中扣除其一部分者。

三　连带债务

此项债务多数人共同负担,即多数人应有清偿之义务(例如股东栯设商店,只一人担任店务,若遇周转不灵,势不能不挪移以资灵通,是挪移者虽系一人,而各股东应得共同负债者此也。)本境此等办法往往有之。

四　保证债务

（甲）此项保证人不特不能为人之保证人，人亦不承认其为保证人，即俗云"自顾不暇，何暇顾人"是也。

（乙）此与前条相同。

（丙）凡债务必有债券，若债务者既不履行，而债权者尽可直接索之，无待保证人之催索，以有券可凭也。

（丁）此项债务保证人只有催索之权限，并无代垫之责任。

（戊）此项债务保证人亦得以尚未通知本人而转恳其缓期者。

（已）〔己〕同一债务而保证有数人，此宜有正附之区别。正则负有责任，附亦不过署名而已，向无负其责任者。

（庚）本境保证人之质性既受债务者委托而为之保证，其对于债务者应负有求偿之义务。

（辛）此项债务债权者只能于本人家属酌量索偿，而保证人断不负其责任。若向由保证人负担者，不在此例。

（壬）此项债务保证人既系失踪或死亡，债权者得直接债务者索之，而债务者亦无以无保证人而为脱卸地步者。

（癸）债务未曾定约，经催索而后定者，其相当期间最多不过十日。

五　合会

（甲）本境会之名称向分两种：一坐会，一摇会，然以组织坐会为最多。

（乙）本境举办之会，其坐会人数向以七人为满，钱额自二十千至三四百千不等，而以五六十千者为最多，然额数多者，向系上流社会或为公益事业，或为地方善举及有关个人利益者，由发起人遍恳亲友共醵资财以赞其成，并由发起人每年于家中举行一次，七年以后方为完满期间。至摇会一项，人数向定十人，钱额自七十千至二百千为限，然皆由于商店或家户，其完满期间，有半年举行一次而定以五年者。

（丙）此亦照坐会、摇会区别之。摇会方法，各会脚平均派定七年以后，其未收之会脚，每年已有应得余利，照次递分，若坐会只认定位次，每年照初次规定之等级应付（例如会额百元，会脚七人，其第一会应出二十元，第二会应出十八元，第三至第七照两数递减，合成百元。第一年归会首收受，至第二年始归第一会者收受，而收受者即不复出本年应出之会钱，以会首之本年应出者合之六人亦适成百元之数，其应归第二会者，由此类推，此则坐会之定式也。）

（丁）会位既有次序，则收会之期自有先后，则先收者自应加利付出，此不待言，然其利率只能一分计算，亦即在会钱上扣定，无有于会外再加利息者。若在收会期间而未收之人适又无钱应付，在情谊上有另立凭票，约期加利（其利必按月二分计算），付还者不在此例。

（戊）本境举行摇会，无论急需未需，只以此次摇得者定之，并无议归一人先收之例，但会脚中亦有因无急需而自请于每年举行期间已不与会认定应出额数，而为后得之一部者，然亦无各会脚赔补之行为。

（己）其初既已举行而半途忽然解散，此项办法应由会首召集已收及未收各会脚协议定之。

（庚）此项习惯向无一定，有会首募集一次而不愿负担即行解散者，又有各会脚只助会首而不愿拖延公议解散者，但会首拨还会钱只照第一次各会脚认定会次，分年拨还，并无先后派定之方法。

（辛）会票会规附送于后。

第四款　债权之让渡

一　抵抗之让渡

此项债务虽分有善意、恶意，亦当区别论之。如出于善意，又实在无力偿还，让受人之债权因而灭消者，往往有之；若家道殷实，而有恶意行为，即让受人屡次讨索，除多方抵赖，宜无对付方法。

二　藉词让渡

此项债务本境亦不一而足，债务者对于此事必跟究原委，如实在，当则让受人之债权断难消灭。此在良懦者则有之，若狡诈者不在此限。

三　方法

此项债务其方法应无一定，若债权者之有票据，以普通观念论之应生效力。如票据上之有姓名，非该债权者之姓名，在良懦者宜无取得之能力，其他亦不在此限。

四　变更

此项债务既归让受人主持一切，利率多少、期限长短及应否换约尽可由让受人主之。以自由主权在让受人也。

第五款　债权之消灭

一　偿还

（甲）债务交涉应有一定权限，向无由旁人代替者，则此等交涉仍归无效，且不能消灭其债权。

（乙）若债主债户两方既愿直接负担，即经旁人代还，而债权仍不能消灭。以两方有预约也。

（丙）至债户应还之债务而所还者又非原来债主，此项债权仍难消灭，然有两方协议而即为抵销者。

二　划算

划算惯例本境亦常有之，然宜区别其款项是否出于正当。如债权者实在正当，而债户者欲以他款抵之，则必生交涉，自不待言；若两方之款项相当，即期限参差，亦有就此划算而免别生枝节者。

三 豁免

此项债权债主既愿放弃，无论有无债券，则债务即可终了。若债权者之后辈虽欲追悔，亦无证明之方法矣。

四 更改

此项债务就习惯言之，自以新债、旧债合并为原则。如从前借洋百元之约以作证据，其前项应缴利息，即于后次借款内扣除，从前债务亦即由此消灭，然亦间有两方协议，两次款项即为两次偿还者。

乙 契约

第一款 契约通则

一 契约之成立

（甲）订立契约自以证据为原则。若未订证据而但凭口语者，此道德上之行为，亦能生其效力，此外应以证据为凭。

（乙）若契约上既表白己意而复令人限期答覆，无论已未答覆，在已应无反悔之理。

（丙）若对隔地订约亦未定限期答覆，复因实有事故不得不反悔者，此应有自由之权力，但对面之人因不见覆而有出于不得已者，亦可以两方协议定之。

二 契约之效力

（甲）本境惯例，凡有两方均沾利益之事项，其取得时向在当时分派，并无先后区别。以契约已订定也。

（乙）若两方之契约即已订定而应付之期限界在两可之间，此项债务应由债权者主之方有效力，倘原约可以实行，自不至中途改变及作为消灭者。

三 契约之解除

（甲）本境契约不定时期者亦常有之，惟该契约不得不定时期而即一面延不照办，而其他一面自应催促定期以为执行地步。如已届时期而仍延搁不办者，亦得以两方协议罢之。

（乙）此项契约当时既订有期限，如一面未能应期照办，而此一面尽可作为罢论。虽原约具在，以期限已过也。

（丙）此项契约当既已付过定钱，卖买即为成交，应均无取消之行为。如卖者于约定期间并不先期预备而致废约，则定钱应行付还；倘一面于既预备后，而此约又有不得不解之势，不特定钱作为无效，且负有违约之责备也。

第二款　赠与契约

一　定期赠与

本境凡有赠与行为，向无订定限期之契约。若应行赠与物件而适在毁灭致有不能实行者，尽可由赠与者反悔之。

二　遗赠

遗赠之行为实行与反悔，本难预定，此项赠与大约认为无效者居多。若欲求其实行，必要赠与者之订立确据，嗣后方有执行地位，但既立确据，应更无转赠他人之惯例。

三　受赠者之死〔亡〕

赠与既定期限，则未届时以前自应不能实行，然受赠者适于期间亡故，若其后嗣欲履行契约，自可向赠与者请求之。但赠与者自愿转赠，原约具在，尽可执行，亦无庸更动契约。

第三款　卖买契约

一　卖买之效力

（甲）卖买立有契约，是既已成交，自不待言。惟物、价均未交割，若卖者买者有一人欲违约时，例得作罢，更别无处理方法。

(乙)此条已详第一款第三条丙项内。

(丙)此项费用向视其性质而为区别(例如卖买田地,价业两清以后,卖者得照数收价,其一切用费例由买主担任,惟出于典押者,其费用亦由卖主任之,此习惯上之不同也)。

(丁)此项卖买物价既已交割,倘该物果有缺损,当时未经察出,向无退换之惯例。若买主之价洋有假充者,应得以此例反之。

(戊)若退换货物有一面未能合意,即可退换,但期限要在当时,更无迟延日期之惯例。

(已)〔(己)〕若订定期限而定钱未付,转卖之权自在卖主。倘前后买主共来取货,则对付方法自应尽前之买主,而后之买主不妨另行交付,即证之从旁公论,应亦照此办理。

(庚)至公共之物而由一人私相授受者,若经公共所有者察出,虽已成交,亦属无效。倘有以原价取赎,而买主断无争执之行为。

(辛)此项卖买当货物未交割以前,遇有灾异不能如期应付,虽曰天灾,亦人事之不慎有以致之,其卖主应负赔偿之责。

(壬)倘卖主既已死亡,而其后人能继续承认,则前定货物自应交付。若卖主无后,作为取消,更无特别方法。

(癸)若买主死亡而其后人仍能继续办理,此项卖买亦得成交,但其后人有不愿时,应作罢论,亦无庸再起交涉。

二　现金卖买

(甲)此项卖买向以物价两清为原则。若付价未清而欲取货,卖主例得扣留,如系绸缎布疋等物价既约定,而后剪成片段者,则卖主只可催缴原价,应无庸扣留其货物。

(乙)因误成交,卖主自有应得之处分,虽价已交清,应可追还误算之价,亦有因此而作为无效者。

(丙)若成交后之货物经买主寄有〔存〕原处而为卖主所承认者忽然失落,卖主应负赔偿之责任。如未经卖主允许而擅自寄存者,不在此例。

(丁)至成交后而有铜洋伪票当场未经检出,则其误自在卖主,亦安〔要〕向买主退换。如铜洋伪票者有实在证据系买主者,不在此例。

三　欠账卖买

（甲）境内此项款目通常惯例向在年节算清前由某店发起,约定凡欠帐者皆按三节分还,至近日亦未能实行,然于清算帐款时而稍为折扣者,亦有之。

（乙）此等价格就惯例言之高低正自不同(例如买布一疋,现金卖买计价九角,其由于欠帐者必增至一元,两方比例大约增高一分,此项卖买本境之习例大都类是)。

（丙）此项帐款被欠人虽系破产,所有帐款只能自由催索。若以此为移抵所欠之款,而所欠者例得拒绝之。

（丁）如欠帐人遇有破产情事,被欠人例得以所欠者分其财产,但在破产期间照数摊还,亦未可知。若于破产以后而始发生此项问题,有归于无效者,亦往往有之。

（戊）帐既被欠,自无待其要求,应负归还之义务。若被欠人既已死亡,而其后人更得以所欠者追索之。

（已）〔己〕此当分别其有力与否。若欠帐人实在能清还者,虽其人既死,而后嗣例得照数清还之,向无藉其人既死而此帐即作消灭看待者。但欠帐人果系无力清还,不在此例。

四　即时卖买

（甲）本境物价业已交付,是卖买既成交者,若该物有病当时未及检出,且复经动用,如又欲退换,本境向无此例。

（乙）因选择时而偶不经意以致该物损坏,则买主自应公估价格而照数算还。至该物之有用无用并收回与否,自在买主,而卖主向不担其责任。

五　定期卖买

（甲）此项卖买价格业已订定,而两面例无反悔。若在约定期间该物之价格腾贵,卖主欲增长价格,买主得以拒绝之。

（乙）若一面已付过定洋,又在期限中银价忽然腾涨,买主欲短少前数,卖主亦得以拒绝之。

（丙）此项卖买凡定期货物就习惯言之,向比通常者较有成色,若订定货物与原约实有不符,卖主应负赔偿之责。

（丁）若买主于约定期间不能应期付款,而卖主亦无索加利息之行为。倘该所定之物未能转售于人,尽可由卖主追索原价,惟无更加利息及费用者。

六　打样卖买

（甲）此项卖买向以成样为主,若卖主以相似者混充之,无论买主有无受损,卖主应得议罚。

（乙）此项卖买倘契约既已订定,若因他故致该原样者不能交出,亦可两面协议,约期交出,惟不可以相类者充当之。

（丙）货物既有式样,且复订立契约,向例不得退换。倘买主未能适用,须两面商妥,经卖主之承认者,得以相当之物退换之。若概换别样者,不在此项。

七　试验卖买

（甲）货物必经试验而后卖买始成交者,就通常惯例言之,其试验以前必言明由试验而损害者,应分担责任,或归一面赔偿,自以当时定议为原则。如未经议定而茫然试验以致该物有损,其赔偿之责任应由买主负之。

（乙）若既经试验而该物之有瑕疵,当时未及检出,至日后始得行发觉者,买主又欲退换,而卖主例得拒绝之。

第四款　贷借契约

一　消费贷借

（甲）此项契约虽已订定,而所贷之物尚未交付,若一面遇有变故,其原约即可取消。

（乙）此项利息向有不同,常有贫寒田户于青黄不接之时,自向田主或富户贷谷,一硕计价洋二元五角,至秋收时必照原价计谷算还,如秋收时之谷价只计二元,抵原价尚少五角,应再补谷二斗五升,合成五角,方得抵销,且为期不过百日,是百日之间已得二成五分,以一年计之,不啻十倍矣。亦有照此方法而告贷亦无门者,若在情谊上而不计利息者亦多有之。

（丙）此项贷借若该物苟有瑕疵，例得更换，以其有利息也。

（丁）若无利息之贷借，苟其物贵有瑕疵，则返还时应得以完善者报之，即俗所谓借牛还马者是也，亦有以同等之物返还者。

（戊）贷借既无定期，贷主要使用时，自应不论时期得以请求借主返还之。

（己）贷借而有期限，则未届其期，贷主自不得要求返还；若其期已届，而借主不能归还，例由借主偿还该物之代价。

二　使用贷借

（甲）贷借而有契约且复订使用方法，则借主自应照所约办理。若其不遵所约而任意使用者，例得追还原物。

（乙）货借之物自应由借主承担，如借主不经贷主允许而擅借于他人，贷主迳得追还原物，而原借主应否负担，自在贷主主之。

（丙）凡借用之物由借用时期发生之费用，向由借主任之。

（丁）若借用之物既已消毁或损坏，借主亦得以同样者充偿之，亦有照该物之价格而赔偿者。

（戊）此项贷借之物在期限中而贷主又适在需用，自无待期限既满再行如期索还者。

（己）若未定有限期而贷主欲使用时，尽可随时索还。

（庚）由贷借之物生有结实，亦未订立契约应归何人所有订之。境内惯例，此项所有应归贷主，借主既不能扣留，复不能隐匿，以所生者系由贷借物上所有发生也。至有由贷借而生之一切费用（如保管、培养等费）应由贷主给还之。

（辛）此项契约在期限内未满以前即有变故，亦能生其效力。若一面要求解除原约者，不在此例。

三　租赁

（一）不动产之租赁

（甲）此项惯例境内向分两种：（一）定期租赁（例如租赁房屋一座，当时必订立期限，如十年为满者,十年以内两方不能退租,若房客自欲退租,又恐赁价无着而要求房主将该房转赁于人,由后房客划归赁价者有之。至期限已满后之房客或继续居住,必须另换契约,前约亦从此取消);(二)不定期租赁(例如租赁房屋一座,当时亦必订立契约,而约内只注明年月,并每年租金数目及房客姓名而已,倘房客有不愿时,欲移居别住者,应得随时退还,而房东亦无阻执之行为),此本境不动产租赁之区别也。

(乙)此项费用本境惯例向由房东任之,若费用较少者亦应归房客担任,俗云"大修归东,小修归客"是也。

(丙)此项租赁向有押金、无押金之别。如有押金者(例如租赁房屋统计十间,每年应交租洋二十元,若房客预先付洋四十元交于东而每年即可减交租洋一十元,倘房客退租,房主必将押金如数纳还,此项押金本境名之曰押揽,亦即所谓半揽半租也)。其无押金者,只能交每年房租而已,并无特别费用。至押金之多少,向视房屋之间数为之标准。

(丁)租赁约定期限,房主于期限中改造该屋,其权自在房主,然向无加减收租息之习惯。若期限已满,不在此例。

(戊)此项租赁于期限中向无更动行为。如遇房价腾贵,房主欲索加租金,在期限既满时则有之,而租户亦无有因此而退租者。

(己)交纳房租,其期限分有三种,按月、按季、按年是也,亦有照此种类而先交后住者。

(庚)交纳房租自以如期交清为原则,至逾限未清,房客原可要求展限,而房主因逾限而欲索加利息,向无此例。

(辛)此项租金境内分有四等:田、地、山、荡是也。田与山、荡每年交纳一次,惟地有分夏冬两季交纳者。

(壬)此项租息境内亦有区别,山、荡向交金钱,地有交荳、交票之分,惟田则概交租谷,在交纳时候,如有以金钱折算者,向照市价提高一成。

(癸)若荒歉之年,业主必亲勘一次,缓租、免租恒执此以为凭,果系颗粒无收,例得豁免,其缓租情形无过灭成交纳而已。

(子)租地造屋应就该地所有之税亩计算,畜牧亦然,惟用之种植者,必当时两面议妥，订定契约，待至交纳期间亦须两面公同勘踏，应交若干，向在当时定之。

（丑）租息有押金者，租户短欠，例由押金上扣除。若该押金而被扣除净尽者，租户自无待租主交涉而应行退租。若无押金者，不在此例。

（寅）此项租赁，租户既有不愿，应得退还业主，无有不通知业主而擅自转租于人者。

（卯）此项费用未经通知业主，由租户擅加价格，向来不生效力，即退租后亦难要求其所费用者。惟租户于退租时将其所加工者概为解除，则有之。

（辰）此项期限无论租主、租户，于解租以前向以六个月为准。

（巳）租赁既有定期，在期限中无论租主、租户均无解除之惯例。若遇有破产情事，解约与否，自在事主。

（午）在退租时而所退之物或有变故，苟于物主无关得失，向作罢论。若实在受损，亦得向租户请求赔偿者。

（二）动产之租赁

（甲）此项利率向无定例，必视其物之种类而定高下（例如婚嫁之彩轿、礼服每副定税洋四元，次则三元，以该轿之价格计，自十五元至二十元不等，是每副利率亦只取有二分）。

（乙）赁用之物有必须保管饲养，其所需一切用费，向由两面订立方法。如该物之质性有归赁主担任，亦有物主分任，应照定约办理。

（丙）赁用人既致所赁之物毁坏损灭失应得赔偿，但不以同样之物赔偿，而仅议折价者，其价格当以原价定之。

（丁）果因天灾事变致该物有毁灭不能归还原主，亦应由赁用人偿其代价。

（戊）赁用之物自不得转赁于人，如有转赁以致该物不能赎回，应由物主要求原赁人赎回原物。倘该物既经消灭，赁用人及转赁人均应罚赔。

（己）如将赁用之物擅自出卖者，既经物主认明，应得径向买主取赎，而买主亦无拒绝之行为。

（庚）此项所得果实由普通观念言之，应只得其一部（例如租赁山场一方，蓄录林林所有用费物主概不担任,然必议定规则,待该木成材后,既出拚者,或主二客八,主三客七,向照议定之规执行之)。

(辛)若所赁之物有归于自然灭失者,赁用人须请求物主验明,果无特别情节,应得从轻赔偿,亦有在情谊上而不索赔偿者。

第五款　雇佣契约

一　劳力雇佣

(甲)本境雇佣向不订立契约,凡雇主欲雇佣时,例由居间人说合,或面订规则,向在账簿上登记。

(乙)此项限期更不一定,短则一月,名之曰试办,如主客两无违碍,最长亦有数十年者,惟乳媪之期限,向凭乳汁为断,最多亦不过三年。至中人靠山,境内亦仅一种,以贫寒之老妇为之,向于两面定妥之后,概不负其责任。

(丙)给付工钱亦无定期,仅分按月、随时两种,即逾期未付亦无索加利息者,但其额之大小甚有区别。如细做者,男则日给百文,老幼减半;女则三十文,老幼亦同。粗做者,男仅七十或八十文,老幼三四十文不等;女则一十或二十文,老幼称是。此则价格之大略也。

(丁)订定期限,若于未满以前雇主无故开除,其佣金应早照全年给付。若佣人自退者,就退佣之日起算,亦不另生枝节。

(戊)此项服劳必经两面承诺,代理方为有效。若期限既满者,不在此例。

(己)雇主既已破产,即期限未满,亦得解佣。若佣人自行退雇,自有佣人之主权。

(庚)雇主迁居异地,婢妇仆人自应同行。若该婢仆有不同者,亦得听之,雇主向无强迫之行为。

(辛)在期限内之雇佣,虽遇物价腾贵,例无增给,但在情谊上之请求,亦有稍补其津贴者。

(壬)此项款目虽由渐积而成,但既成巨数,由雇主生息,而转给利息者亦有之。若佣人索加利息,向无此例。

(癸)佣人因劳致疾或死亡,雇主只能于佣金之外给以相当之资,以籍周恤,向无给养家族之事,但佣人之家族亦有因难以生活而请求贴补者。

二　劳务雇佣

(甲)本境民风朴实,凡事概从简便,如此项劳务向凭口约,无有订立契约者,故其格式无从检送。

(乙)此项劳务向执口约以为凭,但口约既订以后,在聘请者例难解退,而应聘者或有告退之行为。

(丙)此项劳务因不得已而请假者,例得请人代理。若代理人有不善行为,一切责任概由本人担之。

(丁)已聘请远道之人,若预先订有规约,无另送川资之条,概不给付。如规约未定,例得再给川资。

(戊)若于期限将满之时欲续行聘请者,必先期知照,虽彼此合意,应仍更立契约。

(己)至应聘者无故告退,不论有无期限,应待接手人任事后交代清楚,然后不再负担任。

(庚)若请假而托人代理,至本人终不回时,向由事主另行聘请,亦有由代理而继续管理者。

第六款　承揽契约

一　材料

本境凡有工作,其工作上之材料向由出揽人交出,以供给之。若但示以办法,而一切应用材料概归承揽人供给者,名曰包揽。近时因材料昂贵,供亿太烦,亦多由于包揽者。然包揽之工作,以自行供给者比较之,不甚结实,十居其九矣。

二　瑕疵

工作由于包揽者果有瑕疵,应归包揽人修补,至修补甚大,由出揽人稍资贴补者有之,惟无拒绝其请求者。若非包揽者,不在此限。

三　保固

本境承揽工作除道路坝堤外,向无保固年限之例。此外所有工作,若遇天灾事变以致毁损者,亦由出揽人出资补修,承揽人向不负其责任。至承揽坝堤等项,在期限内有毁损者,例得赔偿,以此项工价较为优美也,但其契券之格式,向无一定,亦难检送。

四　灾变损害

在工作未完内忽遇天灾事变以致前工尽弃者,应分其包揽与否。若自行借给者,由出揽人担任。如包揽人之工作既有损失等情,即契券订定,出揽人亦有稍为贴补,以求其完竣者。

五　逾限

若约定期限,承揽人果系不能完成者,出揽人应得另觅他人以继续之。其原承揽人之应给工资,应就已有工作者照数给之。

六　增价

至一切费用业已约定,如以费用不敷而请求出揽人酌加津贴者,往往有之。若承揽人有不允时,亦无解除承揽之约者。

七　解除契约

于工作未完之时,出揽人虽已破产,若出揽人不欲解除此约,承揽人亦无得先为解除。但其已有之工资及费用,亦可以随时给付之。

八　承揽之继续

若于工作未完之时,承揽人适在死亡,其经手事项例由其后嗣负担。倘承揽人又无后嗣,得由出揽人另觅承揽人继续之,而源〔原〕承揽人之一切事情于此取消。

第七款　委任契约

一　报告

报告委托事情自系受托人之义务,受托人于受托后应将办理情形随时报告。若本人不在,须待其回归时而报告之。

二　钱财移转

因清理委托事务而得有利益,应归之于受托人,而委托人例得同沾。

三　消费

若委托人应归金钱及货物既被受托人消灭,则受托人自应照数算还,惟不得增加利息。如货物有损失时,赔偿责任亦由受托人负之。

四　偿还费用

在委托上所需费用,委托人自应先行支付。若当时未经支付,所有费用由受托人代垫者,而委托人亦应承认而偿还之。

五　报酬

既委托自有权利义务,受托人无须索报,而委托人应得尽报酬之义务。

六　损害赔偿

无过失而致损失,是受托人之责任,既尽本不待受托人之请求,而始赔偿其损偿失者。若受托人之有过失,不在此例。

七　解除契约

委任时期未经订定,其两方契约均得随时解除。若因此而致有损失,其赔偿责任亦由两方分担之。

八　终了

受托人既然死亡,即在委托期间亦可作终了看待,但其未完事件,应再委他人或其后嗣以清理之。

第八款　寄托契约

一　使用寄物

寄托之物受托人应有保管之义务,如未经寄托者之承诺而专擅使,是自失其信用矣。至在己或有事故而暂时托人代管者,亦有之。

二 损害赔偿

寄托物而有瑕疵,受寄人因此受损,寄托者自应究其理由而酌量赔偿。其所损失者,若其未知因果而不认赔偿,受寄人得返还其所寄托者,免致再受损害。

三 先期返还

寄托之物定有期限,如受寄者实有事故不暇,保管者无论期限既满与否,得将原物随时返还。

四 索还

若期限未满,寄托者欲使用时亦得以随时索还,而受寄人亦无扣留之惯例。

五 费用

既有物寄托于人,则所有保管之费用,应无待受寄人之请求而始行交付者。

六 移转

此项利益既在保管物件上所得订之,惯例应归之受寄人,以此系保管上所得也,移归与否仍主之受寄人。

丙 事务管理

一 管理方法

未受委托而管理其事务,必其事之有害于己而致碍于他人者(例如高下两田同一沟道,他人田在高阜者,素患沈溺,己之在低下者,又恐枯旱,无人管理,必两败俱伤。若开通沟道以有余者补不足,亦两得便利矣),但管理时应将其管理情形随时报告于本人。

二 损伤赔偿

因管理而致损伤,若管理人果无恶意行为,虽损伤及于本人,而管理人向不负赔偿之责。

三 通知本人

既管理其事务,若本人未知原因,应随时报告之。倘本人有不愿时,例得即时解除。

四　卸责

既管理其事务,于本人未能接手者,其一切责任仍由原〔管〕理人担,向无在本人未接手以前而擅弃管理之责者。

五　转托

管理人于管理事务时,其一切责任自亦不能抛弃。若遇不得已事故而暂时请人代理者,亦有之。

六　费用

管理上所需费用,本人未经交付由管理人代垫者,而管理人自有请求其偿还之权。

七　代起债务

因管理而生出之债务,又实在必要者,管理人势不能不为之负担,此项债务以习惯订之,应由本人担任,当无置而不问之理。

八　移交利益

因管理所得利益应仍归于本人,但所得利益管理人例得同沾。

九　报告情形

管理情形向无待本人请求而始行报告,即在管理时间应得随时报告之。

丁　不法行为

一　未成年者

未成年人之有不法行为,行而损害及于他人,须论其事实如何,方能定其赔偿。若事实上应行赔偿者,其父母及监督自应同负责任。

二　精神病者

有精神病者而有此项行为,若自己实无所主者,其赔偿责任自在监督。

三　有夫之妇

妇有加害于人之行为,其一切责任向由其夫主之,以境内女权尚未发达,凡事皆仰给于夫也。

四　使用人

此项不法行为应有为主、为己之别,故其赔偿责任为主人者,则由主人担之;为己,则其任自在本人。

五　饲养之动物

无知动物向有加害于人之事,既由被害者生其交涉,其赔偿责任例由饲养者负之。

六　同伙

若加害而出于数人,而赔偿其所损害者,应分别其首从,定其轻重。

七　正当防卫

防卫自己损害因而及人,此项赔偿以通常惯例言之,其一切责任应在防卫者,以防卫者有生命财产之关系也。

八　赔偿方法

此项赔偿方法就习惯上言之,向有轻重之分,轻则谢罪,重则议罚。又如损坏名誉则为之洗刷,背捏姓名则为之剖白外,此则负荆请罪,登门赔礼。本境之赔偿方法如斯而已。

亲属关系

甲　亲族总则

一　亲族之范围

江邑地处偏僻,民俗质朴,向系聚族而居,如北乡大陈之汪姓,西乡新塘边之姜姓,居近千户,皆出一姓。此一姓而有百数十家者,亦指不胜屈,要皆敦高尚亲谊,严如一家。凡遇冠婚丧祭等事,即在五服外者,虽因居住之远近,家世之沿革,亦无分其厚薄,庆贺吊唁较外姓自见关切,其余更无论矣。且境内习惯,亲族范围虽分为父党、母党、妻党,而于父党之观念最为注重,是礼法本乎人情,礼法之规定,人情之趋向堕之矣。

二　亲族关系之发生

亲族关系前条已言之矣,若抚养子女,其对于抚养者之亲族,抚养亲生无从辨识,即庶子及前妻之子,其于嫡母、继母,依依恋恋,不啻所生,未有因非亲生而以陌路视之者。

三　亲族关系之消灭

亲族由婚姻而生,离婚后其情义既绝,自无须再为承认。若由抚养而生者,其初自同一体,既归宗后,于抚养之情谊无所关系,故亦无须承认。然亦有接续来往,而为两门祖宗者。

乙　户主及家族

一　户主之顺序

一户必有一主,是户主自以一家中之最尊者为之。若一家中之最尊者之老病不能理家政,及最尊者之为未成年人未能理家政时,必推定一家之相当者以代理之,然亦仅代理户主之事而不能即居户主之名。至家无男丁亦得以妇人为主。如有男丁而未及岁者,仍宜以男丁为正。

二　户主及家族习惯上之区别

（甲）同居分炊自是两户,无有仍作一户者,然虽分其正附,而同为一户主之家族亦惯例使然,其填写门牌时,向用户主之姓名,其余分别填注而已。

（乙）兄弟分析同居,其作为两户亦不待言,如两家均系无子,亦得以妇人为主户。倘一家有子,其子可以代理两家之事,特不可作两家之户主。以一家必有一户主也。

（丙）家无男子者,而有招入之赘婿作为妇家之主,则可,无有改从妇家之姓者。

（丁）已嫁复归之女,必经父母兄弟之承认,然后可为父母家之人,但夫家之名义,仍不可消灭之。

（戊）既为人后,其妻子自应从之。若本生无后,其子孙亦得归宗。

（己）若为人后者,由本宗无后而归本宗,其妻子应得同归。若所后者只有此相续之一人,就习惯言之,有二子者应推一子归于本宗,重本支也。

三　户主及家族之权利义务

(甲)户主于家族其关系最为密切,若家族中有不能自存者,户主应负有扶养之义务。

(乙)家族之中其私有财产以自己名义置之者,即归其所私有。至分析时亦无与众共之之惯例。

(丙)若一家共有财产,其置买产业向由户主出名,无有以后人出名者。

(丁)居处方法自必经户主之指定,而后家族人等方不至再有缪葛〔辖〕。

(戊)家族中之有婚姻及招人为后者,虽各具有主权,要必经户主之承认,而后方有效果。若出为人后者,自应由昭穆推定之。

(己)家族中之有不服命令者,除训斥责罚外,并无特别方法。再有不服从者,亦得由族中处置之。

(庚)妇人而为户主,子故又复无孙,其应行相续人自必与寡媳选定之。如相续人而有所不喜,虽可撤换,要非商定不为功,以防外人之觊觎也。

丙　婚姻

一　年龄

本境婚姻期无论男婚女嫁,向以二十岁之左右为最多,其至少者亦在成人之年。

二　制限

结婚一项,向例只论门户相当,多有中表结婚者,然两姨之间亦或有之。

三　主婚

男女婚姻由其尊长者主之,自是正当。惟上无尊长者,亦得以亲属主之。若本人自行结婚,在男家亦有之。

四　媒妁

境内婚礼最为简略,若门户相当尽可结婚,媒妁亦不过接洽而已。其在初定之时,男家备有定礼,或财产或物品,由媒妁致送母家,谓之下定。下定之后即为婚姻。结定之日,无有必备六礼而始为定婚者。

五　婚书

婚书之式更极简单。请书、允书仅签男女两家尊长者之姓名,外此若请期单则订定结婚之期,庚帖则注男女造之年月,其余概未之闻。若为婚书中之证据者,尤以庚帖为最重。

六　婚期

定婚之期向系男家选定,若在定婚期间而男家之父母甫故,多有于丧中迎娶者,然此乃小户之行为,而诗礼之家无有出此。

七　重婚

有妻重娶、有夫重嫁,必其有特别事故,始有此等行为。若以无故而出此,其制裁方法向由两家父母主持之。

八　悔婚

既聘之后,其不可返悔者,无待再言。若两家实有事故,势不能不返悔者,例得以协议定之。

九　离婚

婚既订定,无犯重大事情者,向无离异之行为。如其因奸离婚异,例不得与相奸者为婚,但有因其别故而势不得不与之为婚者。

十　再醮

夫死再嫁,必其不能自存者,必经夫之父母及妇之父母允许而后定。若其子女未能成立必须携从者,要得本夫允许,然后携从,自无后言。

丁　夫妇财产

一　夫有财产

夫妇财产本为夫妇共有者,此亦自无区别。若妻之私有者,夫既得管理之,夫之所有妻亦得认为共有者。

二 奁赠

妇人所有财产大半由奁赠而来，其为夫妇共有者，自是普通惯例，然亦有由妇人自主者，即改嫁等情，未有概行携去者。若在嫁女时期，其一切籹奁转赠其女，其父亦无能禁止之。

三 管理

妻之财产自以由夫管理为正当，若其夫有因特别事情不能管理时，其妻应自行管理。

四 分产

境内习惯，于家室观念最为最注重，故夫妻之间未有分其财产而自养者。

戊 亲子

一 胎期

(甲)小儿在胎大约经过二百八十日为寻常时期，若最多者亦不过三百十日，向以二百一十日及二百四十日为最少。语云"七月男，八月女"，指最少时期而言也。

(乙)妇人生子于寻常胎期最多、最少均有不符，若其妇人志果无他，其夫亦得认为己子。

(丙)父母不同居而生子，而与寻常时期稍有出入，本为常有之事，其父亦得认之。

二 嫡庶承重之顺序

本境族中规则向以大宗为重，故长子早死，例以长子为承重孙，庶出子年虽较长，亦不得为承重。若长子而为庶出，本身既不居嫡长之名，其子安得为承重之孙。

三 私生子之认知

境内此项事实亦常有之，然由于遗弃者居多，故认知后之种种行为，无从查编。

己 养子

一 养子之条件

（甲）己既无子而抚养他人之子为子者，自是普通之惯例，未有以其有子而复抚养他人之子为子者。

（乙）无子之人大约年在四十之后即可抚养，若既抚养后而已生有子者，则所生子为嫡长，而以抚养子为附派，无令其仍归本宗者。境内惯例大略如斯。

（丙）抚养子既令归宗，自应酌给家产以资生活。惟抚养家之无家产及本生家之有家产者，不在此例。

（丁）凡为抚养子者大约在三岁以内，以其无有知识也。若在三岁以外而为抚养子者，未之闻焉。

（戊）此例项惯例，本境但凭口约，若本生之父母及其兄弟恕其有不法行为者，始订立卖契以为之凭。

（己）既为抚养子，自以从抚养者之姓为原则，但不改姓而为双姓者过继异姓则有之，然习惯上亦以本生家为首，而以过继者居后，重所生也。

二 同姓抚养子

（甲）同姓承继向由本族之昭穆推定之，若因择贤择爱及素不安分而有更动，其主权自在所后者。至素有仇怨嫌隙者，例不承继，所以防乱萌也。

（乙）既称嗣子，是名分已定者，即使不能承继先业，其嗣父母向无更动之行为。

（丙）果因不安本分而被嗣父母退还者，其本生父母应得拒绝之，以名分既定也。

（丁）若嗣父母有虐待其嗣子情形，本生父母既将此子出继，应由其嗣父母主之，而此并无索还之权力。

（戊）嗣子既已法定而又仍出于不肖，其嗣父母虽在暮景无依，亦无另觅他人之子为子者，以防乱也。

三　异姓抚养子

（甲）抚养为子，不论同姓有人无人例得抚养，惟同姓有应嗣之人，虽素不安分，不能干涉嗣父母抚养异姓人为子，而嗣父母亦不得舍其同姓而转嗣异姓者，但同姓异姓同为抚养者，向有此项惯例。

（乙）养子既为养父母所喜，因嗣子不容而不能同居，则养父母亦得以养子另居之。

（丙）收养孤儿为嗣，即知其亲属时，无须经其允许，而其亲属亦无有承认者。

（丁）既为抚养子，自有当尽之义务，但其不安本分，养父母亦无能为力者，惟无追废文书退还本生父母之惯例。

（戊）若因不安本分而退还者，其本生父母既经调处无效，亦得以拒绝之。

（己）至养父母有虐待等情，其本生父母亦以名义既定，无有索还其子者。

四　赘婿为子

（甲）赘婿继子自是两撅问题，如自己无子，本宗即无承继之人，亦不得赘婿为子，然以赘婿而管理为子之事，往往有之。

（乙）既为赘婿，常住女家则有之，未有改从女姓者。

（丙）若既赘婿为子，而自己又生子者，应以所生子为长子，其赘婿应无待命令而后归本宗者。

（丁）家仅一女，自应赘婿以主持家务，如婿欲归本宗，其女应得同归，但其母无人侍养者，不在此例。

（戊）婿家既贫，由岳家抚养者，亦常有之，但妻之兄弟能照常抚养者，得一焉。

五　继子

此项习惯境内甚多，惟继子各自为姓，无有改其姓者。若继父无子，即以其子为子者有之，继父所有财产亦应由其继子承继之。

六　干子

干子之名本境称为义子，以其有保养义务也，大约不过增蜜两家之交谊而已。然有因能力微薄，恐为人所鱼肉，而藉一势豪为之护符，即认为干父者，其能力由是胀膨，人亦不敢以鱼肉之矣,甚有凭其势豪而转鱼肉乡者里,此本境特别之习惯也。

庚 亲权

一 亲权之效力

(甲)子未成年,其监护教育亦父母应尽之责任。若其子欲自欲营业,不经父母允许,其子即无专擅之权。

(乙)子未成年,其居住处所未经父母指定,其子亦难执行之。

(丙)子有应得之财产,是其子所私有者,但父母应有监护之权,故亦得代理之。

(丁)子既成为人之后,其所受遗产应由自在管理。若有由本生父母代管者,此亦不过尽其权利义务而已。

(戊)子有不肖,父母应有惩戒之责任,小而训导,大而斥责,至仍不受约束,虽曰严父,亦无如之何矣。俗云:"子不肖,无可奈何"是也。

二 亲权之终了

子既成人,复能自营生业,是父母之责任可以终了,而管理之权限仍无究竟,故其子即能自立,而父母仍得以管理之。

辛 监护

一 监护之顺序

(甲)未成年人之无父母,应自有管教之人,其应负管教之责任者,自以胞伯叔为先,而后以祖父母及堂伯叔为后,由亲及疏,杜争竞也。

(乙)父母临终,其子女必待管教而始能成立者,其父母自必指定应行管教者以管教之。

(丙)此项财产如无人代为管理易致消灭,然应行管理者,与本条甲项同。

二　监护之权限

（甲）子女既为管教，其所有财产自应归其兼理，但经理之方法，除预算、决算两项，当无善策免致侵蚀之弊。

（乙）侵蚀情事亦为管理者所不免，若此等情弊而为该子女之亲族所觉察者，例得而干预之。

（丙）酬劳之资，凡有经理之责者，例得收受。惟经理而为近支亲属亦负有监护之义务者，不在此例。

三　监护之终了

（甲）监护之子女既能成立，则兼理人自应将经手事件并历年清帐概行交还，若本人未能取信，尽可邀同近支亲属公同阅看。

（乙）若兼理财产至交还时而有侵蚀情事，例得返还。惟事出有名并非侵蚀之惟质者（如房屋之修理、田地之工作、品物之消费之类），该子女亦毋得追偿之。

壬　扶养之义务

一　扶养之范围

扶养范围所包甚广，本人人应尽之义务，惟负互相扶养之责者，亲族中除伯叔兄弟应无负此责任者。

二　扶养之顺序

（甲）负扶养义务者既有数人，其担任次序应就其中之担任较多者为先，其次则推次多数者。

（乙）若数人中而又同居，应先担任之地位者，仍以担任较多者分其先后，向无平均分担之惯例。

（丙）受扶养者亦有数人能同时遍及，自是普通办法，若负扶养之义务者资力未能遍及，应得先其所急者而扶养之。

（丁）如数人又同居应先之地位，则此数人中亦自有缓急，能急其所缓，宜无偏枯之流弊。

三　扶养之程度

扶养义务自以资力为主义，惟受扶养者不尽属不能自存，凡未能成立者，均得受之。若因浪费游荡以致不能自存而复受此扶养者，负抚养义务者例得拒绝之。

四　扶养之方法

此项方法必须调查确实，区别其最贫、次贫，或金钱或资料，均就情形而扶养之，应亦无须收留而始为扶养之义务者。

{民事习惯第五类　相续}

甲　总则

一　相续开始

按：本境各姓大约三十年必修谱一次，其时族中必派人调查，凡有无嗣子姓未经报明者，由族房长提议，就近支亲族应行承继人核实定之，是修谱之年，即为承继之年。惟胎儿未生，虽有承继之权，要亦不能预定，自应从留产待继之例，既杜争端，亦重向例也。

二　相继费用

因承继之事而有费用，其一切开支自应由承继担任，然亦有由遗产中支付者。

三　相续抛弃

抛弃承继之权，其种类有二：一因两造有仇，一因应继无产，此本处惯例，可以抛弃之原理也。惟经族房长提议后，有应行承继者，例不得自由抛弃。

乙　宗祧相续

一　相续之顺序

（甲）大宗无后，小宗虽只一子，应先为大宗立后，重大宗也。

（乙）承重之人自属大宗，自无再继他人之例。若大宗之子孙既有数人，亦得承继小宗。

（丙）近支无可承继之人，自应推及旁支，但其承继之次序，仍按昭穆定之。

（丁）择贤择爱本为普通惯例，但不继亲族之公允者，向归无效。应行承继者之必起争端也。

（戊）承继宗祧向重大宗，若直系卑属共有数人，无论其亲等远近、年龄长幼，及为嫡为庶，概按昭穆中之应行承继人推定之其为先为后，自无应继之流弊。

二　相续之承认及拒绝

（甲）应继不继自有规定之则，例若其子而为应继人，其父母应无拒绝之能力。但所生止有一子者，不在此例。

（乙）应行承继亦无待本人之请求而始为承继，虽承继人而为承继父母所不爱，亦无能拒绝之而更继他人。以此项则例由族中规定也。

三　悔继

（甲）承继既定，向无返悔而仍归本支之例。惟本支无后，有令其子仍归本支者。

（乙）承继既定，人不许返悔，而本宗之人更不能许其返悔者。以承继事项不可少有更动也。

（丙）承继既定，向例不许返悔，若自少抚育之承继人，应更无悔继之理。

（丁）

　（子）承继既定，嗣父母即有虐待情形，亦只能顺受，仍不得返悔归宗者，分定故也。

　（丑）所后者既有亲生子，此应归宗，似不待言。若所后者令其归宗，则应有一部之财产例得带归本宗。

　（寅）此宜分别言之，所后为大宗，所生为小宗，小宗无后，应待应继者继之；若大宗无后，虽应继人之本生父母适又无子，仍不能悔归本宗，以大宗不可一日无后也。

（戊）承继既定势不能不归本宗者，其已受全部财产，仍应全部返还，向无带产归宗之例。

丙 遗产相续

一 相续之顺序

（甲）既无子嗣,又无同居之亲属,自应推及近族应继者继之,其所有家产向由应继者相续之。

（乙）若亲属既无,亦自有外姻承继之例,其所遗家产,亦得由外姻承继者相续之。

二 相续之方法

（甲）遗产既未分析,自应择其正当者暂为管理。至分析时,其相续人有一部分者,仍得平均分配之。

（乙）遗产不敷还债,应得将其遗产或经众经官尽数摊还,但其权向由相续人主之,无有以遗产既尽,不复相续之惯例。

（丙）分析遗产,其分配之数,向由本人定之。至本人不在,亦有由相续人自行分析者。至分析时,或榀搭未匀,或多寡不同未能执行者,亦得邀同亲族公议定之。

（丁）分析遗产照房分配,自是普通惯例,但大宗之子及幼子分析之时,亦有稍提若干作为长子及幼子名分者。

（戊）若本人既有遗书又且言明期限,相续人自应照遗书办理。

（己）财产在未分析以前,相续人若得有被相续人特与者,是即为其所私有之物,至分析遗产时,例得与各相续人共分之,向无复将其特与之财产而均分者。

（庚）若相续人在遗产未成析以前已将其分得者出卖或抵押时,其他相续人例得赎还,惟不得将其赎还者照数平均分之。

（辛）遗产既不敷偿债,由各相续人共同担任,自无待言,若其中有一人不能偿还,则此一部份亦可以各相续人共同分垫之,然此虽为向来之惯例,抑亦视各相续人之情谊何如耳。

（壬）不可分析之产,其分析方法向无一定,大约以每部分认定若干者为主,然有以此而为公共之物者,惟无卖出而分其价之惯例。

三　无人相续之财产

（甲）相续开始之时，若相续人历久无踪，其所遗财产应以留产待继之方法执行之。

（乙）若所遗财产无人承认，应由亲族择其相当之一人以管理之，但管理之职务亦在谨慎款项。至有应承认之人，得将全部返还之而已。

（丙）相续人久经在外，既无一定住所，又无信件往来，寻觅方法除广帖告白，别无探索之法。

（丁）若既经探索而仍久无踪迹者，其应得一部财产必由公众酌量定之，即以其所应得者归于应相续之人，向无因其无人承认而遂执为公众之物者。

丁　遗言

一　遗言之方式

此项方式本无一定，大约以理由分明为主，其初则叙本人家世，其继则叙勤慎立业，终则叙其分析理由及劝戒各则而已，但境内习惯统称之曰分关，亦并无特别之方式。

二　遗言之效力

（甲）遗言之有效力与否，自以视该书定之。若为本人预书、自书及令人笔记由戚族听受者，均为有效。其无效之遗言，必其无足取信后人者。

（乙）若预作遗书言，已经共同周知，如因病而有更改，自应以更改者作为无效，不从乱命也。

（丙）预作遗言亦无限定年岁，但未成年人向无立有遗言者。

三　遗言之执行

执行遗言其人尚未指定，是应得执行者，必以家族中之有资格者主之。若有由执行而生种种之费用，亦由遗产中支付，自是普通之惯例。

四　遗言之取消

若遗言中之有不法之言，是其不能取信者，其子女亲族例得随时取消之，但止取消其不法之言,而不可将其遗言全行取消者。

五　遗留财产

本处此项财产向由相续人酌量办理,大约以公共名义执行之,然有以数目较巨分为公有、私有两项,并无以全部者随意赠与他人之惯例。

（清钞本,日本京都大学人文科学研究所图书馆藏。）

常山县法制科第一股民事习惯调查报告

常山县民事习惯　债权

甲　债权过〔通〕则

第一款　范围及目的

一　债券

（甲）常邑债券以简单为最多，若系特别原因，亦有用繁数之券，然不多耳。兹将通行债券之程式开列于下：

凭票即付英洋若干元正，按月二分起息，此照。

宣统二年九月　日立票字人某某某押
中人某某某押
代笔某某某押

此外如系有期之债券，则将利息一并算入。假如借洋二十元，本年九月十五日借，明年二月十五日还，借五个月，按月二分起息，则五个月应得息洋二元。其程式如下：

凭票即付英洋二十二元正，

此照。

宣统三年二月十五日兑　立票人某某某押
中人某某某押
代笔某某某押

（乙）常邑债券有四种：一曰借票，二曰期票，三曰拔票，四曰兴隆票。借票者，无期之票也；期票者，有期之期票也；拔票者，分期拔还之票也；兴隆票者，欠人债款无力偿还，即具票据一纸交于债主，倘后日家道少康，即行清偿，若家道长此衰落，则此票为无效也。

（丙）债券不能均可索钱，其中大有区别。勒索之票不能索钱，固无论矣。若兴隆票对于债务无聊时，亦不能索钱。倘欲索钱，债务者可置之不理，或请官处置。

（丁）债券上不可缺之要件有二种：一、债务者之花押；二、中人之花押。若无此花押作为无效，商家无印记图章亦为无效。

二　目的物

债权之目的，同治以前以光洋及大钱为最多，同治以后以英洋为最多，其价格之先后强有参差，债券上不预定限制。

三　利息

债券不必概有利息，如借票、期票，有利息之票也；拔票、兴隆票，无利息之票也。

欠利至几时方可以利作本，常邑无此定例。

四　利率

债项利息之额不同，债额大小以分利息之轻重，大概每年利息至少一分五厘（如借英洋一百元，每年利息一十五元），至多四分（如借英洋一百元，每年利洋四十元），普通二分四厘（即按月二分，如借英洋一百元，每年利息二十四元），如特别重利或急债被人要挟者，其利率大概四分或五分不等。

五　债务当事者之能力

未成年者、疯癫者、浮浪者、聋盲瘖哑者均不能自由放债或借债。若有特别原因，如无父之未成年者相手方愿与订约，亦可自由放债或借债；如浮浪者负债累累，亦可私向债主出券。

第二款　债权之效力

一　偿还期之迁延

凡债务者延期不清债款，则所有债券作废，常邑无此惯例，若再行订约，则原票收回，以新换之票为凭。

二　违约金

债主因债务者不清偿款而生之损害,债务者须负赔偿之责。

三　预期支取

定期之债款,债权者欲预期索取本利,债务者得拒绝其请求。

四　预期偿还

定期之债款,债务者欲先期偿还,债权者得以利息短少之故不愿收领。

五　债务之承继

凡债务者本身不能还债时,其承继之人惟子,如甲欠乙债,甲故后乙不能向甲之父或兄索取。

债务有人承继,尚未到期,换票不换票无一定惯例。

债权者不知承继之事,债务者不必先行通知。

六　债权之划收

债权者可取债务者之债权以充自己之债权,但须债务者之承认。若债务者之债权尚未到期,可要求债权者延长日期,不另加利。

七　债权之取销权

债权者不能因保护自己之权利而干涉债务者之行为。

第三款　债权之种别

一　多数当事者

债主债户不止一人,以全部照份均分,使各人分担其自己之一部为多。

二　不可分债务

债主不止一人,如要债时须各人共同出场。

债户不止一人,如要债时须各处遍行通知。

对于一债主，不能只还其一部；对于一债户，不能只索其一部。

若其中一债主于一债户有特别之钱款往来，可以两相抵划，在全部债务中扣除其一部分。

三　连带债务

连带债务常邑罕见。

四　保证债务

（甲）无能力者、能力欠缺者，不能保证债务。

（乙）无偿还债务之资力者，得以保证债务。

（丙）债务者不履行债务时，债权者可向保证人催索。

（丁）凡关于债务上之利息、违约金及损害赔偿之额，保证人有代催索之责，无代垫之责，若有特别原因，亦须保证人代垫。

（戊）债权者向保证人索债时，保证人不得以尚未通知本人为辞。

（己）常邑债款，保证人名曰中人。若一债款有数个中人时，必分正中一人，偏中数人，其责任正中较重，偏中较轻。

（庚）凡受债务者之委托而为保证时，对于为债务者所代付之款，应有求偿权。

（辛）凡债权者向保证人索债时，保证人当通知本人。若本人出外多年而不知其行踪，则债权暂行停止。若有特别原因者，须保证人赔偿。

（壬）保证人失踪或死亡，债权者可迳向债务者索款。

（癸）债务未约定偿还之期，其催索无一定期间。

五　合会

（甲）常邑合会共有四种：一、摇会；二、扛会；三、七贤会；四、月月红会。

（乙）常邑所有各种会其人数无定，大约至多十二人，收会之期至长一年，至短一月，其总钱额大至一千元，小至三元。摇会、扛会多系巨额，月月红会多系少额。上等、中等社会人所募之会，以摇会、扛会、七贤会为多，下等社会人所募之会，以月月红会为多。

摇会、扛会、七贤会均有一定举会之场所，月月红会则无一定举会之场所。

（丙）假如会首募会洋一百元，会脚十人各出洋一十元交于会首收用，并无参差多少之例。

（丁）各会脚收会之时，如系摇会、七贤会、月月红会，先收者自应加利于第二次开会时，在会钱加多付出，未收者于第二次会时在会钱上减少付出，其利率大约每月一分或二分不等。又如未收之人无钱现付则不付而已，不必另出票借。

扛会每期开会时，会脚不必再行付钱，由会首按期付出原数（如原数每人出洋八元，则会首每期付洋八元）且无利息。

（戊）会既开摇数次，不能因一人急需款项而议归伊收。

（己）凡会已实行而中途解散者，以摇会居多，名曰烂会，由会首将各会脚原本，按月次拨还。

（庚）扛会只助会首，各会脚中不复互相交涉，至会首分期拨款时，由会脚开摇。凡点数多者先得。

（辛）会中无规律，亦无一定格式。附送普通会启一份。

第四款　债权之让渡

一　抵抗之让渡

因抵抗债务者之恶意将借票助公，常邑多有此事。若债务者再抵抗不还，则由所助之公家禀官提究。

二　藉词让渡

凡遇藉词让渡之事，须视债权者对于债务者势力之强弱如何，无一定办法。

三　方法

债权让渡仅将借票交于让受人，无他项方法及里书之事，故无票据之债权不得让渡。注定债权者之姓名，亦不得让渡。

四　变更

凡承受他人让下之债权，其利率之多少与期限之长短如不合意，可任意变更或另换票据。如票据上原注让渡人姓名者,让受人须改换其票据。

第五款　债权之消灭

一　偿还

(甲)既有代替债权即作为消灭。

(乙)债主或债户如不愿旁人代还,须临时阻止,无预先约定。

(丙)债户误向似乎债主之人还债务,不能作为消灭。

二　划算

凡因不法行为而生之债权,如原债权者肯承认,亦可以划算。

三　豁免

债务豁免,债券已检还,其后辈不能追悔。

四　更改

债务更改无一定办法,大都借新债之时,旧债不视为变更为多。

乙　契约

第一款　契约通则

一　契约之成立

(甲)契约以证书中保为凭,若仅口头语言,其效力弱于有证书中保者。

(乙)与人订约表白己意而限期令人答覆者,不能自己先及反悔。

(丙)与人订约既未限定答覆之期,又因事故必须反悔者,可不待对面之回音而立时反悔。若对面之人久不见覆,而自己又有不得不反悔之势,则更可反悔。

二　契约之效力

(甲)凡订定两面均有权利义务之契约,其享者尽者两面均须同时。

(乙)凡甲乙二人相约济丙以财物,其付钱之期可任甲乙之便。又,原约之钱数在实行,复甲乙二人可中途变通或消灭。

三　契约之解除

(甲)约定之期延不照办,则其他一面或再行催促更定期限,或迳行通知作罢。常邑向无一定办法。

(乙)凡因应时之需要而结约者,届时彼面不能照办,则此面可不去通知,直即作为罢论。

(丙)订约付过定钱,当受钱人并未特别预备之时,付钱人要废约作罢,其定洋须交还付钱人。若受钱人已特别预备,付钱人要解约,其定洋不能取回;倘受钱人欲声称解约,无论已未预备,定洋均须返还。

第二款　赠与契约

一　定期赠与

凡定期赠与,届时而欲赠之物已灭失毁损不能实行其契约时,与者得自反悔,将该约撤销。

二　遗赠

生前订立遗赠字据,常邑罕见其事,即有亦无一定习惯。

三　受赠者之死亡

常邑罕有订立遗赠字据之事,故无受赠者死亡之办法。

第三款　卖买契约

一　卖买之效力

(甲)物、价既未交割,中途不妨违约,但须有正当理由。

(乙)卖买付有定钱,卖主不能违约。若买主欲违约,则定钱销灭不能取回。

（丙）卖买一切费用大多数由买主任之。

（丁）买主因成交之物有缺损及瑕疵等事,当时如已过目未看出,日后觉察,不能退换,或稍为变通,将该物代为出售。至退换方法,惟将缺损及瑕疵之物提出退换而已,不全部退换也。

（戊）退换货物大都不能出三个月之外。

（己）未付定钱之卖买,届期不来取货,则凭诸公论,须尽后买主成交。盖前买主已误期,理应取消也。

（庚）以公共之物一人私相授受及成交后,被公共所有者知之,欲照原价赎回,若买主不允,公议可处罚买主。

（辛）因天灾地变不能届期交货,卖主有赔偿一半之责。

（壬）卖主死亡,其后嗣如承袭父业,应令其交出所定之货。若卖主无后,则契约撤销。

（癸）买主死亡,卖主可向买主之后嗣成交。若后嗣不愿成交,则契约撤销。

二　现金卖买

（甲）买主付价未清,卖主可扣留货物,倘系绸缎布疋不能剪成片段之物,则将该物全部扣留。

（乙）物价均已交清,当时察觉误算,可追还原价而悔交；若非当时察觉者,则不能。

（丙）卖主被人窃去寄存货物,卖主负赔偿之责。

（丁）物价均已交割,日后察出,铜洋不能退换；察出伪票,可以退换。

三　欠账卖买

（甲）欠账卖买均按节算清,其付账时并无折扣之习惯。

（乙）欠账卖买之价格,须较现金卖买高十分之一。

（丙）被欠人若系破产歇业,不能以被欠之款移抵自己所欠之款。

（丁）欠账人或系破产歇业,被欠人得执行所欠之账以分其财产之一部。

（戊）被欠人死亡，其后嗣得执账上所欠之款，要求欠账人归还。

（己）欠账人死亡后，被欠人若执账上所欠之款，令其后嗣清还，其后嗣不能不承认。

四　即时卖买

（甲）物价业已交付，物品又持归动用，此时方知有病，则不退换。

（乙）因选择货物不注意而有损失，由卖主、买主各担责任，而分当其价格。

五　定期卖买

（甲）定期付贷之卖买业已约定价格，中途虽货价腾贵，卖主不能追悔原议。倘欲追悔，可以拒绝。

（乙）已付定洋之定货，中途虽价腾涨，买主不能短少前约之数。倘欲短少，所可以拒绝。

（丙）定期付货之卖买货物交割时，如其数目、分量、成色等与原约有不符之处，卖主应负赔偿。

（丁）定期付货之卖买，届时买主不能付款起货，卖主可将原约解除，不能向买主索加利息及寄存之费用。

六　打样卖买

（甲）卖买先交货样，若卖主以相似之物混充致买主受损，则将混充之物退还，鲜有议罚者。

（乙）因他项事故不能交出打样卖买之原货，若欲以相类之物充当，须买主承认方可，否则不能。

（丙）已订契约不能退换别货。

七　试验卖买

（甲）试验而有损害，应由卖主赔偿。

（乙）既经试验，其物品之瑕疵虽未尽知，日后发觉，不能退回或调换。

第四款　贷借契约

一　消费贷借

（甲）预约未交付而破产，其前约可取消。

（乙）消费借贷之利息约在一分五厘以上，其交付利息之日期无一定惯例。

（丙）有利息之消费贷借，其所贷之物之瑕疵，借主可向贷主更换。

（丁）无利息之消费贷借，原借之物品虽有瑕疵，返还时不能见有瑕疵者以报。

（戊）不定期之消费贷借，随时皆可索还。

（己）定期之消费借贷，届期不还，应偿其物之代价。

二　使用贷借

（甲）借主不遵所约，任意使用，贷主可追还原物。

（乙）借来之物未经贷主之允许不能转借他人，否则贷主可解除契约。

（丙）借用物上所需之费用由借主负担。

（丁）借用物不能归还时，借主得以同样之物充偿。

（戊）定期之使用贷借，在期限中贷主不能向借主索偿。

（己）不定期之使用贷借，贷主得随时请求归还。

（庚）结实未言明归何人所有者，贷主得向借主归还其一半。

（辛）贷主或借主死亡时，使用贷借未满期，其契约仍有效力否，向无一定习惯。

三　租赁

一、不动产租赁之问题

（甲）房屋租赁向有订立期限与不订立期限之别。订立期限者，不能半途退租；不订立期限者，可随时退租。

（乙）房屋租后一切修缮等费，大修由房主担任，小修由租户担任。

（丙）租赁房屋概出押金，其押金以租金十分之八为标准。

（丁）租赁房屋尚未满期，房主不能改造而请加租息。但有时〔特〕别原因者，不在此限。

（戊）房价腾贵时虽期限未满，房主可向租户索加租金。

（己）房屋租息其交纳期限分三种：一、按月；二、按季；三、按端中年三节。

（庚）房租若逾期不满，房主可向租户索取租金，不得索加利息。

（辛）租赁土地之租金系按年交付，其租价以土地之肥硗为标准，向无一定等次，大约普通每亩交干谷二石二斗。

（壬）土地租息概以谷物交纳，间有以金钱折算者，其折算之法以当时谷物价值为标准。

（癸）凶岁歉收只有更租或让租（让十分之几），无缓租。

（子）租地造屋或为畜牧种植之用者，其租金大约每亩英洋一、二元。

（丑）租息若有短欠，应在押金上扣除，另租他人。若未有押金或押金已扣除净尽，则一面另租他人，一面退缴租金。

（寅）租户须通知业主始能将租来之土地房屋转租于他人。

（卯）租户将租物加工如系物主承认，其卖用可向物主索偿，否则不能。

（辰）租户或物主若欲解租，在解租前须互相先期通知，其通知期须早二个月。

（巳）租户或物主破产时，其租赁虽在期限中，可以解除原约。

（午）退租时原物上有变质改样之处，赁主可求租户赔偿。

二、动产租赁之问题

（甲）以物件出质于人，其利率无一定标准。

（乙）赁用之物，其保管、饲养费由赁物之人独任。

（丙）毁失灭损赁用物可折价偿还，其价以偿还时之市价为标准。

（丁）因天灾地变而毁损灭失赁用物时，赁用人得免偿还其作价。

（戊）赁用之物不得转赁他人。如转赁他人不能赎回时，其赔罚无一定惯例。

(己)擅将赁用之物出卖于人,物主可向买主赎回,买主不能拒绝其请求。

(庚)赁用物所生果实,其原因在未赁用以前者,则归物主;若原因在既赁用以后者,则归赁用之人。

(辛)赁物若归于自然灭失者,赁主须将灭失之物交还,不负赔偿之责。

第五款　雇佣契约

一　劳力雇佣

(甲)常邑雇佣鲜有立字据者,故无契约格式可送。

(乙)雇佣无一定期限,大约至长三年。乳媪亦无一定期限。若订定终身为人雇佣之契约,常邑向无此事。此外雇佣时须有保人(即中人),其责任与雇佣期限相终始。

(丙)给付二〔工〕钱,多有定期。如雇主逾期不付,佣人只得索取佣金,不能索加利息。至工钱额之大小,男子如系长工,则期限为一年,计全年工资洋十八元;如系零工,则无期限,计每日工资洋八分。女子系按月计算,大约工资洋每月三角。乳媪按月计算,大约先三月之乳每月洋一元(俗名血乳,系初分娩时之三个月),以后每月洋八角。若女子为人绣花,则每月工资洋一元。老幼则有鲜人雇佣者。

(丁)雇佣契约尚未满期,雇工无故开除,须给全年佣金;佣人无故退雇,除按月计算应得之佣金外,不得透支。倘有透支,必须缴还。

(戊)雇工使佣人为他人服劳,佣人无不承诺之理。倘不承诺,雇工得使之解约人。佣人不经雇主承诺,不能使他人自代。盖雇主对于佣人有指使之权利,佣人对于雇主有服从之义务也。

(己)期限未满而破产,雇主可以解佣,佣人不能退雇。

(庚)雇主挈家远出,其俾〔婢〕仆应否同行,无一定惯例。

(辛)在期限内之雇佣不能因物价腾贵求雇主增给佣金。

（壬）工资给存雇主处如未言明利息者，日后收领时不能索加利息。

（癸）佣人因服劳致疾而死，雇主无给养家族之事，家族亦无请求给养之例。

二　劳务雇佣

（甲）凡聘请学术技艺服劳者，大半不订契约。惟聘请塾师有订约者，有不订约者，无一定办法。

（乙）凡聘请学术技艺服劳者，在期限内随时均可解退或告退，但须有正当理由。

（丙）凡有不得已事故须请假多时者，可由本人请人代理，若代理不善，由本人负责。

（丁）凡聘请远道之人，除薪水外更给川资，向无一定惯例。

（戊）聘请期满尚须续聘，应先期知照。若彼此合意，立约与否，亦无一定惯例。

（己）应聘者无故告退，须待接手人任事后始可他去。

（庚）凡请假而托人代理者，及至终不能回时，可即荐其人代理。

第六款　承揽契约

一　材料

承揽工作有一〔二〕种：一包工仅包工作，所有材料均由出揽人交出；二包工兼包料，无论工食材料均由承揽人担任，出揽人但示以一定之办法而已。

二　瑕疵

工作物上有瑕疵，出揽者可请求承揽人修补。若瑕疵甚属细微而修补甚大，承揽人得拒绝其请求。

三　保固

在保固年限内有毁损，由承揽人赔修。若遇天灾事变而毁损者，出揽人不得以工作未固为辞，援寻常毁损之例赔修。保固工程常邑不多，其契约亦无一定格式。

四　灾变损害

工作未竣时忽遇天灾事变尽弃前工时，其损害由出揽人、承揽人各任其半。若契券中有预先定明者,不在此例。

五　逾限

逾限尚未完工,出揽人得另觅他人承揽其已有之工作,按实估还。

六　增价

除天灾地变外,无论物价腾贵,不能因用费不足而索加用费及解除承揽之约。

七　解除契约

出揽人若遇破产,承揽人得解除其契约,并请求已有工程之工资及费用。

八　承揽之继续

承揽人死亡在事工未完时,须由其后嗣负其责;若承揽人无后,则契约取消。

第七款　委任契约

一　报告

委托事务之处理情形,受托人应随时报告。若委托人不知所往,则报告其家属。

二　钱财移转

因处理委托事务而得有财物应移归于委托人。

三　消费

消费委托人之金钱及货物,应算还利息。若有损害,应负赔偿之责。

四　偿还费用

凡委托事务所需之一切费用,委托人应先行支付。若系受托人所代垫者,委托人亦当认偿。

五　报酬

委托事务毕,得向委托者索报酬。

六　损害赔偿

因处理委托事务而受损且并无过失者,得向委托人赔偿。

七　解除契约

委任未定期限,可随时解除契约。

设因解除而有损害,解除者应负其责。

八　终了

受托人于委任限中而亡,则一切未完事件由委托人自行清理,或另委他人清理,均无一定办法。

第八款　寄托契约

一　使用寄物

受寄者未经寄托者之承诺,不能使用受寄物,及转托他人代为。

二　损害赔偿

因寄托物有瑕疵而受损,寄托者应负赔偿之责,不能推谓不知有瑕疵而不认赔偿。

三　先期返还

约定期限之寄物,受寄者不能于期前将物返还。若有特别之原因者,不在此限。

四　索还

约定期限之寄托物,寄托者不能随时请求返还。若有特别原因者,不在此限。

五　费用

保管物件之用费,受寄人可请寄托人先后交付。

六　移转

受寄人在保管物件上所得之利益,应移归于寄托人。

丙　事务管理

一　管理方法

管理须从其事务之性质,依最适于本人利益之方法管理之。

二　损害赔偿

因管理事务致本人受损,管理人应负赔偿之责。

三　通知本人

既管理务即须通知本人。若本人不愿托其管理,得随时解除。

四　卸责

本人既未曾接手,管理人不能擅自抛却管理之责。

五　转托

管理可转请他人代理己之管理事务。若无不得已之事故者,不在此例。

六　费用

管理人所代垫费用,对于本人有请求其偿还之权。

七　代起债务

因管理事务代本人负担必要之债务时,本人不能不承认。

八　移交利益

因管理事务所得之利益,应移归于本人。

九　报告情形

凡管理事务之一切情形,应随时告知本人。

丁　不法行为

一　未成年者

未成年者因不法行为加人以损害,应负赔偿之责,其父母及监督之人亦应负责。

二　精神病者

疯癫及痴之人因不法行为加人以损害,其监督之人应负赔偿之责。

三　有夫之妇

有夫之妇因不法行为加人以损害,其夫应负赔偿之责。

四　使用人

被役使人因不法行为加人以损害,其主人应负赔偿之责。

五　饲养之动物

凡经人饲养之动物而加害及于他人,其主人应负赔偿之责。

六　同伙

凡数人共同之不法行为加人以损害应共担赔偿,之轻重以主谋、不主谋为标准。

七　正当防卫

因他人之不法行为而防卫自己之生命财产不得已而损害及于他人时,亦负赔偿之责。

八　赔偿方法

凡财产以外之损害,其赔偿方法有五种:一、登门赔礼;二、请酒谢罪;三、议罚善举;四、点烛放炮;五、代为敬神。

民事习惯第四类　亲族

甲　亲族总则

一　亲族之范围

祭扫范围如下图。○如图以己身为单位(己身二字加圈作志),若为中国亲等图上所无者,另用符号△为记,其为中国亲等图上所载,民间不能实行者,则格内从缺。

（甲）被祭扫者

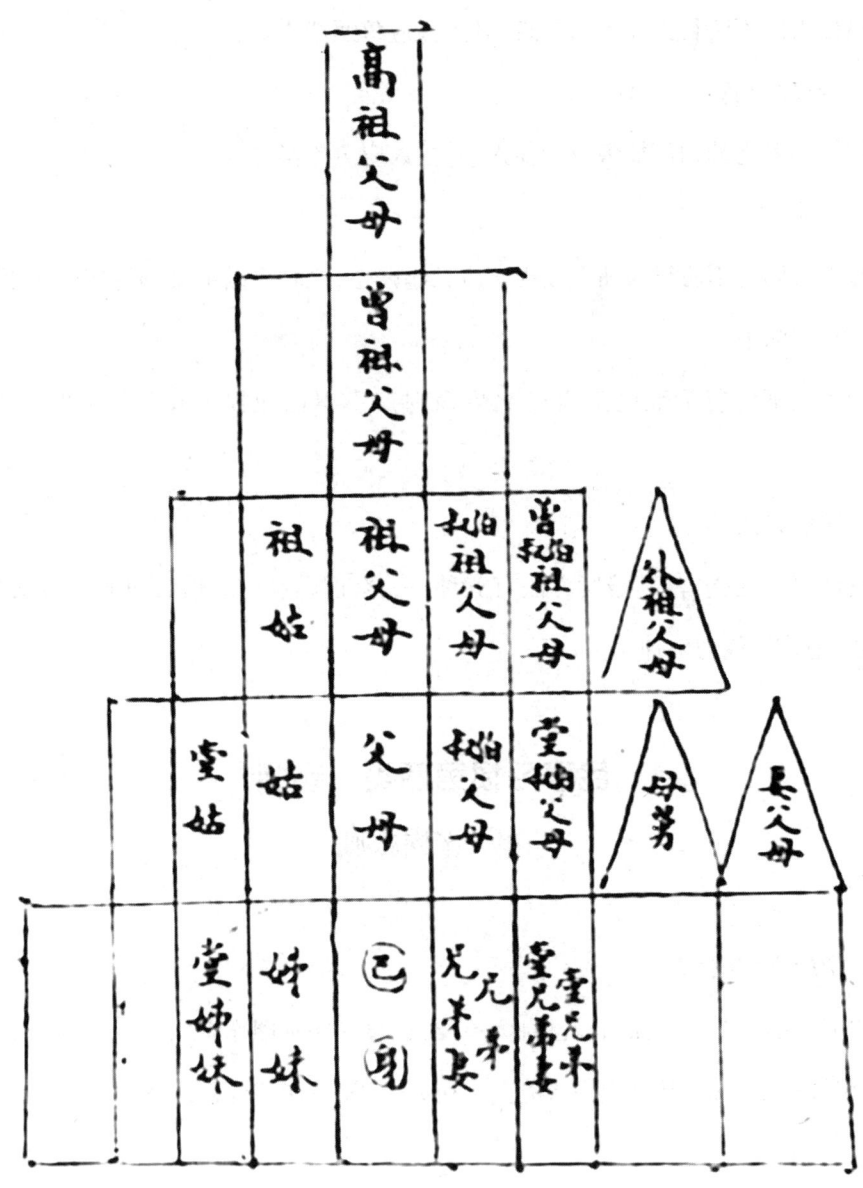

高祖父母

曾祖父母

祖姑　祖父母　伯叔祖父母　曾伯叔祖父母　△外祖父母

堂姑　姑　父母　伯叔父母　堂伯叔父母　△母舅　△妻父母

堂姊妹　姊妹　己身　兄弟兄弟妻　堂兄弟堂兄弟妻

(乙)祭扫者

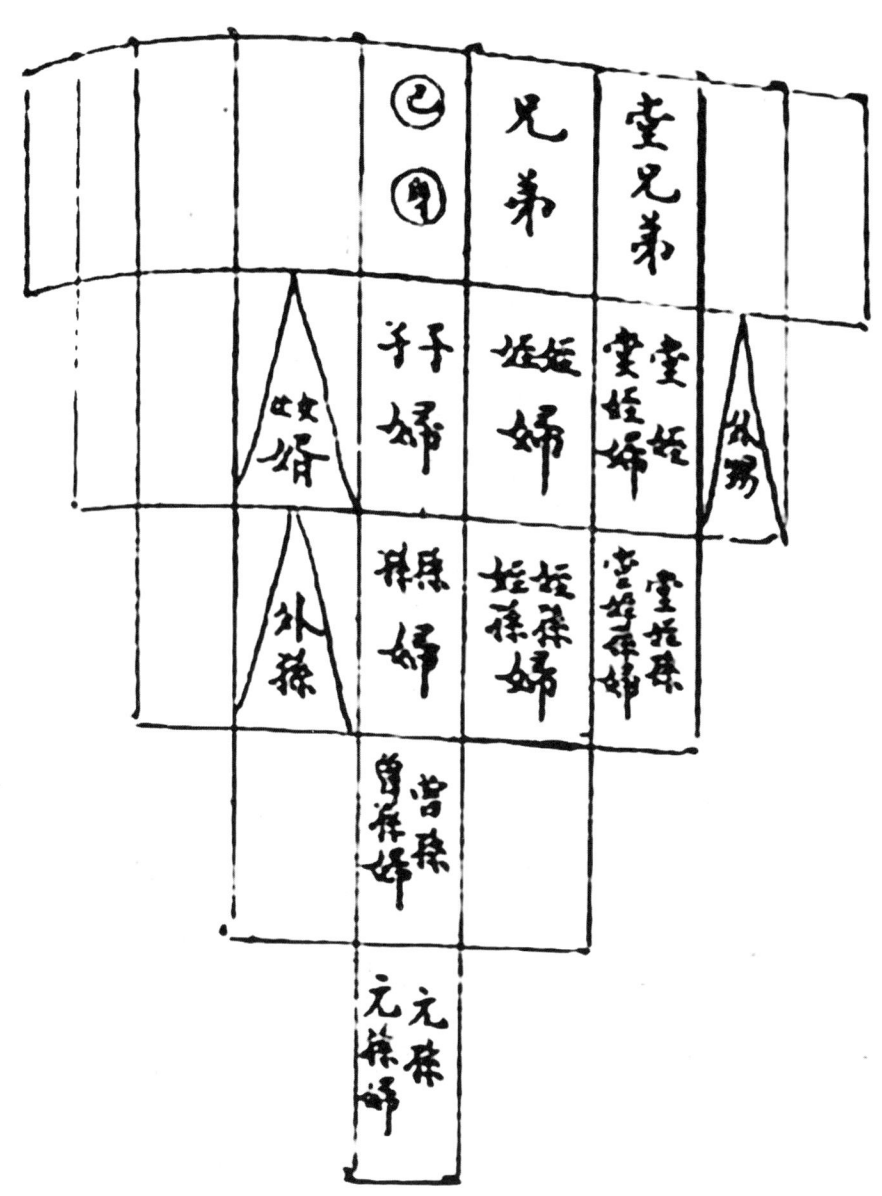

己身　兄弟　堂兄弟

△女女婿　子子妇　侄侄妇　堂侄堂侄妇　△外甥

△外孙　孙孙妇　侄孙侄孙妇　堂侄孙堂侄孙妇

曾孙曾孙妇

元孙元孙妇

庆贺及丧吊范围如下式：

（甲）被庆贺者（被丧吊者同）

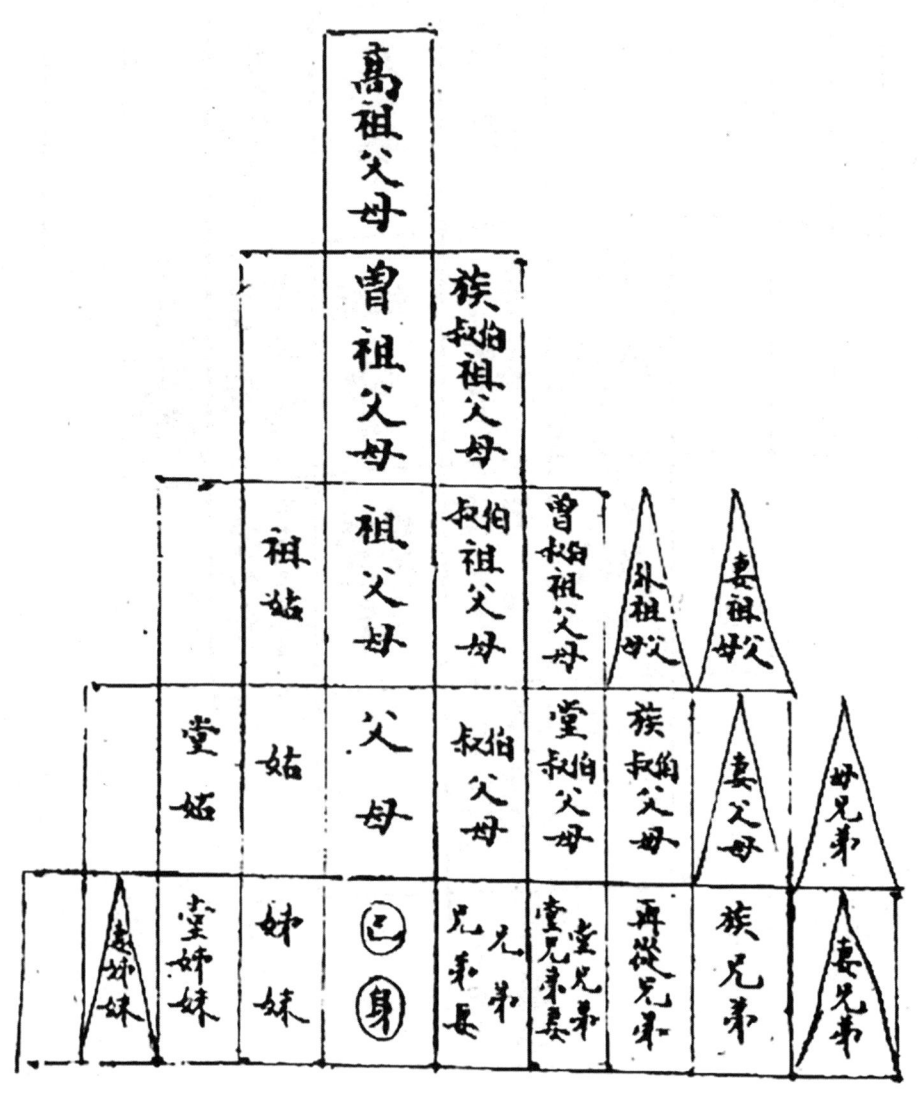

高祖父母

曾祖父母　族伯叔祖父母

祖姑　祖父母　伯叔祖父母　曾伯叔祖父母　△外祖父母　△妻祖父母

堂姑　姑　父母　伯叔父母　堂伯叔父母　族伯叔父母　△妻父母　△母兄弟

△妻姊妹　堂姊妹　姊妹　己身　兄弟兄弟妻　堂兄弟堂兄弟妻　再从兄弟　族兄第　△妻兄弟

(乙)庆贺者（丧吊者同）

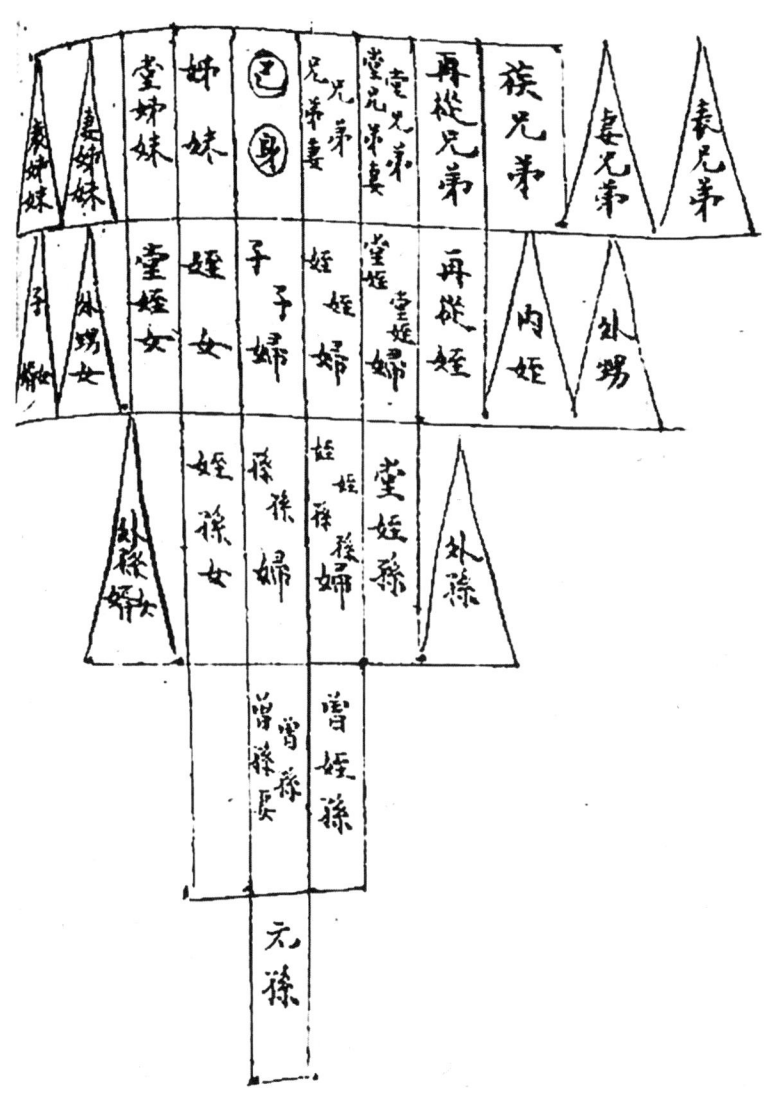

　　△表姊妹　△妻姊妹　堂姊妹　姊妹　己身　兄弟兄弟妻　堂兄弟堂兄弟妻　再从兄弟　族兄弟　△妻兄弟　△表兄弟

　　△子女婿　△外甥女　堂侄女　侄女　子子妇　侄侄妇　堂侄堂侄妇　再从侄　△内侄　△外甥

　　△外孙女婿　侄孙女　孙孙妇　侄孙侄孙妇　堂侄孙　△外孙

　　曾孙曾孙妻　曾侄孙

　　元孙

二　亲族关系之发生

凡养子对于养亲家之关系与亲生者同。

庶子对于嫡母、前妻子对于继母均与亲生者同。

三　亲族关系之消灭

凡因婚姻而生之亲族关系，离婚之后不认承〔承认〕。

凡因抚养子而生之亲族关系，归宗之后亦不承认。

乙　户主及家族

一　户主之顺序

户主(常邑名为当家人)以一家中之最尊长者为之。

当家人遇老病或志在静修不理家政时，由当家人委任何人代理，非一定以次尊长者为户主。

妇女不得为户主，如一家中无男子或有男子而未成年者，则以伯叔或近支之本家及母舅代为户主。

二　户主及家族习惯上之区别

(甲)一家之中同居异炊不作一户，虽为一户主之家族而分居分炊，其填写门牌时，不能仍用户主之姓名。

(乙)兄弟两人同居异炊而财产分析者，应作为两家论。设两家均为寡居，亦不能以妇人为主户。如其中一家有子，一家有女，其子至成丁时，可代行其亲长家政之权，以一身作两家之户主。

(丙)家无男子，招入赘婿，不能改从妇家之侄，然可为妇家之主。

(丁)已嫁之女被出复归是否仍为其父母家之人，向无一定习惯，缘常邑出妻之事甚寥寥也。

(戊)已有妻子而为人后者，其妻之子应即从之。

（己）为人后者复归本宗，其妻子应即同归。

三　户主及家族之权利义务

（甲）户主对于家族有扶养之义务。

（乙）家族私有财产可以自己之名置之。

（丙）一家共有财产应以户主出名。

（丁）家族之居处应由户主所指定。

（戊）家族之婚姻及出为人后或招人为后者，应由户主承认。

（己）家族不服从户主，户主则将家族逐出户外，不负扶养之义务。

（庚）妇女不能为户主，故无女户主撤换继子之事。

丙　婚姻

一　年龄

男女成婚至少均须满十六岁。

二　制限

除同姓外不得结婚之事无。

三　主婚

男女婚姻应由其尊长主婚。设上无尊长亦可由本人自行结婚。

四　媒妁

婚姻由媒妁成立，必行定婚礼始得为婚姻结定之日。

五　婚书

定婚请书式如下：

伏以"彩结同心丽映屏间翡翠，枝生连理情谐池上鸳鸯"总期缔好于朱陈，敬凭月老敢云联盟于秦晋，幸有天缘，兆开卜凤之详，喜叶关雎之庆，恭维某某亲翁大人簪缨望族，阀阅名宗，硕德自昔，共称令望，于今为烈，既培玉树，还毓琼英，愧小儿学歉雕龙，计年当为授室,羡令嫒才工刺凤,及时正宜,有家际兹,篱菊初开,祇陈雁币,追至岭梅尽放,恭迓鸾舆,凤信频催,星期预订,月占某某为吉,日筮某某尤佳,辰刻自华阁而升车,申刻向蓬庐而合卺,从此鼓琴鼓瑟百年,谐伉俪之欢,他时维罴维熊,万世卜炽昌之盛,仰冀金诺,俯赐玉成,曷胜欣幸之至。

右启

上大德望大阀阅即荣封某府某某老亲翁老先生老大人阁下

忝姻教弟某某谨庄熏沐顿首拜

定婚允书式如下:

伏承嘉命,委禽寒宗顾维弱息,教训无素,窃恐弗堪,过辱厚币,更示告期,敢不惟命是听,肃此复闻。

右启

上大德望大阀阅即荣某府某某老亲翁老先生老大人阁下

忝姻教弟某某某谨庄熏沐顿首拜

婚书中以鸳鸯礼书为重要之证据。

六　婚期

婚期均由男家选定。

婚家父母甫没,同乏中馈,而于丧中迎娶者,惟下流社会行之,上流社会则否。

七　重婚

男子有妻而娶妾,惯例并无制裁。

女子有夫而重嫁,须由其夫出卖身字,否则不能。

八　悔婚

既聘之后男子游荡失业,生事犯罪,妇家得悔聘改嫁。

既聘之后女子有丑行,夫家得悔聘改娶。

九　离婚

除例定出妻之条及妻与人通奸者外,夫不得呈诉离婚。

夫家无论如何情形,妇人不得呈诉离婚。

设因奸事而离婚者,不得与相奸者结婚。

十　再醮

夫死再醮须经夫家或母家之允许,设有子女可以携从。

丁　夫妇财产

一　夫有财产

夫所有之财产,应认为夫妇共有之财产。

二　奁赠

妇人所有父母家奁赠物品及不动产,应认为夫妇共有之财产。设因离婚及再醮,妇人不能携其财产以去。

如在亲生之女出嫁时,欲将母之奁赠尽数携去,其父得禁止之。

三　管理

妻之财产应由其夫管理,设其夫或患疾病,或患疯癫不能管理时,可由其妻自行管理。

四　分产

夫妇不能分产各养其自己。

戊　亲子

一　胎期

(甲)寻常小儿在胎时期以三百日为最多,二百四十日及三百六十日为最少。

(乙)自婚姻成立之日起,未满寻常胎期最少之日,或婚姻解消之后,已过寻常胎期最多之日而生子者,父得不认其子。

（丙）寻常受胎期之中父与母实不同居而生子者,父得不认其子。

二　嫡庶承重之顺序

嫡出子年幼,庶出子年长,应以庶出子为后。

若长子而为庶出又早死,应以庶长子为承重孙。

三　私生子之认之〔知〕

本人认私生子为己子,其家中之人不能拒绝。

认知之后其私生子与其生母之关系断绝。

设私生子已达成年,其父母欲认知为己子,须先得其允许。

己　养子

一　养子之条件

（甲）自己有女,不能抚养他人之子为己子。

（乙）凡抚养他人之子为己生子者,能视抚养子为嫡长否,常邑无一定习惯。

（丙）抚养子令其归宗,应酌给家产。

（丁）为抚养子者,大率在十岁以内可以被抚养。

（戊）抚养子者,须由养父母与其本生父母订立文书为凭。

（己）养子须改姓或双姓,双姓则养父之姓居首,生父之姓居次。

二　同姓抚养子

（甲）承继同姓人为子,应按远近次序,若因择贤择爱,舍近支而以远族之子为子,其应继之人可以出而请求承继,虽应继之人素不安分,或有仇怨嫌隙者,不能拒绝其请求。

其办法以二人承继,一正继,一爱继。

（乙）嗣子既立继书,虽不安分不能退还。若有特别事由者,不在此限。

（丙）出继子因特别事由退还父母,父母在,不能拒绝;父母死,兄弟可以拒绝。

（丁）嗣父母虐待嗣子,如未立继书,本生父母可以索还,否则嗣父母可不允。

（戊）嗣子虽不肖而又不愿退嗣,嗣父母不能零〔另〕觅异姓之子与子并存。

三 异姓抚养子

(甲)同姓有人亦可抚养异姓人为子,若同姓应继之人出而干涉,则以同姓之人为嗣子,异姓之人为螟蛉子,虽同姓应嗣之人素不安分,不能拒绝。

(乙)养子不见容于嗣子,养父母可随养子零〔另〕居。

(丙)以收养之孤儿为嗣,如知其亲属时,不必经其亲属之允许。抚养子既立文书,虽不安本分能退还。

(戊)异姓人既抚养为子,其养子与本生父母之关系断绝,故无退还本生父母之事。

(己)养父母虐待养子,本生父母虽知之亦无可如何,因同姓与异姓大相迳庭也。

四 赘婿为子

(甲)赘婿之事常邑有之,赘婿为子常邑则无。

(乙)赘婿可居女家,不改从女姓。

(丙)无。

(丁)婿欲归,本姓之家女不能不同去。但遇此等赘婿之事,均预先约定长居女家,故无半途归本生家之事。

(戊)婿家贫不能给受岳家抚养,岳父母在,妻之兄弟不能驱逐;岳父母死,则否。

五 继子

凡因父故家贫而母招夫养子者,子不能从继父之姓,继父亦不能从子之姓,如继父无子,亦不能以前夫之子为子。倘招入而生子则为继父之子,所有财产由前夫之子与继父之子均分。

六 干子

干子为增蜜两家父母间交谊,并无特别惯例。

庚 亲权

一 亲权之效力

(甲)未成年之子未得其父母之允许,不能自营职业。

（乙）未成年之子居住必由其父母指定。

（丙）子有应得之财产，父母应代为管理。若父母不欲管理时，可由其子自行管理。

（丁）子为他人后得有承继遗产，其本生父母可代为管理。

（戊）父母惩戒其子至杖挞而止，若其子不受约束，年幼则家庭惩办，年长则鸣官惩办。

二　亲权之终了

子已成人，能营独立生活之后，其父母可以不复管理。

辛　监护

一　监护之顺序

（甲）无父母之未成年子女，应由其祖父母或胞伯叔及近支亲族父母舅管教。

其管教人之次序，先祖父母，次胞伯叔，次近支亲族，又次母舅。

（乙）父母临终时有指定某人管教其子女，其指定之人须在前项范围之内，惟先后之序不拘。

（丙）财产未分家之前，均由家长管理。既分家之后，由各人自行管理。以后虽患癫狂及重大疾病或游荡不事生业，普通均所不问。间由有兄弟或伯叔父母舅代为管理者，则特别。

二　监护之权限

（甲）管教他人子女即兼为经理子女之财产，其经理方法为详记出入帐目。

（乙）管教他人子女并经理其财产而有侵蚀情事，该子女之近支亲族可出而干预。

（丙）管教他人子女经理其财产者，可收受酬劳之资，不必视其亲属之远近亲疏而定。若有不愿收受者，听。

三　监护之终了

（甲）他人之子女成年后，经理财产之人即将其财产交还，听其自行经理。其交还时，须交出历年清帐至公同阅看否,无一定习惯。

(乙)财产交还时,其侵蚀情事发见,该子女得向其追偿。

壬　扶养之义务

一　扶养之范围

直系血族及兄弟姊妹负互相扶养之义务。

夫妇之一方与他一方之尊属一等亲而在其家者之间亦负互相扶养之义务。

二　扶养之顺序

(甲)负扶养义务者如有数人,应履行其义务者之序次如左:

　(子)配偶者

　(丑)直系卑属　以亲等之最近者为先。

　(寅)直系尊属　以亲等之最近者为先。

　(卯)夫妇之子与他一方之尊属一亲等而在其家者之间

　(辰)兄弟姊妹

(乙)同一先负扶养义务者有数人,则各应其管力分担义务,但于在其家者与不在其家者,则在其家者须先为扶养。

(丙)受扶养权利者有数人,则负扶养义务者须从左之次序扶养之:

　(子)直系尊属　以亲等之最近者为先。

　(丑)配偶者

　(寅)直系卑属　以亲等之最近者为先。

　(卯)夫妇之一方与他一方之尊属一等亲而在其家者之间

　(辰)兄弟姊妹

(丁)同一先受扶养义务者有数人,得各应其需要而受扶养,但于在其家者与不在其家者之间,则在其家者须先受扶养。

三　扶养之程度

负扶养义务者以身分及资力为准,无此身分及资力者可免。受扶养权利者以不能自存者为限,如有因浪费游荡以致不能自存,其负此义务者可拒不扶养,但直系尊属内之一等亲则为例外。

四　扶养之方法

方法有二:一、收留受扶养权利者而养之;二、仅给与以日用之资料。

民事习惯第五类　相续

甲　总则

一　相续开始

相续不拘何时,若胎儿未出生以前无相续之权。

二　相续费用

相续费用均由遗产中支用。

三　相续抛弃

相续人可不承认相续,自由抛弃,但亲兄弟之子则为例外。

乙　宗祧相续

一　相续之顺序

(甲)大宗无后,小宗不能先立嗣。

(乙)承重之人不能承继他人为嗣,大宗之子孙则否。

(丙)以族人为嗣,其先后之序以昭穆为标准。

(丁)择爱择贤为嗣,须经亲族之公允。

(戊)承继他人之直系卑属有数人时,其居先应继之人为亲等较近、年岁较长之嫡子,若亲等远、年岁幼之庶子则居后,以俟递补。

二 相续之承认及拒绝

(甲)次序应承继者,其承继子及其本生父母不能不允其承继。

(乙)次序应承继者可以请求承继,虽承继父母有所不爱,不能拒绝。

三 悔继

(甲)既已成继,即不能悔继归宗。但有特别事故者不在此限。

(乙)本宗承继之人,不许其悔继。但有特别事故者不在此限。

(丙)由少抚育成立之承继人,不许其悔继。但有特别事故者不在此限。

(丁)(子)不堪嗣父母之虐待而悔继归宗者,须经亲族公允。

(丑)嗣父母生子,不能悔继归宗。

(寅)本生父母无子不能悔继,准用一子两祧法。

(戊)既系悔继,其已受嗣家之财产应全部返还。

丙 遗产相续

一 相续之顺序

(甲)无子嗣及同居亲属之人,其家产应由承继子相续。

(乙)家产不能舍去,嗣子而由外姻相续。

二 相续之方法

(甲)查本章问题胚胎于日本民法第五编第二章,吾国无民法,故无详细规定。其向来习惯,除亲子外,凡相续宗祧者即相续遗产,宗祧、遗产不能分离。若未析之遗产,可由家长管理,则为相续人共有之财产。

(乙)负债多于遗产,相续人得将其遗产经众或经官尽数摊还,但不能不相续。

(丙)遗产分析之法皆以房计,但长房(即长子)须较各房(即次子)多得十分之一,其分析时由亲族公同合议。

（丁）分析财产有长房、次房之别,无嫡庶之别。

（戊）本人遗书既言明若干年内不得分产,其相续人不能随时共议分析。

（己）相续人于未分析者得有被相续人特与之财产,至分析时仍得与他相续人共分遗产,其时与之部分不必返还。

（庚）相续人于分析前以其应分得之财产出卖或抵押时,他之相续人得行赎还。

（辛）遗产不足偿债,应由各相续者共同担任。若相续人之中有一人无偿还之资力者,其不能偿还之部分,不能由他之相续人分垫其损失。

（壬）不可分析之产,或援照共有之法,或卖出而分其价,均由各相续人协议,无一定习惯。

三 无人相续之财产

（甲）相续人踪迹不明,则由他人相续（须昭穆相当者）,其财产则归相续人管理。若亲生子踪迹不明时,其应得之遗产则由其兄弟代管。

（乙）相续宗祧即相续财产,无乏人承认财产之事,亦无令人管理之事。

（丙）寻觅相续人时均以由查,无他项探索方法。

（丁）相续人历久无踪之事无。

丁　遗言

一　遗言之方式

常邑罕有遗言,故无一定方式。

二　遗言之效力

（甲）遗言必有字据。无字据之遗言,须有见证人方为有效。

（乙）预作之遗言至病革时更改,则以预作之字为有效。

（丙）关于立遗言能力限于年满十八岁娶有妻子,否则无效。

三　遗言之执行

遗言未指定执行之人,应由长子为执行遗言人。

执行遗言之费用由遗产中支付。

四　遗言之取消

不法之遗言,其子女亲族得以取消。

五　遗留财产

遗言将全部财产随意赠人,及以财产若干留给后人,常邑素无此事。

（清钞本,日本京都大学人文科学研究所图书馆藏。）